中国生物技术产业发展报告

二〇〇二年十二月

Annual Report on Bioindustry in China: 2020—2021

中国生物产业发展报告 2020—2021

国家发展和改革委员会创新和高技术发展司
中国生物工程学会 编写

化学工业出版社
·北京·

内容简介

本书由国家发展和改革委员会创新和高技术发展司与中国生物工程学会编写,是《中国生物产业发展报告》系列图书的第19本。

全书包括7篇,共38章,从生物产业发展战略与格局、生物产业发展现状与趋势、生物技术发展前沿与热点分析、2020年生物产业投融资分析、2020年生物专利分析、国家生物产业基地2020年度发展报告、重点行业协(学)会发展报告等多个角度对中国生物产业状况进行了透视和分析,对中国生物产业发展战略进行了认真深入的思考与讨论。

本书可供生物产业的开发、生产、销售、管理人员以及政府有关职能部门工作人员阅读参考。

图书在版编目(CIP)数据

中国生物产业发展报告.2020—2021/国家发展和改革委员会创新和高技术发展司,中国生物工程学会编写.—北京:化学工业出版社,2021.5
ISBN 978-7-122-38918-3

Ⅰ.①中… Ⅱ.①国…②中… Ⅲ.①生物技术产业-研究报告-中国-2020—2021 Ⅳ.①F426.7

中国版本图书馆CIP数据核字(2021)第064878号

责任编辑:王 琰 胡晓丹 文字编辑:刘砚哲
责任校对:杜杏然 装帧设计:韩 飞

出版发行:化学工业出版社(北京市东城区青年湖南街13号 邮政编码100011)
印 装:涿州市般润文化传播有限公司
787mm×1092mm 1/16 印张28½ 字数480千字
2021年7月北京第1版第1次印刷

购书咨询:010-64518888 售后服务:010-64518899
网 址:http://www.cip.com.cn
凡购买本书,如有缺损质量问题,本社销售中心负责调换。

定 价:158.00元 版权所有 违者必究

《中国生物产业发展报告 2020—2021》编委会

主　　编：林念修

副 主 编：高　福　沈竹林

执行主编：周永春　王　翔　马树恒

编　　委：杨胜利　欧阳平凯　王昌林　李　帅　曹竹安
　　　　　卢圣栋　马清钧　　黄大昉　陈惠鹏　张先恩
　　　　　万建民　喻树迅　　陈国强　李　春　李新海
　　　　　蔡木易　张树庸　　翁延年　马延和　曹　诚
　　　　　赵贵英　张宏翔　　王　洁　韩　祺　刘增辉
　　　　　金　霞　钟　倩　　郑　军　杨培龙　邱德文
　　　　　佟有恩　李　俊　　李　奎　刘德华　苏海佳
　　　　　林海龙　刘　斌　　陈　方　孙际宾　刘　和
　　　　　刘天罡　池　慧　　徐　萍　崔金明　张仕元
　　　　　李肖薻　李建军　　端小平　苏文娜　周　惊
　　　　　郑斯齐　王　丹　　任红梅

目 录

生物产业发展战略与格局

激发生物产业发展潜力　壮大生物经济发展动能
　　　　　　　　　　　国家发展和改革委员会创新和高技术发展司
一、新冠肺炎疫情激发生物产业强大发展潜力 …………………………… 3
二、我国生物经济具备良好的发展基础 …………………………………… 5
三、不断壮大生物经济发展新动能 ………………………………………… 5

中国生物医药产业发展指数评估报告
　　　　　　　　中国生物工程学会、火石创造（杭州费尔斯通科技有限公司）
一、中国生物医药产业发展指数整体情况分析 …………………………… 8
二、中国生物医药产业成分城市地图 ……………………………………… 10
三、中国生物医药产业成分园区 2020 年发展情况 ………………………… 15
四、中国生物医药产业蓝图展望 …………………………………………… 19

中国生物医药产业集群发展特色与差异研究　　　　　　　　　阙灵
一、历史视角下的中国医药产业园区空间演进 …………………………… 21
二、17 个国家生物医药产业集群数据分析 ………………………………… 22
三、生物医药产业集群路径模式分析 ……………………………………… 31
四、基于我国生物医药产业结构的数字化治理新模式探索 ……………… 33

生物产业发展现状与趋势

生物医药 ……………………………………………………………………… 37
2020 年度生物医药产业发展态势分析　　　　　　　　张佩　夏小二
一、全球生物医药产业发展态势 …………………………………………… 37
二、我国生物医药产业发展态势 …………………………………………… 58

生物农业 ... 92

2020年生物种业产业发展报告　　郑军
- 一、概况 ... 92
- 二、主要产品 ... 92
- 三、市场分析 ... 93
- 四、研发动向 ... 94
- 五、自主创新情况 ... 94

2020年生物饲料产业发展报告　　杨培龙
- 一、概况 ... 96
- 二、主要产品 ... 97
- 三、市场分析 ... 97
- 四、研发动向 ... 98
- 五、自主创新情况 ... 99

2020年生物农药产业发展报告　　邱德文
- 一、概况 ... 101
- 二、主要产品 ... 101
- 三、市场分析 ... 102
- 四、研发动向 ... 103
- 五、自主创新情况 ... 104
- 六、生物农药发展与应用 ... 105

2020年动物疫苗产业发展报告　　佟有恩
- 一、产业概况 ... 106
- 二、产品品种 ... 107
- 三、市场分析 ... 111
- 四、研发动向 ... 113
- 五、自主创新情况 ... 115

2020年生物肥料产业发展报告　　李俊
- 一、概况 ... 119
- 二、主要产品 ... 120

三、市场分析 120
　　四、研发动向 121
　　五、自主创新情况 121

2020年转基因动物育种发展报告　　　　　　　　　　　　　　　　　李奎
　　一、概况 123
　　二、主要产品 123
　　三、市场分析 125
　　四、研发动向 125
　　五、自主创新情况 126

生物能源 127

2020年生物柴油产业发展报告　　　　　　吕亮亮　杜伟　赵雪冰　刘德华
　　一、生物能源发展总体态势 127
　　二、生物柴油 129

2020年生物制氢产业发展报告　　　　　　　　王耀强　王少杰　苏海佳
　　一、氢能产业发展概况 136
　　二、生物制氢的国内外研发进展 137
　　三、生物制氢产业化进展 146
　　四、生物制氢的前景展望 147
　　五、结论 148

2020年纤维素乙醇产业发展报告　　　　　　　　林鑫　于斌　林海龙
　　一、概况 149
　　二、主要产品 153
　　三、市场分析 154
　　四、研发动向 158
　　五、自主创新情况 164

绿色生物制造 166

2020年生物制造发展态势　　　　　　　　　　　　　　　　　刘斌　陈方
　　一、国际生物制造发展态势 166

二、我国生物制造发展态势 …………………………………………… 172
　　三、结语 …………………………………………………………………… 189

2020 年氨基酸产业发展报告　王钰　周文娟　陈久洲　刘娇　郑平　孙际宾
　　一、概况 …………………………………………………………………… 191
　　二、主要产品 ……………………………………………………………… 194
　　三、市场分析 ……………………………………………………………… 195
　　四、研发动向 ……………………………………………………………… 198
　　五、自主创新情况 ………………………………………………………… 201
　　六、结语 …………………………………………………………………… 202

化学原料药的绿色生物制造　　　　　　　　　　　姚培圆　吴洽庆　孙际宾
　　一、概况 …………………………………………………………………… 203
　　二、主要产品及市场分析 ………………………………………………… 204
　　三、研发动向 ……………………………………………………………… 219
　　四、自主创新情况 ………………………………………………………… 221

生物环保 ……………………………………………………………………… 223
2020 年生物环保发展态势分析　　　　　　　　　　　　　　　　刘和
　　一、生物环保产业发展概况 ……………………………………………… 223
　　二、生物环保产业现状 …………………………………………………… 226
　　三、生物环保产业市场分析 ……………………………………………… 234
　　四、生物环保产业研发动向 ……………………………………………… 238

生物服务 ……………………………………………………………………… 241
纳米孔靶向测序在新冠病毒检测中的应用　　　　　　　　　　　刘天罡
　　一、新型冠状病毒检测概况 ……………………………………………… 241
　　二、纳米孔靶向测序检测 SARS-CoV-2 和呼吸道其他病毒 …………… 243
　　三、纳米孔靶向测序临床应用前景展望 ………………………………… 247
　　参考文献 …………………………………………………………………… 248

生物医学工程 ………………………………………………………………… 249
2020 年生物医学工程发展态势分析　　　　　　　池慧　欧阳昭连　严舒
　　一、宏观发展环境 ………………………………………………………… 249

二、生物医学工程发展态势 ………………………………………… 256

生物技术发展前沿与热点分析

生物医药科技前沿动态和我国发展态势 　　　　　　　　　徐萍
 一、人工智能改变医疗供给模式，商业化进程提速 ………… 269
 二、肿瘤免疫治疗持续热点 …………………………………… 270
 三、新型诊断技术 ……………………………………………… 272
 四、基因疗法 …………………………………………………… 273
 五、RNA 疗法 ………………………………………………… 274
 六、干细胞治疗 ………………………………………………… 275
 七、微生物组重构疗法 ………………………………………… 276

合成生物学产业技术发展与热点分析 　　　　　　　　　　崔金明
 一、概述 ………………………………………………………… 278
 二、国内外研发现状与趋势 …………………………………… 279
 三、前景与展望 ………………………………………………… 287

2020 年生物产业投融资分析

2020 年生物投融资报告 　　　　　　　　　　　　　　　　张仕元
 一、国际篇 ……………………………………………………… 293
 二、国内篇 ……………………………………………………… 305

2020 年生物专利分析

2020 年生物疫苗专利分析 　　　　　　　　张弛　张丹丹　李肖蕖

国家生物产业基地 2020 年度发展报告

成都国家生物产业基地 2020 年度发展报告 　　成都市发展和改革委员会
 一、基本情况 …………………………………………………… 331
 二、2020 年生物产业基地主要工作、发展特色 …………… 333
 三、发展面临的主要问题 ……………………………………… 336

四、下一步工作思路 ·· 336

武汉国家生物产业基地 2020 年度发展报告　　武汉市发展和改革委员会
　　一、基地发展的基本情况 ·· 338
　　二、基地开展的主要工作 ·· 338
　　三、基地发展的特色和亮点 ·· 340
　　四、下一步开展工作的思路和设想 ·· 341

长沙国家生物产业基地 2020 年度发展报告　　湖南省发展和改革委员会
　　一、基本情况 ·· 344
　　二、开展的主要工作 ·· 345
　　三、基地发展的特色和亮点 ·· 346
　　四、面临的主要问题 ·· 347
　　五、下一步工作思路 ·· 347

广州国家生物产业基地 2020 年度发展报告　　广州市发展和改革委员会
　　一、广州国家生物产业基地基本情况 ·· 349
　　二、基地开展的主要工作及发展亮点 ·· 351
　　三、主要存在的问题 ·· 352
　　四、下一步重点工作 ·· 353

杭州国家生物产业基地 2020 年度发展报告　　杭州市发展和改革委员会
　　一、基本情况 ·· 356
　　二、主要工作及特色 ·· 356
　　三、存在的问题 ·· 357
　　四、2021 年工作思路 ·· 358

石家庄国家生物产业基地 2020 年度发展报告　　石家庄市发展和改革委员会
　　一、生物产业基地发展基本情况 ·· 360
　　二、开展的主要工作及发展亮点 ·· 362
　　三、存在的问题 ·· 363
　　四、下一步工作思路 ·· 364

上海国家生物产业基地2020年度发展报告　　上海市发展和改革委员会
  一、产业发展基本情况 …………………………………………………… 366
  二、主要工作 ……………………………………………………………… 367
  三、2021年工作打算 ……………………………………………………… 370

哈尔滨国家生物产业基地2020年度发展报告　哈尔滨市发展和改革委员会
  一、基本情况 ……………………………………………………………… 372
  二、主要工作 ……………………………………………………………… 373
  三、发展的特色和亮点 …………………………………………………… 375
  四、发展面临的问题和挑战 ……………………………………………… 376
  五、下一步工作计划 ……………………………………………………… 377

青岛国家生物产业基地2020年度发展报告　　青岛市发展和改革委员会
  一、基本情况 ……………………………………………………………… 379
  二、基地开展的主要工作和特色亮点 …………………………………… 381
  三、基地发展面临的主要问题 …………………………………………… 383
  四、下一步工作思路 ……………………………………………………… 384

郑州国家高技术生物产业基地2020年度发展报告　河南省发展和改革委员会
  一、基本情况 ……………………………………………………………… 386
  二、主要工作情况 ………………………………………………………… 386
  三、发展特色和亮点 ……………………………………………………… 389
  四、发展面临的问题 ……………………………………………………… 391
  五、下一步工作思路 ……………………………………………………… 392

长春国家生物产业基地2020年度发展报告　　长春市发展和改革委员会
  一、基地的基本情况 ……………………………………………………… 394
  二、开展的主要工作 ……………………………………………………… 394
  三、基地的发展特色 ……………………………………………………… 395
  四、基地发展面临的主要问题 …………………………………………… 396
  五、下一步工作 …………………………………………………………… 396

通化国家生物产业基地 2020 年度发展报告　　通化市发展和改革委员会
 一、主要做法及成效亮点 ·· 400
 二、基地发展存在的问题 ·· 403
 三、未来工作思路 ·· 403
 四、工作任务 ·· 404

重点行业协（学）会发展报告

生物发酵行业发展报告　　李建军　王洁
 一、行业经济运行状况 ·· 409
 二、行业发展面临的问题 ·· 411
 三、行业发展政策建议 ·· 414

生物基化学纤维产业分析报告　　王永生　李泽洲　李增俊
 一、我国生物基化学纤维产业化情况 ·· 415
 二、"十三五"期间生物基化学纤维发展特点 ································ 422
 三、生物基化学纤维中长期展望 ·· 427
 四、生物基化学纤维发展措施与建议 ·· 428

生物医学材料产业分析报告　　中国医疗器械行业协会
 一、国内外市场分析 ·· 431
 二、产业竞争格局 ·· 432
 三、重点产品情况 ·· 433
 四、产业发展趋势 ·· 440

生物产业发展战略与格局

生物产业发展战略与措施

激发生物产业发展潜力
壮大生物经济发展动能

国家发展和改革委员会创新和高技术发展司

  生物经济是基于现有生物技术及其外延技术的发展而产生的新经济模式，基于生命科学理论，以基因、细胞、育种、合成生物等技术进步和普及应用为特征，围绕保护、开发、配置、使用生物资源，提供生物技术产品和服务，形成物质生产、流通、交换和分配模式及制度体系的新经济形态。新冠肺炎疫情使得生命科学和医疗健康受到广泛关注，公众对于生物产品与服务的需求明显提升，促使生物技术革命浪潮席卷全球并加速融入经济社会发展，生物经济迎来了重要发展机遇。同时，疫情爆发也凸显我国在生物产业生产力布局、技术与产品储备、科技支撑能力等方面还存在一些短板。要抢抓生物经济发展机遇，集中力量补齐短板、夯实基础、培育长板，不断激发生物产业发展潜力，为推动我国经济持续向好发展作出积极贡献。

一、新冠肺炎疫情激发生物产业强大发展潜力

  习近平总书记指出，疫情对产业发展既是挑战也是机遇，要改造提升传统产业，培育壮大新兴产业。新冠肺炎疫情暴发以来，智能制造、无人配送、在线消费、医疗健康等新兴产业展现出强大成长潜力。作为与疫情防控关系最为密切的产业，生物产业站在了"风口浪尖"。伴随公众健康防护意识显著提高、支持政策密集出台、重点领域投资不断加大，生物产业进入快速发展阶段。

  （一）引领新消费。受新冠肺炎疫情影响，公众对于卫生健康的需求更加强烈和迫切，个人防护、疾病诊断、精准医疗、保健康复等领域产品和服务加快升级，生物消费将逐渐成为日常消费，未来将呈现较快增长势头。新冠肺炎疫情推动了第三方医学检测中心的快速发展，公众可以更加便捷享受到专业化的生物医疗服务，这将为生物消费升级提供重要载体。仅以中成药

消费为例,"清肺排毒汤"等经典名方在抗击新冠肺炎疫情中发挥了重要作用,国内市场及美国、意大利等国际市场一度出现部分中药脱销。据有关市场机构测算,2020年我国中成药市场规模超过7000亿元,创历史新高。

(二)促进新投资。新冠肺炎疫情暴发以来,公共卫生服务、卫生保障设施、医疗核心技术产品成为投资热点,检测试剂、中西药、高端医疗器械、生物信息等领域投资潜能得到充分释放。同时,生物技术具有较强的渗透性,生物经济业态已由传统医药和器械逐渐向农业、化工、材料、能源、环保等领域拓展,投资拉动效应逐步显现。此外,随着生物安全治理体系和公共卫生体系建设深入推进,生物安全实验室、生物资源保藏中心、产业共性技术平台等科技基础设施,以及医学救援中心、传染病防护和隔离设施等应急保障设施将加快落地,医院和医疗机构对于CT、人工心肺机(ECMO)等高端医疗设备的采购需求不断扩大,有利于形成大规模有效投资。

(三)催生新业态。新冠肺炎疫情限制了人员流动,公众更多通过"网上""云端"获得医疗服务,远程诊疗、在线医疗等新业态不断涌现并蓬勃发展。据统计,2021年春节期间,互联网医疗在线问诊领域APP每日活跃用户最高达到671万人次,同比增长31%,河北、浙江等多地将符合条件的"互联网+医疗"服务费用纳入医保支付范围。2020年我国互联网医疗市场规模近2000亿元,增长率46.7%,用户规模接近6000万人,同比增长33%。计算机辅助设计、深度学习、合成生物学等技术助推产业向定量、预测、工程化跃升,进一步拓展生物产业应用场景。3D细胞打印、脑机接口、人造肉等一批新产品初显苗头,AI系统扫描识别新冠肺炎与普通肺炎差异,准确率达96%。

(四)带动新出口。面对突如其来的新冠肺炎疫情,我国同世界各国携手合作、共克时艰,为全球抗疫贡献了智慧和力量。积极主动的对外合作,推动了我国检测试剂、中医药、医疗物资、高端医疗器械等与疫情防控直接相关产品走向国际市场,成为稳外贸的重要力量。2020年3月至年底,全国海关共验放出口主要疫情防控物资4385亿元,其中呼吸机27.1万台,监护仪66.3万台,新冠病毒检测试剂盒10.8亿人份。有关国家批准进口中国医疗相关产品关税豁免申请,进一步加快了我国生物产业国际化步伐。

(五)孕育新突破。为应对新冠肺炎疫情,我国加大科研投入力度,组织力量开展病毒传播途径、致病机理等基础研究,推动治疗药物、疫苗、高端医疗装备等联合研发,加快临床试验和产业化。在政府层面,成立了疫情科研攻关组，围绕病毒溯源、传播途径、快速免疫学检测、快速疫苗研发、中医药防治等重点领域和关键环节，部署支持项目；在社会层面，国药中生、北京科兴、华大基因等龙头企业，围绕疫苗、核酸检测开展了科研攻关，助力"可诊、可治、可防"态势形成。

二、我国生物经济具备良好的发展基础

近年来，在以习近平总书记为核心的党中央坚强领导下，我国生物产业政策供给体系逐步完善，生物基础研究和技术创新不断取得突破，基因编辑、精准医疗、生物制造等新业态新模式层出不穷，生物产业备受资本市场青睐，生物经济呈现良好发展态势。

据统计，2020年，医药制造业利润总额增长超12%，医疗器械利润总额增长超70%，增速均位居战略性新兴产业第一梯队。11家上市企业市值超1000亿元，恒瑞医药、迈瑞医疗市值超5000亿元。**在新冠病毒检测及疫苗研发方面**，华大生物、达安基因等55个新型冠状病毒检测试剂盒获批。国药中生、北京科兴等5款新冠病毒疫苗附条件上市或紧急使用，国药中生疫苗获得世界卫生组织紧急使用授权，纳入全球"紧急使用清单"。**在创新药械研发方面**，727件国产一类创新药临床申请获批准，较2019年增长114%，联影医疗等8个医疗人工智能产品获批医疗器械三类证书，实现该领域零的突破。**在生物制造和生物能源方面**，生物制造体量进一步扩大，现代生物发酵产品年产量超过3000万吨，占据全球70%以上的市场份额。全年生物质发电新增装机容量超300万千瓦，同比增长超10%。**在产业集聚方面**，长三角地区、环渤海地区、粤港澳大湾区、成渝双城经济圈四大产业集聚区的核心承载能力更加突出。全国89%新增上市企业、92%新增国家一类新药证书、78%新增通过仿制药一致性评价的品种、88%创新器械特别审批产品来自四大产业集聚区。

同时，也要看到，我国生物经济发展大而不强，尤其在应对新冠肺炎疫情这场大考中，关键核心技术和产品储备、科技创新支撑平台体系等方面的短板和弱项凸显。

三、不断壮大生物经济发展新动能

面对新的机遇与挑战，要坚定不移地以习近平新时代中国特色社会主义

思想为指导，深入贯彻落实党的十九大和十九届二中、三中、四中、五中全会精神，立足新发展阶段、贯彻新发展理念、构建新发展格局，顺应全球生物经济发展大势，充分利用我国生物经济发展条件，大力推进生物技术赋能经济社会发展。围绕现代化强国建设目标和现代化经济体系、产业体系建设需要，健全完善规划和政策体系，一体化部署推动科技创新、产业发展和制度建设的任务，加快补齐短板、夯实基础、培育长板，不断提升生物经济创新力和竞争力。

（一）**统筹谋划生物经济发展战略。一是研究出台生物经济发展规划。**瞄准基础研究、技术开发与利用、资源配置、流通与消费等各个产业环节，系统谋划重大工程、重大任务、重大举措，推动生物医药、生物农业、生物能源、生物制造、生物技术服务协同发展。**二是深化重点领域改革。**探索转基因作物、基因编辑及干细胞技术等新产品、新技术的试点应用，科学规范、引导新兴技术及产品应用。**三是强化生物技术市场应用。**充分利用巨大国内市场及生物制造产业链完善的条件优势，坚持国内大循环为主体、国内国际双循环，支持国内生物领域企业在满足国内需求的基础上，开拓海外市场。

（二）**提升关键核心技术和产品竞争力。一是攻克一批关键核心技术。**聚焦影响人民群众生活质量程度深的重点领域和核心环节，集中力量攻克一批关键技术和产品，保障生物产业发展安全可控。**二是推动市场迭代应用。**用好强大国内市场，健全自主创新产品政府采购、首台（套）技术装备政府采购订购制度，鼓励市场主体有限采购国产技术装备，加速自主创新技术和产品市场迭代，形成竞争优势。**三是加快新兴技术融合。**加快5G、大数据、工业互联网等新兴技术与生物技术的融汇发展，培育精准医学、智慧康养等新业态，支持智能辅助诊疗等技术普及应用，加快生物技术赋能经济社会发展。

（三）**健全完善共性技术平台体系。一是布局建设产业创新平台。**聚焦新药创制、高端医疗器械、转基因作物等重点领域和关键环节，依托行业龙头企业和科研院所，组建若干国家生物产业创新中心、国家工程研究中心，从根源提升产业创新能力。**二是完善公共技术服务体系。**支持建设药品研发、药品生产、智能辅助诊疗、精准医疗、合成生物等共性技术平台，完善生物技术质量认证体系。**三是提升科研院所创新能力。**支持中国科学院下属院所、大学等实施知识创新工程，着力改善科研基础条件，加强基础研究和应用基础研究，培养和稳定一批专门人才队伍。

（四）加强生物安全风险防范。一是加强生物安全风险防控和治理体系建设。广泛凝聚各方合力，提升我国生物安全风险监测预警、应急保障、科技和人才支撑能力。**二是统筹布局生物安全科技设施。**面向人口健康、检验检疫、国防安全等领域，有效提升对公共卫生领域的支撑能力。**三是培育良好氛围。**鼓励各方宣传生物安全法律法规和生物安全知识，促进提升全社会生物安全意识。鼓励国内企业、高校、科研机构等建立生物安全创新联盟，深化国际合作。

中国生物医药产业发展指数评估报告

中国生物工程学会、火石创造(杭州费尔斯通科技有限公司)

一、中国生物医药产业发展指数整体情况分析

中国生物医药产业发展指数(China biomedical industry barometer, CBIB)是基于4类成分机构(城市、园区、企业、资本),从经济、创新、要素等角度,对产业进行综合、动态、全方位评价的发展指数。CBIB是综合反映我国生物医药产业发展整体水平及动态发展质量的重要指标。

从表1-1指标变化可以看出从2018年到2020年中国生物医药产业发展指数从6727增长到11 966,增幅达到77.88%,指标的变化也反映出我国生物医药产业近两年在政策、资本、技术推动下不断成熟,创新成果进入到爆发阶段。

表1-1 中国生物医药产业发展指数近3年变化情况

序号	年度	指数变化	指数增幅
1	2018年12月31日	6727	—
2	2019年12月31日	8449	1722
3	2020年12月26日	11 966	3517

从数据的角度可以发现中国生物医药产业发展指数的快速增加推动因素包括市场、企业、产品、资本四个因素。

1. 中国庞大的需求市场是产业发展基础

由表1-2可知,我国大健康产业市场规模从2015年的49 985亿,增加到2020年的87 306亿,增幅达到37 321亿,年平均增幅将近15%,其中药品产业增幅达到9.4%,器械则超过30%。我国广大人民群众对于健康产品的需求正在快速增加,对于健康生活的理念正在快速觉醒,全球最大的市场需求,是我国生物医药产业从技术到市场化的重要基础。

表 1-2　中国生物医药产业市场规模（单位：亿元人民币）

时间	大健康产业	药品产业	医疗器械产业
2015 年	49 985	12 207	3080
2016 年	56 073	13 294	2700
2017 年	62 000	14 304	4425
2018 年	70 100	15 334	5304
2019 年	78 162	16 407	6365
2020 年	87 306	17 919	7765

数据来源：《中国医疗器械蓝皮书》，火石创造基于公开资料整理。

2. 企业是产业发展的核心动力

企业是中国生物医药产业发展的最小单元及重要的发展要素，近几年我国生物医药产业新增企业快速增加，从 2018 年 2 731 594 家企业，增加到 2020 年的 4 195 646 家（表 1-3），且近几年每年新成立的企业数量呈现逐年递增趋势，庞大的新增的中小企业是我国生物医药产业创新的无限动力。

表 1-3　中国生物医药产业近 3 年企业数量及增加量

序号	年度	企业数量	企业增加量
1	2018 年 12 月 31 日	2 731 594	542 686
2	2019 年 12 月 31 日	3 350 231	618 637
3	2020 年 12 月 26 日	4 195 646	845 415

数据来源：火石创造。

3. 创新成果进入市场化爆发阶段

近几年随着抗体药物、高值耗材、体外诊断（in vitro diagnostic products，IVD）产业的不断成熟，我国生物医药产业技术从研发到市场化的进程不断推进，产业化的成果不断涌现，部分产品实现进口替代。从表 1-4 数据来看近 3 年我国一类新药审批数量分别达到 559、745、1283 件，上市三类器械数量分别达到 2206、4106、4018 件。

表 1-4　中国生物医药产业近几年产品审批情况

序号	年度	2018 年	2019 年	2020 年
1	一类新药审批量	559	745	1283
2	新增临床试验数量	2399	2501	2893
3	药品上市数量	590	501	885
4	三类医疗器械上市数量	2206	4106	4018

4. 资本是产业发展重要参与力量

2015年开始我国生物医药产业资本市场进入爆发期,近几年随着风险投资监管收紧,投资金额及数量均有一定程度的降低,但资本依然是我国医药健康产业的重要推动力。大量的社会资本及国有资金进入到生物医药产业中小微企业创新过程中,并成为重要推动力,对我国生物医药产业发展提供活力。2020年我国生物医药产业披露融资数量达到1046笔,融资金额达到2079亿元。

二、中国生物医药产业成分城市地图

从经济实力来看,2020年生物医药产业重点成分城市经济实力整体上较2019年提高,产业规模和效益方面,2020年北京医药制造业实现产值1142.7亿元,规模处于全国第1位,增速位列中游;2020年北京企业总量全国第1位,企业实力强劲,生物医药企业数量、医药制造业规上企业数量、医药工业百强企业数量、上市企业数量、独角兽企业数量、上市企业总市值均位列全国第1位;独角兽企业数量和上市企业总市值均位列全国第2位;上市企业主营业务收入位列全国第2位。深圳产值规模居中,但上市公司总市值和上市公司营收位列全国第1位,企业实力雄厚。济南产值规模待突破,2020年济南医药制造业实现产值7.08亿元,规模处于全国第20位,企业总量处全国中下游,企业经济实力待提升,医药制造业规上企业数量位列全国第20位。全国20个生物医药产业成分城市经济实力指标见表1-5。

从创新能力来看,2020年生物医药产业重点成分城市创新能力整体上突破较快,创新产品和能力方面,北京生物医药企业研发实力强,2020年北京发明专利授权数量、药物临床试验数量、国家药品监督管理局药品审评中心(CDE)受理1/2类新药数量、国产药品获批数量、1类新药数量、上市二/三类医疗器械数量均位列全国第1位;通过仿制药一致性评价品种数量位列全国第2位;融资总额位列全国第1位。2020年上海国内发明专利授权数量、上市二/三类医疗器械数量、药物临床试验总数和CDE受理1/2类新药总数、国家1类新药证书数量均位列全国第2位;通过仿制药一致性评价的品种数量位列全国第4位;融资总额位列全国第2位。全国20个生物医药产业成分城市创新能力指标见表1-6。

表 1-5 全国 20 个生物医药产业成分城市经济实力指标

城市	2019年								2020年							
	经济实力								经济实力							
	医药制造业总产值/亿元	医药制造业规上企业数量	医健企业数量	医药工业百强企业数	独角兽企业数	上市企业数量	上市企业总市值/亿元	上市企业营业收入/亿元	医药制造业总产值/亿元	医药制造业规上企业数量	医健企业数量	医药工业百强企业数	独角兽企业数	上市企业数量	上市企业总市值/亿元	上市企业营业收入/亿元
北京	1129.58	216	99 087	14	9	147	33 256.47	18 782.53	1142.71	217	112 657	14	9	162	33 256.5	18 782.5
上海	844.37	199	89 118	7	7	99	9879.10	8818.07	936.84	199	110 017	7	7	117	9879.1	8818.1
成都	620.93	190	47 669	3	1	32	2959.45	825.63	712.39	196	58 992	3	1	35	2959.5	825.6
广州	314.05	85	75 516	1	2	61	3715.28	1593.83	348.30	107	121 643	1	2	66	3715.3	1593.8
武汉	316.33	73	27 523	1	1	39	1469.56	1122.44	343.96	74	32 001	1	1	41	1469.6	1122.4
深圳	334.51	55	53 127	2	4	89	44 936.91	22 923.91	422.13	58	66 934	2	4	93	44 936.9	22 923.9
杭州	571.39	96	32 474	4	1	40	4290.55	816.89	651.26	99	39 272	4	1	46	4290.5	816.9
天津	483.06	91	24 000	5	1	31	2232.20	474.92	471.11	87	28 818	5	1	33	2232.2	474.9
南京	338.97	76	24 831	2	1	33	1764.08	462.32	369.86	88	30 237	2	1	39	1764.1	462.3
苏州	293.10	105	20 535	2	0	42	1719.70	171.03	287.86	104	25 718	2	0	47	1719.7	171.0

续表

城市	2019年 经济实力								2020年 经济实力							
	医药制造业总产值/亿元	医药制造业规上企业数量	医健企业数量	医药工业百强企业数	独角兽企业数	上市企业数量	上市企业总市值/亿元	上市企业营业收入/亿元	医药制造业总产值/亿元	医药制造业规上企业数量	医健企业数量	医药工业百强企业数	独角兽企业数	上市企业数量	上市企业总市值/亿元	上市企业营业收入/亿元
连云港	612.37	32	6107	4	0	6	6847.12	223.47	585.30	27	7582	4	0	7	6847.1	223.5
石家庄	585.43	93	25 125	5	0	15	2008.03	965.08	602.61	93	30 184	5	0	15	2008.0	965.1
重庆	576.96	133	50 589	1	0	25	3118.69	704.58	548.00	131	60 639	1	0	27	3118.7	704.6
长沙	710.44	83	22 459	0	0	24	3115.21	290.34	869.02	83	27 618	0	0	27	3115.2	290.3
泰州	1155.04	52	8111	3	0	8	280.79	15.09	1338.22	51	9798	3	0	8	280.8	15.1
哈尔滨	200.26	55	19 930	3	0	14	482.20	230.08	193.12	57	22 956	3	0	14	482.2	230.1
西安	243.90	62	29 253	1	0	10	463.80	32.29	265.75	67	36 414	1	0	11	463.8	32.3
台州	450.95	65	7009	3	0	18	2304.24	347.03	503.68	65	8512	3	0	22	2304.2	347.0
海口	232.43	49	7046	0	0	14	601.91	36.47	254.67	52	11 372	0	0	15	601.9	36.5
济南	285.70	60	34 774	1	0	15	752.08	16.33	7.08	3	43 676	1	0	17	752.1	16.3

表1-6 全国20个生物医药产业成分城市创新能力指标

城市	2019年 创新能力								2020年 创新能力							
	融资总额/亿元	国内发明专利授权数量	药物临床试验数量	CDE受理I、II类新药数量	国产药品获批数量	国产I类新药获批数量	通过仿制药一致性评价的药品数量	上市二、三类医疗器械数量	融资总额/亿元	国内发明专利授权数量	药物临床试验数量	CDE受理I、II类新药数量	国产药品获批数量	国产I类新药获批数量	通过仿制药一致性评价的药品数量	上市二、三类医疗器械数量
北京	3514.8	27 476	1672	2933	6144	55	25	6697	3961.6	31 081	1920	3077	6187	57	41	7076
上海	1529.0	20 338	1529	2060	3975	38	9	4111	1903.3	22 450	2037	2555	3990	39	32	4791
成都	166.5	6272	451	1337	4687	24	27	1192	241.5	7220	572	1379	4743	24	41	1385
广州	271.0	11 653	313	654	3608	16	4	2282	329.4	13 354	400	708	3640	16	9	2691
武汉	211.7	6038	121	650	2731	9	4	1120	223.2	7197	145	662	2733	9	5	1273
深圳	559.6	6553	234	545	900	13	11	4882	770.4	7547	281	568	917	13	29	5797
杭州	363.7	10 199	306	593	1563	15	18	1872	519.0	11 817	389	653	1579	16	27	2178
天津	91.4	7502	251	631	2396	13	1	1402	120.6	8188	296	650	2403	13	8	1819
南京	110.0	9541	529	1297	1598	14	10	1508	139.3	10 804	649	1348	1634	15	22	1759
苏州	183.3	5124	390	583	1697	6	11	2899	286.0	5818	569	775	1718	8	16	3458

续表

城市	2019年 创新能力								2020年 创新能力							
	融资总额/亿元	国内发明专利授权数量	药物临床试验数量	CDE受理I、II类新药数量	国产药品获批数量	国产I类新药获批数量	通过仿制药一致性评价的药品数量	上市二、三类医疗器械数量	融资总额/亿元	国内发明专利授权数量	药物临床试验数量	CDE受理I、II类新药数量	国产药品获批数量	国产I类新药获批数量	通过仿制药一致性评价的药品数量	上市二、三类医疗器械数量
连云港	21.2	1348	661	810	774	33	18	132	21.2	1561	864	981	809	35	35	151
石家庄	38.2	1941	302	612	3316	14	26	659	58.4	2201	367	634	3357	15	44	898
重庆	77.9	4688	198	656	3764	8	20	1063	86.5	5350	241	672	3777	8	33	1370
长沙	100.6	2932	117	617	1466	18	4	1359	108.7	3461	136	621	1480	18	8	2114
泰州	31.8	879	274	229	854	11	13	1008	61.9	988	357	241	877	11	18	1183
哈尔滨	53.1	2998	48	644	3735	8	4	330	53.1	3238	56	644	3744	8	9	375
西安	48.5	4026	174	975	3454	6	19	480	50.5	4577	204	980	3457	6	2	557
台州	76.4	1288	166	271	1096	3	6	169	93.8	1447	216	275	1124	3	24	217
海口	41.4	1683	196	1392	2723	10	18	78	46.9	1825	229	1395	2748	10	15	119
济南	36.2	5014	352	964	1487	5	18	821	40.1	5755	409	980	1512	5	28	951

从发展增速来看（表1-7），2019年20个成分城市医药制造业产值平均增速为2.6%，显著高于同期的国民经济增速。其中，深圳、长沙、泰州等城市快速发展；济南、重庆、连云港、哈尔滨等城市发展放缓。

表1-7 全国20个成分城市医药制造业产值增速情况

序号	城市	2019年增长率	序号	城市	2019年增长率
1	深圳	26.19%	11	西安	8.96%
2	长沙	22.32%	12	武汉	8.73%
3	泰州	15.86%	13	石家庄	2.93%
4	成都	14.73%	14	北京	1.16%
5	杭州	13.98%	15	苏州	−1.79%
6	台州	11.69%	16	天津	−2.47%
7	上海	10.95%	17	哈尔滨	−3.56%
8	广州	10.91%	18	连云港	−4.42%
9	海口	9.57%	19	重庆	−5.02%
10	南京	9.11%	20	济南	−97.52%

三、中国生物医药产业成分园区2020年发展情况

从企业实力来看（表1-8），2020年全国20个生物医药产业成分园区产业主体和实力增强，成都高新技术产业开发区集聚规模显著，企业总数单位化排名全国第1位；单位化高新技术企业数量位列全国第3位；上市企业数量位列全国第5位。武汉东湖高新技术开发区产业主体和实力较强，单位化企业总数、单位化高新技术企业数量均排名第3位；上市企业数量排名第1位。

表1-8 全国20个生物医药产业成分园区企业实力指标

园区	2019年 企业实力					2020年 企业实力			
	企业总数/个	高新技术企业数/个	医药工业百强企业数/个	独角兽企业数/个	A股及新三板企业数量/个	企业总数/个	高新技术企业数/个	医药工业百强企业数/个	独角兽企业数/个
张江生物医药基地	859	70	4	0	6	932	70	4	0
北京亦庄生物医药园	530	53	0	0	2	623	53	0	0
苏州生物医药产业园（BioBAY）	602	68	0	0	3	704	68	0	0

续表

园区	2019年 企业实力					2020年 企业实力			
	企业总数/个	高新技术企业数/个	医药工业百强企业数/个	独角兽企业数/个	A股及新三板企业数量/个	企业总数/个	高新技术企业数/个	医药工业百强企业数/个	独角兽企业数/个
成都高新技术产业开发区	7940	122	1	0	8	10 050	122	1	0
武汉东湖高新技术开发区	5776	208	1	0	22	6785	208	1	0
中关村生命科学园	897	95	1	0	4	991	95	1	0
西安高新技术产业开发区	5527	112	1	0	7	7154	112	1	0
石家庄高新技术产业开发区	1898	57	3	0	5	2335	57	3	0
杭州高新技术产业开发区	2602	80	2	0	7	3262	80	2	0
长沙高新技术产业开发区	3121	105	0	0	13	3802	105	0	0
泰州医药高新技术产业开发区	1787	48	0	0	2	2100	48	0	0
合肥高新技术产业开发区	2018	89	0	0	11	2625	89	0	0
天津经济技术开发区	1087	72	2	0	8	1338	72	2	0
哈尔滨利民经济技术开发区	660	13	2	0	4	825	13	2	0
广州科学城生物产业基地	2430	163	0	0	14	3357	163	0	0
连云港经济技术开发区生物医药产业园	72	12	2	0	3	75	12	2	0
浏阳经济技术开发区	264	29	0	0	3	332	29	0	0
中山火炬高技术产业开发区	727	38	0	0	3	850	38	0	0
杭州余杭经济技术开发区	698	26	0	0	1	846	26	0	0
海口高新技术产业开发区	340	24	0	0	3	603	24	0	0

表1-9 全国20个生物医药产业成分园区创新能力指标

园区	2019年 创新能力							2020年 创新能力						
	发明专利申请数量/件	药物临床试验数量/个	医药工业百强企业数/个	CDE药品受理总数/个	上市药品数量/个	上市二、三类医疗器械数量/个	高层次人才	发明专利申请数量/件	药物临床试验数量/个	医药工业百强企业数/个	CDE药品受理总数/个	上市药品数量/个	上市二、三类医疗器械数量/个	高层次人才
张江生物医药基地	4436	485	2208	124	265	173	173	4659	624	2791	127	301	173	173
北京亦庄生物医药园	932	46	136	14	224	19	19	994	61	148	14	254	19	19
苏州生物医药产业园(BioBAY)	2668	171	253	8	264	159	159	2866	238	371	15	435	159	159
成都高新技术产业开发区	4948	166	1960	1630	682	227	227	5252	227	2089	1662	780	227	227
武汉东湖高新技术开发区	4356	59	905	1035	777	371	371	4718	79	954	1036	885	371	371
中关村生命科学园	2638	137	289	125	978	137	137	2798	162	345	128	1003	137	137
西安高新技术产业开发区	2452	152	1839	1138	194	55	55	2586	179	2037	1139	221	55	55
石家庄高新技术产业开发区	1270	142	1258	748	409	41	41	1350	179	1315	757	521	41	41
杭州高新技术产业开发区	1943	80	414	76	188	76	76	2156	99	458	78	213	76	76
长沙高新技术产业开发区	2841	42	502	389	696	21	21	2975	44	507	392	1018	21	21

续表

园区	2019年 创新能力							2020年 创新能力						
	发明专利申请数量/件	药物临床试验数量/个	医药工业百强企业数/个	CDE药品受理总数/个	上市药品数量/个	上市二、三类医疗器械数量/个	高层次人才	发明专利申请数量/件	药物临床试验数量/个	医药工业百强企业数/个	CDE药品受理总数/个	上市药品数量/个	上市二、三类医疗器械数量/个	高层次人才
泰州医药高新技术产业开发区	1321	185	532	181	689	155	155	1427	253	617	194	820	155	155
合肥高新技术产业开发区	2105	209	1360	668	321	6	6	2267	231	1425	678	372	6	6
天津经济技术开发区	2705	127	936	705	283	20	20	2789	140	1112	709	336	20	20
哈尔滨利民经济技术开发区	469	25	1435	1489	20	4	4	488	31	1452	1496	30	4	4
广州科学城生物产业基地	4111	112	419	230	846	37	37	4362	145	490	236	953	37	37
连云港经济技术开发区生物医药产业园	1321	436	1946	395	88	4	4	1393	581	2164	417	93	4	4
浏阳经济技术开发区	719	83	999	789	135	2	2	753	98	1028	800	194	2	2
中山火炬高技术产业开发区	744	37	310	509	162	3	3	789	63	391	512	191	3	3
杭州余杭经济技术开发区	585	38	251	466	166	9	9	615	47	274	470	212	9	9
海口高新技术产业开发区	1035	92	3028	1482	19	2	2	1100	115	3121	1498	29	2	2

从表 1-9 创新能力来看，2020 年全国 20 个生物医药产业成分园区创新能力提升较快，张江生物医药基地创新能力位居全国第 1 位，上市药品数处于中游，张江国内发明专利申请数量单位化排名第 2 位；药物临床试验总数单位化排名第 1 位；CDE 受理药品总数单位化排名第 1 位；张江生物医药单位化高端人才数量排名第 4 位。成都上市药品全国引领，成都高新区 CDE 药品受理总数单位化排名第 4 位；国内发明专利申请数量单位化排名第 1 位；药物临床试验总数单位化排名第 4 位。从已上市产品看，上市药品数量单位化排名第 1 位；生物医药单位化高端人才数量排名第 2 位。

四、中国生物医药产业蓝图展望

中国生物医药产业发展指数（CBIB）是新阶段对我国生物医药产业开展综合评价和动态展示的新实践，实现对我国生物医药产业经济实力、创新能力及资本活跃度的动态预测和趋势研判。

1. 产值预测：2020 年全国医药制造业销售收入将达 2.9 万亿

我国生物医药产业正由高速增长转向高质量发展阶段，这一阶段是技术创新的高峰期、政策变化的高频期和外部环境的高压期，生物医药产业研发、生产、流通、应用全面推进产业变革。经分析，2020 年 12 月 20 日中国生物医药产业发展指数将突破 1200 点，相比 2019 年增加 40.09%。

根据 2012—2020 年 CBIB 年度趋势线和全国医药制造业产值走势线的相关性分析（图 1-1），二者显示为强相关，构建 CBIB 指数线和全国医药制造业产值线性方程。经分析计算，2020 年全国医药制造业规模以上企业实现主营业务收入将达 2.9 万亿元。

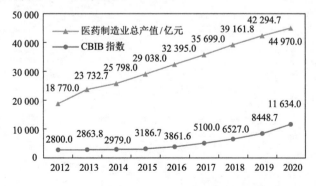

图 1-1　2012—2020 年 CBIB 年度指数和全国医药制造业销售收入趋势

2. 创新能力预测：仿制药一致性通过品种数量增速突破117%，药物临床试验数增速突破24%

在我国医药、医疗、医保三位一体改革大背景下，行业正开启结构性调整：从无序竞争到规范竞争、从数量竞争到质量竞争、从国内竞争到国际竞争。当下，"4+7"带量采购政策推行，带量采购模式打破仿制药过去的定价、市场准入壁垒；仿制药一致性评价将淘汰部分剩余产能，加速重构市场格局。基于2020年1月至12月CBIB指数变化日监测，经分析预测：2020年仿制药一致性评价的通过数量年度增长率将达117%。

MAH制度试点、深化审评审批制度改革等系列政策持续推进，鼓励创新势在必行；以及医药外包服务CRO/CMO业态发展驱动，生物医药产业创新轻资产化开始凸显，这将加速我国创新产品的研发与生产。基于2020年1—12月CBIB指数变化日监测，经分析预测（表1-10）：2020年我国药物临床试验数量增长率将达24%；CDE受理1、2类新药数量增长率将达7%；国产药品获批数量增长率将达2%；上市二、三类医疗器械数量增长率将达23%。

表1-10 CBIB对成分城市生物医药创新能力预测

序号	指标	年度增长
1	通过仿制药一致性评价	117%
2	CDE受理1、2类新药	7%
3	药物临床试验	24%
4	获批国产药品	2%
5	上市二、三类医疗器械	23%

生物产业发展战略与格局

中国生物医药产业集群发展特色与差异研究

火石创造（杭州费尔斯通科技有限公司）

生物医药产业集群是我国发展生物经济的主阵地，是生物安全战略实施的重要支撑。2020年的新冠疫情，使加快建设国家生物医药产业集群的迫切性更加突出，需要认真分析集群的发展基础和特色，在重大改革、生产力布局、结构升级、产业安全方面做好顶层设计，推动系统化工程的建设与落实，才能将国家生物经济战略、生物安全战略与区域协同战略等落实、落细与落地，并为国家战略性新兴产业的整体推进奠定坚实基础。

本文从空间演进的角度理清我国医药产业园的历史脉络，基于CBIB评价体系对中国17个生物医药产业园区排名进行洞察分析，聚焦17个国家生物医药产业集群的细分领域、产业结构创新能力、资源要素等，就生物医药产业集群发展关键因素及路径等进行深度思考，提出构建以产业大脑为核心的数字化治理新模式构想，以期为指导中国生物医药产业集群发展提供研究基础。

一、历史视角下的中国医药产业园区空间演进

根据医药产业的兴起和发展进程，将中国医药产业园区空间演进划分为4个阶段：

1. 萌芽期：医药公司服从全国统一布局

改革开放前，医药的成立服从全国统一布局。直到1964年中国医药工业公司（托拉斯）成立，在上海、武汉、天津、沈阳、南京、杭州、广州、重庆、长沙等9个城市设分公司，打破了药厂主要在东部沿海地区兴办的格局，制药工业在全国范围内铺开。

2. 成长期：医药工业园区开始兴建

改革开放到20世纪90年代末，是我国医药工业园区兴建的开端。

1984—1988年间，首批14家国家级经济技术开发区，外资药企开始在中国沿海地区布局建设（1981年第一家中外合资"大冢制药"在天津设立）。

3. 高速发展期：中西并进，医药工业园区大量涌现

20世纪90年代初到21世纪初，医药工业园区大量涌现，对外开放格局向中西部地区纵深推进；经开区和高新区蓬勃发展，外企、本土药企开始大规模进入园区建设生产基地。

4. 分化期：特色专业化集群开始出现

21世纪初至今，生物医药产业集群效应加强，特色专业化集群开始出现。如以生物药特色集聚发展的苏州BioBAY，以生物药为核心二次发展的张江科学城，以小核酸为特色定位的昆山小核酸基地，以牙科器械为特色赛道的资阳牙谷等。

二、17个国家生物医药产业集群数据分析

1. 全国生物医药产业集群分布

2019年10月，国家发展改革委下发《关于加快推进战略性新兴产业产业集群建设有关工作的通知》，公布首批66个国家级战略性新兴产业集群名单，其中17个为生物医药产业集群。

分布在环渤海经济区6个（占比35%）：集群北京昌平、大兴，天津经开区，河北石家庄，山东临沂、烟台等地经济开发区；长江经济带6个（占比35%）：集群成都，重庆巴南，武汉，杭州，苏州，上海浦东等地的新区和开发区；粤港澳大湾区2个（占比12%）：广州、珠海。

2. 规模总量与增长速度呈现"四梯次、七方阵"的发展格局

总体上，除厦门、重庆巴南区外，其他15个生物医药产业集群产值规模均在百亿以上。以中位数（规模总量350亿和近5年平均增速6%）进行四象限分析。可以将集群分为四个梯次和七个方阵。

第一梯次（有规模、有增速）：5个集群产值规模超过350亿，增速6%以上，构成国家产业集群的第一、二方阵。其中，第一方阵为成都、北京大兴区和杭州，产值规模超过500亿，增速10%以上；第二方阵为苏州、上海浦江新区和武汉，产值规模在350亿~500亿，增速10%以上。

第二梯次（有增速）：3个集群产值规模未到350亿，增速6%以上，但增长趋势明显，构成国家产业集群的第三、四方阵。其中，第三方阵为北京昌平区和珠海，产值规模为100亿~200亿，增速6%~10%以上；第四方

阵为厦门、重庆巴南区，产值规模虽然不到百亿，但增速都在10%以上。

第三梯次（规模和增速均不显著）：5个集群规模未到350亿，增速6%以下，构成国家产业集群的第五、六方阵。其中，第五方阵为广州、哈尔滨、天津经开区和烟台，产值规模为200亿～350亿，增速6%以下；第六方阵为通化，产值虽然具备一定基础，但近年增速下滑明显。

第四梯次（有规模、增速不显著）：山东临沂（接近500亿）和石家庄（超过600亿）的产值规模虽然具备较大的规模，但近5年增速未超过6%，临沂、石家庄为国家产业集群的第七方阵。

具体17个集群产值及5年复合增长率分布如图1-2所示。

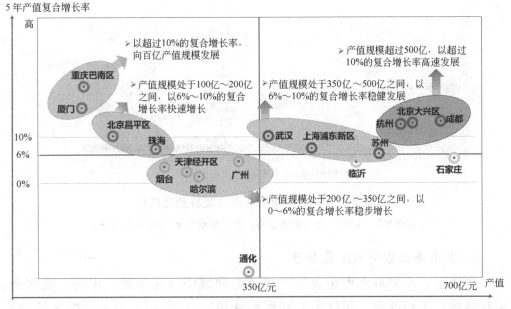

图1-2　17个集群产值及5年复合增长率分布

3. 集群产品内部结构呈梯度分布

从集群的产品内部结构占比看，总体上呈现出明显的"化药-中药-生物药"梯度分布特征。大部分集群的产品体系以化学药为主导。化学药有明显优势的为成都、石家庄、哈尔滨、广州，化学药生产批件占比超过65%；中药特色明显的为通化（中药生产批件占比超过60%）、哈尔滨、成都、广州；生物药在整个产业结构中处于第三，生产批件数量占比均未超过20%，特色明显的为北京大兴区、成都、武汉、上海浦东新区。17个生物医药产业集群药品结构如图1-3所示。

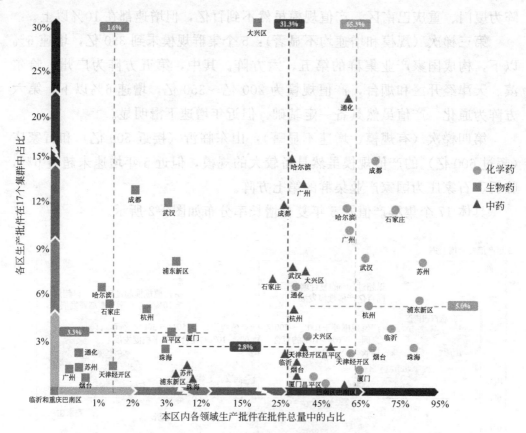

图 1-3 17个生物医药产业集群药品结构

数据来源：CDE，火石创造整理；分析数据截至2020年3月底。

4. 上市企业集群的发展质量

总体上，在集群上市企业分布的7个领域中（化学药、中药、生物药、医疗器械、医药商业、医疗服务和医药外包），化学药上市企业的区域分布最广，88.2%的集群都拥有化学药上市企业，拥有中药上市企业的集群数量最少，占比只有47.1%。生物药成功上市的企业占比最高，接近70%，医疗器械和医药商业上市企业的数量占比不到1%（如图1-4所示）。

从分布区域看，北京和上海集群上市企业质量总体较高，珠海企业基础薄弱，但上市企业指标突出，上海浦东新区、北京市大兴区和珠海市的上市企业数量、营收和市值，均呈现明显的排序上升，武汉则出现明显的位次下跌。武汉、广州虽然具有较大的企业群体规模，但很多领域的上市企业指标并不占有突出优势（如图1-5所示）。

5. 细分领域，集群上市企业的表现特征

从细分领域看，在化学药领域，苏州和石家庄的上市企业数量、营收和

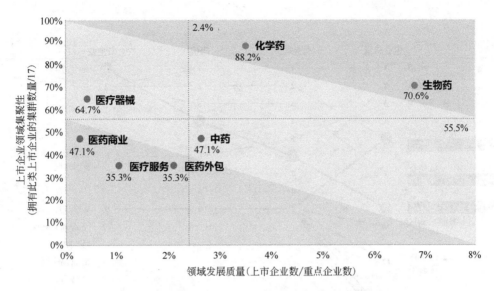

图 1-4 集群上市企业区域和领域的分布情况

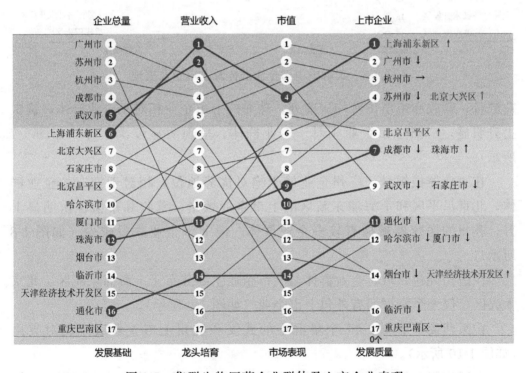

图 1-5 集群生物医药企业群体及上市企业表现

市值突出,珠海的上市企业数量位次晋升明显,武汉位次下降 9 名。

在中药领域,集群的上市企业数量相对较少,通化表现突出(如图 1-6 所示)。

在生物药领域,上海浦东新区、苏州、北京大兴区、北京昌平区上市企

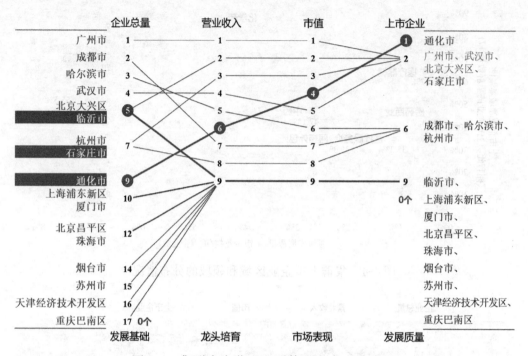

图 1-6 集群中中药企业群体及上市企业表现

业数量、营收和市值位次均居前列,珠海的上市企业相对于企业群体,位次上升明显,广州上市企业相对于企业群体,呈现明显位次下降(如图1-7所示)。

在医疗器械领域,广州企业处于绝对优势地位,相对于拥有的企业群体,北京昌平区和上海浦东新区的上市企业数量、营收和市值位次明显上升,苏州的医疗器械拥有较多企业群体,但上市企业数量较少(如图1-8所示)。

在医药外包领域,企业群体与上市企业主要分布于上海浦东新区、北京大兴区,仅6个集群拥有外包上市企业(如图1-9所示)。

在医药商业领域,17个集群中的武汉和杭州上市企业表现相对突出(如图1-10所示)。

在医疗服务领域,广州的企业群体和上市企业各项指标均全面领先,杭州、成都、苏州、北京大兴、北京昌平等5个园区紧随其后,武汉、上海、石家庄等11个区欠缺(如图1-11所示)。

6. 集群创新成果和创新活跃度

从创新产出和创新活跃度看,上海浦东新区、北京大兴区和苏州表现突

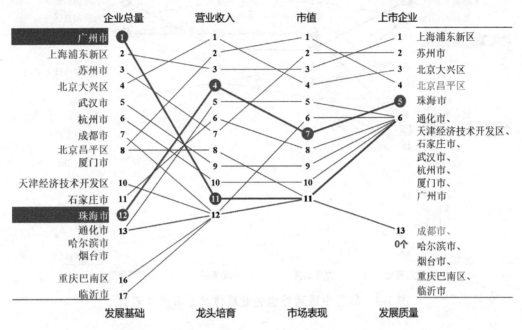

图 1-7 集群中生物药企业群体及上市企业表现

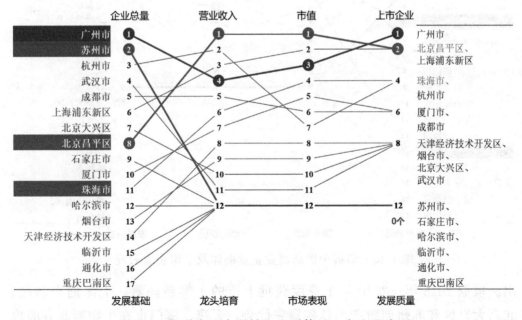

图 1-8 集群中医疗器械企业群体及上市企业表现

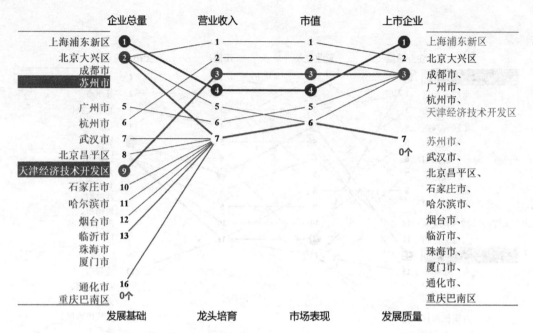

图 1-9　集群中医药外包企业群体及上市企业表现

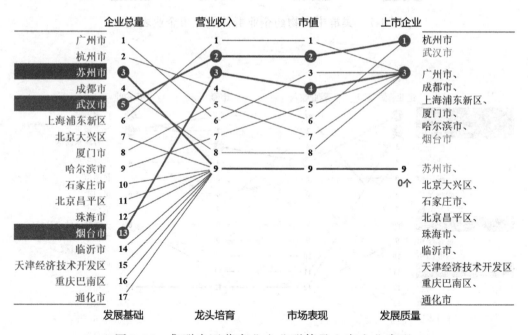

图 1-10　集群中医药商业企业群体及上市企业表现

出。根据 2016 年—2020 年 1 季度获批上市的 1 类新药看,上海浦东新区、北京大兴区和苏州创新产出具备领先优势,天津、厦门也在生物制品方面也展现出创新亮点。根据 2016—2019 年首次公示信息的药物临床实验数量,

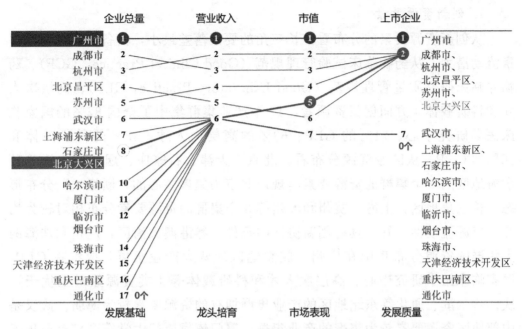

图 1-11 集群中医疗服务企业群体及上市企业表现

上海浦东新区在集群中遥遥领先，苏州、成都紧随其后。根据2016—2019年国家药监局优先或特别审评审批的药品和医疗器械数量看，上海浦东新区、北京大兴区、苏州均位列第一梯队（如图1-12所示）。

1类新药		临床试验		优先或特别审评审批			
						药品	医疗器械
上海浦东新区	甲苯磺酸尼拉帕利胶囊 甘露特钠胶囊 贝那鲁肽注射液 特瑞普利单抗注射液 替雷利珠单抗注射液	上海浦东新区	639	上海浦东新区	26	上海浦东新区	30
		苏州市	394	北京大兴区	21	北京大兴区	23
		成都市	371	苏州市	19	苏州市	20
		北京大兴区	254	杭州市	13	杭州市	16
		杭州市	241	成都市	9	广州市	15
北京大兴区	罗沙司他胶囊 盐酸可洛派韦胶囊 培集成干扰素α-2 Sabin株脊灰灭活疫苗	石家庄市	238	天津经开区	6	昌平区	12
		广州市	237	烟台市	5	武汉市	9
		北京昌平区	133	北京昌平区	5	成都市	3
		武汉市	84	珠海市	2	厦门市	3
苏州	甲苯磺酸尼拉帕利胶囊 特瑞普利单抗注射液 信迪利单抗注射液	临沂市	83	厦门市	2	天津市	2
		天津经开区	79	广州市	2	烟台市	1
		珠海市	63			珠海市	1
		烟台市	60				
武汉	肠道病毒71型灭活疫苗	哈尔滨市	42				
		通化市	35				
厦门	聚乙二醇干扰素α-2b	厦门市	24				
天津	重组埃博拉病毒病疫苗	重庆巴南区	12				

图 1-12 17个集群药品和医疗器械创新产出和创新活跃度

7. 创新资源要素

从创新资源要素的分布看，长三角的要素落差最小，具备更好的区域要素流动潜力。从药物临床试验管理规范（Good Clinical Practice，GCP）、药物非临床研究质量管理规范（Good Laboratory Practise，GLP）、高层次人才和科研载体4方面创新资源看，17个产业集群集中了全国82％的国家临床医学研究中心、71％的GLP、63％的高层次人才、48％的科研载体和36％的GCP。从区域资源分布看，北京、天津、石家庄、烟台和临沂等环渤海地区的5个集群的资源要素呈现以北京为集聚核心的"断崖式"分布形态。长三角地区，上海、杭州和苏州等3个集群的资源要素分布相对较为均衡，资源流动性较好，具备创新协同的条件。粤港澳大湾区，广州和珠海两大集群的资源分布集中在广州。成渝地区的两大产业集群，成都在GLP、国家临床医学研究中心、高层次人才和科研载体等4类资源数量上优于重庆。哈尔滨、通化等东北地区的产业集群拥有的资源要素较为薄弱。武汉是中部地区资源要素较为集聚的产业集群，厦门依靠厦门大学等高校资源集聚了一批生物医药领域高层次人才。如图1-13所示。

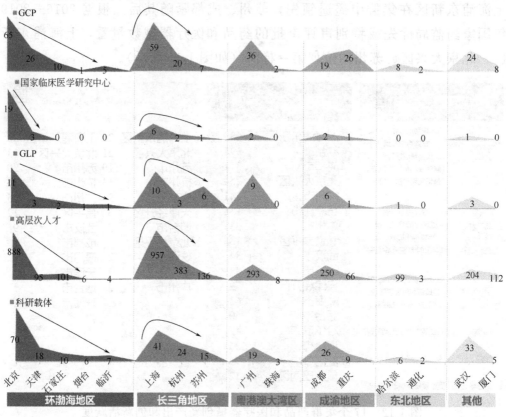

图1-13 17个集群资源要素分配情况

三、生物医药产业集群路径模式分析

1. 塔型体系：世界一流产业集群的路径剖析

"塔型"结构集群基于一流的科研资源集聚形成。美国旧金山湾区、波士顿地区、北卡三角研究园区、英国剑桥科技园、德国纽伦堡医谷等产业集群均为"塔型"成长路径。如图1-14所示。

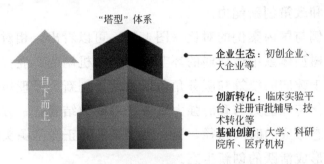

图1-14 产业集群的"塔型"路径

2. 树型体系：我国重点产业集群的路径剖析

"树型"结构集群并不是源于渐进式、自下而上的科技创新能力转化，而是源于集中式、自上而下的地区政府产业化资源投入能力形成。我国的苏州、上海浦东新区、武汉光谷等产业集群均为"树型"成长路径。如图1-15所示。

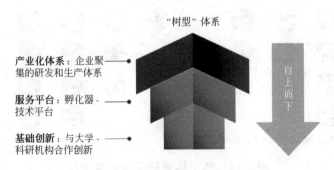

图1-15 产业集群的"树型"路径

波士顿基因城、旧金山湾区、德国纽伦堡医谷等世界一流生物医药产业集群，源于强大基础创新能力和市场化运营的产学研用合作，形成了活跃的中小创新生态，自下而上构建了基于源头创新的"塔型"集群发展路径。国内的苏州、上海浦东新区等生物医药产业集群，基于政府的资源投入、投资服务与统筹建设，以产业规模为目标，自上而下构建了基于平台服务的"树型"集群发展路径。"塔型"和"树型"的发展路径不同，根本原因在于科研创新机制与政府资源配置能力的差异，如何将两者优势结合，形成更具竞争力的产业集群，是生物医药产业集群要探讨的重要议题。

3. 我国生物医药集群发展关键因素及路径思考

(1) 集群发展的关键因素

总结国内外生物医药产业集群的发展路径，集群发展的关键因素主要有六方面，即中小创新企业、科研产业传导能力、专业孵化能力、人才配套、政府统筹能力和政策创新能力。

从国际案例与国内案例的对比（图 1-16）可以看出，相对于国外的塔型体系，国内的树型体系中最薄弱的环节在于科研机制的产业传导能力，最具优势的因素在于政府的统筹和服务角色以及政策创新。最理想的路径是市场化的科研产业化传导能力与政府强大资源统筹能力结合，一方面将缩短“塔型”渐进式生态形成的时间路径，另一方面又能真正激活源头创新市场化转化的积极性，形成活跃的创新生态。

借鉴国际/国内领先案例，总结医药产业集群面向未来的关键成功要素:	国际案例 塔型体系					国内案例 树型体系			
	波士顿	湾区	横滨	大阪	巴黎	苏州 (Biobay)	上海 (张江)	广州 (国际生物岛)	武汉 (光谷生物城)
① 拥有中小型前沿创新企业的集群	☆	☆	★	☆	☆	☆	☆		☆
② 院校科研潜力能充分传递到产业	☆	☆	★	☆	★				
③ 市场化、多元化的专业孵化手段	☆	☆		★	☆	☆	☆		☆
④ 匹配行业人才诉求的城市配套	☆	☆			★	☆	☆	★	
⑤ 政府行使好统筹和服务角色			☆		☆	☆	☆	☆	☆
⑥ 协助对接并引进监管，政策创新			★	☆		☆	☆		☆

☆ 在此维度表现突出的　★ 在此维度表现良好的

图 1-16　两个体系的关键要素分析

(2) 17 个集群的路径思考

“塔型”体系的构建，基于源头创新向产业化应用顺畅的转化能力，“树型”体系的构建，基于面向企业的专业服务能力与政府资源投入。17 个国家生物医药产业集群中，由于具有强大的科研与教育资源，北京昌平区、北京大兴区、上海浦东新区、广州、武汉具备构建“塔型”体系的基础。苏州、成都、杭州、天津经济技术开发区、石家庄、厦门、哈尔滨、通化、临沂、烟台、珠海、重庆巴南区由产业至科研的路径更为现实,可向"树型"体系演进。

无论"塔型"体系,还是"树型"体系的演进路径,并不存在绝对的优劣,最终目标都是强大研发能力+专业服务能力+产业化生态的结合。

四、基于我国生物医药产业结构的数字化治理新模式探索

1. 中国经济发展结构调整,中小创新企业是破局的关键

随着中国经济发展结构的调整,"三架马车"下跌与"资产性价格"上扬形成的鲜明对比。GDP下降6.8%,固定资产投入减少16.1%,进出口总额减少6.4%,人均消费支出减少18.0%;工业生产者价格指数低迷,生产价格指数(Producer Price Index,PPI)下降1.5%,工业生产者购进价格下降3.8%;就业不景气,居民收入出现多年没有的下降,Q1居民人均支配收入下降3.9%,1—4月城镇新增就业减少103万,4月城镇调查失业率增加0.9%。与之相对的是资产性价格大幅上扬,1—4月全国50大城市土地收入同比上涨10.3%,4月份土地溢价率明显上行,一二线城市的住宅土地平均溢价率高达15.54%。

升降的鲜明对比折射了经济发展的结构性问题。供给侧的财富创造部门生产萎缩,在产业结构深化调整进程中,缺少资源的倾斜,导致创造创新的中小企业动能不足,从制造向创造的转化进入平台期;大量资源与资本向资产部门倾斜,资本形成率高,不断推高资产价格。由此判断,发展中小创新企业成为走出结构性瓶颈的关键。

2. 在新基建背景下,要以中小创新企业为重点,构建新型产业数字化设施,推动产业创新提质和降本增效

产业新基建发轫于我国经济从高速增长向高质量发展转型的动力换档期,人口红利减弱与要素成本上升的矛盾叠加期,产业链全球化布局加深与欧美逆全球化暗潮涌动的安全敏感期。在这一宏观背景下,创新提质构建"高次元"的竞争优势,降本增效形成"低成本"的规模优势,成为中国经济结构调整的两大主题。

通过专业化运营,将行业个性化、专业化的资源及服务,转化为标准化、共享化、专业化的产业设施,支撑重大生产力布局和物资统筹,支撑面向中小创新企业的资源集成、公共技术和生产设施平台以及低成本供应链保障,实现产业的数字化转型,形成新型的数字化生产关系,率先在全球形成

数字化新经济形态。

3. 构建生物医药产业大脑是产业数字化治理的落地路径

产业大脑是面向产业链的产业发展决策指挥系统，也是业务操作系统，面向产业决策者构建指标总览，实时掌握企业、项目和产业发展的核心指标，识别企业位置和发展拐点；面向产业管理者，动态掌控重点企业的全息档案，识别企业特征，监测企业发展、需求和外迁动向，实现企业精准精细管理。面向产业研究者深入研究细分领域卡脖子技术图谱分析，为产业布局提供辅助参考。

（撰稿专家：阙灵）

生物产业发展现状与趋势

生物产业发展现状与趋势

生物医药

2020年度生物医药产业发展态势分析

上海医药工业研究院

一、全球生物医药产业发展态势

(一) 全球生物医药市场分析

1. 全球药市:保持稳定增长

全球市场研究机构中商情报网报告指出,世界人口总量的增长、社会老龄化程度的提高、人们保健意识的增强以及疾病谱的改变,使得人类对生命健康事业愈发重视。同时,全球城市化进程的加快,各国医疗保障体制的不断完善,种种因素推动了全球医药行业的发展,进而带动了全球药品市场的发展。2019年全球药品销售额约为1.26万亿美元。预计未来几年全球药品销售额将保持年均4%~5%的增长,据此推算2020年全球医药市场规模将达到1.32万亿美元(图2-1),至2023年全球药品的市场销售额将超过1.5万亿美元。

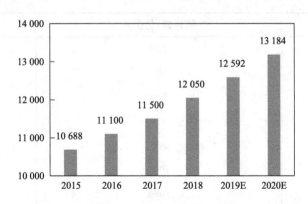

图2-1 2015—2020年全球医药市场规模统计及预测(单位:亿美元)

数据来源:IQVIA、中商产业研究院整理。

(1) 处方药市场

2010—2018年处方药销售的复合增长率(CAGR)为2.3%。与此相比，2019—2024 年的 CAGR 预计为 6.9%，2024 年销售额预计将达到 1.18 万亿美元（图 2-2）。2019 年处方药市场的增长率为 2.0%，与 2018 年相比，增速略有下降。处方药主要包括：仿制药，罕见病药物，以及除了仿制药、罕见病药物以外的其他处方药。

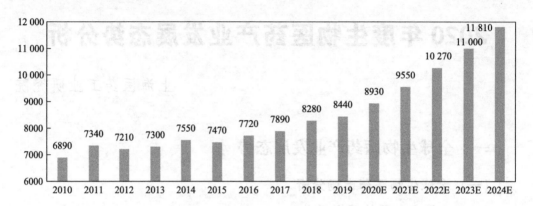

图 2-2　2010—2024 年全球处方药销售额情况（单位：亿美元）

数据来源：Evaluate Pharma。

其中，仿制药方面，2019 年处方药全球销售额为 790 亿美元，相较 2018 年 750 亿美元的销售额增长 5.3%。2019—2024 年的 CAGR 预计为 4.9%，2024 年销售额预计将达到 1000 亿美元。罕见病用药方面，2019—2024 年处方药销售额的 CAGR 几乎是 2010—2018 年的翻一番（表 2-1）。

表 2-1　2010—2019 年罕见病处方药市场增长率

年份	销售额/亿美元	增长率/%
2010	720	—
2011	800	11.1
2012	840	5.0
2013	910	8.3
2014	960	5.5
2015	1000	4.2
2016	1090	9.0
2017	1180	8.3
2018	1300	10.2
2019	1350	3.8

数据来源：Evaluate Pharma。

随着制药行业进入新的十年，跨国药企均着力于进行兼并重组、商业化新药和专注于高价值疾病领域创新药品的研发，并在公司运营中引入新的技术，尽管未来几年将面临新冠病毒疫情的挑战，但分析人士仍认为大多数公司将继续保持增长。2019年罗氏公司以482亿美元销售额超越诺华公司和辉瑞公司跃居全球处方药榜首，占全球处方药市场份额的5.7%，默沙东公司和强生公司等紧随其后。前十家公司销售额占比达43.4%（表2-2）。根据Evaluate Pharma最新数据，预计2026年罗氏公司将继续保持领先优势，居首位。

表2-2　2019/2026年全球处方药销售10强

排名	企业名	2019年/亿美元	2026年/亿美元	CAGR/%
1	罗氏	482	610	3.4
2	强生	401	561	4.9
3	诺华	461	548	2.5
4	默沙东	409	532	3.8
5	艾伯维	324	527	7.2
6	辉瑞	438	511	2.2
7	百时美施贵宝	252	447	8.6
8	赛诺菲	349	417	2.6
9	阿斯利康	232	410	8.5
10	葛兰素史克	313	408	3.9

数据来源：Evaluate Pharma。

(2) 生物药及生物类似药

作为药品的一大主要子类，与化学药（化学合成的小分子物质）不同，生物药是源自多种天然来源或通过生物技术方法生产的大分子物质。生物药产品范围广泛，涵盖抗体（例如单抗、ADC、多/双抗等）、重组蛋白、疫苗、多肽及其他新兴类别（如细胞治疗、基因治疗等）。2014—2019年全球生物药市场规模从1944亿美元增加到2864亿美元（图2-3），CAGR为8.1%，远高于非生物药市场增速。预计到2024年生物药全球市场份额将突破4000亿美元（图2-3）。

根据相关规定，尽管辅料可能存在细微差别，生物类似药通常定义为在质量、安全及疗效方面与已获批准的生物药（即原研药或参照药）高度相似的生物药品。2019年全球生物类似药市场规模为95亿美元（图2-4），

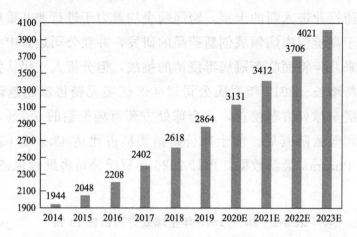

图 2-3　2014—2023 年全球生物药市场规模（单位：亿美元）

数据来源：Frost Sullivan，创业邦研究中心整理。

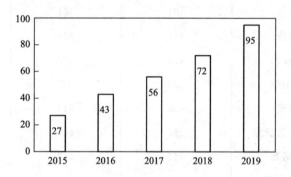

图 2-4　2015—2019 年全球生物类似药市场规模（单位：亿美元）

数据来源：Frost Sullivan，前瞻产业研究院整理。

2015—2019 年的 CAGR 为 37.5%。

2019 年全球最畅销的 10 个药物中，有 8 个是生物药（2019 年全球十大畅销生物药销售情况见表 2-3）。在生物药市场中，单克隆抗体占比最高。其中，阿达木单抗是第 1 个全人源化单抗药物，于 2002 年在美国获批上市，自 2012 年起连续 8 年位居榜首。2019 年销售额高达 191.7 亿美元，但同比下降 3%。这主要是由于国际市场尤其是欧洲地区受生物类似药冲击巨大，国际销售额同比下滑 31%，而美国因成功维护专利期至 2023 年，所以增速保持 8.6%，综合起来缓解了增速的下滑，但 200 亿美元大关尚需美国市场的进一步努力来达成。

国内生物药行业发展滞后于全球市场，由此，国内生物药市场具有更加广阔的增长空间。在过去的几年内，国内生物药市场以数倍于全球生物药市场的增长率快速增长，2019 年我国生物药的市场规模可达到 3172 亿元。随

表 2-3 2019 年全球十大畅销生物药销售情况

排名	商品名	通用名	公司	应用领域	2019年销售额/亿美元
1	修美乐(Humira)	阿达木单抗	艾伯维	免疫	192
2	可瑞达(Keytruda)	帕博利珠单抗	默沙东	肿瘤	111
3	奥德武(Opdivo)	纳武单抗	百时美施贵宝	肿瘤	78
4	艾力雅(Eylea)	阿柏西普	再生元	眼科、肿瘤	75
5	安维汀(Avastin)	贝伐珠单抗	罗氏	肿瘤	71
6	恩利(Enbrel)	依那西普	安进	免疫	69
7	美罗华(Rituxan)	利妥昔单抗	罗氏	肿瘤、免疫	65
8	喜达诺(Stelara)	乌司奴单抗	杨森	免疫	64
9	赫赛汀(Herceptin)	曲妥珠单抗	罗氏	肿瘤	61
10	沛儿 13(Prevnar13)	13 价肺炎疫苗	辉瑞	疫苗	58

数据来源：Frost Sullivan，前瞻产业研究院整理。

着技术创新、人民保健意识增强等因素的驱动，未来国内生物药市场规模将快速扩增，市场规模有望于 2023 年达到 6400 亿元以上。

2019 年首个国产生物类似物——利妥昔单抗生物类似物（复宏汉霖）获批上市，意味着国产生物类似物研究取得了突破性进展；与此同时，中国生物药行业也正在从发展初期迈入快速发展期，中国生物类似药市场规模在 2019 年达到 23 亿元左右（图 2-5）。

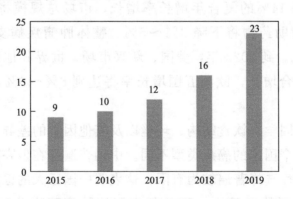

图 2-5 2015—2019 年中国生物类似药市场规模（单位：亿元）

数据来源：Frost Sullivan，前瞻产业研究院整理。

国内单抗药物市场还处于起步阶段，未来随着更多单抗药物及生物类似物的获批上市并逐步纳入医保目录，单抗药物市场有望于 2024 年达 2035 亿元规模（图 2-6）。

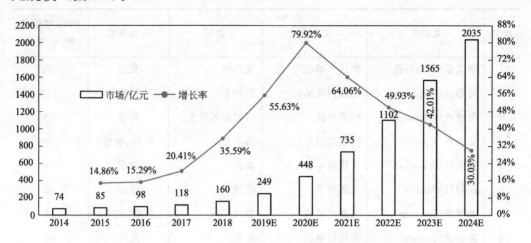

图 2-6 国内单抗药物市场规模

数据来源：Frost Sullivan，创业邦研究中心整理。

(3) 抗肿瘤药市场

总体呈上升趋势的全球发病率使得肿瘤诊断药物/试剂和治疗药物的需求旺盛、肿瘤治疗的特殊性（患者需要全程接受科学正规治疗以延缓肿瘤进展或防止肿瘤复发）所致的对药物治疗依从性提高、对肿瘤发病机理的深入了解和诊断检测的不断细化带来对精准治疗药物开发的需求增加等因素影响下，未来 10 年全球抗肿瘤药物的市场空间依然很大。据 IQVIA 报道，2018 年全球肿瘤药物销售额近 1500 亿美元，2019—2023 年预计治疗支出将以 11％～14％的复合年增长率增长，市场总规模将达到 2000 亿～2300 亿美元。辅助药物将下降 3％～5％。整体肿瘤疾病支出将达到 2200 亿～2500 亿美元。到 2023 年，美国、新兴市场、世界其他地区的医疗支出仍将以两位数复合增长，欧洲五国增长率将达到 6％～9％，日本增长率达到 5％～8％。

由于遗传基因学、饮食结构、环境以及其他因素的差异，中国最常见癌症类型与全球各个国家的癌症类型不同。中国普遍存在但在其他市场发病率较低的癌种的治疗选择普遍较为有限，这表明中国巨大的医疗需求尚未得到满足。根据米内网数据显示，2018 年中国抗肿瘤药物总产值达 999 亿元，同比增长 21.2％。按照过去 5 年的年平均复合增长率，中商产业研究院预测 2020 年中国抗肿瘤药将超 1340 亿元（图 2-7）。

2019 年全年，FDA 的药物评估和研究中心（CDER）共批 48 个创新药物（表 2-4），其中包含 3 个新型 ADC、首个 FGFR 抑制剂、首个乳腺癌

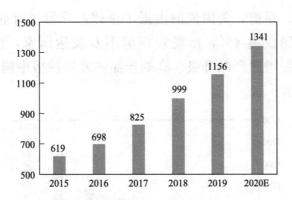

图 2-7 中国抗肿瘤药物市场规模及预测（单位：亿元）
数据来源：米内数据库、中商产业研究院整理。

PI3K 抑制剂等 10 个肿瘤相关的新分子实体和新治疗生物产品。于肿瘤患者而言，新药带来的是活下去、活得有尊严的希望。于医药企业来说，独特的研发技术，精准的研发视角，快速的研发产出，既抢占了市场，提增了竞争力，又给医生和患者带来了更多的治疗手段和方法。

表 2-4　2019 年 FDA 审批的创新肿瘤药

类型	药物名称	适应证	批准时间
ADC	Enhertu	转移性乳腺癌	2019-12-20
ADC	Padcev	顽固性膀胱癌	2019-12-18
小分子靶向	Brukinsa	套细胞淋巴瘤	2019-11-14
小分子靶向	Rozlytrek	ROS1 阳性的转移性非小细胞肺癌，NTRK 融合阳性的成人和儿童患者	2019-08-15
小分子靶向	TURALIO	成人腱鞘巨细胞瘤	2019-08-02
小分子靶向	Nubeqa	非转移性去势耐药前列腺癌	2019-07-30
小分子靶向	Xpovio	复发/难治性成人多发性骨髓瘤	2019-07-03
ADC	Polivy	成人复发/难治性弥漫大 B 细胞淋巴瘤	2019-06-10
小分子靶向	Piqray	乳腺癌	2019-05-24
小分子靶向	Balversa	局部晚期或转移性膀胱癌	2019-04-12

数据来源：医学界肿瘤频道。

（4）全球医疗器械市场

自 2016 年以来，全球医疗器械市场规模保持平稳增加，增长率基本保持在 5% 左右。2019 年，全球医疗器械市场规模达 4519 亿美元，同比增长 5.63%，预计 2020 年全球医疗器械市场规模将达 4774 亿美元（图 2-8），进入稳步发展阶段。目前，美国依旧占据了全球医疗器械行业最大市场份额，其次为欧洲，中国仅占 4%，市场规模远不及发达国家，治疗诊断的新需求、市场规模的提增和产品升级、高端产品的发展使得中国医疗器械行业还存在较大发展空间。

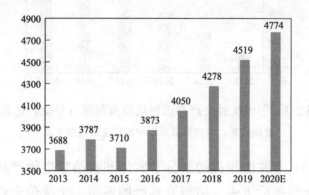

图 2-8　2013—2020 年全球医疗器械行业销售总额及预测（单位：亿美元）

数据来源：Evaluate Med Tech，艾媒数据中心。

未来随着国家政策的扶持、不断扩大的市场需求、中国人口老龄化加速以及医疗器械行业的技术发展和产业升级，医疗设备将有望继续保持高速增长的良好态势，并实现从中低端市场向高端市场进口替代的愿景。2018 年销售额已突破 5000 亿元，2019 年我国医疗器械行业市场规模约为 6285 亿元（图 2-9），同比增长 18.50%。随着我国医疗器械行业的技术革新及产业链成熟，市场容量将会不断扩大。2020 年突然暴发的新冠肺炎疫情，更将医疗器械行业推到全国乃至全球瞩目的焦点。短期内，医疗器械市场需求仍将居高不下，医疗器械行业正跑步进入黄金发展期。

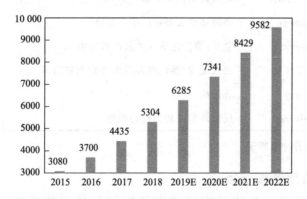

图 2-9　2015—2022 年中国医疗器械市场规模及预测（单位：亿元）

数据来源：Evaluate Med Tech，艾媒数据中心。

国外权威的第三方网站 QMED 单根据 2019 年的营收状况对全球医疗器械公司进行了排名,并发布的《2019 年医疗器械企业百强榜单》中,排名前 10 的医疗器械公司的总营业收入达 1944.28 亿美元(表 2-5),全球共有 51 家医疗器械公司的收入超过 10 亿美元。

表 2-5 2019 年医疗器械公司 TOP10

2018 排名	2019 排名	公司名称	收入/亿美元	市值/亿美元	国家
1	1	美敦力	308.91	1595.45	美国
2	2	强生	259.63	3839.10	美国
11	3	雅培	199.52	1573.93	美国
4	4	GE 医疗	199.42	974.70	美国
5	5	费森尤斯医疗	192.64	221.36	德国
16	6	BD 医疗	172.90	750.92	美国
6	7	西门子医疗	160.90	481.17	德国
7	8	嘉德诺	157.49	147.90	美国
3	9	飞利浦医疗	147.38	446.68	荷兰
9	10	史赛克	145.49	794.36	美国

数据来源:QMED。

此外,全球顶级医疗器械公司的排名变化,也体现了 2019 年医疗器械行业内竞争格局的变化。美敦力公司仍然稳居冠军宝座,以 308.91 亿美元位居榜首。在 2019 年全球医疗器械公司 TOP10 的名单中,美敦力公司、强生公司、GE 公司、费森尤斯公司排名与 2018 年保持一致,而值得注意的是,雅培公司、BD 公司的排名均有大幅上升。

事实上,2019 年中国的医疗器械行业发展也十分迅速,大批企业挂牌上市后都取得了不错的成绩。在该行业百强榜单中,迈瑞医疗、新华医疗、乐普医疗、微创医疗、鱼跃医疗等 7 家医疗器械企业均榜上有名(表 2-6),且半数企业名次均在前列,反映了国产医疗器械企业正在崛起。

表 2-6 2019 年全球医疗器械公司 TOP 100 中的中国上榜企业

排名	全榜单排名	公司名称	收入/亿美元	市值/亿美元
1	34	迈瑞医疗	23.09	343.53
2	47	新华医疗	12.06	8.93
3	49	乐普医疗	11.14	85.00

续表

排名	全榜单排名	公司名称	收入/亿美元	市值/亿美元
4	63	微创医疗	7.52	20.12
5	68	鱼跃医疗	6.64	31.26
6	86	现代牙科集团	2.99	1.86
7	87	东富龙	2.96	6.77

数据来源：QMED，中商产业研究院整理。

2. 全球制药巨头与重磅药物

2019年全球制药企业TOP10排名大洗牌，罗氏公司以482.47亿美元的销售额排名首位（表2-7），结束了辉瑞公司连续4年的霸主地位。诺华公司和辉瑞公司分别以460.85亿美元和436.62亿美元的销售额位列第二、三位，其中百时美施贵宝公司和武田公司均较2018年排名上升6位，入围榜单前10名。辉瑞公司、强生公司、赛诺菲公司、艾伯维公司、葛兰素史克公司排名下滑。

表2-7 2019年全球制药企业处方药销售TOP10

排名	企业名称	2019年制药业务销售收入/亿美元	排名与2018年相比
1	罗氏	482.47	↑1
2	诺华	460.85	↑1
3	辉瑞	436.62	↓2
4	默沙东	409.03	↑1
5	百时美施贵宝	406.89	↑6
6	强生	400.83	↓2
7	赛诺菲	349.24	↓1
8	艾伯维	323.51	↓1
9	葛兰素史克	312.88	↓1
10	武田	292.47	↑6

数据来源：Pharm Exec。

2019年，罗氏公司的处方药销售增长了8.3%，其中安维汀的销售占了公司制药业务总收入的15%，另外美罗华和赫赛汀表现也很不错。诺华公司排名第2位，比2018年进步了1位。诺华公司销售前三的处方药是可善挺、捷灵亚和诺适得，此外，心衰药物诺欣妥、基因疗法Zolgensma（onasemnogene abeparvovec，AVXS-101）表现也相当。辉瑞公司此次排名第3位。

默沙东公司较2018年亦提升了1位。百时美施贵宝公司从收购新基公司后实力大增，跃居第5位，紧随默沙东公司之后。

继2018年TOP50榜单中有2家新入围的中国企业后，2019年的名单中又多了2家中国药企的名字：云南白药和上海医药。2018年上榜的中国生物医药此次排名第42位，同上年持平。恒瑞医药排名第43位，较上年前进了4名。新入围的云南白药以42.84亿美元的处方药销售额排名第37位，从目前来看，医药产品仍是公司的主要营收来源，但净利高的部门当属其牙膏产品所属的健康产品事业部。上海医药排名第48位，2019年处方药销售额为28.75亿美元。上海医药近年来着力推进创新转型，目前公司已有15个创新药（16个适应证）处于临床研究及IND申请阶段。

艾伯维公司的Humira（阿达木单抗，adalimumab）凭借严密的专利保护将众多生物类似物封堵至2023年以后才能进入美国市场，再次雄踞2019年全球畅销药排行榜TOP1（表2-8），其197.3亿美元的销售额较第2名高出近百亿美元。在Humira之后的第二梯队是一系列超级抗肿瘤药物。PD-1抗体是2019年畅销药TOP10榜单的两个新锐。默沙东公司的Keytruda（帕博利珠单抗，pembrolizumab）和BMS公司的Opdivo（纳武单抗，nivolumab）凭借临床和审批方面的巨大成功远远领先于竞争对手。首当其冲的就是近来快速增长的Keytruda，分析人士指出，其在肺癌领域的巨大优势，将助力其成为新的销量霸主。

表2-8　2019年全球药物销售额榜单TOP20

排名	药物名称	公司	2019年销售额/亿美元	预计2026年销售额/亿美元	CAGR/%
1	Humira	艾伯维	197.3	68.3	−14
2	Keytruda	默沙东	111.3	249.1	+12
3	Revlimid	BMS	111.1	N/A	N/A
4	Opdivo	BMS	80.6	116.2	+5
5	Eylea	再生元/拜耳	79.9	66.8	−3
6	Eliquis	BMS/辉瑞	79.3	123.8	+7
7	Enbrel	安进	72.0	40.2	−8
8	Avastin	罗氏	71.2	17.0	−19
9	Stelara	强生	66.2	63.2	−1
10	Rituxan	罗氏	65.4	18.4	−17

续表

排名	药物名称	公司	2019年销售额/亿美元	预计2026年销售额/亿美元	CAGR/%
11	Xarelto	拜耳/强生	63.5	25.5	−12
12	Herceptin	罗氏	60.8	20.8	−14
13	Prevnar13	辉瑞	59.5	70.6	+2
14	Imbruvica	艾伯维/强生	56.9	106.9	+9
15	Remicade	强生	50.3	13.9	−17
16	Ibrance	辉瑞	49.6	110.4	+12
17	Biktarvy	吉利德科学	47.4	114.0	+14
18	Tecfidera	渤健	44.3	33.8	−4
19	Trulicity	礼来	41.3	74.3	+9
20	Genvoya	吉利德科学	39.8	19.7	−10

数据来源：Evaluate Pharma。

销量占据TOP20的药品中，可谓几家欢喜几家愁。Evaluate Pharma预测在榜药物复合年增长率最高的是吉利德科学公司的Biktarvy（Bictegravir/恩曲他滨/替诺福韦），其CAGR可达到14%；默沙东公司的Keytruda、辉瑞公司的Ibrance（帕博西利，palbociclib）则以12%的CAGR紧随其后。值得注意的是，从Evaluate Pharma的预测结果上看，随着部分药物专利到期，受到仿制药、生物类似药快速抢占原研药市场份额的影响，2019年TOP20中有过半数的药物的CAGR为负。其中长期凭借Avastin（贝伐珠单抗，bevacizumab）、Rituxan（利妥昔单抗，rituximab）和Herceptin（曲妥珠单抗，trastuzumab）占据榜单前列的罗氏公司，这三款药物的CAGR分别为−19%、−17%和−14%，未来"三驾马车"的全球销售额均有明显缩水，到2026年时，榜单上或许已难觅踪影。

3. 全球医药并购

2019年，生命科学领域的交易活动数量小幅下跌，但并购和合作交易平均金额/价值有所上升。2019年是并购交易非常活跃的一年，在百时美施贵宝公司收购新基生物公司（Celgene），以及艾伯维公司收购艾尔建公司（Allergan）等大型并购案的推动下，年度并购交易额达2930亿美元，较2018年增长43%。

就交易量而言，诺华公司是行业中交易量最多的企业，而百时美施贵宝公司则在交易总额排名居首。吉利德科学公司与 Galapagos 达成研发管线协议，支付 59.5 亿美元现金和股权预付款，打破当年记录，成为 2019 年签署的几大高额授权交易之一。就合作交易来看，2019 年合作研发联盟交易金额达数十亿美元，但药企普遍愿意预先支付大额资金来锁定这些交易。

尽管许多生命科学领域的潜在收购方财力雄厚，但 2019 年公布的并购交易量（这里定义为并购、收购和资产剥离，签署但不一定完成交易）下降了 6%，与生命科学领域整体交易活动的下滑一致（图 2-10）。

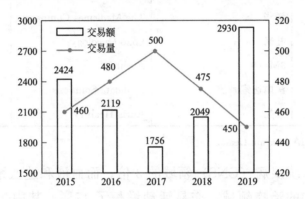

图 2-10　2015—2019 年的并购交易量及交易总额（单位：亿美元）

数据来源：IQVIA Pharma Deals。

2019 年最大的并购案，也是医药行业历史上第三大并购案，是百时美施贵宝公司以 740 亿美元现金加股票收购新基生物公司。该交易的重心是新基生物公司的重磅产品多发性骨髓瘤药物 Revlimid（来那度胺，lenalidomide），该产品在 2019 年为新基生物公司带来 94 亿美元的收入，这将使百时美施贵宝公司如虎添翼，重要收入来源亦从 Opdivo 变得更为多元化。2019 年 6 月，艾伯维宣布将以约 630 亿美元现金加股票（溢价 45%）收购艾尔建，旨在缓解投资者对其过度依赖 Humira（阿达木单抗，adalimumab）的担忧。2019 年 TOP10 并购交易（根据潜在交易总额排名）的总额达 2159 亿美元，相当于当年所有并购交易总额的 74%（表 2-9）。相比之下，2018 年 TOP10 交易的总额仅为 1300 亿美元。

2019 年的 TOP10 并购交易中有 5 笔的交易额超过 100 亿美元，高于 2018 年的 3 笔。另有 6 笔并购交易在 50 亿～100 亿美元之间，而 2018 年只有 4 笔。在 TOP10 并购交易中，超过一半的交易目标是处方药，有的交易还涉及生命科学设备和消耗品、创伤护理、临床试验技术和医疗器械领域。

肿瘤仍然是交易活动的主要领域，2019 年签署的产品交易中有 40% 涉及癌症的治疗、诊断或相关医疗器械；肿瘤领域的交易量几乎是第二大交易

表 2-9　2019 年全球生物医药并购交易 TOP10（按交易额排名）

交易宣布日期时间	收购方	标的公司	金额/亿美元
2019/01	BMS	新基	740
2019/06	艾伯维	艾尔建	630
2019/02	丹纳赫	通用医疗集团	214
2019/06	辉瑞	Array Biopharma	114
2019/05	QT-led consortium	雀巢	101
2019/11	诺华	The Medicines Company	97
2019/01	礼来	Loxo Oncology	80
2019/05	3M	Acelity	67.25
2019/06	法国达索系统	Medidata Solutions	58
2019/02	强生	Auris Health	57.5

数据来源：IQVIA Pharma Deals。

领域中枢神经系统疾病（CNS）领域的 3 倍；而血液和造血系统疾病是唯一一个交易量增加的治疗领域，交易活动增长了 17%，其中包括了某些涉及免疫机制的疾病，表现出行业对免疫性疾病的兴趣。

在肿瘤领域，处于临床研发中后期的工程蛋白的共同开发和商业化交易价值最高，例如，默克集团与葛兰素史克公司组成 M7824（bintrafusp alfa）风险共担联盟；广泛的产品交易为肿瘤研发管线提供了更多机会，例如，安进公司与百济神州公司的交易扩大其在中国的业务；处于发现期的交易主要目的是获得前沿疗法和技术平台，例如，罗氏公司向 Adaptive Biotechnologies 支付了 3 亿美元的合作交易预付款，用于开发个性化的新抗原定向 T 细胞癌症疗法。2018—2019 年期间，与 CNS 相关的产品交易量下降了 4%，虽然降幅小于整体交易活动的水平，但考虑到仍活跃在神经科学研发领域的大型制药公司为数不多，所以交易量的下降并不令人意外。基因疗法和靶向 RNA 疗法是中枢神经系统领域的研究热点。

（二）全球生物医药研发分析

1. 全球医药研发投入稳定增长

全球的药物研发正在逐渐升温，这主要基于在过去几年里，癌症、糖尿病、认知障碍和免疫炎症等疾病治疗领域中一些新分子药物的出现、诊断和治疗的紧密结合和相辅相成，以及人们对传统思维模式（重视仿制药品，而不重视罕见病的治疗药物）依赖性下降等重要因素的影响。2019 年全球药物研发费用已达到1770亿美元（图2-11），随着新药研发成本的不断攀升，全球药物研发投入预计在2024年将达到2040亿美元，CAGR为2.88%。

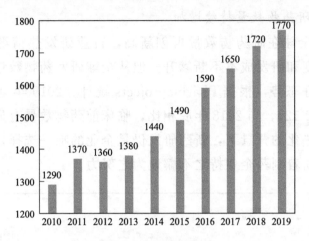

图2-11　2010—2019年全球药物研发费用（单位：亿美元）

数据来源：CYAMLAN Asset Management。

2019年也依然是生物医药产业积极投入研发的一年，研发投入最多的十大生物医药公司总计投入了820亿美元用于开发创新药物、诊断方法和疫苗，较2018年增加了40亿美元，较2016年多了115亿美元。罗氏公司以120.6亿美元的研发支出领先于全球其他制药企业，强生公司和默沙东公司紧随其后（表2-10）。近年来中国药企在研发投入方面有所加大，恒瑞公司的

表2-10　2019全球医药研发费用支出TOP10

公司名称	2019年医药研发支出/亿美元	研发支出占制药收入比例/%
罗氏	120.6	19.0
强生	113.6	13.8
默沙东	99	21.1
诺华	94	19.8
默克	79	21.2
辉瑞	86.5	16.7
赛诺菲	65.2	16.7
艾伯维	64.1	19.0
百时美施贵宝	61.5	23.6
阿斯利康	60.6	24.8
葛兰素史克	56.2	13.5
平均	82	18.8

数据来源：FierceBiotech。

研发投入占比已经达到16%。但这些国际医药巨头在研发方面的投入与创新领先依然是中国医药企业发展的标杆。

2. 全球在研药物数量持续增加

2019年初全球在研药物数量再创新高,行业研发热情继续保持。近年来新药研发难度和研发成本不断攀升,但从全球研发药物数量来看,仍处于不断攀升的良好态势,根据Pharmaprojects统计,2019年全球新药数量达16 181个(图2-12),与2018年底相比,临床前药物数量有显著增加。在老药竞争不断白热化的背景下,新药研发仍是企业的唯一选择,而新药上市的丰厚利润也驱动着制药企业持之不懈地为之努力。

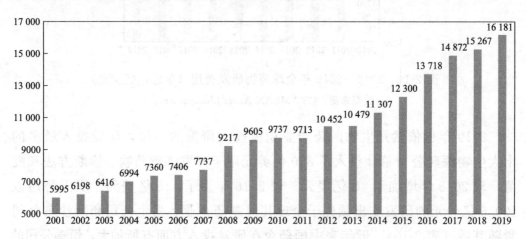

图2-12 2001—2019年全球在研药物数量变化情况(单位:个)

数据来源:Pharmaprojects。

总体来看,全球医药巨头在研产品数量保持稳定增长。其中,诺华公司以219个在研品排名第一,武田公司以211个在研产品排名第二(图2-13)。根据Pharmaprojects提供的全球前25大医药企业研发产品数量排行榜,Evotec公司和Biogen公司在2018年并未进入榜单,其在2019年分别以63和62个在研产品位于第24、25位,体现出制药行业研发的竞争激烈和新秀企业的不断涌现。

2019年,FDA总计批准48个创新药(图2-14),这一数字仅次于2018年59个新药的好成绩,是近10年来美国新药批准数量次高值。这些新药往往是解决未满足医疗需求或显著推进患者治疗的创新产品,它们的活性成分以前从未在美国获得批准。

2019年获批的新药主要集中于抗肿瘤、血液系统和神经系统等领域。在48个创新药中,84%在第1轮审评过程中获批,69%首先在美国获得批

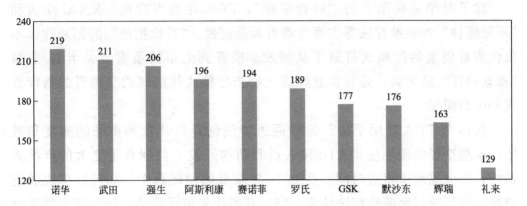

图 2-13 按研发管线规模排序的全球前 10 大医药企业

资料来源：Pharmaprojects，前瞻产业研究院。

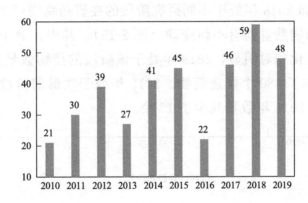

图 2-14 2010—2019 年 FDA 药品评审中心（CDER）批准的新药

数据来源：FDA 药品审评与研究中心（CDER）。

准上市；有 20 个属于"first-in-class"疗法，占总数的 42%，这类新药具有与现有疗法不同的作用机制，且对全球患者健康有较大的积极影响。21 个（44%）创新药批准是用于治疗罕见病，这是继 2018 年后，罕见病药物再度超过抗肿瘤药，成为获批新药数目最多的疾病类型。

基于美国政策方面的支持和鼓励，罕见病药物已成为医药行业研发和盈利居多的板块之一，很多国际大型制药公司近年来纷纷加大了罕见病药物的研发投入，领跑罕见病药物市场的不仅仅是老牌的诺华、罗氏、强生、辉瑞、百时美施贵宝、默克等跨国公司，更有后起之秀新基医药、艾伯维、Shire 等。根据 Evaluate Pharma 发布的《2019 年罕见病药物报告》，预计全球罕见病药物的销售总额在 2024 年将达 2420 亿美元，在处方药市场（不含仿制药）占比 20%。

除了对罕见病患者的"特殊照顾",FDA 在基因疗法、RNAi 疗法和"不限癌种"的精准疗法等方面也都有新药获批。"首次批准"的创新疗法不仅代表着创新治疗模式打通了从研发、监管到上市的重重"关卡",获得"概念验证"的突破,还常常意味着这些治疗模式将彻底改变患者的治疗方式和生命质量。

2019 年 FDA 使用了多种监管通道增强创新药开发和批准的速度和效率,这些途径的使用使得 CDER 人员和药物开发人员拥有了更大的审批灵活性,大大缩短了审查时间。在 2019 年获批的创新药中,35% 获得快通道资格,27% 获得突破性疗法认定,58% 获得优先审评资格,19% 获得加速批准。总体来说,有 29 个创新药(60%)至少获得 FDA 四大资格认定中的一种。

就 2019 年和 2018 年处于不同研究阶段的在研药物规模比较后发现,所有阶段的在研药物数量均有小幅变动(图 2-15)。其中,处于临床前研究阶段的药物数量变化相对明显,2019 年处于该阶段的药物数量为 8520 个,较 2018 年数量增加了 480 个候选药物。2019 年处于注册前阶段的药物数量为 199 个,相对于 2018 年数量减少了 15 个。

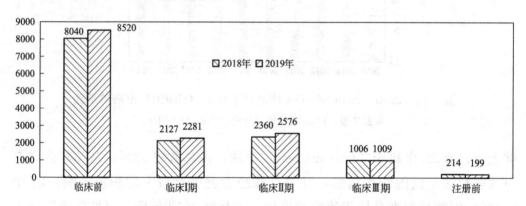

图 2-15　2018—2019 年处于不同研究阶段的全球在研药物数量
数据来源:Pharmaprojects,立鼎产业研究中心。

整体来看,随着科技的发展以及人们健康需求的增大,制药行业的新药研发环境非常激烈。而新冠肺炎疫情将进一步加剧其竞争环境,新冠肺炎疫情的暴发让各地政府更加注重药品和器械的研发,特别是对于疫苗研发的速度有了更进一步的要求。

3. 抗肿瘤药和生物药高速扩张

2019 年肿瘤治疗又新添了不少好药,特别是靶向药进展非常迅速,多种癌症迎来突破性新疗法。如首个膀胱癌靶向药 Balversa（厄达替尼，erdafitinib）、首个乳腺癌新靶点 PI3K 靶向药物 Piqray（阿培利司，alpelisib）、首个淋巴瘤抗体-药物结合物 Polivy（polatuzumab vedotin-PIIQ）和广谱抗癌药 Rozlytrek（恩曲替尼，entrectinib）等，将造福全球广大的肿瘤患者。特别值得一提的，百济神州自主研发的 BTK 抑制剂 Brukinsa（泽布替尼，zanubrutinib）通过 FDA 批准，用于治疗既往接受过至少一项疗法的套细胞淋巴瘤（MCL）患者。泽布替尼不仅是百济神州在全球范围内获批上市的首个自研药物，也是第 1 款完全由中国企业自主研发、在 FDA 获准上市的抗癌新药，实现了"零突破"。

与 2018 年的 15 267 个相比，2019 年 16 181 个全球在研新药，数量同比增长 5.99%。按主要治疗领域对这些在研新药项目进行分类可发现，2019 年各治疗领域的在研新药数量增速各异。通过 Pharmaprojects 数据库，对 16 个主要治疗领域以及生物技术类的在研药物情况进行分析（图 2-16）。

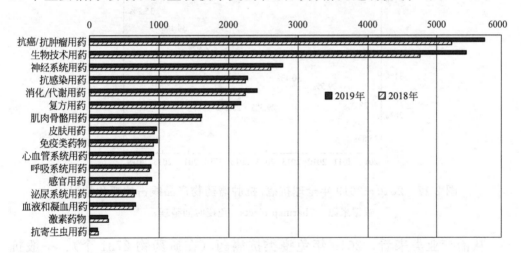

图 2-16 2018—2019 年全球在研药物主要治疗领域分布情况
数据来源：Pharmaprojects，免疫时间整理。

整体来看，抗癌/抗肿瘤药物、生物技术药物、神经系统药物、抗感染药物和消化/代谢药物为排名 TOP5 的治疗领域，与 2018 年排名基本一致。其中，癌症是药品研发的重要领域，抗癌/抗肿瘤药物数量继续保持稳定增长态势，数量从 2018 年的 5212 个增至 5697 个，候选药物增加了 485 个，增幅高达 9.3%，高于 6% 的药品研发平均增速。

生物技术类药物数量同样保持大幅增长势头，数量从 2018 年的 4751 个增至 5422 个，增幅高达 14.1%。需要注意的是，随着癌症治疗方法逐渐向更为靶向的生物技术疗法倾斜，更多药物将被同时纳入这两个子领域中。与全球制药企业在抗肿瘤药物领域研发热情持续高涨相比，部分治疗领域的在研药物数量出现了显著下滑。例如，2019年抗寄生虫用药和激素类药物数量分别同比下降8.9%和4.1%。

从现有统计数据来看，抗癌/抗肿瘤药物基本已占据新药研发的绝对领先地位，其数量呈现逐年增长态势。从2010—2019年全球抗癌/抗肿瘤药物产品线占比变化情况来看（图2-17），在研的抗癌/抗肿瘤药物数量保持持续稳定增长势头，其数量占比已从2010年的26.8%增至2019年的35.2%。这意味着，超过三分之一的在研药物以肿瘤疾病为开发目标。不难看出，整个行业的资源向抗癌/抗肿瘤药物领域倾斜。而在资源有限的背景下，这种资源的过度倾斜，有可能会对其他同样重要的临床治疗需求产生影响。

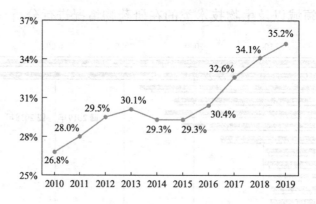

图2-17　2010—2019年全球抗癌/抗肿瘤药物产品线占比变化情况
数据来源：Pharmaprojects，免疫时间整理。

从治疗亚类来看，2019年免疫类抗癌药（在研药物2731个）、一般抗癌药（2450个）、基因疗法（864个）、其他单克隆抗体药物（818个）、抗感染预防性疫苗（702个）为排名居前5位的治疗类别。总体来看，两类主要的抗癌/抗肿瘤药物多年来一直位居榜单前列，但2019年的情况有所不同。免疫类抗癌药物增长较为迅猛（增幅达16.5%），位居第1位，这也是自2003年以来该类药物首次荣登首位。一般抗癌药排名第2位，2019年在研药物数量增幅仅为3.2%。从这些信息不难看出，包括单克隆抗体、CAR-T细胞疗法以及肿瘤免疫学技术在内的免疫学疗法正在癌症治疗中发挥越来越重要的作用。

新产品的获批让患者看到更多的治疗选择和希望。中国已经成为全球第二大药品市场,仅次于美国,大型跨国医药企业迅速利用全球市场进入中国,小型公司的产品快速找到注册通路和快速的商业化渠道,将成为迈向成功的关键要素。

4. 全球药物研发前景预测

(1) 研发管线趋势和特点

目前,全球药物研发管线有以下几个趋势和特点。一是虽然增长率下降,但是整体研发管线数量仍然保持增长;二是临床阶段的新药数量和成功率没有显著变化;三是排名 TOP10 的药物研发企业在新管线中所占比例有所下降,更多的有少量管线的小公司占据了新管线的份额;四是抗癌药物的研发管线占总体的 1/3,且仍保持快速上升趋势,癌症免疫疗法相关药物研发热度不减;五是生物药占所有在研新药的 40%。可见,生物医药领域在现有治疗领域和医药公司的比重正在显著增加,逐渐占据越来越重要的位置,而对于生物医药产品未来的价值回报,结合新的疗法技术,将可能带来更为显著的业绩增长。

(2) 热门治疗领域

2019 年,在传统的生物技术领域,单抗类药物正在持续大众化,单抗药物已经发展到了第 4 代:第 1 代为鼠源单抗(momab),第 2 代为人鼠嵌合型单抗(ximab),第 3 代为人源化单抗(zumab),第 4 代为全人源化单抗(mumab)。3~4 年之前,80% 的单抗药物集中在 10 个分子位点上,现在这些药物仅占据 60% 的份额了,并随着时间的推移份额继续减少。

细胞和基因疗法为开发针对特定患者基于个体特有基因和细胞组成的有效疗法提供了很大的希望,但这些一对一疗法的治疗费用也相应高得难以置信。随着更多的细胞和基因疗法有望在 2020 年和之后获批,预计这一领域将继续增长,可扩展性和治疗成本将成为提供细胞及基因疗法等特殊疗法的焦点。

肿瘤学仍是许多交易活动的基础驱动领域,业内超过 1/3 的管线资产和临床研究在此聚焦。同时随着全球医药行业对药品价格和可及性的公共监管力度的提高,为了保持盈利能力,制药企业预计会继续扩大外包合作,以降低成本。

全球药物研发产业竞争非常激烈,近年来,随着我国等诸多新兴市场的强势加入,给药物研发注入新活力和机遇的同时,也给药物研发行业带来了更大的挑战,研发领域的角逐亦出现红蓝不一的竞争格局,只有在一轮又一轮的竞争中保持优势地位,方可让企业在行业内永葆青春。

二、我国生物医药产业发展态势

2019年是我国医药工业发展的重要转型和关键升级年。产业改革的步伐加速，市场开放的节奏提速，行业发展增势出现减缓，但产业运行质量有所提高。在鼓励竞争、集采降价、合理用药、医保控费、贸易摩擦等新环境压力的推动下，创新、绿色、共享、高质量、国际化、智能制造、互联网＋等新动力正推进医药工业快速转型升级。作为战略性新兴产业七大领域的重要组成部分，生物医药行业加快供给侧结构性改革，理性做减法，高效做加法，保持了相对稳健势头，对经济发展贡献继续增加。

（一）医药产业现状

1. 医药工业承压前行中增长缓慢

2019年，受全球贸易环境不稳定因素增多、宏观经济减速发展常态化以及"三医"联动改革新政变化的影响，医药工业收入增速降至个位数。全年医药制造业的工业增加值增速6.6%，高于全国工业整体增速0.9个百分点（图2-18）。

图2-18　2015—2019年医药工业增加值增速与占比情况

数据来源：国家统计局、工信部。

（1）主营收入与利润总额较快增长，增速有所下降

2019年医药工业规模以上企业主营业务收入26 147.4亿元，同比增长8.0%（图2-19）；利润总额3457.0亿元，同比增长7.0%（图2-20）；累计收入、利润增速分别较上年同期下降了4.7和3.9个百分点，创下历史新低。利润率13.2%，较上年高0.2个百分点。

各子行业中创新产品成为增长主动力。收入方面，医疗仪器设备及器械、化学药品制剂、生物药品制造的主营业务收入增长较快，增速分别高于

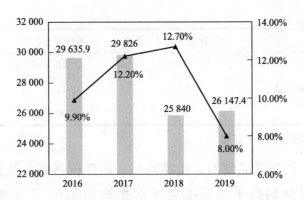

图 2-19　近几年医药工业主营业务收入增长情况（单位：亿元）

数据来源：国家统计局、工信部。

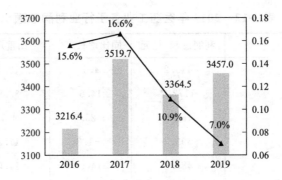

图 2-20　近几年医药工业利润增长情况（单位：亿元）

数据来源：国家统计局、工信部。

医药工业平均水平的 3.6、3.5 和 2.3 个百分点（表 2-11）。受质量、环保、安全监管趋严和规范临床医药用品使用的影响，中药饮片加工、化学药品原料药、卫生材料及医药用品制造增长依旧低迷，增速依次低于医药工业平均水平的 12.5、2.9 和 2.7 个百分点。

表 2-11　2019 年医药工业各子行业主营业务收入

行业	主营业务收入/亿元	同比增长/%	比重/%
化学药品原料药制造	3803.7	5.0	14.6
化学药品制剂制造	8576.1	11.5	32.8
中药饮片加工	1932.5	−4.5	7.4
中成药生产	4587.0	7.5	17.5
生物药品制造	2479.2	10.3	9.5
卫生材料及医药用品制造	1781.4	5.3	6.8

续表

行业	主营业务收入/亿元	同比增长/%	比重/%
制药专用设备制造	172.3	12.6	0.7
医疗仪器设备及器械制造	2814.8	11.6	10.8
合计	26 147.4	8.0	—

数据来源：国家统计局、工信部。

利润方面，化学药品制剂、生物药品、医疗仪器设备及器械制造的利润增长较快，增速分别高于医药工业平均水平的7.6、7.0和6.3个百分点（表2-12）。中药饮片加工、中成药制造利润呈现负增长，同比增速分别下降25.5%和1.8%。

表2-12　2019年医药工业各子行业利润总额

行业	利润总额/亿元	同比增长/%	比重/%	利润率/%
化学药品原料药制造	449.2	4.1	13.0	11.8
化学药品制剂制造	1172.7	14.6	33.9	13.7
中药饮片加工	162.8	−25.5	4.7	8.4
中成药生产	593.2	−1.8	17.2	12.9
生物药品制造	485.4	14.0	14.0	19.6
卫生材料及医药用品制造	184.0	10.0	5.3	10.3
制药专用设备制造	5.2	55.7	0.2	3.0
医疗仪器设备及器械制造	404.4	13.3	11.7	14.4
合计	3456.7	7.0	—	13.2

数据来源：国家统计局、工信部。

综合分析，"十三五"以来影响行业发展因素交织叠加。促进增长的因素包括：一是医药市场需求和规模继续扩大。基本医疗保险参保人数进一步增加，2019年全国参加基本医疗保险人数超过13.5亿人，新增1000万人，参保率97%。全国医疗卫生机构总诊疗人次增加，2019年1—11月全国医疗卫生机构总诊疗人次达77.5亿人次，同比提高2.8%。据中康资讯（CMH）数据显示，2019年全国药品终端整体市场规模测算为17 392亿元，同比增长4.0%，但增速较上一年度下降了1.8个百分点。二是新纳入医保支付范围的产品快速放量，成为药品市场新的增长点。据CMH数据显示，近几年上市的新药陆续快速医保目录，对市场的增长贡献达2个百分点以上。三是环保监管政策不断完善，支持企业提高环保标准和治理水平，化学原料药产量恢复增长。2019年化学原料药产量262.1万吨，增速由负转正，同比增长3.1%，较上年同期增长4.2个百分点。

抑制增长的因素包括：一是集中带量采购（GPO）政策的迅速铺开，加速了仿制药价格的下降，成为行业整体增速下降的重要原因。2018年12月首批国家组织药品集中采购（"4+7"）的25个药品平均降价52%；9月"4+7"全国扩面招标均价又进一步降低25%，预计相关药品费用全国可减少支出约250亿元。二是国家重点监控合理用药药品目录发布，第1批有20个品种，后续被调出了2019年版国家医保目录。重点监控涉及的药品2018年全国公立医院销售额652.8亿元，各地也随之出台相应目录，一些受监控药品和辅助性药物的销售下降较多。西医开中成药处方受到资质制约，注射剂使用限制更加严格，造成中成药生产产量下降。2019年中成药产量246.4万吨，在上一年度下滑7.7%的基础上同比又下降2.9%。还有医保控费力度加大、标准加严，药品、耗材零加成销售范围扩大等，对医疗机构医药消费需求抑制明显。

（2）产业投资趋于稳健谨慎

由于面临包括国内生产总值增长放缓、信贷政策收紧以及中美贸易摩擦等诸多因素的影响，各类境内外交易的参与者纷纷采取了保守的投资策略，2019年中国生命科学与医疗行业的并购活动与上一年相比，总交易数量和总交易金额均下降了约24%，交易额跌至2014年以来的最低水平。境内交易数量从328笔降至268笔（图2-21），交易金额从292亿美元降至208亿美元；跨境交易数量从103笔降至63笔，交易金额从72亿美元降至69亿美元，且以中型交易（1亿~5亿美元）缩减最多。

细分行业中的生物制药领域得益于良好的政策环境和大量资本的涌入而保持活跃的并购趋势，是2019年投资者的热门目标；生物技术行业的并购活动依旧保持活跃，其2018—2019年的平均单笔交易规模从7200万美元增长到1.18亿美元；医疗服务行业虽然也呈现出类似的趋势，但主要归因于单笔大额交易的推动；医疗器械行业交易即便受到跨境并购交易低迷的负面影响，但国内产业整合仍保持着热度。

与全球市场相似，抗体、肿瘤免疫早期项目是交易热点。2019年中国公司发生医药项目交易128笔，披露的总交易金额达110.8亿美元，涉及项目172个；其中创新药项目121个，占所有交易项目的70%。按创新药项目的研发阶段来看，早期项目备受青睐，其中临床前项目49个，申报临床项目6个，Ⅰ期临床项目23个。

图 2-21　2014—2019 年中国生命科学与医疗行业并购交易总额和交易数量
　　　注：上述交易数量包括 271 笔未披露交易金额的交易。
　　　数据来源：MergerMarket，德勤分析。

2019 年中国公司相关的医药项目交易类型以 license in 为主，共计 82 笔，其中创新药项目占 74%；国内转国内的创新药项目占比 76%；license out 的交易项目中创新药占 50%，技术占比 35%。总体而言，中国医药交易呈现两大趋势：一是将创新药项目引入中国的交易越来越多；二是 license out 交易围绕新技术平台开展的交易越来越多。

就中国医药市场而言，整个价值链正处于向创新产品和更加有效的解决方案转变的转折点，行业整合将在经销商、零售商、医疗设备制造商等市场参与者中进一步扩展开来。人们对生物制药领域的风投-知识产权-研发外包（VIC）模式、基层医疗机构和自主研发的高端设备领域的兴趣会越来越大。

（3）医药工业百强企业持续领跑全行业

2019 年是医药行业充满机遇与考验的一年。新版《药品管理法》的实施，控费降价的风暴席卷行业，促成我国药品定价机制在新医改 10 年后全面蜕变，决定了企业必须在运营战略、资源配置、价值链条等多方面做出变革。然而改革的阵痛是为了实现结构的优化，医药工业 TOP100 企业凭借更强的市场能力和更有价值的产品线，实现主营业务收入 9296.4 亿元（图 2-22），同比增长 10.7%，超过医药工业整体增速 2.7 个百分点。两位数的增速，代表着百强企业出色的抗压能力，也表明医药行业正朝着优化集中的方向稳定发展。

① 龙头企业挑起大梁，集中度首超三分之一

2019 年全国规模以上医药工业企业 8745 家，百强企业数量仅占 1.1%，主营业务收入占比却高达 35.6%（图 2-23），同比提升 3.1 个百分点；其中

图 2-22 2015—2019 年百强企业总体主营业务收入及增速

数据来源：中国医药工业信息中心。

图 2-23 2015—2019 年十强、百强企业主营业务收入占行业集中度

数据来源：中国医药工业信息中心。

数量仅为 0.1% 的 TOP10 企业主营业务收入占比为 11.8%。龙头企业对我国医药工业的贡献度持续提升，对产业发展的推动作用不断增强，彰显了我国医药工业调结构、促转型的努力卓有成效。

② 十强企业显著更迭

2019 年度百强企业大幅变化，特别是作为核心代表的 TOP10 医药企业产生了 5 年来最为显著的席位更迭。TOP10 中前三名分别是：扬子江药业、广药集团和国药集团（表 2-13），三家企业主营业务收入均突破 400 亿规模，差距逐年缩小，竞争进入白热化。

2019 年度新晋 TOP10 的有 2 家企业：远大集团、江苏恒瑞。作为我国本土制药企业转型升级的成功典范，这 2 家企业多年来排名稳步提升，2019 年更是以加速度实现超越，杀入榜单前十。远大集团凭借跨界并购，在优势治疗领域多元化发展；江苏恒瑞则聚焦自主研发，创新产品带来丰厚营收回

表 2-13　2019 年度医药工业 TOP10 企业排名变化

企业	2019 年	2018 年	2017 年
扬子江药业集团有限公司	1	1	1
广州医药集团有限公司	2	2	2
中国医药集团有限公司	3	3	4
华润医药控股有限公司	4	5	5
修正药业集团股份有限公司	5	4	3
上海医药(集团)有限公司	6	6	6
上海复星医药(集团)股份有限公司	7	7	11
拜耳医药保健有限公司	8	11	7
中国远大集团有限责任公司	9	13	13
江苏恒瑞医药股份有限公司	10	14	14

资料来源：中国医药工业信息中心。

报。由此可见，外延式扩张和内生式增长，已成为我国制药企业提高核心竞争力的主流方式。

③ 百亿集群扩容升级

除 TOP10 之争外，主营业务收入破百亿成为龙头医药企业的另一个跨级（表 2-14）。2019 年度"百亿俱乐部"再添 5 家新贵：阿斯利康、鲁南制药、深圳东阳光、赛诺菲中国以及华北制药，总数量突破历史新高达 27 家。同时，百亿成员也在不断向更高层级跃迁，除国药集团突破 400 亿外，远大集团、江苏恒瑞、石药控股新晋 200 亿集群。在全行业面对严峻考验的时期，百亿企业的增长步伐从未放缓，实现了一次又一次的跨越和提升。

表 2-14　2015—2019 年百亿企业主营业务收入规模层级分布

年份	100 亿层级	200 亿层级	300 亿层级	400 亿层级
2015	13	2	0	1
2016	14	4	0	1
2017	16	3	1	1
2018	11	7	2	2
2019	13	11	0	3

数据来源：中国医药工业信息中心。

④ 核心竞争力凸显价值

2019 年度百强上榜门槛进一步提升至 28.6 亿元，增速为 9.5%，较上年同比增长 7.5 个百分点。企业能否顺应行业发展趋势、拥有核心竞争力、实现稳步健康发展,将成为跨入门槛与否的关键。7 家新晋企业中(表 2-15),甘李药业专注于胰岛素类似物的研发和生产,打破了全球市场的寡头垄断格局,对降低胰岛素价格、提高可及性起到重要作用。先发优势、产品线布局优势、价格优势等共同构成甘李药业的核心竞争力,促使其市场份额逐年提升,保障民生的同时成功步入百强行列。

表 2-15 2019 年百强榜单新上榜企业

企业	2019 年排名
杭州默沙东制药有限公司	28
青峰医药集团有限公司	64
上海勃林格殷格翰药业有限公司	81
广西梧州中恒集团股份有限公司	82
海思科医药集团股份有限公司	85
甘李药业股份有限公司	99
江苏恩华药业股份有限公司	100

数据来源:中国医药工业信息中心。

⑤ 产业聚集效应再分布

综观百强企业的地域分布,我国华东、华北地区利用区位合作优势和丰富的人才、资本、技术资源,抢抓机遇,长期引领医药产业高速发展;内陆地区凭借丰富的药材、土地、人力等资源,形成产业梯度,为医药产业转移提供了基础条件。近年来,在国家深入实施发展中部、振兴东北和西部大开发的战略背景下,内陆地区积极招商引资,扶持地方产业发展,东北、西南地区的百强企业数量有所提升。

在百强制药企业的龙头带动作用下,医药企业集约化经营水平提高,发展动能更加充足,行业集聚效应突出。围绕"京津冀协同发展战略""长三角一体化和长江经济带发展战略"《粤港澳大湾区发展规划纲要》等形成的医药产业集聚区,在引领医药创新、国际化方面发挥了巨大作用。其中,北京中关村国家自主创新示范区、上海张江药谷、苏州生物纳米园、武汉光谷生物城、广州国际生物岛和成都天府生命科技园等成为国内生物医药产业高质量集群发展的重要引擎。

2. 医药流通市场规模持续增长

2019 年,国际经济环境复杂严峻,国内经济稳中有变,药品流通行业发展增速有所放缓。但在国家政策清晰规划，人民生活水平不断提高，大健康理念持续增强和人口老龄化程度日益加深等因素的影响下，药品流通市场规模仍然持续增长。根据商务部数据，2018年全国七大类医药商品销售总额为21 586亿元，扣除不可比因素，同比增7.7%。中国医药流通行业整体保持持续增长趋势，但从增长率发展趋势来看，受国家宏观经济环境影响，总体运行呈现缓中趋缓的态势，初步估计2019年医药流通市场规模增长至23 097亿元（图2-24）。

图2-24　2015—2019年医药流通市场规模及增长率

数据来源：商务部，前瞻产业研究院整理。

从医药流通的产业链可知，医药流通包括批发和零售环节；截至2018年末，全国共有药品批发企业13 598家；2018年，前100位药品批发企业主营业务收入同比增长10.8%，增速同比上升2.4个百分点。前100位药品批发企业主营业务收入占同期全国医药市场总规模的72%。按照70%的比例测算2019年我国药品批发企业市场销售规模为16 168亿元（图2-25）。

图2-25　2015—2019年医药批发市场企业数量及规模情况

数据来源：前瞻产业研究院整理。

在中国药品流通行业批发百强企业名单中,中国医药集团有限公司位居榜首,上海医药集团股份有限公司排名第二,华润医药商业集团有限公司位列第三,九州通医药集团股份有限公司排名第四。另外,排名前十(表2-16)的药品批发公司还有广州医药有限公司、深圳市海王生物工程股份有限公司、南京医药股份有限公司、华东医药股份有限公司、中国医药健康产业股份有限公司、瑞康医药集团股份有限公司。

表2-16 2019年中国药品流通行业批发TOP10企业名单

序号	企业名称
1	中国医药集团有限公司
2	上海医药集团股份有限公司
3	华润医药商业集团有限公司
4	九州通医药集团股份有限公司
5	广州医药有限公司
6	深圳市海王生物工程股份有限公司
7	南京医药股份有限公司
8	华东医药股份有限公司
9	中国医药健康产业有限公司
10	瑞康医药集团股份有限公司

数据来源:中国医药商业协会。

据商务部统计数据显示,前4家全国性医药流通企业合计销售占比从2013年的27.96%增长到2018年的39.10%。百强医药流通企业市场占比从2013年的44.5%增长到2018年的72.0%,市场集中度和规模化集约化水平持续提升,但仍有提升空间。全国性的龙头企业跨区域兼并重组方兴未艾,向二三线城市和基层医疗市场扩张迅速,四大集团2019年业绩突出,国药集团、上海医药集团、华润医药商业均超过千亿元,九州通集团2019年主营业务收入接近千亿元。区域性的医药流通集中度仍然很低,很多区域性的龙头企业在当地的销售收入和市场占有率仍然很低,因此,区域性的流通企业有很大的发展空间。

随着药品购销"两票制"政策的全面推行,以及"带量采购"政策的试点和全面推行,原有的药品流通市场结构、渠道布局及供应链关系都发生变化,引发行业价值链重组以及各方利益大博弈,医药流通行业呈现"行业增速放缓、业态结构调整、产业整合提速"等发生重大变化,医药流通企业纷纷从"危机"中寻找"机遇"。

3. 医院用药市场整体增长趋缓

(1) 总体表现

随着经济发展和技术进步以及国家相关产业政策的大力扶持，中国药品终端市场的药品销量在逐年增加。据米内网数据统计显示，2019年我国三大终端六大市场药品销售额为17 955亿元（图2-26），同比增长4.8%。从增长率来看，受制于国家集中采购、国家医保管控的加强、医联体的推进和重点监控药品目录的执行，全年药品销售额增速出现了逐步放缓的趋向。

图2-26 2012—2019年中国药品终端市场销售额及增速

数据来源：米内网。

(2) 渠道动态

从三大终端药品销售结构来看，公立医院终端稳居首位，零售药店终端次之，公立基层医疗终端占比最小。短期来看，公立医院终端主导地位不会改变，2019年，公立医院终端市场药品销售额为11 951亿元，占比66.56%；零售药店终端市场药品销售额为4196亿元，占比23.37%；公立基层医疗终端市场药品销售额为1808亿元，占比10.07%。

2019年国家卫健委发布《关于推进紧密型县域医疗卫生共同体建设的通知》，明确力争到2020年底，县域就诊率达到90%，县域内基层就诊率达到65%左右，基层医疗卫生机构有能力开展的技术、项目不断增加，预计未来第三终端市场份额将进一步提升。

(3) 品类趋势

IQVIA数据显示，2019年中国医药健康市场中处方药占79%的市场份额，非处方药占15%，保健品占6%。中国公立医疗机构终端以危、急、重症用药类别为主，且化学药为"主力军"。TOP20治疗大类中有12个化学药，8个中成药。排位前三的治疗大类分别为全身用抗感染药物、消化系统及代谢药、抗肿瘤和免疫调节剂，均以化学药为主。化学药治疗大类销售额均有不同程度的增长，抗肿瘤和免疫调节剂增速明显，达14.20%，这主要得益于近几年来获批上市新品多，抗癌药医保谈判提高药品的可及性。中成药重在调理，因此在心脑血管疾病等慢性病及呼吸系统疾病等常见多发病方面表现较佳。

（4）医院药品市场

2019年中国百床以上医院药品市场总销售额达到8473亿元（图2-27），同比增长9.4%，增速远高于前一年的3.5%。在经过了2017和2018年的低迷期后，2019年，中国医院市场逐渐提振，销量的提升和新产品的上市是市场增长的主要驱动力，但是招标采购、"两票制"和药品谈判等因素导致了产品价格下降，减缓了部分市场增速。从不同企业表现来看，跨国企业销售额增长率超过15%，本土企业也有一定增长态势，达到7.3%。

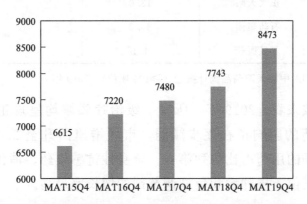

图2-27　中国百床以上医院药品市场销售额五年趋势（单位：亿元）

注：销售额指百张床位以上医院销售额，以医院采购价计，下同。

数据来源：IQVIA中国医院药品统计报告（≥100床位），2019年。

2019年，多项重磅政策对市场产生重大影响，带量采购、国家医保药品谈判等政策多管齐下，跨国企业和本土企业全年销售额分别为2389亿元和6084。由于一系列的公司并购行为，中国医药市场变得更加集中，超大型药企集团（年销售额超过百亿人民币）表现出强者恒强的趋势，占领28%的销售总额，其同比销售额增长达到14.6%，市场份额和增速均较上年更胜一筹。TOP20的集团占领33%的市场份额，其中跨国医药企业占到8席，且增速明显高于市场平均水平。本土企业中，龙头企业的增长超过平均值，石药集团的增速达到33.2%，全年销售额排名也有大幅上涨。

TOP10 的集团排名也发生了不小的变化（表 2-17）。阿斯利康公司反超辉瑞公司，全年销售额排名第一。而罗氏公司也凭借明星产品，排名上升至第五。

表 2-17 2019 年 TOP10 医药集团（按全年销售额）

排名	公司	同比增长率/%	排名变化(2019 vs 2018)
1	阿斯利康	23.4	↑
2	辉瑞	12.8	↓
3	扬子江	15.9	↓
4	恒瑞医药	18.3	—
5	罗氏	34.7	↑
6	拜耳	22.4	—
7	赛诺菲	5.0	↓
8	正大天晴	18.6	—
9	石药集团	33.2	↑
10	复星医药	4.1	—

数据来源：IQVIA 中国医院药品统计报告（≥100 床位），2019 年。

从治疗领域来看，2019 年，所有一级治疗领域均呈现正增长态势，其中政策对中成药的影响正在逐步减弱，市场增速回升至 2.4%（表 2-18），在全年医院市场的用药占比位列第一；全身性抗感染药、消化道和新陈代谢分别位列二、三位。抗肿瘤和免疫调节剂的增长率最高。

表 2-18 2019 年医院用药十大治疗领域（按年度销售额）

排名	治疗领域	同比增长率/%
1	其他（中成药为主）	2.4
2	全身性抗感染	7.9
3	消化道和新陈代谢	10.5
4	抗肿瘤和免疫调节剂	22.1
5	心血管系统	3.8
6	神经系统	6.5
7	医用溶液	8.7
8	血液和造血器官	12.7
9	呼吸系统	15.4
10	骨骼肌肉系统	13.2

数据来源：IQVIA 中国医院药品统计报告（≥100 床位），2019 年。

前10的产品排名也发生了较大变化,加罗宁(地佐辛注射液)跃居首位,普米克令舒(吸入用布地奈德混悬液)和立普妥(阿托伐他汀钙片)分列二、三位(表2-19)。在排名领先的产品中,由于季节性流感频发,宜昌东阳光长江公司的可威(磷酸奥司他韦胶囊/颗粒),强势增长,增长率高达98.2%,而罗氏公司的赫赛汀(注射用曲妥珠单抗)和安维汀(贝伐珠单抗注射液),全年增长率排名第二和第三,分别为67.2%和64.1%。

表2-19 2019年医院用药十大主要产品(按年度销售额)

排名	产品名称	制造商	增长率
1	加罗宁	扬子江药业	18.3%
2	普米克令舒	阿斯利康	15.4%
3	立普妥	辉瑞	-2.3%
4	舒普深	辉瑞	20.0%
5	波立维	赛诺菲	-9.3%
6	赫赛汀	罗氏	67.2%
7	恩必普	石药集团	37.2%
8	注射用血栓通(注射液)	广西梧州制药	-0.5%
9	可威	宜昌东阳光长江	98.2%
10	力扑素	绿叶制药集团	10.4%

数据来源:IQVIA中国医院药品统计报告(≥100床位),2019年。

从地域上看,跨国医药企业不断加大下沉的力度,在二、三、四线城市的渗透效果明显,跨国医药企业在四线城市的增速超过22%。本土企业在各线城市的发力不及跨国医药企业,在一线城市的增长略显乏力。

4. 药品零售市场规模保持增长

(1) 零售药店销售额增速下降

最近几年,受到国家多项政策叠加影响,我国医药工业增速进一步放缓,终端增长持续下滑。米内网数据显示,2019年中国零售药店(含药品和非药品)销售规模达6620亿元(图2-28),同比增长8.4%,增速处于近几年的低位。其中,实体药店占比超80%,网上药店首破千亿。

广东、山东、浙江、上海等地相继出台药店医保药品集采相关政策,药店加入集采已成为零售药店改革不可阻挡趋势,未来零售药店市场的竞争将进一步加剧。

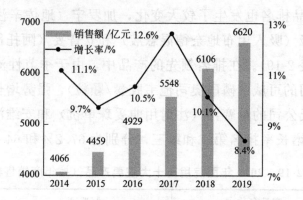

图 2-28 2014—2019 年零售药店（含药品和非药品）销售情况
数据来源：米内网终端格局数据库，以平均零售价统计。

（2）零售药店药品销售额增速下降

零售药店终端（包含实体药店和网上药店两大市场）药品销售额保持增长态势，但增速有所放缓，2019 年销售额达到 4196 亿元（图 2-29），同比增长 7.1%。实体药店市场药品销售额达到 4057 亿元，同比增长 6.2%，药品销售额增速放缓；网上药店市场药品销售额达到 138 亿，同比增长 40.0%。

图 2-29 2012—2019 年全国零售药店终端药品销售额及增长率
数据来源：米内网。

从实体药店各品类结构来看，2019 年药品销售额占比超 75%，较 2018 年上升 2.1 个百分点，受医保政策、国家集采、处方外流、医保药店限制非药品销售等影响，药品占比持续提升。2019 年化学药销售占比为 47.0%，中成药销售占比 28.6%，药品占比的上升主要来自化学药的贡献。

（3）品牌和领军企业

医改催生了医药零售向多元化新业态发展，规模和品牌的优势更加突出。2019年中国城市实体药店（含地级及以上城市）TOP20品牌门槛已经上升至9.2亿元（TOP10数据见表2-20），TOP20品牌合计销售额接近290亿元。TOP20品牌中，化学药有9个，中成药有11个。

表2-20 2019年中国城市实体药店（含地级及以上城市）最畅销品牌TOP10

排名	品名	厂家	销售额/亿元	份额	增长率
1	阿胶	华润医药	39.3	1.6%	-7.0%
2	感冒灵颗粒	华润医药	22.1	0.9%	20.2%
3	安宫牛黄丸	北京同仁堂	18.0	0.7%	35.4%
4	维生素D滴剂	青岛双鲸药业	17.6	0.7%	35.0%
5	阿托伐他汀钙片	辉瑞	17.1	0.7%	8.2%
6	阿胶	福牌阿胶	15.8	0.6%	31.1%
7	京都念慈庵蜜炼川贝枇杷膏	京都念慈庵总厂	15.3	0.6%	-3.4%
8	健胃消食片	华润医药	13.7	0.6%	1.8%
9	苯磺酸左氨氯地平片	施慧达药业集团(吉林)	13.1	0.5%	1.6%
10	硫酸氢氯吡格雷	赛诺菲	12.2	0.5%	3.1%

数据来源：米内网终端格局数据库，以平均零售价统计（厂家以集团计）。

华润医药成为最大赢家，有4个产品上榜，均为中成药。其中阿胶的销售额接近40亿元，遥遥领先。跨国巨头辉瑞也不甘示弱，有3个产品上榜，均为化学药。销售额增速超过10%的品牌有8个，进口品牌除了辉瑞的络活喜（苯磺酸氨氯地平片），罗氏的重磅抗肿瘤药赫赛汀增速达47.7%，爆发力惊人，该产品续约成功进入了2019版国家医保谈判目录，但在DTP药房深耕多年的积累不容忽视，预计未来在中国城市实体药店的销售也会越发理想。

2019年中国城市实体药店（含地级及以上城市）最畅销企业TOP20门槛为25.1亿元（TOP10数据见表2-21），TOP20企业合计销售额超过900亿元。跨国医药企业近年来对中国市场的关注度逐渐加大，尤其在国家集采、一致性评价的冲击下，从以往全力进军医院终端，开始组建精锐团队加大力度在零售市场进行产品推广和布局，尤其是在处方外流的背景下，跨国医药企业凭借多年积累的品牌口碑，更容易被患者接纳。TOP20最畅销企业中有8家为跨国药企，2019年的销售额增速均为正值。

近年来，随着公立医院改革、医保控费、药品集采等政策的持续推进，零售药店逐步发展成为提供药品、医疗器械、保健品等健康产品和服务的重要载体。随着行业集中度的提升，区域性、全国性的医药零售连锁企业逐步

表 2-21　2019 年中国城市实体药店（含地级及以上城市）最畅销企业 TOP10

排名	厂家	销售额/亿元	份额/%	增长率/%
1	华润医药	158.7	6.5	−0.5
2	辉瑞	78.4	3.2	6.2
3	广药集团	78.3	3.2	0.3
4	拜耳	60.4	2.5	6.2
5	阿斯利康	54.8	2.2	18.5
6	太极集团	44.1	1.8	−2.5
7	强生	42.3	1.7	3.8
8	北京同仁堂	41.4	1.7	7.4
9	诺华	39.5	1.6	22.1
10	云南白药	38.8	1.6	−6.0

数据来源：米内网终端格局数据库，以平均零售价统计。

形成，企业已从价格竞争逐步转变为差异化竞争，经营模式亦向多样化、服务化、可及化转变。

5. 国际化市场程度进一步升级

(1) 医药出口规模稳定增长

医药出口整体保持了较快增长，据海关数据统计，2016—2019 年中国医药出口额和增长率如图 2-30 所示。近年来出口结构无明显变化（表 2-22），制剂出口虽有增长，原料药和医疗器械仍是出口主导产品。中国企业持续数年的转型升级，促使中国医药健康产品在国际市场具备了更强的竞争力。

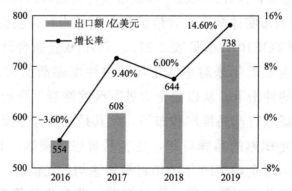

图 2-30　2016—2019 年中国医药出口额和增长率

数据来源：中国海关，中国医保商会数据。

表 2-22　2015 和 2019 年医药产品出口额及出口构成

类别	2015 年		2019 年	
	金额/亿美元	比重/%	金额/亿美元	比重/%
合计	554.4	100	738.3	100
中药类	37.70	6.68	40.19	5.44
其中:提取物	21.63	3.83	23.72	3.21
中成药	2.62	0.46	2.63	0.36
中药材及饮片	10.58	1.87	11.37	1.54
西药类	315.00	55.81	411.09	55.68
西药原料	256.22	45.40	336.83	45.62
西成药	31.98	5.67	41.09	5.57
生化药	26.79	4.75	33.16	4.49
医疗器械类	211.70	37.51	287.02	38.88
其中:医用敷料	26.15	4.63	27.16	3.68
一次性耗材	33.34	5.91	54.88	7.43
医院诊断与治疗	96.61	17.12	124.56	16.87
口腔设备与材料	7.07	1.25	11.21	1.52

数据来源：中国海关，中国医保商会数据。

(2) 出口结构质量改善

医疗器械和生物药出口增速领先。医疗器械的外贸增势良好，成为出口增速最快的医药细分领域。全年医疗仪器设备及器械制造出口交货值达 724.2 亿元，增速为 11.7%，高于医药工业平均增速 4.7 个百分点，出口总额超过了原料药，比重达 34.2%。面向"一带一路"新兴市场和发达国家的制剂出口加快增长，特别是生物药品全年出口交货值达 205.6 亿元，增速为 11.1%，高于医药工业平均增速 4.0 个百分点。

(3) 仿制药国际注册进入收获期

中国制剂仿制药在美国获批 ANDA 数量呈爆发式增长，累计获得欧美仿制药批件 450 余个。在 2010—2014 年期间中国制剂年均数量只有 20 件左右，从 2015 年开始，中国制剂企业进入 ANDA 收获期，2019 年获批数量高达 163 件（图 2-31、表 2-23），仅次于 2018 年的 170 件。产品结构从普通口服固体制剂向缓控释制剂、注射剂、生物制品、首仿药等高附加值产品延伸。

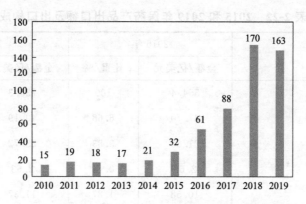

图 2-31　2010—2019 年中国制剂 ANDA 获批数量

数据来源：Newport Premium，a Cortellis Solution。

表 2-23　2019 年中国药企 ANDAs 获批情况（数量单位：个）

序号	企业	获批数量	ANDAs 品种
1	复星医药	18	贝美前列素滴剂、美法仑注射剂、奥洛他定滴剂(2)、唑来膦酸注射剂、艾司洛尔注射剂、度洛西汀肠溶胶囊、坦罗莫司注射剂、度骨化醇注射剂、格隆溴铵注射剂、甲硫酸新斯的明注射剂、骨化三醇注射剂、恩替卡韦片(2)、伊立替康注射剂、莫西沙星、阿糖胞苷注射剂、甲磺酸齐拉西酮注射剂
2	南通联亚	12	甲泼尼龙片、炔雌醇＋醋酸炔诺醇片、可乐定缓释片、硝苯地平缓释片、替扎尼定胶囊、雌二醇＋醋酸炔诺酮片、非诺贝特胶囊、去氨加压素片、地尔硫卓缓释胶囊、酒石酸长春瑞滨注射剂、诺孕酯＋炔雌醇片、奥昔布宁片
3	海正药业	8	替格瑞洛片、替米沙坦片、氯沙坦钾片、柔红霉素注射剂(2)、多柔比星注射剂、放线菌素 D 注射剂、克拉屈滨注射液
4	东阳光药	7	普拉格雷片、左氧氟沙星片、奥美沙坦酯片、阿格列汀、他达拉非片、阿哌沙班、芬戈德胶囊
5	南京健友	6	苯磺顺阿曲库铵注射剂(2)、肝素钠注射剂、左亚叶酸钙注射剂(2)、依诺肝素钠注射剂
6	景峰医药	5	双环胺注射剂、甲泼尼龙片、福沙吡坦二甲葡胺注射剂、利多卡因软膏、安非他命缓释胶囊
7	齐鲁制药	5	奥美沙坦酯片、卡非佐米、他达拉非片、琥珀酸索利那新片、醋酸阿比特龙片
8	华海药业	4	氯化钾缓释片、利伐沙班、氯化钾缓释胶囊、多非利特胶囊
9	人福医药	4	丁螺环酮片、烟酸缓释片、萘普生钠片、氯化钾缓释片
10	石药集团	3	阿奇霉素片、琥珀酸索利那新片、普瑞巴林胶囊
11	海南双成	2	普瑞巴林胶囊、比伐芦定注射剂
12	普利制药	2	依替巴肽注射剂、万古霉素注射剂

续表

序号	企业	获批数量	ANDAs 品种
13	青岛百洋	2	度洛西汀肠溶胶囊、塞来昔布胶囊
14	上海医药	2	多西环素胶囊、多西环素片
15	宣泰医药	2	普罗帕酮缓释胶囊、泊沙康唑缓释片
16	北京泰德	1	替格瑞洛片
17	博瑞医药	1	恩替卡韦片
18	博雅制药	1	琥珀酸索利那新片
19	步长制药	1	他达拉非片
20	恒瑞医药	1	达托霉素注射剂
21	华东医药	1	泮托拉唑钠注射剂
22	鲁南制药	1	瑞舒伐他汀钙片
23	民生药业	1	利塞磷酸钠片
24	普洛药业	1	万古霉素注射剂
25	瑞阳制药	1	奈必洛尔片
26	安必生	1	坦索罗辛胶囊
27	永太科技	1	瑞舒伐他汀钙片
28	永信药品	1	非洛地平缓释片
29	亚宝药业	1	甲苯磺酸索拉非尼片

信息来源：NMPA 南方所。

(4) 国际化创新取得突破

国产新药在境外开展临床研究和上市申报增多。选择到海外开展新药临床试验，成为中国创新药公司国际化布局的新趋势。2015—2019 年期间，中国企业在海外共开展 340 多项临床研究，其中 2015 年仅有 48 项，2017 年开始出现明显增长，2019 年新增数量达到 103 项，较 2015 年增长 115%。2018 年国内企业在海外新开临床研究 91 项，其中美国 60 项，占比达 66%。值得注意的是，2019 年海外临床研究项目较 2018 年保持了 13% 的增长率，但在美开展临床研究数量保持持平。包括百济神州、复星医药、信达生物、天境生物、丹诺医药等一批创新医药企业在海外的临床研究获得了突破性进展，通过追随全球热门靶点药物，抢占原始创新领先机会（First-in-class/Best-in-class）。百济神州的泽布替尼胶囊、石药的马来酸左旋氨氯地平片等 2 个新药上市申请（NDA）获得 FDA 批准。其中，百济神州自主研发的治疗淋巴瘤的 BTK 抑制剂泽布替尼于 2019 年 11 月获 FDA 批准上市，实现了国内企业境外创新药注册零的突破。创新成果受到国际市场认可,很多企业将自主研发的药物通过技术许可的形式授权给国外企业,并获得里程碑收益。

境外投资和并购日趋活跃。"十三五"以来医药领域国内企业境外投资并购金额超100亿美元,成为国际化发展的重要路径。复星、人福和华海等企业纷纷建立了自己的境外制剂生产基地。

6. 医药企业运行景气指数回落

据医药行业专业咨询机构时代方略研究,2019前3季度中国医药上市公司景气指数预估为138.67,整体较为景气,但为5年来最低水平(图2-32)。在宏观形势景气度下降的情况下,医药行业遇到了诸多创新竞争和转型升级的挑战,现金流指数较高,盈利指数较低,企业发展趋于保守。分行业来看,化学制药行业景气度最为稳定,医药研发作为新兴领域稳定性较低;医疗器械景气度较高,中药景气度偏低。分区域来看,东北地区景气变异性较大,呈下降趋势;华北地区变异性较小,呈上升趋势;华东地区抗下行能力较强,西部地区表现相对低迷。当前,医药企业较多选择保守方式应对变化,华东、华北地区医药工业基础水平较强,区域产业结构调整先行,表现出较好的景气度。

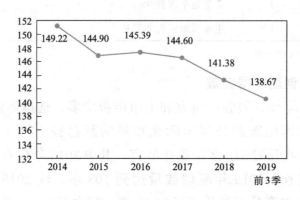

图2-32　2014—2019年前3季中国医药上市公司总景气指数

数据来源:时代方略咨询公司。

7. 政策调控和监管改革不断深入

(1) 产业调控更加科学规范

《产业结构调整指导目录(2019年本)》修订发布,旨在推动制造业高质量发展,培育发展新兴产业和消费新增长点。医药领域鼓励拥有自主产权的创新型产品、技术、装备等研发和产业化,满足我国重大、多发性疾病防治需求。新目录反映了相关领域最新技术发展趋势,是我国医药产业技术升级的方向,有助于引导企业紧跟国际前沿技术,加快开发具有国际竞争力的新产品,突破关键共性技术,提高国产化水平。新目录强调环境、职业健康和安全管理的重要性,促进企业提高EHS管理水平。《第一批鼓励仿制药品目录清单》公布,支持临床急需的抗肿瘤、传染病、罕见病等治疗药物以及妇儿、老年、慢病患者用药等开发,科学引导医药企业研发、注册和生产。《关于以药品集中采购和使用为突破口进一步深化医药卫生体制改革的若干政策措施》出台,要求推动药品生产与流通企业跨地区、跨所有制兼并重组,培育一批具有国际竞争力的大型企业集团,加快形成以大型骨干企业为主体、中小型企业为补充的药品生产、流通格局。

(2)监管法治建设成效显著

新修订的《药品管理法》出台,自2019年12月1日起实施,从药品研制和注册、生产、经营、上市后监管等各个环节完善监管制度,监管理念从以企业为主转变为以产品为主,从准入资格管理转变为动态监管为主。药品上市许可持有人制度(MAH)和原辅料登记备案(DMF)全面推开,药品全生命周期监管制度体系基本形成。《疫苗管理法》也同时开始实行,疫苗风险管控和供应保障体系重构,开启了利用系统的法律构架对疫苗进行全过程监管的最严模式。医疗器械注册人制度试点扩大至21个省份,下一步有望在全国推开;医疗器械唯一标识系统启动建立,医疗器械全生命周期监管体系日趋健全。"三医"联动改革向全链条深化。药品、高值耗材等使用监测体系更加强化,带量集采范围进一步扩大。医联体、医共体网络大力推进,分级诊疗系统更趋完善。医保体系标准化和信息化建设提速,医保基金法制化管理深入,医保支付改革注重多元化复合方式,疾病诊断相关分组(DRG)付费制在30个城市试点,一系列规范性政策倒逼企业加快转型升级。

(二)医药研发创新

1. 医药创新环境不断优化

(1)医药政策改革促进创新

新版《药品管理法》将改革措施以法律形式固化,建立了优先审评审批、临床试验默示许可制、临床试验机构备案制、附条件批准等制度,为我国医药创新营造了良好的政策环境。药品上市许可持有人制度的全面实行进一步激发不同创新主体的热情,促进创新要素的合理配置。医保准入兑现创新药价值。2019年新版医保目录通过价格谈判方式新增70个药品纳入报销范围，谈判成功药品多为近年来新上市且具有较高临床价值的药品，意味着医保药品谈判准入机制进入常态化。

(2) 研发创新投入显著增加

"十三五"以来，医药制造业规模以上企业研发投入持续增长，2019年研发投入为609.6亿元（图2-33），较2015年增长35%，研发强度达到2.55%，较2015年增长0.83个百分点。2019年百强企业的研发费用持续增长，平均研发费用5.5亿元，平均投入强度为5.9%，均为历年来的最高值。其中，投入强度大于15%的企业由2018年的3家增至5家，分别是江苏恒瑞、浙江海正、深圳信立泰、成都康弘和北京四环。由于大量研发型中小企业未纳入统计范围，估测2019年全行业研发投入近1000亿元。

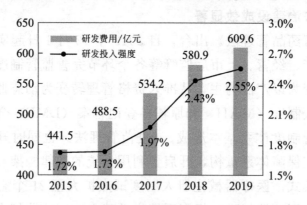

图2-33 医药制造业规模以上企业研发投入情况

数据来源：国家统计局。

据火石创造研究显示，医药企业吸引了大量风险投资，生物医药领域投融资市场活跃。2019年全国生物医药公司共有43家上市挂牌，募集资金总额362.4亿元；生物医药领域融资事件857起，融资总金额1115.6亿元；生物医药领域并购事件609起，融资总金额1095.5亿元。

生物药和医疗器械企业是投资热点，2019年A股市值最高的生物药公司恒瑞和医疗器械公司迈瑞的市值分别超过了4000亿元与2000亿元。港股生物科技板块和A股科创板持续投资创新企业。截至2019年底，年内共有13家生物医药企业在港股上市，其中绝大多数为创新型企业。科创板开市，共有17家创新型生物医药相关企业上市，占比24.3%，上市公司净募集资金合计138.1亿元，新药开发、疫苗生产和医疗器械企业成为资本投资的重点领域。

(3) 重大创新成果加速落地

药品审评审批流程不断优化，在鼓励创新的特殊与优先审评、审批政策支持下，一批临床急需、公众期待的创新药、紧缺药快速上市。国家药监局（NMPA）批准了 14 个国产新药（表 2-24），包括化学药 7 个，生物药 PD-1 抗体 2 个，疫苗 3 个，6.1 类中药 2 个；其中，1 类新药 10 个。

表 2-24　2019 年 NMPA 批准上市的新药

序号	企业	通用名	适应证	备注
1	豪森药业	聚乙二醇洛塞那肽注射液	糖尿病	化学药
2	豪森药业	甲磺酸氟马替尼片	白血病	化学药
3	金迪克	四价流感病毒裂解疫苗	预防疫苗	生物制品
4	中昊药业	本维莫德乳膏	银屑病	化学药
5	恒瑞医药	注射用卡瑞利珠单抗	淋巴瘤	PD-1 生物药
6	恒瑞医药	注射用甲苯瑞马唑仑	胃镜检查镇静剂	化学药
7	同联制药	可利霉素片	抗生素	化学药
8	绿谷制药	甘露特纳胶囊	阿尔茨海默病	化学药
9	再鼎医药	甲苯磺酸尼拉帕利胶囊	抗肿瘤	化学药
10	百济神州	替雷利珠单抗注射液	淋巴瘤	PD-1 生物药
11	万泰沧海	双价人乳头瘤病毒疫苗	宫颈癌疫苗	生物制品
12	沃森生物	13 价肺炎球菌多糖结合疫苗	预防疫苗	生物制品
13	天士力	芍麻止痉颗粒	抽动障碍	6.1 类中药
14	方盛制药	小儿荆杏止咳颗粒	儿科止咳用药	6.1 类中药

数据来源：国家药监局。

创新价值瞩目的新药有聚乙二醇洛塞那肽、本维莫德、甘露特钠（有条件批准）、甲磺酸氟马替尼、甲苯瑞马唑仑、甲苯磺酸尼拉帕利（附条件批准）、13 价肺炎球菌多糖结合疫苗、双价人乳头瘤病毒疫苗等。16 个临床急需境外新药（表 2-25）和一批首仿药快速上市，国产重磅首仿药包括：全球年销售额前 10 的利妥昔单抗、阿达木单抗和贝伐珠单抗 3 个生物类似药（表 2-26）以及阿哌沙班化学首仿药等。

表 2-25　2019 年 NMPA 批准上市的国产临床急需重点仿制药

序号	企业	通用名	适应证
1	天晴（首仿）、齐鲁	托法替布	类风湿关节炎、银屑病等
2	天晴（备注）、齐鲁	来那度胺	骨髓瘤
3	天晴（首仿）、科伦、齐鲁	吉非替尼	非小细胞肺癌
4	盛迪（首仿）、天晴、山香	阿比特龙	前列腺癌

续表

序号	企业	通用名	适应证
5	天晴(首仿)	利伐沙班	抗血栓
6	豪森(首仿)、天晴、科伦	阿哌沙班	抗血栓
7	汇宇(首仿)、天晴	阿扎胞苷	骨增生异常综合征(MDS)、白血病等

注：来那度胺首仿企业为双鹭，2017年12月获批上市。

表2-26　2019年NMPA批准上市的国产首家生物类似药

序号	企业	通用名	适应证
1	复宏汉霖	利妥昔单抗注射液	淋巴瘤
2	百奥泰	阿达木单抗注射液	类风湿关节炎、强直性脊柱炎
3	齐鲁制药	贝伐珠单抗注射液	结直肠癌

此外，也批准了19个创新医疗器械上市（表2-27）。特别是拥有自主知识产权的医用重离子加速器即碳离子治疗设备的获批，打破了我国高端放疗市场被国外产品的垄断，对于提升我国医学肿瘤诊疗手段和水平具有重大意义。

表2-27　2019年NMPA批准上市的部分创新型医疗器械重点产品

序号	企业	产品名称
1	北京乐普医疗	生物可吸收冠状动脉雷帕霉素洗脱支架系统
2	重庆润泽医药	多孔钽骨填充材料
3	青岛中皓生物	脱细胞角膜植片
4	兰州科近泰基	碳离子治疗系统
5	上海联影	正电子发射及X射线计算机断层成像扫描系统
6	杭州优思达生物	核酸扩增检测分析仪(结核分枝杆菌复合群核酸定性检测)

信息来源：国家药监局。

2. 药品注册审批情况

2019年药审中心实现了中药、化学药、生物制品各类注册申请按时限审评审批率超过90%，基本完成了44号文件确定2018年实现按规定时限审批的工作目标。全年完成审评审批的注册申请共8730件（含器械组合产品5件），其中完成需技术审评的注册申请6817件（含4075件需药审中心技术审评和行政审批注册申请），完成直接行政审批的注册申请1908件。2019年底在审评审批和等待审评审批的注册申请已由2015年9月高峰时的近22 000件降至4423件（不含完成审评因申报资料缺陷等待申请人回复补充资料的注册申请），巩固了44号文件要求解决注册申请积压的改革成效。

(1) 化药注册申请审评完成情况

2019年CDE完成审评的化学药注册申请5413件（图2-34），其中完成化学药临床申请（IND申请和验证性临床）共746件，完成化学药NDA 156件，完成化学药ANDA 1655件。审评通过IND 599件，NDA 88件，ANDA 654件，补充申请1309件，验证性临床104件（表2-28）。

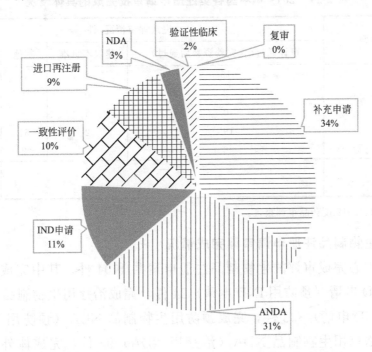

图2-34 2019年化学药各类注册申请的审评完成情况

数据来源：2019年度药品审评报告。

表2-28 2019年化学药各类注册申请审批完成的具体情况

申请类型	完成评审情况/件			
	审评通过（含补充完善资料后通过）	建议不批准	其他	合计
IND申请	599	18	4	621
验证性临床	104	7	14	125
NDA	88	3	65	156
ANDA	654	71	930	1655
补充申请	1309	85	423	1817
进口药品再注册	387	6	76	469
一致性评价	260	17	282	559
复审	—			11
合计	—			5413

数据来源：2019度药品审评报告。

（2）中药注册申请审评完成情况

完成审评的中药注册申请 300 件，其中完成 IND 申请 17 件，完成 NDA 3 件，完成 ANDA 6 件。完成审评的中药各类注册申请批准情况见表 2-29。

表 2-29　2019 年中药各类注册申请审批完成的具体情况

申请类型	完成评审情况/件			
	审评通过（含完善资料后通过）	建议不批准	其他	合计
IND 申请	15	2	0	17
NDA	2	0	1	3
ANDA	0	5	1	6
补充申请	195	2	51	248
进口药品再注册	6	0	7	13
复审	—			13
合计	—			300

数据来源：2019 度药品审评报告。

（3）生物制品注册申请审评完成情况

药审中心完成审评的生物制品注册申请共 1104 件，其中完成预防用生物制品 IND 申请（预防用 IND 申请）24 件，完成治疗用生物制品 IND 申请（治疗用 IND 申请）338 件，完成预防用生物制品 NDA（预防用 NDA）13 件，完成治疗用生物制品 NDA（治疗用 NDA）95 件，完成体外诊断试剂 NDA（体外诊断 NDA）2 件。完成审评的生物制品各类注册申请批准情况见表 2-30。

表 2-30　2019 年生物制品各类注册申请审评完成的具体情况

申请类型	完成评审情况/件			
	审评通过（含完善资料后通过）	建议不批准	其他	合计
预防用 IND 申请	18	3	3	24
治疗用 IND 申请	294	31	13	338
预防用 NDA	5	1	7	13
治疗用 NDA	67	2	26	95
体外诊断试剂 NDA	2	0	0	2
补充申请	361	14	177	552
进口药品再注册	62	1	14	77
复审	—			3
合计	—			1104

数据来源：2019 年度药品审评报告。

3. 药品注册受理情况

2019年，药审中心受理新注册申请8082件（含器械组合产品5件，以受理号计，下同），其中需技术审评的注册申请6199件（含4907件需药审中心技术审评和行政审批的注册申请），直接行政审批（无需技术审评，下同）的注册申请1878件。药审中心受理的8077件药品注册申请中，化学药注册申请受理量为6475件，占2019年全部注册申请受理量的80.2%，2016—2019年各类药品注册申请受理情况如图2-35所示。

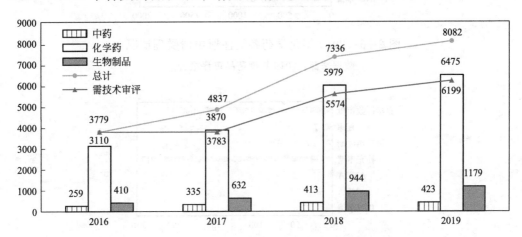

图2-35 2016—2019年各类药品注册申请受理情况

数据来源：2019年度药品审评报告。

(1) 化药注册申请受理情况

药审中心受理化学药注册申请6475件，其中受理化学药IND申请694件，较2018年增长了51.9%；受理化学药NDA 130件，较2018年增长了21.5%；受理仿制药上市申请（ANDA）1047件，较2018年增长了6.6%；受理一致性评价补充申请1038件（308个品种），件数较2018年增长71%。2019年化学药各类注册申请受理情况详见图2-36。

(2) 中药注册申请受理情况

药审中心受理中药注册申请423件，其中受理中药IND申请17件，受理中药NDA 3件，受理中药ANDA 3件。2019年中药各类注册申请受理情况详见图2-37。

(3) 生物制品注册申请受理情况

药审中心受理生物制品注册申请1179件，其中受理生物制品IND申请310件（预防用IND申请7件，治疗用IND申请303件），较2018年增长了4%；受理生物制品NDA 124件（预防用NDA 7件，治疗用NDA 117件），较2018年增

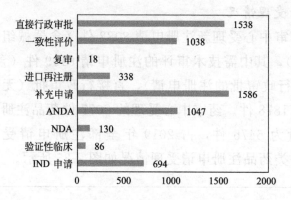

图 2-36　2019 年化学药各类注册申请受理情况

数据来源：2019 年度药品审评报告。

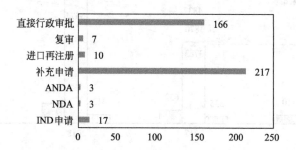

图 2-37　2019 年中药各类注册申请受理情况

数据来源：2019 年度药品审评报告。

长了 45.9%。2019 年生物制品各类注册申请受理情况详见图 2-38。

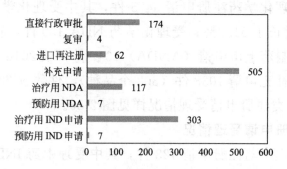

图 2-38　2019 年生物制品各类注册申请受理情况

数据来源：2019 年度药品审评报告。

（三）质量标准及保障能力继续提升

1. 仿制药质量评价全面推进

《化学药品注射剂仿制药质量和疗效一致性评价技术要求（征求意见

稿)》发布，仿制药质量和疗效一致性评价提速。截至2019年底，已上市仿制药一致性评价受理总数达到1722个受理号，其中注射剂一致性评价受理号为557个，占32.3%。仿制药一致性评价承办的受理号达到1038个，同比增加69.6%。通过的受理号数为237个，同比增加111.6%。仿制药一致性评价承办品种共计449个，涉及企业473家。各省份受理号数量前三的为江苏、山东和广东，一致性评价通过企业数达到3家或以上的品规已有47个。通过一致性评价（含视同通过及注射剂）的品规累计491个，涉及173个品种（按照通用名）。按受理号统计，全年通过一致性评价的产品数量为2018年的1.7倍，国产仿制药质量水平进一步提升。

2. 基本医保保障水平提升

2019年《国家基本医疗保险、工伤保险和生育保险药品目录》共收录药品2709个，调入药品218个，调出药品154个，净增64个。新版目录结构优化，优先考虑国家基本药物、癌症及罕见病等重大疾病治疗用药、慢性病用药、儿童用药、急救抢救用药等新需求，减轻了参保人员负担，提升了患者临床用药可及性和获得感。同时，通过准入谈判，共纳入97个国产重大创新药品和进口新药并确定了支付标准，新增的70个药品价格平均下降60.7%。城乡居民医保标准和保障能力进一步提高。2019年居民医保人均财政补助标准新增30元，达到每人每年不低于520元，新增财政补助一半用于提高大病保险保障能力。高血压、糖尿病等门诊用药纳入医保报销，大病保险政策范围内报销比例由50%提高至60%。

3. 短缺药品保供能力增强

国务院办公厅发布《关于进一步做好短缺药品保供稳价工作的意见》，明确加强市场监测、规范用药管理、完善采购机制、加大价格监管和健全多层次供应体系等措施，保障短缺药稳定供应。原料药领域反垄断执法力度加强，价格异常波动和市场供应紧张状况明显缓解。工信部等联合认定了第2批小品种药（短缺药）集中生产基地建设单位3个，总数达到6个。针对重大疾病治疗、罕见病、儿童用药等短缺药，以及应对突发公共卫生事件的特需药物的保供能力进一步增强。

(四) 医药行业发展环境

1. 正视客观挑战

(1) 行业发展迎来瓶颈期

鼓励医药创新、规范医疗市场、完善医保支付等改革力度加大，不合理用药、辅助用药和过度诊疗现象受到限制，需求侧拉动产业的动力阶段性弱化，医药市场进入慢增长的中低速态势。据中康 CMH 数据，2019 年中国药品终端规模测算超过 1.7 万亿元，增速 4.0%，但同比下降 1.8 个百分点。医保筹资增速仍赶不上支出增速，2019 年前 11 个月医保收入为 22 077 亿元，支出为 18 673 亿元，收入增速 22.22%，较支出增速 26.6% 落后 4.4 个百分点，医保控费的压力和任务依旧很大。

(2) 市场竞争优胜劣汰加剧

一致性评价成为仿制药参与市场竞争的门槛。已通过一致性评价的仿制药投入较大，据统计，单个品种评价费用支出最少的 150 余万元，最多的达 2000 万元以上，中位数均值 678 万元，而后面对集采降价的收益不确定性也很大。以带量采购促进药价实质性降低常态化。在国家和各地陆续开展药品和医用耗材以量换价的集采推动下，临床用药金额较大的药品还会继续降价。2020 年 1 月，第 2 批国家药品集采初步报量的合同采购金额超过 87 亿元，中标价格最高降幅 93%，中选价平均降幅达 53%。随着欧美创新药、印度仿制药的进口加快，更多过专利期药、慢病仿制药的价格迅速下滑，国内医药企业增长和盈利压力陡增，行业面临转型升级发展的"阵痛期"。

(3) 原料药绿色发展任务艰巨

国内外经济发展环境变化日益复杂，不稳定、不确定因素增多，也使生态环境保护形势更加严峻。在监管标准不断提高的环境下，原料药企业环保安全达标水平、市场供求关系不稳定的矛盾依然突出，生态环境治理的短板和薄弱环节依然较多。《土壤污染防治法》施行，土壤和地下水污染防治、固体废物与化学品环保管理等问题亟待改善，原料药生产与国际化接轨的环境安全管理水平有待提高。《推动原料药产业绿色发展的指导意见》发布，原料药行业可持续发展能力亟需进一步提升。

2. 积极抢抓机遇

(1) 全民健康需求持续增加

我国有 14 亿人口的健康大需求，城乡基本医疗保险参保率超过 98%。其中，有 2.5 亿 60 岁以上老年人群的健康高需求，65 岁及以上人口的占比达 12.6%，同比提高 0.7 个百分点；还有 2.5 亿 15 岁以下少年儿童的健康新需求，以及肿瘤、心脑血管等现代慢性病的健康多需求正快速增长。中国特色的医疗保险制度高质量建设大力推进，新版医保目录扩容实施，全民医保水平提高，商业医保服务扩大，刚性需求潜力巨大。

(2) 创新发展迎来最好时代

支持医药创新的政策和环境不断完善。创新产品通过特殊或优先审评、审批途径快速上市,新药进入医保目录加快,市场培育期大大缩短。研发产业链(CRO、CDMO)配套日益成熟,拥有自主产权的化学创新药、生物药和高端医疗器械研发方兴未艾。新兴医疗技术融合创新活跃。据不完全统计,约有200家医药企业在研究开发新型医疗人工智能新产品,5G移动通信技术在医疗领域的应用也逐渐增加,科技创新对医药市场发展的支撑和引领作用日益增强。

(3) 产业结构调整步入活跃期

受供给侧结构性改革深入推进影响,产业链监管要求变革加快。鼓励智能制造、智慧管理、共享经济等行业政策推动医药企业更加注重集约化经营,集采和支付政策改变促使临床用药结构、市场发展模式正深度调整。仿制药产品面临价格挤压和成本上升,盈利空间缩小,同质化竞争淘汰加速。医药企业结构出现新分化,行业重组整合的客观需求增多,创新型企业有望加快发展成为国际化公司,中国制造的创新药和仿制药越来越多加速走向国际市场。

(五) 展望和建议

1. 前景展望

现阶段,中国经济正迈向高质量发展的新时代。据统计局数据显示,2019年全国经济规模接近100万亿元,人均收入达1万美元,受过高等教育和拥有技能的人才资源约1.7亿,中等收入群体超过4亿,市场主体有1亿多,上述国内市场资源具有巨大的发展潜力。2020年是"十三五"规划的收官之年,也是打赢"三大攻坚战"的关键之年,更是决胜全面建成小康社会的冲刺之年。"没有全民健康,就没有全面小康"。《"健康中国2030"规划纲要》提出,2020年的健康服务业总规模预计达到8万亿元以上。2020年6月1日,《基本医疗卫生与健康促进法》施行;随着国家"三医联动"改革的力度加强,政府财政医疗卫生的投入将进一步增加,健康市场的外在刚性需求会持续增长,医药行业的内在发展动力有望保持充足。虽然面临着诸如降价压力增大、竞争程度扩大、创新难度加大等一些前所未有的挑战,但创新引领效应显现,新产品上市增多,高标准国际化进程加快,新旧动能转换活力释放。如何在不确定性增加的环境中保持良好态势?高效加快转型、加速升级是关键。通过聚焦临床重大需求、生物药快速产业化、仿制药和传统药提升质量水平、原料药绿色发展、高端医疗器械国产化、市场竞争对标全球高端化等重点领域实现突破,打造具有"硬核"竞争力的新产品、新技术、新服务、新模式、新业态、新市场。

另一方面,新冠肺炎(COVID-19)疫情的突发影响显著。这一全国进入一级响应的重大公共卫生事件给全社会经济运行带来很大冲击,也使影响医药工业发展的不确定性因素更加复杂。短期来看,为应对疫情和救治急需,部分抗病毒药物、医疗器械与诊断试剂、卫生材料和医药用品等市场需求会激增。而因防疫引起的人力短缺、物流限制、原料紧张以及部分需求受限等不利因素叠加,对医药企业的整体收入和利润增长的负面影响也会相应加大。疫情是具有一定拉动市场需求的后效应,会有利于抵消一部分集采降价、医保控费扩大实施后的影响。随着疫情后各项恢复产业发展的支持政策落实到位,下半年发展增速有望补回上半年疫情影响缺口,但增速很难回到上年度水平。2020年医药工业收入和利润总额基本维持稳定或略有下降,利润增速压力还会大于收入。若国内疫情管控延长,国外疫情不利超出预期,国内市场和国际贸易发展不确定性增大,很可能会进一步拉低发展增速。总体而言,医药工业发展增速逐渐放缓已成常态。长期来看,我国作为全球产业链的最齐全的国家,医药工业的增长动力、结构调整、运行方式在不断优化,化解公共卫生突发事件的调控能力也明显提高,强化全面保障全民健康的公共卫生和分级诊疗体系建设将会更加受到重视,医药市场可持续增长的态势依然强劲。

2. 相关建议

(1) 完善产业链调控政策

以创新驱动和高质量发展为指引,完善财税、融资优惠政策,支持医药产品基础创新和快速产业化;推进医药制造业创新中心建设,提升医药生产智能制造水平;优化医药产业园合理布局,推动化学原料药绿色发展。

(2) 加快培育新的增长点

鼓励聚焦基于新靶点、新作用机制的生物药研发和高端医疗器械开发,发展以肿瘤细胞免疫治疗为代表的抗体、疫苗等精准医疗创新技术。加快突破行业关键性、共性技术瓶颈,促进医药行业提质增效。

(3) 引导企业集约化发展

分类提高医药产品的注册、质量、环保、安全、能源等监管标准,加快推进仿制药质量和疗效一致性评价。严格市场准入规范,加强行业动态监管,形成市场倒逼机制,促进强势企业整合和落后企业退出。

(4) 健全多层次医保体系

加快建立统一的医保支付标准,鼓励优先使用通过一致性评价仿制药。大力发展商业健康保险,支持商业保险产品创新,扩大商业健康保险个人所得税优惠幅度，满足人民群众多样化的健康保障需求。

(5) 提升国际化质量水平

加大对自主创新医药产品和制剂出口的税收优惠，引导增加国际高端市场出口。完善出口信贷及出口信用保险政策，支持优势企业走出去整合海外资源。鼓励开发"一带一路"市场潜力，促进产能转移国际化合作。

(6) 强化医药战略性储备

加大医药储备前瞻性布局，增加生物安全战略储备投入。完善实物、技术、功能、信息和产能等组合储备形式，增强常态和动态储备结合作用，健全对承储单位补偿机制，提高应对公共卫生突发事件的响应速度和应急能力。

（撰稿专家：张佩　夏小二）

生物农业

2020年生物种业产业发展报告

中国农业科学院作物科学研究所

一、概况

国际农业生物技术应用服务组织（ISAAA）报告显示，自1996年转基因作物商业化以来，已累计种植27亿公顷。2019年全球转基因作物种植面积达1.904亿公顷，比上年减少了130万公顷。其中，转基因大豆、玉米、棉花和油菜的种植面积分别为9190万公顷、6090万公顷、2570万公顷和1010万公顷。全球有29个国家种植转基因作物，71个国家/地区批准进口转基因作物用于粮食、饲料和加工。其中，种植面积位居前5位的国家分别是美国、巴西、阿根廷、加拿大和印度，种植面积分别为7150万公顷、5280万公顷、2400万公顷、1250万公顷和1190万公顷，总种植面积为1.727亿公顷，占全球种植面积的91%。我国目前主要产品是转基因抗虫棉花和抗病毒木瓜，2019年种植面积约320万公顷。全球新型转基因产品研发多样化，除了玉米、大豆、棉花和油菜，还包括苜蓿、甜菜、甘蔗、木瓜、红花、土豆、茄子、南瓜、苹果和菠萝等。抗虫和耐除草剂复合性状转基因作物增加6%，占全球生物技术作物面积的45%。转基因作物推广应用产生了巨大社会和经济效益，1996—2018年农药使用减少8.3%，作物产量增加8.22亿吨，经济效益达2249亿美元。2018年，转基因作物市场价值约为21.97亿美元，占全球商业种子市场的52.7%。

二、主要产品

转基因玉米：进入商业化生产的转基因玉米产品主要有抗虫、耐除草剂、耐旱、品质改良和复合性状转基因玉米。北京大北农生物技术有限公司研发的抗虫耐除草剂玉米"DBN9936"、耐除草剂玉米"DBN9858"和杭州瑞丰生物科技有限公司、浙江大学研发的抗虫耐除草剂玉米"瑞丰125"获得农业转基因生物安全证书,其中DBN9858性状产品能耐受除草剂草甘膦和草铵膦,主要作为"DBN9936"等的配套庇护所,为抗性昆虫治理提供有效解决方案。上述转基因玉米转育的产品已达到品种审定标准,覆盖我国玉米主产区,比当前主栽品种增产10%以上,防虫效果达到96%,减少农药用量60%,特别是对草地贪夜蛾有良好防效。

转基因大豆:2019年转基因大豆种植面积达9190万公顷,约占全球转基因作物种植面积的50%,主要种植的是耐除草剂以及抗虫耐除草剂复合性状转基因大豆。在我国,中国农业科学院作物科学研究所研发的转 $g2$-$epsps$ 和 gat 基因耐除草剂大豆"中黄6106"和上海交通大学研发的转 $g10evo$-$epsps$ 基因耐除草剂大豆"SHZD3201",获得农业转基因生物安全证书。耐除草剂大豆"DBN-09004-6"获准在阿根廷商业化种植,并获得国内进口用作加工原料的安全证书,转育品种综合性状优良,比当前主栽品种增产10%以上。

转基因水稻:转基因抗虫水稻华恢1号和Bt汕优63获得生产应用安全证书,转基因抗虫水稻华恢1号获得美国上市许可;新型抗虫耐除草剂、新型抗褐飞虱、抗病、抗逆、优质等转基因水稻,通过育种价值评估,进入安全性评价阶段。

转基因小麦:我国研发的抗旱节水、氮高效利用、抗病小麦目标性状突出,进入安全性评价阶段。作为全球最重要的小麦病害——赤霉病的抗病品种研发取得重大突破。

三、市场分析

品种是生物种业的"芯片",生物育种是种业创新的核心。发达国家以及跨国企业集团愈发重视种业创新发展,并成为提高国家竞争力的战略举措。2020年新冠疫情给全球农业生产提出了新挑战,构建"以国内大循环为主体、国内国际双循环相互促进的新发展格局"是国家重大战略部署。新时期,我国必须加大生物育种与产业化力度,加快生物种业自立自强步伐,加快培育战略性新兴生物产业,保障国家食物安全和农业可持续发展。一是坚持需求导向和问题导向,培育抗病虫、抗旱节水耐盐碱、资源高效利用新品种,减少农药、化肥以及地下水用量,对于改善生态环境具有重要意义。

二是满足农业供给侧结构性改革，品种供给正从短缺变为饱和甚至过剩，短期内种业或经历发展阵痛，当前品种创新仍以杂交育种等常规技术为主，革命性的生物技术尚未形成跨越式突破，导致真正提升市场需求的优良品种不多，品种同质化形势严峻。

四、研发动向

在产品研发方面，国际种业集团通过将自身的地上和地下害虫产品线叠加，并辅助相互间的交叉许可，产生更加丰富的产品组合，比如原孟山都公司的 Genuity 系列，先正达的 Agrisure 系列，原陶氏益农的 Herculex 系列以及杜邦先锋的 Optimum 系列等均以叠加性状为主，开发不同组合以适应不同地区和客户的差异化需求和不断扩大的新兴市场。同时，随着抗虫、抗病、耐除草剂的转基因作物应用，逐渐向抗逆（抗旱、抗寒、抗盐碱）、品质改良、营养改良、生物反应器等转基因作物发展。

在技术研发方面，基因编辑技术、合成生物技术、全基因组选择技术、杂种优势固定技术、智能设计育种技术、转基因技术、细胞工程与染色体技术、性别控制技术、干细胞育种技术已成为现代生物种业前沿技术，推动生物育种向精确定向发展。从外源基因的转化向内源基因变异优化发展，从功能基因的转化向包括调控基因在内的多基因转化发展。

五、自主创新情况

在基因挖掘方面，克隆了抗赤霉病主效基因 $Fhb7$，揭示了其抗病分子机理和遗传机理，并成功应用于小麦育种；发现水稻产量和氮肥利用效率协同调控新机制；解析了国内外现代玉米选育过程中的"育种选择指纹"，描绘出现代玉米改良的足迹；完成了 26 份代表性大豆基因组组装，构建了泛基因组图谱，极大促进大豆的进化和功能基因组学研究。

在技术研发方面，建立了基于靶向差异 sgRNAs 的代理报告系统；研发出"一步法"玉米杂交制种新技术；创新地提出了单碱基编辑技术介导的水稻内源靶标基因的定向进化技术理念；基于 Cas9 nickase（nCas9）核酸酶开发了一个名为单系统产生的同时多重编辑系统。"利用基因编辑技术实现杂交稻自留种"等成果入选 2020 中国农业科学重大进展。

产品研发方面，培育的具有自主知识产权的抗虫耐除草剂转基因玉米和耐除草剂大豆，综合农艺性状优良，达到品种审定标准。抗虫耐除草剂玉米"DBN9936""瑞丰12-5"，耐除草剂玉米"DBN9858"，耐除草剂大豆"SHZD32-01""中黄6106"分别获得农业转基因生物安全证书，开辟了自主培育转基因抗虫耐除草剂玉米、耐除草剂大豆的道路，填补了国内空白，奠定了生物种业发展的坚实基础。

（撰稿专家：郑军）

2020年生物饲料产业发展报告

中国农业科学院饲料研究所

一、概况

2019年,受生猪产能下滑和国际贸易形势变化等影响,全国工业饲料产值和产量下降,产品结构调整加快,饲料添加剂产品稳步增长。2019年全国工业饲料总产量22 885.4万吨,同比下降3.7%。其中,配合饲料21 013.8万吨,同比下降3.0%;浓缩饲料1241.9万吨,同比下降12.4%;添加剂预混合饲料542.6万吨,同比下降10.6%。分品种看,猪饲料7663.2万吨,同比下降26.6%,其中仔猪、母猪、育肥猪饲料分别下降39.2%、24.5%、15.9%;蛋禽饲料3116.6万吨,同比增长9.6%,其中蛋鸭、蛋鸡饲料分别增长27.2%、1.8%;肉禽饲料8464.8万吨,同比增长21.0%,其中肉鸡、肉鸭饲料增长17.9%、25.2%;反刍动物饲料1108.9万吨,同比增长9.0%,其中肉牛、奶牛、肉羊饲料分别增长32.5%、0.8%、7.8%;宠物饲料产量87.1万吨,同比增长10.8%;水产饲料2202.9万吨,同比增长0.3%;其他饲料241.9万吨,同比增长29.5%。在饲料总产量中,猪饲料占比从上年的43.9%下降到33.5%,禽饲料占比从上年的41.4%上升到50.6%。

2020年对畜牧养殖业和饲料产业发展都是非常具有挑战的一年,特别是畜禽养殖业面临着后非洲猪瘟和后新冠肺炎疫情,饲料产业面临着兽用抗菌药减量、饲料禁抗等多重挑战下的生存压力。在此背景下,生物饲料产业发展具有重大的历史机遇和重要意义。

2020年1—11月中国进口大豆、玉米、小麦、大麦和高粱分别为9280万吨、904万吨、749万吨、710万吨和427万吨,同比分别提高5.3%、122.7%、150.5%、24.8%和440.5%,进口粮食特别是大豆和玉米主要用作饲料。生物饲料是饲料创新发展的方向,采用生物合成、微生物工程等现代核心生物技术对常规饲料资源提质增效、非粮工农副产物资源开发、未来微生物蛋白饲料研发以及新型饲料添加剂创制等。

二、主要产品

生物饲料是以国家相关法规允许使用的饲料原料和饲料添加剂为对象，通过发酵工程、酶工程、蛋白质工程和基因工程等生物工程技术开发的饲料产品的总称，包括发酵饲料、酶解饲料、菌酶协同发酵饲料和微生物饲料添加剂。

发酵饲料分为单菌或多菌发酵单一饲料原料、发酵混合饲料及发酵全价饲料，如发酵豆粕、发酵麸皮、发酵秸秆、发酵糟渣和发酵配合饲料等；酶解饲料分为酶解单一饲料和酶解混合饲料，如玉米酶解蛋白、水解羽毛粉、酶解大豆蛋白和酵母水解物等；菌酶协同发酵饲料是使用农业农村部允许使用的饲料原料、酶制剂和微生物，通过发酵工程和酶工程技术协同作用生产的单一饲料和混合饲料。微生物饲料添加剂种类较多，基本全部在农业农村部发布的《饲料添加剂品种目录（2013）》中，主要包括饲用酶制剂、微生物制剂、饲用功能性多糖或寡糖、功能性蛋白肽、功能性氨基酸、有机微量元素、植物与微生物提取物、益生元以及其他生物技术相关产品。

农业农村部第194号公告于2020年正式实施，标志着药物饲料添加剂将有序退出，而绿色替抗产品的研发将受到极大重视，再加上我国饲料资源严重短缺现状和中美贸易战的紧张局势，都将进一步推动生物饲料产业在"饲料无抗"时代的迅猛发展，未来新型生物饲料产品（如饲用中草药、植物提取物、非常规发酵饲料等）将井喷式出现。

三、市场分析

2020年1—11月，饲料总产量22 870万吨，同比增长9.5%。其中受生猪产能持续恢复拉动，猪饲料产量7714万吨，同比增长9.5%；由于家禽存栏处在高位，反刍动物养殖效益好、积极性高，蛋禽、肉禽、反刍动物饲料产量分别为3135万吨、8516万吨、1147万吨，同比分别增长11.7%、12.0%、15.1%；水产饲料产量2025万吨，同比下降5.0%。在整个饲料产量中，生物饲料生产量比重较小，与实际需求量有较大的差距，缺口量较大。近年来，中国生物饲料企业数量快速增加，除西藏外，我国所有省份都有企业涉足生物饲料产业，从事相关领域的企业数量达到1000家以上。从区域分布来看，山东、广东和河南最为活跃，生物饲料相关企业最多。2020年，受疫情影响，生物饲料行业市场规模略有下降，但随着生物饲料系列团体标准的发布、农业部生物安全防控和生物饲料评价体系的建立，生物发酵饲料已表现出巨大的发展前景。

2020年，我国正式进入饲料端全面禁抗、养殖端减抗限抗时代，养殖企业亟需能够减少抗生素使用的产品或方案，国标、行标和地标等标准管理机构加快了天然植物饲料原料标准立项进程，农业农村部畜牧兽医局也对天然植物提取物类新饲料添加剂加快审批进度，同时推进了药食同源天然饲用植物饲料化，比如批准了博落回散、山花黄芩提取物等在饲料中使用，增补了鸡蛋、灵芝和姬松茸等原料进入《饲料原料目录》，这给药食同源植物在饲料行业中的扩大应用提供了重要的机遇。

在发酵饲料上，发酵饲料原料的选择已从豆粕、棉粕、菜粕等的发酵以提供高品质蛋白饲料，发展到聚焦粮食加工厂副产品、鲜糟渣、果渣、蔬菜尾菜及秸秆等非常规饲料原料发酵以提供优质的发酵能量、蛋白饲料和粗饲料等。目前，我国菌、酶发酵饲料产量达320.33万吨/年，发酵豆粕达80万吨/年、其他发酵饲料达81万吨/年。预计未来10年内，发酵饲料总量将达到饲料总量的10%～20%，发酵饲料总量将达到3000万～6000万吨，产值将达到1000亿元以上。

2019年全国饲料添加剂产量1199.2万吨，同比增长8.2%。其中，直接制备饲料添加剂1130.2万吨，同比增长7.6%；生产混合型饲料添加剂69万吨，同比增长20.0%。氨基酸、维生素和矿物元素产量分别为330万吨、127万吨、590万吨，同比分别增长10.5%、14.7%、4.1%。酶制剂和微生物制剂产量继续快速增长，同比增幅分别为16.6%和19.3%。2020年，受疫情影响，饲料添加剂整体产能下降，供需格局平衡偏紧，其中维生素产量35.9万吨，同比增长8.0%，占全球产量的78.4%，产量增长主要来自维生素C和泛酸钙；酶制剂和微生物制剂等生物饲料产品受禁抗政策影响依旧呈现强劲上升势头。

四、研发动向

2020饲料工业取得了一些成就，但是仍然面临着饲料总量缺口较大、蛋白饲料资源严重短缺、饲料转化利用效率低和饲料质量安全等问题，特别是大豆进口问题直接威胁到国家的粮食安全战略，全面减抗禁抗直接影响到动物养殖效益等。在这种大背景下,生物饲料产业面临重大机遇,除发酵饲料中微生物菌种及其相关发酵和控制技术的持续研究外,新型研发方向和产业化也紧跟步伐。

一是非常规饲料资源生物发酵技术研发力度加强。发酵饲料原料已经从豆粕、棉籽粕、菜籽粕等高蛋白质原料逐渐过渡到鲜糟渣、果渣、中药渣、水果皮、各类农作物秸秆等农副废弃物上,例如上海清美食品(米曲霉,豆渣)、甘肃昆仑生化(木霉,稻糠)、长沙仲善能源(木霉、中药渣)、四川食品研究院(黑曲霉,柑橘渣)、安徽金种子(黑曲霉,酒糟)、路德生物(酵母菌、酒糟)等都有关于利用木质纤维素和废弃物的专利。

二是功能性饲料添加剂配伍效应在减抗替抗上的应用与验证。研究微生态制剂对畜禽肠道微生物的影响及其作用机制一直是热点,同时围绕饲料精准营养和动物肠道健康等方面研发微生态制剂、发酵氨基酸、植物提取物和饲用酶制剂等功能饲料添加剂的配伍效应及可加性。

三是合成生物学新技术成为饲料产业发展新趋势。国内不少科研机构开始利用单细胞生物(微藻、细菌、放线菌、酵母、真菌)将甲烷、一氧化氮、二氧化碳、氨氮等物质合成蛋白质和活性物质。研究蛋白质生物合成和低成本生物制造的关键技术有望颠覆现有食品与饲料的生产方式,开创以微生物作为细胞工厂的蛋白质生物制造新范式。包括蛋白质生物制造高性能菌种筛选、改造提升,菌种蛋白质定向合成,智能生物合成和制造的先进软件算法、机器人技术和数据科学,反应器设计与工艺的反应放大生产技术。如首钢集团利用乙醇梭菌把工业废气中的一氧化碳转化合成乙醇并生产高质量的菌体蛋白。

五、自主创新情况

2020年我国生物饲料和养殖领域的自主创新日益鼓励健康养殖、抗生素替代、饲料质量安全控制以及前沿交叉学科的发展。从我国生物饲料相关论文发表和专利申请情况来看,我国继续在饲用酶制剂、饲用微生物、抗生素替代品等生物饲料制剂的研发方面取得了较多成果,如微生物发酵菌株申请专利的数量呈上升趋势,中关村中兽医药产业技术创新战略联盟发布了《黄芪干燥物》(T/TCVMA 0002—2020)、《甘草粉碎物》(T/TCVMA 0006—2020)和《金银花提取物》(T/TCVMA 0010—2020)等12个天然植物饲料原料团体标准。

2020年度有关生物饲料获得国家科技奖的项目主要包括：中国农业科学院北京畜牧兽医研究所完成的"畜禽饲料质量安全控制关键技术创建与应用"，形成了饲料生产环节质量安全控制技术体系；中国农业科学院北京畜牧兽医研究所"奶及奶制品安全控制与质量提升关键技术"，针对我国"饲料-生鲜乳-液态奶"霉菌毒素的转化转移特征，制定了全产业链控制技术规范并指导生产，有效控制了我国奶及奶制品中霉菌毒素污染的风险；中国农业科学院饲料研究所"奶牛高发病防治系列新兽药创制与应用"为奶牛养殖过程的高发病创制了新型兽药及免疫调节物质；浙江大学"猪圆环病毒病的免疫预防关键技术研究及应用"，形成了猪健康养殖疫病防控技术体系。

（撰稿专家：杨培龙）

生物产业发展现状与趋势

2020年生物农药产业发展报告

中国农业科学院植物保护研究所

一、概况

2020年2月6日农业农村部印发的《2020年种植业工作要点》中对农药行业的核心要点是确保农药利用率提高40%以上,其他工作要点包括对现有的农药残留制定标准、编制农药发展规划、印发农药包装废物回收办法、为生物农药和高毒农药替代产品开通"审批绿色通道",这一年来,我国生物农药在国家相关政策的指导和扶持下,有关生物农药的登记、研发、生产、应用和市场开发均取得了积极而稳妥的进步。2020年3月19日,农业农村部制定《我国生物农药登记有效成分清单》。我国生物农药有效成分种类及登记产品数如表2-31所示,我国农药仍以化学农药为主,生物农药的替代之路道阻且长,但发展潜力巨大。

表2-31 我国生物农药有效成分种类及登记产品数

序号	生物农药类别	有效成分种类/个	登记产品数/个
1	微生物农药	46	542
2	生物化学农药	33	583
3	植物源农药	26	300
4	抗生素	13	1726
合计		105/118(含抗生素)	1425/3151(含抗生素)

国际上,美国生物农药有效成分390个,占有效成分数总数比例约1/3;其中生物化学农药约200个,微生物农药约130个。

二、主要产品

我国生物农药近年来的主要产品有:抗生素类农药、昆虫天敌、微生物农药、植物源农药和发展十分迅速的生物化学农药。

1. 微生物农药

主要有细菌、真菌、病毒和原生动物或基因修饰的微生物等活体为有效成分的农药。

在微生物农药登记的产品中，苏云金杆菌登记产品数量最大，达到176个；其次是枯草芽孢杆菌的73个、球孢白僵菌24个、棉铃虫核型多角体病毒21个。在微生物农药登记的产品中，主要以细菌类为主，病毒类为辅。

2. 生物化学农药

近年来，生物化学农药表现有异军突起之势，它的主要特点是：①对防治对象没有直接毒性，而只有调节生长、干扰交配或引诱等特殊作用；②是天然化合物，如果是人工合成的，其结构应与天然化合物相同（允许异构体比例的差异）。

在生物化学农药登记的产品中，赤霉酸登记产品数量最大，达到142个；其次是萘乙酸的58个、氨基寡糖素56个、芸苔素内酯53个。在生物化学农药登记的产品中，主要以天然植物生长调节剂类为主，天然植物诱抗剂类为辅。

3. 植物源农药

其有效成分直接来源于植物体的农药。近年来，我国植物源农药的有效性获得了很大的提高，应用技术得到了广泛的推广，植物源农药的市场占有率有所增加。

在植物源农药登记的产品中，苦参碱登记产品数量最大，达到116个；其次是印楝素的26个、鱼藤酮22个、蛇床子素18个。

4. 抗生素类农药

抗生素类农药由于其防控效果好，性能稳定和使用方便，一直是我国农药战线的生力军。如阿维菌素、多杀霉素、嘧啶核苷类抗生素、宁南霉素等成分，但在登记管理法规中，并不享受与"生物农药"同等的待遇，目前抗生素的管理上介于生物农药与化学农药之间的范畴。

三、市场分析

在新形势下，国家绿色发展理念深入人心，生态治理提到国家战略，生物农药在农业中仍然是一个非常新兴的市场，我国农业生产正开始从数量型向质量与安全型转变，生物农药已成为农药产业发展的大趋势，越来越多的资金投入到生物农药的研发中，生物农药市场份额将继续扩大。

生物农药品种持续增加，2017年登记新品种17个，其中生物农药10个；2018年获得登记的新品种40个，其中生物农药15个；2019年获得登记的新品种9个，其中生物农药3个。尤其值得提出的是，2015—2019年生物农药产品质量正在逐步提升，2019年生物农药的合格率达到64.00%（图2-39）。随着生物农药新品种的不断涌现，绿色防控理念不断深入人心和生物农药应用技术不断完善，未来几年，生物农药将得到更加快速的发展。

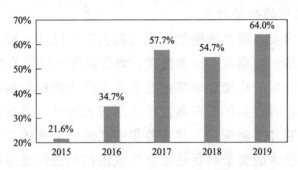

图2-39 我国生物农药市场检测合格率

四、研发动向

国家"十三五"期间农药绿色创新重点包括了加强品种绿色工艺创新研究，节本清洁，增强竞争力；加强骨干品种绿色制剂创新研究，减少生态环境风险；推动专利过期品种国产化进程，为替代提供当家品种；加快免疫诱抗、性诱剂及调节剂产业化及应用技术研发，推动生态调控；研发高工效农药和航空新型制剂，加强药种肥一体化进程，提高农药利用率和精准化率及省力化；推进绿色农药全程植保技术和体系建设，为以区域和作物健康为代表重大病虫害防控提供全程免疫解决方案。

对于"十四五"期间的农药创新，根据国家重大需求，瞄准国际前沿，针对制约我国绿色农药创制与产业化的关键问题，通过农药等农业投入品基础研究、关键共性技术、产品创制、产业化4类关键问题的整合和联合创新，并在绿色药物新靶标和分子设计、生物农药合成生物学、RNAi新农药创制、纳米化技术应用、中间体合成、现代机械化等重大产品创制与产业化等前沿核心技术进行突破。力争创制一批具有自主知识产权、国际竞争力的"重磅炸弹"级新产品，建立其产业化关键技术和农业应用技术，同时，培养一批农药创新领域的领军性人才和一批具有很强国际竞争力的龙头企业，为农业绿色发展、乡村振兴战略实施提供科技支撑。

在国家相关政策的支持与扶持下，生物化学农药将迅速崛起，生物化学农药新品种与应用技术将取得长足的进步，天敌昆虫、植物源农药和微生物农药等传统生物农药的新产品将不断涌现，市场将继续巩固发展，随着应用技术的推广，传统生物农药的市场份额将获得提升。

五、自主创新情况

1. 免疫诱抗剂的持续研发

植物免疫蛋白类，氨基寡糖类，壳寡糖类等，已经在经过市场的检验和验证。随着毒氟磷、阿泰灵、S-诱抗素、海岛素等一批具有免疫诱抗活性的自主创制产品的问世，将植物诱抗剂在农业生产中的地位推向了一个新的高度。近年来除了各种类型的蛋白激发子不断被发现外，激发子作用的分子靶标、分子机制研究亦不断深入，并主要集中在激发子受体、诱导免疫反应的信号通路、有关技术的突破将促进植物免疫诱抗剂的快速发展。随着通过调节植物的新陈代谢，激活植物自身的免疫系统和生长系统，诱导植物产生广谱性的抗病、抗逆能力等有关新理念、新技术和新方法已经获得市场认可，其新产品有望获得快速发展。

2. 昆虫病毒的高效研发

近年来，以"昆虫病毒，靶向灭虫"为特征的应用技术得到了迅速的推广。昆虫病毒对特定目标（农业害虫）采取的行动，在消灭害虫的同时，保护益虫的体系，称为靶向灭虫体系，最终实现生态的恢复。目前国内以武汉武大绿洲生物技术有限公司和江西新龙生物科技有限公司为代表的一些企业结合自身优势与科研院所联合开发，持续推出了多款病毒类生物农药，如棉铃虫核型多角体病毒、松毛虫质型多角体病毒、菜青虫颗粒体病毒等等。

3. RNA干扰技术突破

RNAi农药是近年来最为活跃的新型生物农药。其技术含量高，研究突破快，市场需求大，具有十分广阔的应用前景。利用RNAi农药干扰技术，可阻止害虫或病菌进行相关蛋白质的翻译及合成，切断其信息传递，在基因层面上杀死害虫和病菌，从而帮助人类进行作物害虫、病菌以及杂草的杀灭。中山大学张文庆教授和中科院上海生命科学学院的苗雪霞研究员等在利用RNAi技术防治稻飞虱的研究中取得了积极进展。该技术还可以针对某种害虫自身特异基因而设计，不会影响包括天敌在内的任何其他生物，不会对生态系统产生影响,实现目标害虫的精准防控。中国科学院上海生命科学院苗雪霞研究员现正在申请办理农药登记证。

4. 微生物制剂的暴增

微生物是自然界中最为丰富的物种,生物农药与微生物相关的产品居多,国内从事微生物研究的科研院所、高校及企业多不胜数。近年来微生物研发愈演愈烈,其中企业中以慕恩(广州)生物科技有限公司代表,已建立拥有国际领先的微生物组发掘和产业化平台,涵盖生物农业、生物医药、环境治理、基因发掘4个领域,菌种资源库目前已收集并保存了超12万株功能菌株。现阶段已完成三轮融资,市值过亿。微生物农药中现已有多家产值过亿的企业与产品,如绿僵菌、苏云金芽孢杆菌和枯草芽孢杆菌等。

六、生物农药发展与应用

随着昆虫天敌、微生物农药、植物源农药和生物化学农药新产品、新技术、新方法的不断涌现,随着绿色防控理念深入人心,环境保护和生态意识的提高及人民对粮食安全的需求,生物农药新产品和新技术将具有广泛的应用前景。

根据作物不同生态区条件和不同生育期病虫害发生为害特点,进行生物农药与生物农药间,生物农药与化学农药间进行协调防控关键技术研究,推出以绿色、生态、环保和安全为特色的综合技术集成体系和解决方案,将极大促进生物农药快速稳健地发展,生物农药行业将迎来一个崭新的时代。

(撰稿专家:邱德文)

2020年动物疫苗产业发展报告

中国农业科学院哈尔滨兽医研究所

一、产业概况

从国际上看，近年来在全球人口及其对食物需求的持续增长驱动下，国外兽药产业市场规模稳步增长。根据 HealthforAnimals 的数据显示，2008—2018 年，国外兽药产业销售额整体呈现逐步增长趋势，从 230 亿美元增长到 335 亿美元。国外兽药市场本身规模看似不大，但连同其外延产业其市场规模可以扩展达 1500 亿美元。2019 年全球兽药产业销售额按产品类别分，化学药品所占的份额最大，生物制品销售额占 29.5%，与我国情况类似；按使用动物分类，全球兽药市场中宠物用兽药产品所占的份额较大，与我国的情况存在很大不同。国外食品动物用兽药市场规模 207.7 亿美元，占总体市场规模的 62%；全球宠物用药市场规模约 127.3 亿美元，占总体市场规模的 38%。现在从事兽药的企业众多，从市场占有率及市场销量来看，绝大多数兽药企业为美国及欧洲公司。这些大公司往往是世界上医药市场的巨头霸主，每个公司都有自己的主打产品，2020 年全球销售额排名前 10 位的兽药企业有硕腾 Zoetis 销售额 62.6 亿美元、勃林格殷格翰 BI 45.2 亿美元、默沙东 MSD 43.9 亿美元、礼蓝 Elanco 30.7 亿美元、拜耳 Bayer 17.6 亿美元、诗华 Ceva 13.5 亿美元、维克 Virbac 10.5 亿美元、辉宝 Phibro 8.3 亿美元、德克罗 Dechra 6.2 亿美元、浩卫制药 Duvepharma 6.1 亿美元。

从国内看，截至 2020 年 10 月，全国共有兽用生物制品企业 144 家，其中 47 家诊断制品企业，32 家仅生产诊断制品。根据智牧研究院 2019 年的统计，年销售额超过 2 亿元的企业有 20 家。2020 年 11 月，国际畜牧网发布了《2020 年全球动保企业三十强榜单》，我国进入榜单的企业有：中牧股份、金河生物、易邦生物、瑞普生物、生物股份、鲁抗医药、普莱柯。2019 年度，国内 110 家、进口 23 家企业上报批签发，共计 19 914 批，共 2000 亿羽（头）份。102 家生药企业完成生产总值 135.52 亿元，销售额 118.36 亿元，毛利 69.50 亿元，平均毛利率 58.72%，资产总额 414.13 亿元，资产利润率 16.78%，固定资产 126.14 亿元，从业人员 2.1 万人。与 2018 年相比产值、销售额、毛利、毛利率均不同程度下降，销售额同比下降 10% 以上。18 家大型企业销售额占生药企业总销售额的 69.74%，企业规模越大，利润率越高。2017 年以来，生物制品进口额明显增加，出口额变化不大。兽药生产企业研发资金投入由 2010 年的 14.78 亿元上升到 2019 年的 44.97 亿元，而且企业自主研发逐步占据主导地位。2019 年，生物制品新兽药证书数及一、二类新制品数量是近 5 年来最多的一年，说明我国兽用生物制品研发和创新能力在逐步提升。同时国家在兽用生物制品管理方面也取得了长足进步，本着保障动物食品安全、提升政府智慧监管能力、规范企业生产经营行为、增强社会公众消费信心的宗旨，通过顺向追踪、逆向溯源，使得兽药生产、经营、使用、监管 4 个环节实现"来源可查询、流向可追溯、风险可预警、责任可追究"。

二、产品品种

在欧美等国家，动物疫苗市场中宠物疫苗占 50% 以上。硕腾（Zoetis）主要产品有：瑞富特用于预防支原体肺炎；卫佳用于预防犬瘟热、犬腺病毒病、犬副流感、犬细小病毒病、犬钩端螺旋体病；大宠爱用于治疗和预防犬猫跳蚤感染和用于预防心丝虫病；爱波克用于控制犬过敏性皮炎引起的瘙痒症和异位性皮炎。勃林格殷格翰（BI）主要产品有：用于治疗和预防犬和猫的体外寄生虫（跳蚤、蜱虫）的福来恩，用于治疗犬的体外寄生虫（跳蚤、蜱虫）的尼可信，用于治疗犬的蛔虫、钩虫等体内胃肠道线虫的犬心保，用于预防猪圆环病毒 2 型感染的圆福莱等。默沙东（MSD）主要产品有：用于预防犬的犬瘟热、传染性肝炎、细小病毒病和副流感的宠必威优免康；用于预防猪、鸡革兰阳性菌感染，促进猪、鸡生长的恩拉鼎；用于治疗敏感菌所致的猪呼吸道疾病的纽弗罗；用于预防犬瘟热和犬细小病毒病的宠必威；用于预防猪支原体肺炎的安百克。礼蓝动保（Elanco）主要产品有：用于治疗猪支原体肺炎和放线菌性胸膜肺炎，也可用于猪密螺旋体性痢疾和增生性肠炎的枝原净 80%；用于治疗猪胸膜肺炎放线杆菌、巴氏杆菌及支原体感染的泰勇；用于预防鸡肠炎沙门菌感染的鸡肠炎沙门菌活疫苗；用于预防鸡球虫病的猛安。法国诗华（Ceva）公司主要产品有：用于预防由猪圆环病毒 2 型感染引起疾病的猪克环；用于预防鸡新城疫和马立克病的威多妙新克；用于预防鸡传染性法氏囊病的囊胚宝；用于预防鸡传染性支气管炎的诗支威；用于预防猪支原体肺炎的安优静等。

1. 国内禽用疫苗重点产品

（1）鸡新城疫疫苗

目前生产的鸡新城疫疫苗分为活疫苗和灭活疫苗，其中活疫苗包括：鸡新城疫活疫苗（F 株）、鸡新城疫活疫苗（CS2 株）、鸡新城疫低毒力活疫苗（ZM10 株）、鸡新城疫活疫苗（Clone30 株）、鸡新城疫活疫苗（HB1 株）、鸡新城疫活疫苗（LaSota 株）、鸡新城疫活疫苗（N79 株）、鸡新城疫活疫苗（VG/GA 株）、鸡新城疫耐热保护剂活疫苗（LaSota 株）、新城疫活疫苗（V4/HB92 克隆株）。灭活疫苗包括：鸡新城疫灭活疫苗（LaSota 株）、鸡新城疫灭活疫苗（Ulster2C 株）、重组新城疫病毒灭活疫苗（A-Ⅶ株）。

（2）H9 亚型禽流感疫苗

目前生产的 H9 亚型禽流感疫苗及联苗系列产品品种较多，H9 亚型毒株包括：HN03 株、LG1 株、HN106 株、SD696 株、NJ01 株、SS 株、SZ 株、F 株、Sy 株、JY 株、JD 株、HP 株、WD 株、HL 株、SS/94 株、YBF003、L 株、Re-9 株、NJ02 株、HZ 株、S2 株、NJ02 株等 22 个，有单苗、二联、三联、四联疫苗。

（3）鸡传染性鼻炎灭活疫苗

目前生产的鸡传染性鼻炎灭活疫苗包括：鸡传染性鼻炎（A 型）灭活疫苗、鸡传染性鼻炎（A 型）灭活疫苗（QL-Apg-3 株）、鸡传染性鼻炎二价灭活疫苗（A 型 221 株＋C 型 H-18 株）等。

（4）H5 亚型禽流感疫苗

目前我国用于防疫的疫苗制品包括：①重组禽流感病毒（H5＋H7）三价灭活疫苗（H5N1Re-11 株＋Re-12 株，H7N9H7-Re2 株）；②重组禽流感病毒（H5＋H7）三价灭活疫苗（细胞源，H5N1Re-11 株＋Re-12 株，H7N9H7-Re2 株）；③禽流感、新城疫重组二联活疫苗（rLH5-8 株）；④重组禽流感病毒（H5＋H7）三价灭活疫苗（H5N2rSD57 株＋rFJ56 株，H7N9rGD76 株）等品种。

（5）鸡传染性法氏囊病疫苗及抗体产品

品种包括：①鸡传染性法氏囊病活疫苗（B87 株＋CA 株＋CF 株）；②鸡传染性法氏囊病活疫苗（B87 株）；③鸡传染性法氏囊病病毒火鸡疱疹

病毒载体活疫苗（VHVT-013-69株）；④鸡传染性法氏囊病活疫苗（NF8株）；⑤鸡传染性法氏囊病耐热保护剂活疫苗（B87株）；⑥鸡传染性法氏囊病中等毒力活疫苗（K85株）；⑦鸡传染性法氏囊病精制蛋黄抗体；⑧鸡传染性法氏囊病灭活疫苗（X株）；⑨鸡传染性法氏囊病基因工程亚单位疫苗。

2. 国内猪用疫苗重点产品

(1) 猪口蹄疫疫苗

目前我国使用的猪口蹄疫疫苗主要包括猪口蹄疫灭活疫苗和合成肽疫苗。其中猪口蹄疫灭活疫苗包括：①猪口蹄疫O型灭活疫苗（O/Mya98/BY/2010株）；②猪口蹄疫O型灭活疫苗（O/Mya98/XJ/2010株＋O/GX/09-7株）；③猪口蹄疫O型、A型二价灭活疫苗（Re-O/MYA98/JSCZ/2013株＋Re-A/WH/09株）。合成肽疫苗包括：①猪口蹄疫O型合成肽疫苗（多肽TC98＋7309＋TC07）；②猪口蹄疫O型合成肽疫苗（多肽98＋93）；③猪口蹄疫O型合成肽疫苗（多肽2600＋2700＋2800）。

(2) 猪瘟疫苗

猪瘟疫苗主要品种包括：①猪瘟病毒E2蛋白重组杆状病毒灭活疫苗；②猪瘟活疫苗（传代细胞源）；③猪瘟活疫苗（细胞源）；④猪瘟活疫苗（脾淋源）；⑤猪瘟、猪丹毒、猪多杀性巴氏杆菌病三联活疫苗等产品。猪瘟病毒E2蛋白重组杆状病毒灭活疫苗（Rb-03株）为我国首个猪瘟亚单位疫苗，2017年12月获得国家二类新兽药证书，2018年4月获准上市销售。

(3) 猪圆环病毒2型灭活疫苗

主要品种包括：①猪圆环病毒2型灭活疫苗（SH株）；②猪圆环病毒2型杆状病毒载体灭活疫苗；③猪圆环病毒2型灭活疫苗（DBN-SX07株）；④猪圆环病毒2型基因工程亚单位疫苗；⑤猪圆环病毒2型杆状病毒载体灭活疫苗（CP08株）；⑥猪圆环病毒2型灭活疫苗（SH株，Ⅱ）；⑦猪圆环病毒2型灭活疫苗（WH-1株）；⑧猪圆环病毒2型灭活疫苗（WH株）；⑨猪圆环病毒2型灭活疫苗（YZ株）；⑩猪圆环病毒2型灭活疫苗（ZJ/C株）等产品。

(4) 高致病性猪繁殖与呼吸综合征活疫苗

主要品种包括：①高致病性猪繁殖与呼吸综合征活疫苗（GDr180株）；②高致病性猪繁殖与呼吸综合征活疫苗（HuN4-F112株）；③高致病性猪繁殖与呼吸综合征活疫苗（JXA1-R株）；④高致病性猪繁殖与呼吸综合征活疫苗（TJM-F92株）；⑤高致病性猪繁殖与呼吸综合征活疫苗（TJM-F92

株，悬浮培养）；⑥高致病性猪繁殖与呼吸综合征耐热保护剂活疫苗（JXA1-R株）；⑦高致病性猪繁殖与呼吸综合征、猪瘟二联活疫苗（TJM-F92株＋C株）等产品。

（5）伪狂犬病疫苗

主要品种包括：①猪伪狂犬病活疫苗（HB-98株）；②伪狂犬病活疫苗（Bartha-K61株）；③猪伪狂犬病活疫苗（SA215株）；④猪伪狂犬病耐热保护剂活疫苗（C株）；⑤猪伪狂犬病耐热保护剂活疫苗（HB2000株）等产品。

3. 牛、羊用疫苗重点产品（按照生产量统计）

（1）牛口蹄疫疫苗

主要品种包括：①口蹄疫A型灭活疫苗（AF/72株）；②口蹄疫O型、A型二价灭活疫苗（O/HB/HK/99株＋AF/72株，悬浮培养）；③口蹄疫O型、A型二价灭活疫苗（O/MYA98/BY/2010株＋Re-A/WH/09株）；④口蹄疫O型、A型二价灭活疫苗（OHM/02株＋AKT-Ⅱ株）（悬浮培养工艺）；⑤口蹄疫O型灭活疫苗（OHM/02株）；⑥口蹄疫O型灭活疫苗（OJMS株）；⑦口蹄疫O型灭活疫苗（OS株）等产品。

（2）小反刍兽疫疫苗

主要品种包括：①小反刍兽疫、山羊痘二联活疫苗（Clone9株＋AV41株）；②小反刍兽疫活疫苗（Clone9株），这两种产品均由中国兽医药品监察所与天康生物股份有限公司联合研制，采用与OIE同源Clone9株在Vero细胞中增殖培养、冻干制成弱毒活疫苗。该疫苗具有免疫原性好、疫苗病毒含量稳定、免疫持续期长、副作用小等优点。

（3）布氏菌病活疫苗

主要品种包括：①布氏菌病活疫苗（M5-90株）；②布氏菌病活疫苗（A19株）；③布氏菌病活疫苗（M5株）；④布氏菌病活疫苗（S2株）；⑤布氏菌病活疫苗（A19-AVirB12株）。

4. 宠物和经济动物用疫苗重点产品（按照生产量统计）

（1）水貂犬瘟热疫苗

主要产品包括：①水貂犬瘟热、病毒性肠炎二联活疫苗（CL08株＋NA04株）；②水貂犬瘟热、病毒性肠炎二联活疫苗（JTM株＋JLM株）；③水貂犬瘟热活疫苗（CDV3-CL株）；④犬瘟热活疫苗（CDV-11株）等。

(2) 兔病毒性出血症疫苗

主要品种包括：①兔出血症病毒杆状病毒载体灭活疫苗（VP60株）；②兔出血症病毒杆状病毒载体灭活疫苗（BAC-VP60株）；③兔病毒性出血症、多杀性巴氏杆菌病二联蜂胶灭活疫苗（YT株+JN株）；④兔病毒性出血症、多杀性巴氏杆菌病二联灭活疫苗（AV-34株+QLT-1株）；⑤兔病毒性出血症、多杀性巴氏杆菌病二联灭活疫苗（CD85-2株+C51-17株）；⑥兔病毒性出血症、多杀性巴氏杆菌病二联灭活疫苗（LQ株+C51-17株）。

(3) 狂犬病灭活疫苗

主要产品包括：①狂犬病灭活疫苗（CVS-11株）；②狂犬病灭活疫苗（CTN-1株）；③狂犬病灭活疫苗（dG株）；④狂犬病灭活疫苗（FluryLEP株）；⑤狂犬病灭活疫苗（Flury株）；⑥狂犬病灭活疫苗（SAD株）。

三、市场分析

2020年上半年，畜牧兽医相关行业，由于是保民生的基础产业，除去消费端的下降，并没有受第一波新冠疫情太多影响。但基于目前全球及国内的疫情防控常态化形势，叠加上之前非洲猪瘟疫情的影响，仍具有一定的不确定性。具体到动保行业，产业链传导滞后的因素，上半年并没有受到整体的影响，仅有5月份、6月份企业运营遭受压力，个别细分板块受政策或疫情影响，销售增长迅猛。早前进行一季度上市公司业绩分析时判断禽疫苗的增长势头好过其他品类；猪用疫苗呈恢复性增长，但相较2018年有很大差距，圆环、口蹄疫、蓝耳等产品免疫率有一定提高，仍低于2018年；宠物市场受新冠影响，有一定波动，影响不大；牛羊市场仍旧比较稳定，个别产品的市场格局重构。新冠疫情在一季度对行业没大影响，但肉类消费萎缩传导的压力在二季度集中呈现，尤其是进入6月以后，禽的指标性产品出现滞销，猪用市场恢复情况也出现波动，企业业绩继续分化。上半年的市场数据验证了上述判断。2020年上半年，中国动物疫苗企业总共销售动物疫苗约1180亿单位（羽份/毫升/头份），较2019年同期增长22%，较2018年同期增长36%。按使用动物来看，禽用产品占据了94.8%的销售量，比2019年全年增加3个百分点。主要原因是非洲猪瘟疫情造成的养殖结构变化。猪用产品占比1.8%，销量同比下降25%。牛羊产品占比1.1%，销量同比下降6%，主要原因是口蹄疫产品的下降。其他产品占比2.3%（特种动物、水产等）。根据智牧研究院的调研，禽用产品虽然6月承压，但仍延续全线增长态势。鸡用疫苗增长21%，水禽产品增长60%，抗体产品增长114%。猪用产品延续5年的下降趋势。一季度较2019年呈恢复性增长，但看上半年，仅头部企业仍保持一季度的增长，说明猪用板块的行业分化较为严重。牛羊产品基本保持稳定。受近年猪用口蹄疫疫苗产品的推出影响，以及动物疫苗经营政策的调整预期，数据上呈下降，但实际用量保持稳定。值得关注的是，2019年以来，进口疫苗不再延续近年的高速增长，宠物疫苗放缓，猪用疫苗跳水严重。

目前动物疫苗市场的重点品种已经比较清晰，按当下的销售途径来划分的话，可以分为强免（强制免疫）产品和通常称作常规疫苗的非强免产品。强免产品主要是猪、牛、羊用的口蹄疫，禽用的高致病性禽流感，反刍动物用的小反刍兽疫，以及布病、包虫病产品，由省级兽医主管部门来确定是否进行政府采购的猪瘟、蓝耳病产品。每年国家会公布重大动物疫病强制免疫计划，免疫的畜种、区域、产品都会在列。常规疫苗按照畜种来划分，猪、禽的品种最为丰富，用量也大，其次是牛、羊，然后依次是特种养殖动物、伴侣动物、水产。强免品种的市场比较稳定，经过10多年的市场博弈，较少有大的波动，短期的波动后也会迅速进入平稳期。目前禽流感产品的格局比较稳定，口蹄疫产品自2019年起进入动荡期，布病自2020年起进入动荡期。预计新的兽用生物制品经营管理办法出台后，才会带来较大的变化。首先是猪用疫苗。智牧研究院监测发现，常规猪用疫苗4大单品猪瘟活疫苗、猪伪狂犬病活疫苗、猪蓝耳病活疫苗、猪圆环病毒灭活疫苗，近3年上半年都呈下降的趋势，下降幅度不小。其中作为基础免疫的猪瘟疫苗和非基础免疫的圆环病毒疫苗、肺炎支原体疫苗下降幅度最大，对比2018年正常情况下降幅度接近或超过50%。整体下降的原因除了本身猪用疫苗市场容量处于下降通道外，更主要的是非洲猪瘟导致的免疫量下降，叠加免疫率的下降。小散市场从过度依赖疫苗到不敢打疫苗。

需要注意的是，特殊年份2019年上半年猪用疫苗整体上除了猪瘟外下降并不明显，速降节点在2019年5月后，我们要关注2020年三季度和四季度的市场情况。

禽用疫苗的毒株细分比较复杂，联苗组合种类多，我们重点监测了新城疫（活）、新支（活）等3个系列，以及马立克、鼻炎、球虫等3个大单品。重点禽用疫苗整体上呈全面增长趋势，三大系列增长幅度均达到20%。最主要的原因是食品动物养殖品种结构的调整,不仅仅是禽补猪,也有禽内部结构的变化,比如鸭、小型肉鸡的养殖量变化。另外这种增长的背景是肉鸡、蛋鸡养殖高度集约化、现代化下用药量和免疫率局部有下降,以及这两年禽新发疫病较少的情况,实属不易。需要关注的是,多联多价灭活疫苗成为行业企业标配,低日龄免疫实现,多联组合复杂,家禽的免疫程序出现混乱。马立克产品是禽用疫苗中少有的指标性产品,和养殖量关联度较大。

总的来看,唯一比较确定的是,不考虑突发疫病的X因素,行业整合进入末段,头部梯队基本形成,中游企业出现机会,勉强维持和陆续退出会成为行业常态,再有变化就是地震式重组。

四、研发动向

从国内看,兽用疫苗向多价疫苗、多联疫苗发展,多价疫苗、多联疫苗可以减少畜禽接种疫苗的次数,实现"一针多防",提高疫苗的接种效率,同时还减少了疫苗运输、存放、接种的成本,可以为畜禽养殖企业或者养殖户减轻负担。因此,多联多价疫苗已引起市场的重点关注,兽用疫苗企业均加大了多联多价疫苗的研发力度。基因工程疫苗成为行业发展重点,基因工程疫苗具有安全性良好、产品质量均一、适合开发多价疫苗和多联疫苗等优势。我国畜禽养殖规模位居世界前列,安全高效的疫苗需求旺盛,因此基因工程疫苗的应用具有广阔的市场空间。随着基因工程疫苗免疫效力的进一步提升、生产成本的下降,基因工程疫苗势必成为未来兽用疫苗的主要发展方向。例如中国农业科学院哈尔滨兽医研究所在 *Science China Life Sciences* (《中国科学:生命科学》英文版)在线发表了题为"A seven-gene-deleted African swine fever virus is safe and effective as a live attenuated vaccine in pigs"的研究论文,报道了一株人工缺失7个基因的非洲猪瘟弱毒活疫苗对家猪具有良好的安全性和有效性,目前已经进入第2阶段临床试验,各项反馈指标达到预期目标。该疫苗是目前最具实现产业化应用前景的疫苗,将为我国及有关国家非洲猪瘟疫情的有效防控提供重要技术手段。该研究成果获得国家重点研发计划"生物安全关键技术"重点专项和黑龙江省应用技术研究与开发计划的支持。另外具有强大研发实力的普莱柯生物工程股份有限公司非常具有代表性,该公司正在研发的重点品种有23个(包括14个基因工程疫苗),其中猪疫苗7个,涉及伪狂犬病活疫苗、圆环病毒2型支原体肺炎二联灭活疫苗（Cap蛋白+HN0613株）、猪细小病毒病基因工程亚单位疫苗（杆状病毒源）、猪支原体肺炎灭活疫苗、猪萎缩性鼻炎灭活疫苗、猪圆环病毒2型、副猪嗜血杆菌二联灭活疫苗、猪塞尼卡谷病毒灭活疫苗；禽类疫苗13个，涉及鸡新城疫（基因Ⅶ型）、传染性支气管炎、禽流感（H9亚型）三联灭活疫苗（N7a株+M41株+SZ株），鸡新城疫（基因Ⅶ型）、禽流感（H9亚型）二联灭活疫苗（N7a株+SZ株），鸡新城疫（基因Ⅶ型）、传染性支气管炎、禽流感（H9亚型）、传染性法氏囊病四联灭活疫苗（N7a株+M41株+SZ株+rVP2蛋白），鸡新城疫（基因Ⅶ型）、传染性支气管炎、禽流感（H9亚型）、禽腺病毒（1群，4型）四联灭活疫苗（N7a株+M41株+SZ株+Fiber-2蛋白），鸡新城疫（基因Ⅶ型）、禽流感（H9亚型）、传染性法氏囊病三联灭活疫苗（N7a株+SZ株+rVP2蛋白），禽流感（H9亚型）病毒杆状病毒载体灭活疫苗（R9-SD株），鸡减蛋综合征基因工程亚单位疫苗（大肠杆菌源），鸡新城疫（基因Ⅶ型）、禽流感（H9亚型）、禽腺病毒（Ⅰ群，4型）三联灭活疫苗（N7a株+HF株+Fiber-2蛋白），鸡新城疫、传染性支气管炎、禽流感（H9亚型）、减蛋综合征、禽腺病毒（Ⅰ群，4型）五联灭活疫苗（N7a株+M41株+HF株+tFiber蛋白+Fiber-2蛋白），鸡新城疫、禽流感（H9亚型）、传染性法氏囊病、禽腺病毒（1群，4型）四联灭活疫苗，鸡传染性法氏囊病灭活疫苗（rVP2蛋白），鸡传染性鼻炎二价灭活疫苗（A型HN3株+C型SD3株），鸡传染性鼻炎三价灭活疫苗（A型HN3株+B型HN5株+C型SD3株）；小动物疫苗有3个，涉及水貂肠炎病毒杆状病毒载体灭活疫苗（MEV-VP2株），兔出血症病毒杆状病毒载体灭活疫苗，兔病毒性出血症、多杀性巴氏杆菌病、产气荚膜梭菌病（A型）三联灭活疫苗（VP60蛋白+SC0512株+LY株）。

从国际上看，兽用疫苗的研发方向将经济增长的新兴国家视为高潜力市场。目前，几乎每个全球大企业都拥有自己的研发团队，努力研发出更新更好的疫苗产品，以应对疫苗的需求正在不断增长的趋势，这在市场上也有所反映。2017年，畜禽疫苗市场的价值约为70亿美元，预计2024年达到90亿美元。目前，有大约10家资深的全球性公司和多家区域性公司在生产动物疫苗。区域性公司（例如，南美洲、亚洲和中国公司）也开始在全球市场上竞争，跨国公司正在投资提高产能，扩大亚洲和中国的分公司并建立更多伙伴关系。与人类健康不同，没有全球动物疫苗接种率的集中数据来源。从综合材料来源判断，国际大公司在动物疫苗的研发方向包括：

（1）核多价疫苗（联苗）

一种合适的多抗原组方产品田间使用（以单次免疫预防多种疫病）可带来好处。目前，多价联苗在欧美市场上销售很多，研发、注册的程序已经标准化。

（2）载体疫苗开发

将关键免疫原嵌入载体，该载体通常是病毒（载体），对载体病毒的安全性进行一次确认，可以嵌入不同的免疫原，并且只要插入物稳定，就可以加速开发。

（3）核酸疫苗开发

核酸疫苗可以提供有针对性的免疫原，且副作用更少，只是需要更多的例子和数据来确定这一点。

（4）DIVA 疫苗

传统疫苗免疫动物后，会刺激机体产生与相应疫病类似的免疫反应，因无法区分是感染了疫病还是接种了疫苗，给疫病控制和净化带来了严峻挑战。通过遗传操作技术对疫苗中非关键免疫原进行去除或标记，可以将免疫动物与感染动物区分开来，这类疫苗统称为 DIVA 疫苗。

五、自主创新情况

2020 年注册通过的动物疫苗产品共计有 20 个，其中一类新兽药 1 个、二类 2 个、三类 17 个。从动物类别方面看，禽类疫苗 7 个、猪的疫苗 7 个、小动物类 4 个、牛羊疫苗 2 个；从技术方面看，基因工程类疫苗有 5 个，常规技术类有 15 个；从研发主体看，企业为主体研发的疫苗有 17 个，科研院所高校有 3 个。见表 2-32。

表 2-32　2020 年动物疫苗自主创新情况

序号	新兽药注册证书号	新兽药名称	研制单位	研制单位数量	类别	公告号
1	（2020）新兽药证字 1 号	番鸭细小病毒病、小鹅瘟二联活疫苗（P1 株＋D 株）	福建省农业科学院畜牧兽医研究所、青岛易邦生物工程有限公司、山东德利诺生物工程有限公司、河南祺祥生物科技有限公司	4	一类	266

续表

序号	新兽药注册证书号	新兽药名称	研制单位	研制单位数量	类别	公告号
2	(2020)新兽药证字2号	水貂肠炎病毒杆状病毒载体灭活疫苗(MEV-VP2株)	齐鲁动物保健品有限公司	1	三类	266
3	(2020)新兽药证字3号	鸡滑液支原体灭活疫苗(YBF-MS1株)	青岛易邦生物工程有限公司	1	二类	266
4	(2020)新兽药证字4号	小鹅瘟灭活疫苗(TZ10株)	扬州优邦生物药品有限公司	1	三类	266
5	(2020)新兽药证字5号	兔病毒性出血症、多杀性巴氏杆菌病、产气荚膜梭菌病(A型)三联灭活疫苗(VP60蛋白＋SC0512株＋LY株)	普莱柯生物工程股份有限公司、长春西诺生物科技有限公司、洛阳惠中生物技术有限公司、内蒙古华希生物科技有限公司	4	三类	266
6	(2020)新兽药证字17号	牛曼氏杆菌病灭活疫苗(A1型M164株)	北京生泰尔科技股份有限公司、北京华夏兴洋生物科技有限公司、生泰尔(内蒙古)科技有限公司	3	二类	297
7	(2020)新兽药证字18号	鸡新城疫、禽流感(H9亚型)二联灭活疫苗(N7a株＋SZ株)	普莱柯生物工程股份有限公司、洛阳惠中生物技术有限公司	2	三类	297
8	(2020)新兽药证字19号	鸡马立克病病毒、传染性法氏囊病病毒火鸡疱疹病毒载体重组病毒二联活疫苗(CVI988/Rispens株＋vHVT-013-69株)	南昌勃林格殷格翰动物保健有限公司	1	三类	297
9	(2020)新兽药证字22号	兔出血症病毒杆状病毒载体灭活疫苗(re-Bac VP60株)	青岛易邦生物工程有限公司	1	三类	297
10	(2020)新兽药证字24号	鸡新城疫、传染性支气管炎、禽流感(H9亚型)三联灭活疫苗(N7a株＋M41株＋SZ株)	普莱柯生物工程股份有限公司、洛阳惠中生物技术有限公司	2	三类	299
11	(2020)新兽药证字25号	猪瘟病毒E2蛋白重组杆状病毒灭活疫苗(WH-09株)	华中农业大学、武汉科前生物股份有限公司、上海海利生物技术股份有限公司、安徽东方帝维生物制品股份有限公司	4	三类	299

续表

序号	新兽药注册证书号	新兽药名称	研制单位	研制单位数量	类别	公告号
12	(2020)新兽药证字27号	猪口蹄疫O型、A型二价合成肽疫苗(多肽PO98+PA13)	中牧实业股份有限公司、华宇生物科技(腾冲)有限公司、金河佑本生物制品有限公司、中牧智合(北京)生物技术有限公司	4	三类	299
13	(2020)新兽药证字30号	猪瘟活疫苗(C株,悬浮培养)	华威特(江苏)生物制药有限公司、硕腾生物制药有限公司、国药集团动物保健股份有限公司	3	三类	305
14	(2020)新兽药证字31号	猪瘟活疫苗(C株,PK/WRL传代细胞源)	军事科学院军事医学研究院军事兽医研究所、勃林格殷格翰(中国)投资有限公司、江苏勃林格殷格翰生物制品有限公司	3	三类	305
15	(2020)新兽药证字32号	布氏菌病活疫苗(A19-ΔVirB12株)	天康生物股份有限公司、新疆畜牧科学院兽医研究所(新疆畜牧科学院动物临床医学研究中心)	2	三类	315
16	(2020)新兽药证字33号	鸡传染性法氏囊病活疫苗(B87株,泡腾片)	南京创启生物科技有限公司、瑞普(保定)生物药业有限公司、浙江美保龙生物技术有限公司、贵州福斯特生物科技有限公司、南通泰生物科技有限公司、海泰达生物科技(广州)有限公司	6	三类	315
17	(2020)新兽药证字34号	副猪嗜血杆菌病三价灭活疫苗(4型SH株+5型GD株+12型JS株)	扬州优邦生物药品有限公司、哈尔滨佰利通生物科技有限公司、金宇保灵生物药品有限公司、商丘美兰生物工程有限公司、广东君睿生物技术研究有限公司	5	三类	315
18	(2020)新兽药证字49号	猪圆环病毒2型、猪肺炎支原体二联灭活疫苗(Cap蛋白+SY株)	北京生泰尔科技股份有限公司、北京华夏兴洋生物科技有限公司、吉林特研生物技术有限责任公司	3	三类	341

续表

序号	新兽药注册证书号	新兽药名称	研制单位	研制单位数量	类别	公告号
19	(2020)新兽药证字50号	狂犬病灭活疫苗（r3G株）	山东华宏生物工程有限公司、国药集团扬州威克生物工程有限公司、洛阳惠中生物技术有限公司、北京华信农威生物科技有限公司、青岛易邦生物工程有限公司	5	三类	346
20	(2020)新兽药证字53号	猪细小病毒病灭活疫苗（SC1株）	华派生物工程集团有限公司、北京华信农威生物科技有限公司、江苏南农高科技股份有限公司	3	三类	346

统计时间：2020年12月28日。

数据来源：农业农村部、牧科传媒。

本报告参考数据来源：中国兽药协会、国际畜牧网、智牧研究院等。

（撰稿专家：佟有恩）

2020 年生物肥料产业发展报告

中国农业科学院农业资源与农业区划研究所

一、概况

微生物肥料在提高养分转化利用率、维护土壤和植物健康、增产增效、减肥增效、提质增效,保证可持续生产能力和农业绿色发展等方面具有不可替代的作用,具有显著的经济效益、社会效益和生态效益。因此,微生物肥料已成为我国绿色农业的首选投入品,得到了国家全方位的支持。我国微生物肥料产业近 20 年总体处于快速稳定的发展阶段,产业规模已经形成。近年来,微生物肥料产业迎来转型升级的新阶段,以跨入新业态、研发新技术新产品、推出新品牌、提出新方案与新模式,拓展产品应用范围与面积,实现产业高质量和高效能发展为特征,必将在更高水平上促进我国微生物肥料产业的跨越式发展。

与其他国家相比,我国的微生物肥料具有以下三方面特点:**一是**产品种类多,尤其是在研制开发微生物与有机营养物质、微生物与无机营养物质的复合而成的新产品方面,处于一个领先的地位。**二是**我国微生物肥料应用面积广,几乎在所有作物上都有应用,在提高化肥利用率、降低化肥使用量和减少化肥过量使用导致环境污染、净化和维护土壤健康、提升作物品质等方面已取得了较好的效果。**三是**我国微生物肥料行业生产规模大。尽管我国微生物肥料的研发应用近 20 年来取得了长足发展,但是仍存在整体水平参差不齐、功能机理不明、菌株与产品同质化严重、生产工艺欠合理、技术创新不足、效果稳定性差、菌种产品产权保护不力等制约我国微生物肥料行业发展的问题。

未来 5~10 年,我国微生物肥料发展趋势是建立支撑微生物肥料行业健康稳定发展的技术创新体系、新产品研发与应用技术体系;提升微生物肥料主导品种的使用效果及生产质量,优化生物肥料产品结构,发展新型功能的生物肥料产品;扩大微生物肥料使用规模,力争到"十四五"结束时,我国生物肥料达到肥料总量的20%左右，应用面积达6亿亩以上，使我国农田化肥利用率比目前提高5～8个百分点，明显提升我国耕地质量及农产品品质，实现它在国家绿色农业发展和乡村振兴计划等战略中的独特地位与作用。通过"十四五"期间的产业培育与发展，实现我国生物肥料研究及产业化进入国际前沿水平。

二、主要产品

我国微生物肥料产业的特点是品种种类多、应用范围广。目前在农业农村部登记的产品种类有农用微生物菌剂、生物有机肥和复合微生物肥料3大类12个品种。微生物菌剂类产品包括固氮菌剂、根瘤菌菌剂、硅酸盐菌剂、溶磷菌剂、光合细菌菌剂、有机物料腐熟剂、促生菌剂、菌根菌剂、农用微生物浓缩制剂、土壤修复菌剂等。截至2020年12月底，获得农业农村部登记的微生物肥料产品有9200余个，有效登记证8385个，其中微生物菌剂类产品4335个，生物有机肥2460个，复合微生物肥料1590个；使用的功能菌种已达到200余种，年产量超过3000万吨，应用面积超5亿亩以上，包括蔬菜、果树、甘蔗、中草药、烟草、粮食等作物，年产值能达400亿元以上；全国微生物肥料企业约有2800多家，遍布我国的30个省、自治区、直辖市，全国从事微生物肥料生产的人员15万多人。这些数据较5年前（2015年）增加了一倍左右。

三、市场分析

鉴于我国特定的国情农情和微生物肥料多功能特点，我国微生物肥料将以不低于年10%的增长率发展，其市场前景广阔。其原因有以下3个方面：**一是**我国人多地少的可耕地资源短缺，导致耕地的复种指数高，土壤得不到应有的休养和自我修复，耕地长期只用不养已威胁到其持续的生产能力；**二是**近几十年的农业生产中，化肥、农药、除草剂等农业投入品的不合理地使用等问题，已造成了各种有毒有害物质积累，破坏了土壤的物理结构，土壤酸化日益严重和有机质的下降，引起了土壤中的功能微生物的失衡与土壤肥力的下降，肥料利用率不高，作物病害频发，农业效益下降；**三是**土壤健康问题日渐严重，农产品质量安全问题日益突出。要解决这些我国农业生产的障碍，实现农业可持续发展，正好与微生物肥料的功能相吻合，也正是微生物肥料的特点和特长。从这个角度来说，微生物肥料是实现我国农业绿色不可或缺的产品，我国比世界上任何国家都更需要发展微生物肥料。

四、研发动向

依据微生物肥料多功能、高效、绿色、经济等特点和新一代微生物肥料所具备的主动响应、系统调控、功能多样、环境友好的特征，下一步的着力点应充分发挥微生物肥料在土壤修复改良、作物提质增效、减肥增效等不可替代作用，以满足国家农业绿色发展的需要。因此，我们提出未来 5~10 年，我国微生物肥料产业优先研发的 7 项新技术分别是：微生物肥料优良生产菌株筛选及发酵工艺技术、微生物农田土壤净化修复技术、共生固氮微生物应用新技术、微生物养分元素活化高效技术、微生物种子包衣技术、秸秆快速腐解还田及有机资源综合利用微生物转化配套新技术、新型复合配套技术。未来 5~10 年重点研发应用产品分别为：土壤修复菌剂、固氮及根瘤菌剂、溶磷等养分元素活化菌剂、微生物种子包衣制剂、特色有机物料腐熟菌剂、新型生物有机肥、复合微生物肥料等。

五、自主创新情况

我国微生物肥料产业的自主创新情况表现以下三个方面：

一是筛选新功能菌种，是研发新一代微生物肥料的核心。采用高通量测序技术等新技术方法分离土壤、根际等样品中的核心菌株，是获得新功能菌株的有效途径；开展优良菌种的功能性、生产性、互作性、协同性、生态适应性、安全性的"六性"要求的科学评价，并且加强与土壤环境的耦合评价技术，明确功能菌种应用后对土壤理化性质和生物肥力的影响，以及对土壤中的有益微生物具有招募作用，以构建功能高效稳定的菌群结构；突破新功能菌株的选育、不同功能菌株的组合、菌株在产品中的活性保持及其在应用环境中的定殖与互作等关键技术，突出微生物的"合作关系"，实现新一代微生物肥料的功效和产业的核心创新力。

二是研发建立菌株编码的唯一性鉴别技术，保护功能菌株的知识产权。通过分子生物学、生物信息学等现代技术的应用，研发菌株编码的唯一性鉴别技术，建立菌株编码的唯一性系统，并在下一步的肥料管理法规中确立新研发功能菌株的知识产权保护政策，以维护新菌株选育者的权益，达到产权保护的目标。

三是关注微生物的代谢物，成为菌株及产品功能的创新关注点。目前关注的微生物代谢物主要有植物激素类物质、维生素类、有机酸、功能酶类、辅因子等，并注意到菌株的代谢物种类繁多、功能多样且存在交互作用。研发者在菌株筛选中，将菌株产生代谢物种类、产生量等作为重要的选择依据和菌株功能评价指标；另一方面也将代谢物列为产品的一个重要技术指标。

（撰稿专家：李俊）

2020 年转基因动物育种发展报告

中国农业科学院北京畜牧兽医研究所

一、概况

动物转基因技术和近年来新兴的 ZFN、TALEN、CRISPR/Cas9、SGN 及单碱基编辑器——base editors（BEs）等基因编辑技术，可打破物种界限，实现基因转移，拓宽遗传资源利用范围，为快速改良或提高家畜生长发育、肉品质量、抗病能力等农业性状提供了良好的解决措施。同时克服了传统育种周期长，需耗费大量人力、物力等缺点，是传统育种技术的延伸、发展和新的突破。世界各国学者已经成功制备各种编辑猪、牛、羊、大鼠、小鼠、斑马鱼、猴、犬等农用育种新材料或医用动物模型，为动物转基因育种的产业化奠定了坚实基础。

2020 年 12 月 14 日，由美国医疗公司 Revivicor 研发的基因编辑"GalSafe 猪"获得美国食品与药物管理局（FDA）的批准，既可食用也可用来生产医疗产品，这为基因编辑动物的产业化打开了市场大门。

二、主要产品

目前，利用转基因和基因编辑动物育种技术对动物进行品种改造的研究主要集中在农业畜牧动物的生产性状上，包括提高动物的抗病能力、畜产品产量和质量、生长速率以及环保等方面，我国在转基因和基因编辑动物育种领域的研究已居世界领先地位。

抗病育种： 畜牧业中，重大传染性疾病一旦爆发，将给养殖业造成巨大损失，如果能培育出抵抗这些重大疾病的畜禽新品种，将有望从根本上解决这些疾病防控问题。2020 年，中国农科院北京畜牧兽医研究所基因工程与种质创新团队联合华中农业大学、加拿大圭尔夫大学、山东蓝思种业股份有限公司等，以大白猪为研究对象，采用基因编辑技术同时对 CD163 基因第七外显子和 pAPN 基因第二外显子进行编辑，使病毒受体 CD163 和 pAPN 蛋白失活，并获得全球首例抗三种重大疫病猪育种材料。该双基因编辑猪可同时抵抗猪繁殖与呼吸综合征病毒和传染性胃肠炎病毒感染；并显著性抑制猪德尔塔冠状病毒的感染；同时保持正常生产性能。相关研究成果近日在线发表于生物学国际期刊 *eLife*。同时，国外著名学者 Tad S. Sonstegard 和 Perry B. Hackett 也在 *Journal of Integrative Agriculture* 杂志上发表评论文章，高度评价了该研究成果。乳腺炎是制约当前奶牛养殖业发展的最主要的疾病之一，牛结核病、布氏杆菌病则是两种具有极强传染性的人畜共患病。西北农林科技大学先后利用基因编辑技术成功制备了定点整合的转 Lysostaphin 基因克隆牛、Lysozyme 转基因克隆牛、Ipr1（SP110）基因打靶抗结核克隆牛、NRAMP1 基因克隆牛、转人 β-防御素 3 基因牛等一系列抗乳腺炎和结核病的育种新材料，其抗乳腺炎能力提升 70% 以上，抗结核菌能力提高 60% 以上。中国农业大学制备的转 TLR4 基因羊，布病感染率较野生型降低 16.8%。这些抗病家畜新材料的研制对于我国家畜抗病育种具有重要意义。

提高产肉量：产多肉、产好肉一直是育种工作者长期的目标。自 2012 年起，中国农业科学院北京畜牧兽医研究所先后采用 ZFN、TALEN 和 CRISPR/Cas9 技术，对国内外的梅山和大白等多个猪种的 MSTN 基因进行编辑，并制备了 MSTN 基因编辑猪。目前，ZFN 技术介导的 MSTN 第二外显子基因编辑梅山猪已获准开展生产性试验，TALEN 技术介导的 MSTN 第三外显子基因编辑梅山猪、大白猪已递交了环境释放申请，CRISPR/Cas9 技术介导的 MSTN 第一外显子基因编辑大白猪已获准开展中间试验。此后，中国农业大学、西北农林科技大学、延边大学、吉林大学和湖北省农业科学院畜牧兽医研究所、内蒙古大学、扬州大学等单位，也利用基因编辑技术制备 MSTN 基因编辑绵羊、山羊、牛及猪等多种家畜。2017 年，中国科学院动物研究所与中国农业科学院北京畜牧兽医研究所合作，构建了解偶联蛋白 1 基因定点敲入猪。检测结果显示，该基因编辑猪的脂肪沉积减少，瘦肉率增加，抗寒能力也有了提高。此外，国内学者利用 CRISPR/Cas9 基因编辑技术成功制备了定点整合的转 PPARγ 基因大白猪、转 *sfat1* 杜洛克猪和转 *fat-1-Fad2* 双转基因猪，及转 *fat1* 基因牛等，显著提高家畜的肉品质。

改善羊毛、牛奶品质：内蒙古大学利用 CRISPR/Cas9 基因编辑技术将 VEGF 基因定点整合于 FGF5 和 CCR5 基因座位，并制备了基因编辑羊。在导入促进毛囊生长基因的同时敲除部分不利基因，这为培育产绒量高、品质好的绒山羊新品种提供了科学依据。β-乳球蛋白被认为是牛奶中引起过敏反应的主要抗原之一，它不能通过加热或发酵来变性。中国农业大学采用 ZFN 技术介导的基因大片段敲除技术对奶牛 β-乳球蛋白基因进行大片段敲除，并制备了基因敲除牛，使牛奶中的主要过敏原 β-乳球蛋白被完全去除。同时，该单位培育的新一代无标人乳铁蛋白转基因奶牛和转人 CD20 单抗基因奶牛均已完成了环境释放，突变 PⅢ 基因奶牛获准开展中间试验。新疆农垦科学院联合新疆畜牧科学院、中国农业大学等单位，培育出皮肤组织特异表达 β-catenin 转基因羊等一系列高产超细毛转基因羊。其中，转 IGF1 基因羊的产毛量较对照组提高 20% 以上。且以获得的 IGF1/HGF 双转基因羊为基础，通过编辑 FecB 基因，在保证优质羊毛性状的同时，提高细毛羊的繁殖效率，有效提高优质细毛羊的生产性能。

环境保护：华南农业大学创新了定点整合和多基因聚合技术，成功制备了定点整合至 Rosa26 位点、CEP112 位点和猪腮腺分泌蛋白基因 C 末端（PSP 位点）的转葡聚糖酶 1-葡聚糖酶 2-木聚糖酶-植酸酶多基因猪 3 种。

三、市场分析

转基因动物育种的产业化情况和转基因植物相比，还落后很多。在国内还未有相关转基因动物产品上市。转基因动物的制备存在着效率低、费用高等问题，转基因动物申请专利在全球许多国家和地区受限，进入市场还要受到极其严格的限制，困难重重。同时，不少人还对转基因技术抱有抵触心理，认为转基因动物具有潜在的危险，这在一定程度上限制了转基因动物育种产业的发展，增加了已有转基因育种新材料推广难度。但是，随着科研人员的不懈努力及新技术的不断应用，如基因编辑技术等，转基因动物制备将越来越安全高效，成本将大大降低。同时，转基因生物安全评价管理越来越系统化和规范化。相信在不远的将来，将会有越来越多的转基因动物，如三文鱼、基因编辑"GalSafe 猪"一样，推向市场，摆上餐桌。

四、研发动向

利用多组学技术挖掘一批具有重要育种价值的功能基因和调控元件，应用于转基因动物育种；开展多基因聚合、时空高效表达调控等转基因新技术研究；挖掘友好基因座位（safe harbor），开展基因定点整合研究；研发多基因、单碱基编辑等技术体系，降低脱靶效应，精细突变模拟天然突变或基因置换；为利用基因编辑技术培育农业动物新品奠定基础。

五、自主创新情况

中国科学院与上海科技大学合作，利用共表达尿嘧啶糖苷酶抑制剂（uracil DNA glycosylase inhibitor，UGI）的方法，开发了一种基于碱基编辑器3（base editor3，BE3）的增强型碱基编辑器（enhanced base editor，eBE），实现了更高准确度的基因组单碱基编辑。北京大学开发了一种新型的核糖核酸（RNA）单碱基编辑技术，利用该技术，研究人员在一系列疾病相关基因转录本中实现了高效、精准的编辑。

（撰稿人：李奎）

> 生物能源

2020 年生物柴油产业发展报告

清华大学

一、生物能源发展总体态势

在能源短缺和环境压力的大背景下,可持续、绿色低碳发展已成为全球经济和社会发展新模式。英国、日本、韩国等多个国家已经承诺到 2050 年实现碳中和。美国政府也宣布了同样的目标,中国承诺在 2060 年前达到这一目标,这意味着占全球二氧化碳排放 65% 以上、占全球经济 70% 以上的国家都做出了碳中和承诺,这为包括生物能源在内的清洁能源的大力发展提供了广阔的空间。国际能源署(IEA)在其发布的《2020 年可再生能源:2020—2023 年市场分析和预测》中指出,未来生物能源将成为全球增长最快的可再生能源。

以燃料乙醇、生物柴油、生物沼气及生物质气化或液化产品为主要代表的生物能源,已成为可再生能源发展战略的重要组成部分,在世界多个国家得到了快速发展。国际能源署《2018 可再生能源年度报告》指出,2017 年全球可再生能源的一半来自生物能源,生物能源提供的数量是风能加太阳能之和的 4 倍,未来 5 年可再生能源增量的 40% 将来自生物能源。欧美等发达国家的生物质能源已是成熟产业,以生物质为燃料的热电联产甚至成为主要发电和供热手段。以美国、瑞典和奥地利三国为例,生物质转化为高品位能源分别占该国一次能源消耗量的 4%、16% 和 10%。根据世界生物能源协会(WBA)2019 年发布的全球生物能源产量分布统计数据,美洲(美国和巴西)在液体生物能源方面所占份额最高,占全球总供应量的 70% 以上。欧洲在沼气供应方面处于领先地位,占全球供应量的 50% 以上。由于焚烧、气化等垃圾焚烧发电技术的广泛应用,欧洲城市垃圾产生的生物能源供应量居世界首位。生物能源产业发展较好的国家如美国、巴西、欧盟等均制定了生物能源规划以促进生物能源的进一步发展。欧盟《可再生能源指令》要求，到2020年每个成员国必须保证交通领域中生物燃料利用量达到总燃料消费量的10%。2020年9月16日欧盟发布《2030年气候目标计划》提案，将2030年温室气体减排目标由原有的40%提升至55%，要求2050年实现存量汽车基本零排放，将2030年可再生能源占比目标从32%以上提升至38%～40%；2020年10月6日欧洲议会投票通过该提案，并将碳减排目标继续提高至60%。2020年12月4日，英国首相约翰逊宣布新的国家自主贡献（NDC）目标，到2030年英国的排放量比1990年的水平至少减少68%，比此前承诺的53%减排量大幅度提高。可见，为实现《巴黎协定》关于升温控制在1.5℃内以及全球面临的环境问题大背景下，全球越来越多的国家均在陆续制定有关政策法规以促进包括生物能源在内的可再生能源的大力发展。

中国倍加重视能源结构的调整和包括生物能源在内的清洁能源的发展。从消费占比来看，2019年我国煤炭、石油和清洁能源消费的比重分别为60.4%、18.8%和20.8%，而在2000年这三大能源类型的消费占比分别为68.5%、22.0%和9.5%。煤炭消费占比下滑了8.1个百分点，石油消费占比下滑3.2个百分点，而清洁能源则提升了11.3个百分点。从增长占比来看，我国天然气的占比最大，而以水电、风电、核电和生物质发电为主导的可再生能源在近10年得到快速发展。专家测算，从2019年到2060年，中国能源消费中，化石能源在能源中的占比将从85%降到13%，核能从2%上升到19%，可再生能源从5%上升到53%。生物能源是最大的可再生能源资源，是最具可持续发展潜力的石油替代选择之一，是引领未来运输业发展的驱动力。国家领导人在2020年9月联合国大会上表示，中国二氧化碳排放力争于2030年前达到峰值，努力争取2060年前实现碳中和。根据统计，目前中国净碳排放约100亿吨/年，位居世界第一，而碳中和意味着碳排放和碳汇（指植物吸收二氧化碳和人工捕捉二氧化碳）相等。按照目前的技术水平，我国碳汇总量预计约15亿吨/年，以此为基础计算，则意味着未来碳排放量需要比目前减少85%才能实现碳中和，这将是今后我国在社会责任领域最大的挑战之一。为了实现碳达峰和碳中和的目标，除了依靠科技进步和市场力量发挥资源配置作用之外，政府已经在逐步出台相应的绿色金融政策，形成刚性约束，倒逼资源从高污染、高耗能、高碳行业配置到绿色、低碳、无碳的行业。目前我国已成为全球最大的绿色债券发行国，绿色信贷规模超过10万亿人民币，未来完善的碳交易市场将成为与股票、债券、外汇、商品一样的重要的市场,碳排放将成为生产要素中的重要部分。可以预见,未来各种举措的落实将极大推动我国包括生物能源在内的清洁能源的发展。

从具体的生物能源产品来看,除了生物质发电和生物沼气外,以燃料乙醇、生物柴油为代表的液体车用生物能源仍然具有重大发展前景。全球燃料乙醇产量约8000万吨,美国和巴西是最主要的燃料乙醇生产国。燃料乙醇已替代了巴西国内50%的汽油,是世界上唯一不供应纯汽油的国家。我国2017年国家发展改革委、国家能源局、财政部等十五部门联合印发了《关于扩大生物燃料乙醇生产和推广使用车用乙醇汽油的实施方案》,到2020年,在全国范围内推广使用车用乙醇汽油,基本实现全覆盖。进一步发展"不与人争粮,不与粮争地"、以秸秆等为原料的纤维素乙醇具有重要发展潜力。除了燃料乙醇外,生物柴油作为一种减排效果突出的清洁能源在世界多个国家也得到了快速发展。全球生物柴油产业经过20年左右时间的发展,年产量超过4000万吨,欧美等国家都保持了对生物柴油的旺盛需求,同时马来西亚、印度尼西亚、巴西等主要生产国在近期纷纷大幅度提高生物柴油强制添加比例,可以预见在经历COVID-19疫情的短暂冲击后,尤其是以非食用油脂为原料、更加绿色环保的制备技术将促进生物柴油产业迎来新一波快速发展。另外,氢能以其能量密度高、放热效率高、燃烧性能好、清洁无污染等优点目前也备受各国关注。

二、生物柴油

生物柴油是继燃料酒精之外第2个得到大规模发展的重要液体生物能源。近年来生物柴油产业在全球范围内得到了快速发展。2018年全球生物柴油产量约4000万吨,较2017年增长12.4%,2019年在此基础上又增长了约10%。欧洲和美国是最大的生物柴油生产、消费国家和地区,二者消费量占全球总量一半以上(表2-33)。同时,各国都明确提出了生物柴油未来发展规划,一些主要生产国在近几年纷纷大幅度提高生物柴油强制添加比例(表2-34)。美国"可再生燃料标准计划"要求,到2022年可再生燃料(主要是生物乙醇及生物柴油)使用量至少达到360亿加仑,预计2020年生物柴油强制混掺量为24.3亿加仑。印尼生物柴油的添加比例于2015年从10%提高到15%,又在2016年提高到20%,2019年开始提升到30%。巴西从2018年3月起将生物柴油的强制掺混比例提高到10%,并且每年增加

1%，直至达到15%。马来西亚在2019年下半年将交通领域的强制添加比例由7%提高至10%，未来将进一步提高。

表2-33 主要国家及地区生物柴油消费量（单位：万吨）

国家及地区	2015年	2016年	2017年	2018年	2019年预估
欧盟	1237	1268	1355	1330	1350
美国	472	621	613	714	743
印度尼西亚	122	318	292	520	745
巴西	346	333	375	466	515
阿根廷	181	266	287	250	250
其他地区	596	605	658	744	825
合计	2954	3411	3580	4024	4428

数据来源：德国行业刊物《油世界》。

表2-34 部分国家及地区实行强制添加政策的情况

国家及地区	生物柴油强制添加比例
欧盟	5%~7%
美国	5%~20%（不同州规定不同）
巴西	10%（每年提高1%，至15%）
印度尼西亚	已试行30%，正研究推广B100
马来西亚	交通运输领域10%，工业领域7%，正研究推广B20
阿根廷	7%
加拿大	2%~5%
泰国	5%
韩国	2.5%
南非	2%

注：生物柴油通常命名为BD100或B100，生物柴油混合物表示为"BXX"，"XX"表示混合物中含有的生物柴油百分比（即：B20是指含有20%生物柴油和80%石化柴油的混合物）。

国内生物柴油生产企业有40余家，总产量100多万吨。近几年国内一些具有较好管理和技术水平的生产企业都获得了较高的利润，主要归于如下原因：**一是**受益于欧美地区对于高品质生物柴油（如以废物油脂等为原料生产的生物柴油UCOME）的需求增加，2019年我国出口欧洲的生物柴油售价最高达到8400元/吨，成品-原料价差维持在较好水平从而获得较高利润；**二是**生物柴油下游产业链的拓展，如环氧增塑剂等领域新产品线的开拓也为企业带来了更多盈利；**三是**受国内政策的积极影响，例如，上海市部分公共交通领域实现 B5 添加，为国内生物柴油进入正规销售渠道打开了新的局面。

但总体而言，国内生物柴油产业与国外相比差距明显，主要受限于以下几点：**一是**政策缺位，尽管《可再生能源法》确定了生物柴油的合法地位，我国也颁布了 B5、B100 国家标准，国家能源局等部门也发文鼓励生物柴油产业发展，但在最关键的销售环节，生物柴油无法顺利进入国有成品油销售渠道；**二是**原料受限，目前我国生物柴油产业只能以地沟油等废弃油脂为原料；**三是**技术落后，传统化学法在以地沟油等废弃油脂为原料时，存在污染重、能耗高、设备腐蚀严重的问题，不符合绿色环保的发展要求。

目前欧美国家主要以可食用菜籽油、大豆油等为原料、以均相碱催化工艺进行生物柴油的生产。在我国，以非食用油脂（工业油脂和废弃油脂等）为原料生产生物柴油符合我国国情，如何开发出相应的油脂原料预处理工艺、先进的转化技术以及高品质产品的精制工艺，对促进我国生物柴油产业的可持续发展具有重要战略意义。

1. 主要产品

生物柴油（脂肪酸甲酯）主要应用于交通领域，实现对石化柴油的替代，也可用于工业燃料及餐厨燃料等领域。另外，生物柴油是一种环保型的溶剂助剂，在农药溶剂、油井助剂、环氧增塑剂领域发展前景广阔。例如，在农药溶剂领域，传统农药乳油制剂采用石油苯类，毒性较大，而生物柴油溶解性能好，对农药有增效作用，且自然降解性能更好。在油田助剂领域，由于生物柴油具有良好的生物降解性，是一种优良的替代产品。在环保增塑剂领域，环氧甲酯、氯代甲酯主要用于替代传统的邻苯类增塑剂，具备与塑料良好的相容性以及优异的自然降解性。同时，生物柴油产业可向下延伸用于生产高碳脂肪醇、脂肪酸甲酯磺酸盐、脂肪胺等，可广泛应用于表面活性剂行业，具有重要的市场开发利用前景。

2. 市场分析

全球最大的生物柴油消费市场仍然是欧洲、美国，完善、稳健的扶持政策保持了市场对生物柴油的旺盛需求。欧盟生物柴油年消费量超过1300万吨，除了本土生产商供应外，每年需要进口大量生物柴油。欧盟在生物柴油强制添加比例政策方面保持谨慎稳妥的态度，目前主流的强制添加比例在 5%～7%。作为"巴黎气候协定"的发起者与倡导者，欧盟未来仍会维持对生物燃料的大力扶持政策。美国是全球最大的生物柴油生产国与消费国，每年消费量超过 700 万吨，也需要大量进口生物柴油。美国"可再生燃料标准计划"要求，到 2022 年可再生燃料（主要是生物乙醇及生物柴油）使用量至少达到 360 亿加仑，根据各个州的不同政策，生物柴油强制添加比例为 5%～20%。尽管特朗普政府退出"巴黎气候协定"，大力支持传统石化能源，但对生物柴油产业的扶持力度丝毫没有减少，随着拜登政府重返"巴黎气候协定"，加大对新能源的扶持力度，生物柴油产业将会获得更大的发展空间。

其他主要生产国最近几年纷纷提高生物柴油强制添加比例，生物柴油产业新一轮快速发展期即将到来。印度尼西亚的强制添加比例于 2015 年从 10% 提高到 15%，又在 2016 年提高到 20%，2019 年开始提升到 30%。巴西从 2018 年 3 月起将生物柴油的强制掺混比例提高到 10%，并且每年增加 1%，直至达到 15%。马来西亚在 2019 年下半年将交通领域的强制添加比例由 7% 提高至 10%，目前正在推进 B20 计划。我国为扶持生物柴油产业发展，也陆续出台了大量政策法规予以扶持，但限于国内原料限制以及其他一些因素，国内生物柴油产业规模仍然较小。国内生物柴油产业的发展可以借鉴上海经验，在一些经济发达、空气治理任务重的地区大规模推广生物柴油进入加油站体系。上海市于 2017 年在全市范围内推广生物柴油，目前全市 400 多座加油站实现了 B5 生物柴油的销售。彻底解决了地沟油监管难题，一定程度上缓解了道路交通空气污染问题，这一政策也得到了市民的积极支持。上海市的经验表明，在完善的机制、明确的各方责任约束下，政府只需要支付少量财政资金支持，即可推动生物柴油的推广应用，各个参与方都能从中获益。

3. 研发动向

（1）新型催化剂的开发

目前全球生物柴油发展的新趋势之一是如何依靠技术突破，高效利用废弃油脂，从而减少碳足迹，提高生物柴油相比于其他可再生能源的竞争力。RED 指令要求欧盟成员国到 2020 年，将交通部门使用"第一代"生物燃料的比例降至 7%，同时对以废弃油脂为原料的生物柴油企业在碳积分政策方面给予优惠。

化学法生产过程污染严重，有废酸、废碱排放，同时酸碱催化剂会残留在生物柴油产品中，水洗工序会排放大量污水。后续处理工艺中，甘油及催化剂的回收困难，反应过程中会有皂生成，产品收率低。近些年来，针对以上劣势，一些新型非均相酸、碱催化剂被大量研发出来，例如固体酸、碱催化剂、离子交换树脂催化剂等。但是该类催化剂存在传质受限、催化剂活性成分易脱落的问题，而且对原料油中的游离脂肪酸和水含量要求苛刻的问题仍然没有得到解决。目前，该类研究都处于实验阶段，尚未应用于工业生产。

与化学催化剂相对应，生物酶催化剂具有反应条件温和、无污染、对原料油适应性强等特点，多年以来受到极大关注。目前针对酶催化剂的研发主要集中于提高催化速率、提升酶的稳定性、降低酶的成本方面。近几年国内外有大量新的酶制剂产品面世，酶的催化效率、稳定性提升明显，成本快速下降，目前已具备工业化应用的条件，显示出更高的环保性、经济性。

（2）原料油拓展

以非食用油脂原料进行生物柴油的制备是促进生物柴油产业可持续发展的关键。欧美地区通过限制以粮食为原料的第 1 代生物燃料使用量，强制增加先进生物燃料使用量等措施来鼓励使用新的原料油。

新的原料油是指不占用耕地的不可食用的非粮油农作物，大致可划分为非食用油脂、低品质动植物油脂、餐饮废弃油脂、微藻油等。非食用油脂来自小桐子、蓖麻、黄连木等产油植物，尽管其种植不占用耕地，但受限于规模小、收集困难，该类油脂一直未获得大规模发展。低品质动植物油脂是指由于保存不当等原因，导致脂肪酸、水含量等较高的动植物油脂，例如每年都会有一定比例的大豆由于保存不当、压榨不及时等原因，导致压榨出的大豆油脂肪酸含量较高。国外碱法工艺针对低酸原料油设计，通常要求采购原料的脂肪酸含量低于 1%，工厂很难大量利用这类低品质油脂，通常混掺少量于正常原料中。利用餐饮废弃油脂的主要障碍也在于其含量极高水分及脂肪酸，国内工厂在利用餐饮废弃油脂时，通常采用酸碱两步法工艺，造成收率下降、酸碱废水、酸渣排放量大、设备腐蚀严重等问题。微藻油被认为是未来最有潜力的原料油来源，研究热点集中于微藻品种培育筛选、培养工艺、油脂提取工艺、油脂转化技术等方面，但目前微藻油成本高，尚未有产业化应用案例。

在上述新的原料油来源中，低品质动植物油脂、餐饮废弃油脂是获取简单、供应量较大的两类油脂，但是传统化学法工艺在面对这两类原料油时存在严重不足，因而新的技术、工艺突破是高效利用这类油脂进行生物柴油制备的关键。

（3）原料适应性更强的新工艺研发

生物柴油制备技术主要有化学法、超临界法、酶法。超临界法对反应设备要求极高，设备投资过高，没有正常运行的商业化生产装置。亚临界条件下的制备工艺是目前的研究热点之一，但是技术突破难度较大，工业化应用前景不明朗。以酸、碱为催化剂的化学法工艺比较成熟，是应用最为广泛的技术，但是在处理含水、含脂肪酸较高的原料油时，存在明显的缺陷，污染重、设备腐蚀严重、产品收率低等问题长期以来无法得到有效解决。近些年来备受关注的生物酶法工艺对原料油的水含量、脂肪酸含量无要求，反应条件温和，无污染，产品收率高，对设备无腐蚀，副产品质量好，具有很好的开发应用前景，如何解决传统酶法工艺中存在的反应速率慢、稳定性差、成本高是大力促进其工业化应用的关键。

针对酶法工艺的研究主要集中在低成本脂肪酶产品制备及先进酶催化工艺开发方面。近几年不断有新的国产酶制剂产品面世，酶的催化效率、稳定性提升明显，成本大幅度下降，已经具备工业化应用的条件。酶催化工艺研究方面，主要集中于提高酶的稳定性、增加酶回用批次、降低酶的使用成本、保证成品达标等方面，目前已有工业化规模生产、成本较化学法更具优势的酶法工艺的成功案例。

4. 自主创新情况

国内生物柴油的原料主要是非食用油脂，非食用油脂通常脂肪酸及水含量很高，传统化学法在催化该类原料时存在诸多弊端。为了能够低成本地生产出达标生物柴油产品，行业里尝试了将不同工艺组合（化学酸碱法、化学法与酶法组合以及液酶和固酶组合使用工艺等）应用，以发挥不同技术的优势，互补劣势。不同工艺的主要优劣势如下：碱法工艺催化效率高，但是对原料中脂肪酸和水含量要求苛刻；酸法工艺能够催化脂肪酸，但是反应速率慢、设备腐蚀严重；固体酶工艺催化效率高，但是对原料中的水含量有要求，且甲醇、甘油等容易引起酶失活；液体酶工艺对原料中的脂肪酸和水含量无要求，但是催化效率较差，无法使产品达标，尤其反应终点的酸值较高；另外，像离子液催化工艺、亚临界工艺等，具有催化效率高、对原料脂肪酸含量要求低等优点，但是存在生产成本高、设备投资高等问题。

在不同工艺组合中，酶法工艺因其原料适用性强、反应条件温和等优点，发挥着重要作用。例如，有厂家尝试采用液体酶工艺加亚临界工艺组合，前段液体酶工艺对原料的脂肪酸、水含量无要求，将大部分中性油脂、脂肪酸转化为甲酯，后段亚临界工艺将少量剩余的中性油脂、脂肪酸转化为甲酯，这样亚临界工艺段负担较小，相较于全部采用亚临界工艺成本更低，但是液体酶工艺段缺少酶回用技术，再加上亚临界工艺段生产成本仍然较高,整体工艺成本较高。

有厂家采用液体酶工艺加碱炼除酸的组合工艺,前段液体酶工艺将大部分中性油脂、脂肪酸转化为甲酯,但是反应体系中仍然存在2%~3%的游离脂肪酸无法反应完全(以餐饮废弃油脂为原料),后段直接加碱,与脂肪酸反应生成皂,再将皂从体系中分离,皂或者直接对外出售,或者将皂酸化成脂肪酸再回到反应体系。该组合工艺的缺点在于,前段液体酶工艺缺少酶回收技术,因此反应时间较长(酶添加量少时)或者液体酶损耗太高(酶添加量多时),而后段加碱中和的工艺会造成收率降低(对外出售皂,皂本身造成收率损失,同时皂中夹带的甲酯含量可高达90%)、酸、碱废水多(皂酸化回收脂肪酸)等问题。

来自湖南、四川、河北等多家企业采用清华大学的液体酶加固体酶的组合工艺在万吨级规模上成功实现了全酶法技术进行生物柴油的产业化,前段液体酶工艺将大部分中性油脂、脂肪酸转化为甲酯,后段固体酶工艺将剩余脂肪酸转化为甲酯。前段液体酶工艺对原料油适用性强,后段通过固体酶催化可以使酸值等达标,可以完全依靠生物酶催化生产出合格产品,反应条件温和、无设备腐蚀、无酸渣、几乎无废水排放。在生物酶成本控制方面,前后段都实现了酶的回用,每吨生物柴油产品消耗的生物酶总成本控制在180元以内。清华大学拥有该技术的自主知识产权,包括催化剂、催化工艺、反应器以及酶回用技术在内的近30项发明专利获得授权,国际专利在美国、巴西等20余个国家获得授权。该技术依靠工艺优化设计,消除了甲醇、甘油对酶的毒害作用,使酶的回用批次大幅增加,依靠核心反应器设计,促进反应平衡向正反应方向移动,使最终产品的酸值等指标达到欧盟标准要求,具有非常好的市场推广应用前景。

(撰稿专家:吕亮亮　杜伟　赵雪冰　刘德华)

2020 年生物制氢产业发展报告

北京化工大学

一、氢能产业发展概况

当今世界的经济建立在化石能源的基础之上,但是对不可再生化石燃料的过度开发造成了当今全球范围内的能源危机以及广泛存在的环境污染。环境恶化以及能源短缺严重制约了人类社会的进一步可持续发展,并且对人类的生命健康产生了各种的负面影响。因此寻找能够替代化石能源的环境友好的可再生绿色能源已经成为全球的战略共识。当前各国都在加速新能源的研究开发利用。氢能作为一种绿色可再生能源受到广泛关注。氢的能量密度(141.9MJ/kg)是普通燃料的 2 倍,并且燃烧后的唯一产物是水(无含碳污染物排放),也可以直接用于燃料电池进行发电。除此之外,氢气的强还原性使其还具有极高的工业应用价值,因此氢能是未来能够替代化石能源的最有前途的能源之一,以氢能作为未来社会的主要能源形式所带来的能源革命也必将带来重大的社会改变。

国际能源署(IEA)在 2019 年 6 月提出为了建立以氢能作为主要组成的世界能源体系,将逐步提升氢在能源体系中的地位以取代天然气参与国际贸易;国际氢能委员会认为 2050 年氢能将占据全球能源的 20%,能够贡献 2.5 万亿美元的市场份额。当今世界各国都非常关注氢能产业化的发展,例如,美国早在 2002 年便发布了《国家氢能发展路线图》,氢能在美国国家能源结构中的比例呈逐步上升的趋势;欧盟则将氢能视为其未来能源的主要组成,并为此制定了 10 亿欧元的氢能发展计划;日本则在国家战略层面提出了氢能发展的三阶段战略。近几年,我国对氢能产业发展的重视和投入持续上升。我国从保障国家能源安全的全局高度,提出"四个革命、一个合作"能源安全新战略,要求以绿色低碳为方向,分类推动技术创新、产业创新、商业模式创新,把能源技术及其关联产业培育成带动我国产业升级的新增长点。我国 2016 年出台的"十三五"规划纲要将能源的开发利用置于重点领域的首位。2019年的《2019年国务院政府工作报告》中明确指出"推进充电、加氢等设施建设"。中国国家能源局在2020年4月发布的《中华人民共和国能源法（征求意见稿）》中，第1次从法律层面上将氢能列为能源范畴。预计到21世纪中叶，氢能将占据我国终端能源体系的10%~15%，并将带来几十万亿产值的新兴产业。在21世纪末使得可再生的氢能产业在全球能源结构中占据主要地位，彻底改变长期依赖不可再生能源的能源结构。

氢能已经成为一种热门的能源，不过当前的氢能行业发展严重依赖于氢气的生产方式，目前氢能主要是通过化石燃料生产的，这种依赖不可再生资源的氢气生产方式并没有减缓大气污染等环境问题，通过化石燃料获得的氢气并不是真正意义上的绿色可持续燃料。利用风能、太阳能、生物质能等可再生能源生产的氢能被称作"绿氢"，其中，生物制氢反应条件温和、生物质能来源广泛、对环境友好，是一种清洁可持续的未来氢能生产方式。

二、生物制氢的国内外研发进展

早在1966年Lewis便提出了生物制氢的概念，生物制氢是依赖微生物自身新陈代谢活动将太阳能或储存于有机物中的化学能转化为氢能的生物技术。生物制氢的底物来源涵盖了废气、生物质和有机废水等来源丰富、价格低廉的原料，并且生物制氢不依赖化石燃料，生产过程温和且清洁环保，这是与化学制氢相竞争的巨大优势。1978年，Holmes等首次从厌氧活性污泥中分离出能够产生氢的细菌，经鉴定均属于肠杆菌科，其中柠檬酸杆菌属于优势菌。铃木周一则首次采用琼脂糖凝胶固定产氢菌，固定化的产氢菌能够连续稳定产氢长达6个月。我国对氢能的研究与发展可以追溯到20世纪60年代初，当时主要为火箭生产液氢燃料。20世纪80年代初，成都生物研究所的刘克鑫、徐洁泉等通过抑制了沼气发酵污泥产甲烷而只产氢气，并从中分离出24株产氢细菌。20世纪90年代，哈尔滨工业大学的王宝贞、任南琪等从含糖废水中分离得到一株产氢能力较强的细菌，鉴定为乙醇杆菌属，并在此基础上建立了乙醇型发酵制氢理论，乙醇型发酵消除了反应器中部分丙酸、丁酸积累，在CSTR反应器中的产氢速率高达$10.4m^3/(m^3\cdot d)$。近年来，生物制氢技术已经成为一个热门研究。目前的主要成果和发展方向如下：高效产氢菌株的分离筛选以及改造技术；固定化产氢菌技术；产氢基质的筛选技术；产氢过程中各种环境因子的作用机制；混合菌产氢技术；纳米材料强化生物制氢技术。

1. 生物制氢的方式

生物制氢按照微生物种类以及产氢的条件可以分为生物光解水制氢，光发酵和暗发酵制氢。表 2-35 从产氢效率、制氢优势和不足等方面对这几种生物制氢方法进行了总结。其中光解水制氢主要依赖微藻的光合作用产氢，由于光解水过程中氧气的生成，使得其厌氧制氢的效能很低。光发酵制氢和暗发酵制氢都能代谢各种生物质废弃物制氢，具有大规模生产的潜力而被广泛研究。

表 2-35　几种生物制氢方法的比较

生物制氢方法	产氢效率/[mL/(L·h)]	底物类型	优点	不足
光解水	低(2.5～13)	水	底物为水,清洁,低成本	效率低,依赖光
光发酵	较高(12～83)	小分子有机酸,醇	降解有机酸废水,底物来源广	光转换效率低,产氢效率低,依赖光
暗发酵	高(10～10 000)	碳水化合物(葡萄糖,淀粉,蔗糖等)	产氢效率高,底物转化效率高,底物来源广泛	产生大量副产物抑制产氢,系统易酸化

（1）光发酵制氢

光发酵制氢是研究时间最久的生物制氢方式，光发酵制氢主要是光合微生物 purple non sulfur（PNS）细菌在厌氧光照的条件下分解有机酸或挥发性脂肪酸（volatile fatty acid, VFA）产生氢气，目前研究较多的光发酵产氢菌主要包括红色红螺菌、球形红假单胞菌和沼泽红假单胞菌等。光合微生物制氢机制如图 2-40 所示，在无氧的条件下，光合细菌使用简单的有机酸（例如乙酸盐）作为电子供体，经过 TCA 循环生成 CO_2、H^+ 和电子，H^+ 和电子经过 NADH 和铁氧还蛋白传递给固氮酶，固氮酶在 ATP 供能的条件下利用电子将质子还原为氢气，光合系统 I(PS I) 则利用光能合成反应所需的 ATP。光发酵的氢气产量在理论上远高于暗发酵等其他生物制氢方式的产氢量，但在有机质废水为底物的光发酵过程中，光合细菌的生长会消耗大量的能量，使得光发酵的实际产氢量低于理论产氢量，此外，光发酵终产物的氢气纯度能够达到 95% 以上，产氢过程中不产生氧气，不会造成产氢系统的反馈抑制。

（2）暗发酵制氢

暗发酵制氢基于其广泛的底物来源、非光照依赖性、产氢速率高以及较

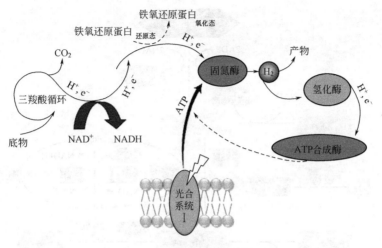

图 2-40 PNS 细菌光发酵制氢

容易放大工业化生产等优势而成为发展最为迅速、研究最为广泛的生物制氢方法。暗发酵制氢的微生物种类众多，其中研究较多的主要是专性厌氧菌梭状芽孢杆菌属和兼性厌氧菌肠杆菌科。这些制氢菌在厌氧的环境中以葡萄糖、木糖等碳水化合物为底物，经过如式(2-1)~式(2-3) 所示的模式生产氢气。如图 2-41 所示，暗发酵制氢主要是通过丙酮酸-甲酸酯裂解酶（PFL）途径和丙酮酸-铁氧还蛋白氧化还原酶（PFOR）途径合成氢气，在这两种代谢途径中，葡萄糖首先通过糖酵解转化成丙酮酸盐同时获得合成氢气所必需的还原力 NADH 和 ATP，然后在兼性厌氧发酵（PFL 途径）中，丙酮酸经过甲酸脱氢酶催化转化为氢气，最大氢产量为 2mol/mol，除了生成氢气之外丙酮酸经过副产物代谢途径生成乳酸、乙酸盐或乙醇等；而在严格的厌氧途径（PFOR 途径）中，经过铁氧化还原蛋白的电子传递以及氢化酶催化生成氢气，最大氢产量为 4mol/mol，液体副产物则取决于微生物的类型和发酵条件，主要包括丁酸、乙醇、乙酸等。但是，受产氢菌自身代谢抑制以及大量有机酸生成导致系统酸化等限制，暗发酵制氢的实际氢气产率远低于这些理论最大值。

$$C_6H_{12}O_6 + 2H_2O \longrightarrow 2CH_3COOH + 2CO_2 + 4H_2$$
$$\Delta G^{\ominus} = -206.3 \text{kJ/mol} \quad (2\text{-}1)$$

$$C_6H_{12}O_6 \longrightarrow CH_3CH_2CH_2COOH + 2CO_2 + 2H_2$$
$$\Delta G^{\ominus} = -254.8 \text{kJ/mol} \quad (2\text{-}2)$$

$$C_6H_{12}O_6 \longrightarrow CH_3CH_2COOH + CH_3COOH + CO_2 + H_2$$
$$\Delta G^{\ominus} = -286.8 \text{kJ/mol} \quad (2\text{-}3)$$

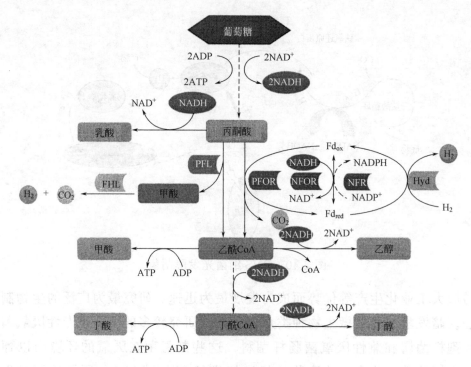

图 2-41 暗发酵制氢的代谢途径

PFL—丙酮酸甲酸酯裂解酶；PFOR—丙酮酸-铁氧还蛋白氧化还原酶；
FHL—甲酸脱氢酶；Hyd—氢化酶；Fd—铁氧还蛋白

2. 生物制氢的技术问题

目前生物制氢所存在的共性问题是通过现有的生物制氢方式所获得的氢气收率偏低，无法满足工业化生产的要求，更无法与化学燃料制氢相抗衡竞争。此外，目前生物制氢的机制并不十分明了，需要进一步探索建立完整的系统的生物制氢理论。生物制氢的底物利用率偏低，特别是一些低成本的生物质废弃物很难被高效利用。目前并没有规范标准的生物制氢反应器，特别是高效的光发酵生物制氢反应器。在光发酵系统中光转换效率低，暗发酵过程中 VFA 所产生的反馈抑制均导致了生物制氢的实际产氢得率低于理论产氢得率。

(1) 光发酵制氢的关键技术问题

光是影响光发酵制氢的核心因素，很多光合微生物只能吸收利用特定波长的光线，并且对光照的强度也有一定的要求，光合产氢菌对光源的强烈依赖性限制了光发酵制氢技术的发展，为光发酵提供人工的特定波长以及强度的光照则又会消耗大量的能源。此外，发酵过程中菌液生长代谢所造成菌液浊度变化影响了光合微生物对光的利用，使得产氢菌的光转化效率进一步降低。总之，光发酵过程中的这些不利因素使得光发酵制氢的工艺变得更复杂，产氢效能降低，光反应器放大困难，设备的维护管理复杂，光发酵制氢的技术经济性变差，大规模商业化制氢任重道远。

一个高效的光发酵制氢系统除了需要充足的光照之外，还需要严格的厌氧环境、高活性的光合产氢菌以及适宜的pH等条件。哈尔滨工业大学的刘冰峰课题组开发出的一种生物膜法反应装置解决了光发酵细菌絮凝困难和反应装置运行稳定性差等问题，使得光发酵的氢气产量提高了180%，氢气浓度提高约到70%。河南农业大学的张全国课题组通过单因素设计和响应面方法（RSM）评估了初始pH、光强度、温度和料液比对HAU-M1光发酵制氢的影响，在最佳条件下获得的最大比氢产率为$111.85mL/g\pm1mL/g$。但是目前的这些工作多是实验室规模的探索性研究，距离光发酵大规模商业化生产应用预计还需要更多的努力来解决光照对光发酵制氢的制约以及开发高效的大规模制氢的光反应器，提高光发酵产氢效能是未来研究的主要方向。

（2）暗发酵制氢的关键技术问题

在暗发酵制氢过程中，由于暗发酵产氢菌存在代谢障碍，造成底物代谢的不彻底，产生大量挥发性脂肪酸类物质的累积，造成制氢系统酸化，抑制了暗发酵制氢。因此，暗发酵制氢需要解决的一个关键问题便是挥发性脂肪酸类物质的反馈抑制，维持氢化酶的活性，提高暗发酵的产氢效能。除了挥发性脂肪酸类产物的反馈抑制之外，碳源种类也是影响暗发酵制氢的主要因素，葡萄糖、木糖等简单的单糖易于生物降解利用，是较为广泛使用的碳源，其中，葡萄糖是暗发酵产氢菌最容易降解利用的碳源，葡萄糖暗发酵制氢的效率一般高于木糖、麦芽糖等其他单糖底物。例如，梭状芽孢杆菌YM1暗发酵葡萄糖的产氢率为1.32mol/mol，但只能从木糖中产生0.82mol/mol。由于葡萄糖的高成本以及存在与人争粮的问题，因此利用工农业生产中大量存在的、成本低廉的、富含碳水化合物的废料，如含糖废水、淀粉废水、秸秆等作为制氢碳源，能够大大降低生物暗发酵制氢的底物成本，对生物暗发酵制氢的大规模生产具有更大的价值。例如，木薯淀粉加工生产过程中会产生大量的富含碳水化合物的废水，其中BOD和COD含量较高（>10g/L），使其适合用作制氢的底物。如Andreani等将含木薯淀粉的废水投入厌氧颗粒污泥的连续发酵制氢的系统中，获得的产氢率最高可达$1.1L/(L\cdot d)$，底物的转化效率能够达到90%以上。因此，以成本低廉的有机废水作为底物暗发酵制氢具有降解有机废水生产清洁能源的长远价值，但是有机废水底物种类复杂，单一的菌种一般很难同时高效利用富含多种有机碳的复杂有机废料，而需要通过人为的强化改造制氢系统以高效降解复杂的有机废物制氢。

3. 强化生物制氢的方式

(1) 生物技术筛选改造产氢菌

目前很多高活性的产氢菌多从废水、活性污泥中筛选得到。如任南琪等建立乙醇杆菌制氢理论所基于的乙醇杆菌等均从有机废水发酵制氢反应器的活性污泥中分离得到。筛选得到的野生制氢菌，除了采用驯化的手段来强化产氢菌制氢是有限的。另一个有效的手段则是包括基因工程和代谢工程在内的生物技术手段改造产氢菌。例如，可以通过基因改造光合产氢菌中潜在色素蛋白，可使其更有效地吸收光能，将高效产氢菌的氢化酶基因转入生长速率快、易于商业化改造的模式菌种大肠杆菌宿主系统。对某些真核产氢菌，通过对其代谢途径或者能量运输通道的遗传操作调控，以调控细胞的产氢代谢，提高产氢能力。如 Waks 等将酿酒酵母的甲酸脱氢酶基因删除，将大肠杆菌的 PFL 产氢途径导入甲酸脱氢酶缺陷的酿酒酵母中，构建出能够过量累积甲酸的酿酒酵母，其甲酸水平比野生型菌株高 4.5 倍，然后收集酿酒酵母的甲酸发酵液用于大肠杆菌暗发酵制氢，与普通培养基相比，大肠杆菌的氢气产量提高了 2.7 倍。但是由于质粒的不稳定性以及工程改造基因转移的可能性，遗传改造产氢菌的大规模应用存在生物安全性的问题。

(2) 混菌体系发酵制氢

① 天然混菌体系发酵制氢

纯菌种发酵制氢受到复杂底物代谢能力和无菌操作条件的限制，混菌体系发酵制氢则不需要严格的无菌操作，并且混菌产氢系统中微生物的遗传和代谢的多样性，高的复杂环境的适用性以及彼此之间的分工协作使得混菌产氢系统的稳定性高于纯菌种发酵。此外，混菌制氢的半开放发酵系统更具实用性，能够大大降低发酵制氢的生产成本。根据所使用的混合接种物，混菌体系发酵通常可分为三种类型：天然混菌体系，人工混菌体系和人工合成菌群体系发酵制氢。

天然的产氢菌广泛分布在土壤、动物粪便、餐厨垃圾、活性污泥和堆肥等环境中。例如厌氧活性污泥发酵制氢就是一个典型的天然混菌发酵制氢系统，活性污泥暗发酵制氢不需要严格的无菌操作，能够利用复杂的含糖废水作为碳源，成本低，环境负荷小。王建华等采用未驯化的活性污泥发酵棉花秸秆制氢的累积氢气产量为 34.6mL/g，而采用热处理和超声预处理驯化污泥之后的累积氢气产量能够提高 63.6%。活性污泥中除了优势产氢菌之外，还包含各种竞争底物或抑制产氢菌的非产氢菌，例如，乳酸菌会与产氢菌竞争底物或分泌细菌素抑制氢菌的活性。需要借助一定的外界调控预处理以保持产氢菌群的优势。常见的菌种预处理包括热冲击、冷冻和解冻、紫外线辐射在内的物理处理以及使用酸、碱等试剂的化学预处理方法。其中，热处理是最常用的菌种预处理方法，可以用于富集耐热的产孢子的梭状芽孢杆菌和芽孢杆菌属。哈尔滨工业大学的任南琪课题组将热处理后的活性污泥用于暗发酵葡萄糖制氢获得 1.09mol/mol 的最大氢气产率，并且不同的热处理时间能够调控活性污泥中的微生物种群，使混菌发酵系统形成不同的制氢功能菌群。

② 人工混菌体系发酵制氢

天然混菌体系发酵很容易遭到一些非产氢菌和氢气消耗菌的不利影响。因此，从天然菌群中富集筛选出高性能的产氢菌种，然后将筛选驯化后的纯菌种进行一定比例混合形成的人工混菌体系发酵制氢引起了科研者们的极大兴趣。这种人工混菌体系具有确定的高产氢菌菌种以及最优的产氢菌比例，运行稳定性以及制氢性能比天然混菌体系更高。例如，北京化工大学的苏海佳课题组从活性污泥中筛选出两株产氢菌（*Bacillus cereus* A1 和 *Brevumdimonas naejangsanensis* B1），并将这两株产氢菌组成人工双菌体系用于淀粉暗发酵制氢，结果表明双菌体系的产氢能力明显高于这两株菌单独培养的产氢能力，这两株菌在比例1∶1时的氢气产率是纯菌培养制氢的两倍。中国科学院过程工程研究所的刘春朝课题组采用热梭菌和解热梭菌建造了一个暗发酵玉米秸秆制氢的人工双菌制氢系统，该双菌制氢系统的氢气产率相比于纯菌发酵提高了 94.1%。目前，这种人工混合菌制氢系统多为简单的双菌系统，系统运行的稳定性不如天然混合菌制氢系统。此外，由于不同细菌的生长速率不同步以及底物消耗和代谢物合成之间的不平衡，很难构建运行三个或更多细菌的稳定高效的人工混合菌制氢系统。例如，Maru 等建立了一个混合比例为 1∶1∶1 的包含 *Enterobacter* sp H1、*Enterobacter* sp H2 和 *Citrobacter freundii* H3 三菌混合制氢系统发酵甘油制氢，混合培养物并没有显示出任何协同作用，并且显示出比单个菌株更低的制氢效率。

③ 人工合成菌群制氢

随合成生物学和基因工程技术的飞速发展，使得人工合成菌群制氢成为一个新兴的研究领域。与天然混菌制氢体系或人工混菌制氢体系不同，合成菌群首先需要对目标制氢系统进行合理的设计，然后利用合成生物学的手段构建出合成混菌系统中具有具体功能的高效产氢菌,在合成菌群系统中,每一种产氢菌的功能都是具体的,各司其职,整个合成菌群的产氢能力、应对复杂底物以及其他环境因素如pH、溶氧等的能力最佳,人工合成菌群系统在一个最佳状态下制氢。人工合成菌群的开发需要充分认识掌握目标产氢菌群中不同菌所承担的功能、各个产氢菌自身制氢特性和产氢菌细胞之间的相互作用规律。北京化工大学苏海佳课题组在利用从活性污泥中筛选的两株产氢菌(*Bacillus cereus* A1 和 *Brevumdimonas naejangsanensis* B1)构建的双菌高效产氢系统的基础上进一步探究了这种人工双菌系统的产氢机制,如图2-42所示,A1菌和B1菌首先在淀粉水解过程中产生协同作用,产氢菌A1合成的α-淀粉酶将淀粉水解为寡糖,B1合成的葡萄糖淀粉酶则进一步将寡糖水解成葡萄糖作为两个菌的碳源,此外,菌株A1代谢生成的乳酸能够被B1菌代谢利用供能,而B1产生的甲酸则作为氢前体穿梭到A1,通过A1的甲酸裂解途径合成氢气。这种双菌共生制氢系统中细胞间密切的协同作用关系对设计构建复杂、高效的作用关系明确的人工合成菌群制氢系统具有很大的借鉴意义。

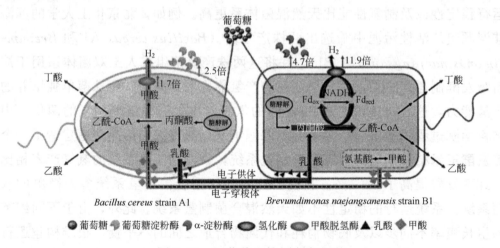

图 2-42 双菌共生协同制氢系统

(3) 纳米材料强化生物制氢

纳米科学是当今的最重要的前沿科学之一,纳米技术的飞速发展,各种物理和化学性能以及独特结构的纳米材料的开发,使得纳米材料在光学、力学、催化、能源、农业食品、生物传感、制药以及生物医学领域的应用得到广泛发展。研究表明,纳米粒子在生物催化过程中显示出有益的影响,粒径在10nm之内的金属纳米粒子由于量子力学规则具有独特的电子能带结构,使得纳米材料对微生物的生长、细胞内电子转移以及胞内蛋白活性等过程有一定的积极影响，从而增强各种生物过程。近年来，利用纳米粒子，特别是各种金属纳米粒子铁以及铁氧化物、镍，半导体纳米粒子等作为添加剂来强化生物制氢受到越来越多的关注，一些新颖的研究报道证实这种利用无机金属纳米粒子改善生物暗发酵以及非光养微生物光发酵制氢的策略具有一定的应用潜力。例如，Zhang 等发现活性炭负载铁纳米粒子的微电解系统（ZVI-AC）能够显著提高混合菌的氢气产率（50.2%），并且 ZVI-AC 参与的制氢体系获得了最大的氢气产量以及最快的产氢速率（分别为 429mL±6.1mL 和 11.50mL/h±0.74mL/h），ZVI-AC 微电解释放的 Fe^{2+} 改善产氢菌的制氢活性，高通量测序还证明 ZVI-AC 微电解能够增强混合菌发酵系统中微生物群落的多样性并富集高产氢活性的梭状芽孢杆菌。

除了铁以及铁氧化物纳米粒子之外，通过无机半导体纳米粒子光敏化非光合产氢菌微生物利用光能制氢是另一个新颖的纳米粒子强化生物制氢的策略。CdS 和 TiO_2 是两种研究较多的能够光敏化非光合微生物制氢的半导体纳米粒子。不同于铁纳米粒子解离出离子作用于生物制氢系统，半导体纳米粒子吸收光能为生物制氢系统提供能量，同时半导体凭借其优异的光催化性能能够降解复杂的有机底物，方便产氢菌的吸收利用。如图 2-43(a) 所示，Wang 等通过在大肠杆菌表面沉积 CdS 纳米粒子构建了一个大肠杆菌-CdS 杂化无机生物全细胞光催化制氢系统，在可见光（$2000W/m^2$）照射下，该系统的氢气产量相比于大肠杆菌提高了 28.6%，CdS 的光生电子使得大肠杆菌的代谢发生有益于制氢的变化，如丙酮酸生成加速，乳酸代谢受到抑制，甲酸脱氢酶活性增强以及 NADH 浓度提高。Zhao 等发现 TiO_2 能够将发酵液中的蛋白质、多糖等生物大分子光催化分解为有利于产氢菌吸收利用

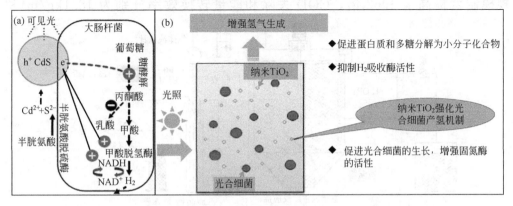

图 2-43 （a）CdS 光敏化大肠杆菌制氢的机理；（b）废活性污泥的深色发酵液中产生的 TiO_2 NPs 增强光发酵氢

的小分子有机物,促进光合细菌的生长、增强固氮酶的活性同时又降低 H_2 吸收酶的活性 [图 2-43(b)]。

三、生物制氢产业化进展

目前,产业化生产盈利的生物制氢系统至今少有报道,很多生物制氢系统仍旧集中在实验室小试研究阶段。生物制氢的中试放大是生物制氢产业化生产必不可少的环节。哈尔滨工业大学的任南琪课题组建立了容积为 $2m^3$ 的 CSTR 反应器中厌氧活性污泥生物制氢系统的中试放大(图 2-44),中试系统活性污泥的比产氢率为 $2.04m^3/(kg\ MLVSS\ d)$。任南琪等在此基础上进一步建设了国内首座容积为 $100m^3$ 的有机废水暗发酵制氢的生产性示范工程,该示范工程的日产氢量能达到 $322m^3$,比产氢速率为 $5.07m^3/(m^3·d)$,氢气(99%)回收率可以达到 79%,经过核算该示范工程的能值产出率(3.21)仅次于核电(4.5)和生物柴油(3.68),在当前的能源利用方式中具有一定的竞争优势。河南农业大学的张全国课题组在一个 $11m^3$ 中试规模的生物反应器测试了活性污泥和光合产氢菌的混菌光暗耦合大规模制氢的可行性,其暗发酵和光发酵的产气速率分别为 $96.30mol/(m^3·d)$ 和 $224.68mol/(m^3·d)$,以太阳能为生物反应器提供热量、照明和能量,从而大大降低了生物氢的生产成本,并间接减少了碳排放,该系统具有较好的运行稳定性,具有应用于工业化生产生物氢的潜力。Balachandar 等以甘蔗糖蜜、酿酒厂废水、淀粉废水为碳源,建立了规模为 $10m^3$ 的阴沟肠杆菌暗发酵制氢的中试放大工艺,该中试放大工艺的累积氢气产量相比于实验室小试规模制氢提高了 1.62 倍,COD 去除和能量转换效率分别为 $18.1kg/m^3$ 和

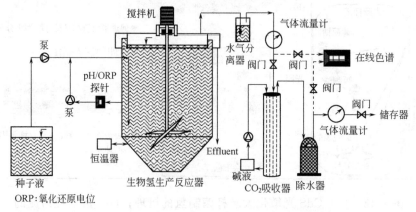

图 2-44　$2m^3$ 中试级别的连续流厌氧发酵制氢工艺流程

37.9%。这些示范性生物制氢中试放大工艺为今后商业化生物制氢工厂的建设提供了宝贵的经验策略。

四、生物制氢的前景展望

生物制氢技术在过去的几十年得到了迅速的发展,不过目前要想将以化石燃料为基础的能源结构转变为生物氢为基础的能源体系在短期内仍存在一定的困难,主要原因生物制氢效能偏低,不具备经济可行性。为了早日实现"绿氢"所主导的能源世界,仍需在以下几方面努力:

(1) 进一步改造制氢工艺,解决暗发酵制氢的反馈抑制问题。利用合成生物学的手段改造、构建高产氢活性的人工产氢菌株,通过对产氢菌关键代谢通路的改造,降低某些挥发性脂肪酸的生成,或者引入新的代谢路径将挥发性脂肪酸进一步代谢生成高附加值产品,提高产氢菌对碳源的有效利用。可以通过例如萃取发酵和固定化连续发酵膜分离等技术手段,将挥发性脂肪酸从生物制氢系统中分离出来,并进一步加工成生物乙醇、丁醇等含碳燃料而增加整个制氢工艺的经济性同时降低暗发酵制氢的反馈抑制。

(2) 生物制氢的一大经济优势在于可再生的广泛存在的生物质资源、农林废弃物、废水等,进一步筛选采用廉价高效的原料,应进一步探究提升产氢菌株对各种廉价底物利用能力,如利用生物技术手段对产氢菌株的改造,提高产氢菌株对不同碳源的利用能力。

(3) 人工混菌发酵、合成菌群体系、纳米材料等都是当前强化生物制氢的研究热点。应当进一步探究这些技术手段强化生物制氢在产业化生产中的可行性。人工合成菌群当向着实现高产氢的同时高产某些高附加值的碳基产品的多功能化运转系统设计构建。

(4) 金属纳米材料已经被在实验室条件下初步证明可以增强生物制氢。应该进一步探究完善纳米技术改造生物制氢的机理,以及纳米材料应用于大规模生物制氢的理论和经济可行性。同时纳米材料作为一种外源添加物,如何避免纳米粒子生物毒性的同时获得高生物氢效率仍需进一步探索。通过设计开发高生物相容性有机高分子材料或者包含抗氧化剂或生物活性化合物作为涂层基质的生物合成纳米材料,来阻止纳米材料对发酵细菌的毒性,防止制氢细胞裂解或死亡,提高制氢菌的稳定性。

(5) 今后的研究当进一步重视生物制氢中试放大工艺的开发,包括高效的生物反应器的设计,其中需要包含能够用实现气液分离以及VFA与反应液分离的装置,实现在中试放大生产过程中氢气与碳基副产品燃料的联产,为整个工艺增值创收。

(6)此外,生物氢的发展仍需国家政策进一步支持,制定规范该行业标准化措施,进一步推动"绿氢"的研发投入,规范生物制氢行业的发展。

五、结论

氢能作为最有可能替代化石能源的一种清洁可再生的能源,发展前景广阔,但仍需进一步努力通过如合成生物学技术、合成菌群技术、纳米技术等手段的运用与开发以解决制约生物制氢发展的技术问题,早日进入"绿氢"能源的时代。

(撰稿专家:王耀强　王少杰　苏海佳)

2020年纤维素乙醇产业发展报告

国家开发投资集团有限公司

生物乙醇是由淀粉基的粮食作物、非粮作物或纤维素基生物质通过物理及生物化学或热化学的方法转化而成，在不同的国家和地区单独或与汽油混配制成乙醇汽油作为交通燃料使用。随着石油资源的紧缺、全球变暖及环境污染等问题的加剧，生物燃料乙醇已逐步成为一种重要的解决途径。长期以来，粮食作物是世界上生产生物乙醇的主要原料。由于国情，我国超期超标粮及陈化粮成为一种主要的原料来源。除了淀粉基的粮食外，每年大量秸秆等农业废弃物待处理，造成大气环境污染的问题严重，这部分秸秆利用好可以成为宝贵的资源，其中的一条可行的路径便是转化为交通运输能源——生物乙醇。为解决环境问题，避免与人争粮、与粮争地的矛盾，纤维素乙醇20多年来不断研究、开发，2000年以来国内外上百个中试、示范装置陆续建设、运行。近年来，由于油价低迷、政策摇摆、技术经济性仍需突破等因素，纤维素乙醇仍处于产业化前期阶段。纤维素乙醇在农林废弃物能源化利用、完成碳中和目标上，仍然是一股新的可再生动力。

一、概况

1. 国外发展情况

燃料乙醇行业的快速发展在缓解能源短缺、环境减排方面作出了巨大贡献，与此同时也在积极探索新的原料途径以实现长期可持续发展。美国提出了农作物秸秆、林业剩余物和以柳枝稷为代表的能源作物为原料的纤维素乙醇。自1999年起，NREL（美国国家可再生能源实验室）就已开始纤维素乙醇的小试研究工作。21世纪的头10年，美国、欧洲及中国的纤维素乙醇中试装置陆续建成、试车，至2012年底，世界共建成约30套纤维素乙醇中试装置。2012年，美国NREL和工业合作伙伴共同完成了使用纤维素原料生产乙醇中试规模的技术验证，表明其不仅在技术上可行，而且能做到成本有竞争力,这是 10 多年来持续的研发和示范的成果,具有里程碑意义。

早在 2012 年底,世界即建成约 30 套纤维素乙醇中试装置。在 2014 年前后,国内外有不少公司陆续宣称示范装置的开工,随后几年陆续限制、关闭,至今仍无示范装置正常运营的报道。截至 2020 年 12 月,国内外仍有个别装置在建或规划兴建,国外有代表性的工业示范装置见表 2-36。

一方面,部分公司在持续优化装置、对外授权新建。美国 POET-DSM 的 7.5 万吨/年装置在 2017 年突破了预处理技术难题,装置产率达到 210kg 乙醇/吨秸秆,接近其 216kg 乙醇/吨秸秆的设计目标,在 2018 年开始建设现场酶生产设施,提高生产水平,并增加生物原料采购量,但在 2019 年转回到研发进程。德国 Clariant 公司 2017 年 9 月宣布对斯洛伐克 Enviral 公司技术许可,在罗马尼亚西南部建设 5 万吨/年纤维素乙醇厂,预计 2021 年底建成投产。芬兰 Chempolis 公司在努力寻找实施技术许可的项目业主;巴西 Energia Sla 公司在首套 3 万吨/年纤维素乙醇装置建成试车后的第 3 年(2017 年),产量终于突破 1 万吨,并计划在未来几年对 24 个传统甘蔗乙醇厂中的 7~8 个进行纤维素乙醇技术融合升级。

另一方面,多家公司的示范装置在建成后不久即停产、破产或出售。Inbicon 在丹麦 Kalundborg 的示范工厂在试运行 5 年后,于 2015 年停止运行;2016 年,西班牙 Abengoa 在美国堪萨斯州的生物质能源公司宣告破产,并出售了 Hugoton 纤维素乙醇装置及其拥有的几个玉米乙醇工厂;2017 年 10 月,意大利 M&G 集团(Mossi Ghisolfi Group)申请破产保护,涉及 Biochemtex S. p. A. 及 Beta Renewables S. r. l. 两家纤维素乙醇业务的公司,2020 年被 Versalis 收购并希望可以重新运行;杜邦在装置运行 2 年后,于 2017 年 11 月关闭,2018 年出售给了德国的 Verbio 公司,据报道将经改造成生物甲烷装置,另外,其在 2019 年 11 月将纤维素乙醇技术相关知识产权出售给 Petron Scientech Inc. 的子公司 Sustainable Technology Corp.,内容包括工艺设计和 Zymomonas 细菌菌株等,该菌株曾用于 9 万吨/年 Nevada 乙醇项目,杜邦-陶氏整合后,已彻底将纤维素乙醇装置和技术资产剥离。POET-DSM 公司在 2019 年 11 月宣布暂停其 Liberty 纤维素乙醇示范工厂的生产,转而专注于研发和提高运营效率,重点研发目标是提高机械可靠性和工艺效率。

2. 国内发展现状与趋势

我国推广乙醇汽油是国家着力缓解能源、环境、农业问题的一项战略性举措。国家 2001 年开始建设 4 个以陈化粮为原料的燃料乙醇生产试点项目

表 2-36 国外有代表性的纤维素乙醇工业装置

国家	公司,规模,投资额	原料	技术方案	试车及现状
美国	先进生物燃料公司(POET-DSM),7.5万吨/年,2.5亿美元	玉米秸秆,玉米芯	稀酸汽爆预处理,纤维素酶解,C_5/C_6共发酵菌株	2014年9月试车;2017年产率达210 kg乙醇/吨秸秆,解决预处理难题达到80%负荷,将建成就地纤维素酶生产线;2019年11月暂停示范工厂的生产,继续专注研发
	杜邦公司(Dupont),9万吨/年,2.76亿美元	玉米秸秆,玉米芯	氨爆预处理,纤维素酶解;共发酵菌株	2016年试车;2017年11月3日宣布出售该装置,2018年Verbio公司收购,将改造转产生物天然气
西班牙	西班牙能源公司(Abengoa),7.5万吨/年,3.5亿美元	玉米秸秆,麦秸	稀酸汽爆预处理,纤维素酶解,戊己糖共发酵,Cargill共发酵菌株	2014年10月试车;2016年12月售给Synata Bio公司
巴西	Energia Sla,3万吨/年,2.37亿雷亚尔	甘蔗渣,甘蔗叶	Iogen稀酸预处理,纤维素酶解,共发酵菌株	2014年11月试车;2017年产量将突破1万吨/年,将对24个传统乙醇厂中的7~8个进行纤维素融合升级
	巴西工业生物技术公司(GranBio),6.5万吨/年,2.65亿美元	蔗渣,秸秆	PROESA预处理技术,Novozymes酶制剂,DSM共发酵菌株	2014年9月试车
意大利	Beta Renewable公司,6万吨/年,2.5亿美元	小麦秸秆,芦竹,甘蔗渣等	PROESA汽爆预处理,纤维素酶解,共发酵菌株	2013年1月试车;2017年10月MG集团宣布破产保护;2020年Versalis计划继续改造建设运营
芬兰	芬兰生物炼制技术开发商Chempolis公司,1万吨/年,0.2亿欧元	麦秸秆,玉米秸秆,甘蔗渣,竹子等	有机溶剂油提	2010年试车;计划对外进行技术许可
	ST1,8000吨/年,0.4亿欧元	木屑	Cellunolix®技术,汽爆预处理,纤维素酶解,共发酵菌株	2016年试车;乙醇产品定向提供给北欧石油贸易公司
德国	科莱恩化工集团(Clariant),1000吨/年,5万吨/年	小麦及谷物秸秆	Sunliquid®技术,中性汽爆预处理,在线纤维素酶生产,共发酵菌株	2012年Straubing-Sand中试厂运行;2017年9月对Enviral公司技术许可,计划建设5万吨/年工厂;2020年在罗马尼亚新建5万吨/年工厂;

（年产能 102 万吨），随后几年发展迅速，陈化粮骤减。2006 年 12 月，国家限制叫停玉米加工制造燃料乙醇项目，转而坚持发展非粮原料生产燃料乙醇。2007 年 6 月国务院常务会议也提出，发展燃料乙醇"不得占用耕地，不得大量消耗粮食，不得破坏环境"，坚持发展非粮燃料乙醇。此后，根据我国的国情，开始重点发展薯类及木质纤维素等非粮原料生产燃料乙醇。

2013 年开始，生物燃料乙醇项目审批开始逐步放宽。按照国务院发布的《政府核准的投资项目目录》，变性燃料乙醇项目的审批权限由国务院投资主管部门下放到省级政府。2017 年 9 月，国家发展改革委、国家能源局等十五部门联合印发《关于扩大生物燃料乙醇生产和推广使用车用乙醇汽油的实施方案》。在此基础上，针对全面推广的关键工作，国家能源局在全面深入调研基础上，提出《全国生物燃料乙醇产业总体布局方案》。2018 年 8 月 22 日，我国确定了《全国生物燃料乙醇产业总体布局方案》。2019 年 2 月 27 日，国家能源局综合司发布《国家能源局综合司关于建立扩大生物燃料乙醇生产和推广使用车用乙醇汽油工作信息月报制度的通知》，积极稳妥推进扩大生物燃料乙醇生产和推广使用车用乙醇汽油专项工作领域取得的最新进展。到 2020 年，在全国范围内推广使用车用乙醇汽油，基本实现全覆盖。两个方案提出，到 2025 年，力争纤维素乙醇实现规模化生产，先进生物液体燃料技术、装备和产业整体达到国际领先水平，形成更加完善的市场化运行机制。

纤维素乙醇研发进程在我国起步较晚，但近年来也取得了较大的突破。中粮、天冠、龙力等企业先后建成了规模不等的中试和示范装置，中粮生科拥有百吨级玉米秸秆乙醇中试试验线，天冠集团万吨级纤维乙醇项目通过科学技术成果鉴定，山东龙力实现了玉米芯废渣原料的纤维素乙醇示范装置运行。截至 2020 年 12 月，我国仍没有工业化规模的纤维素乙醇装置实现长期稳定运行。表 2-37 为我国纤维素乙醇工业装置发展情况。

表 2-37　我国纤维素乙醇工业装置发展情况

阶段	时间	建设主体	规模
中试	2006 年 10 月	中粮肇东	500 吨/年
	2007—2012 年	河南天冠；山东龙力、山东圣泉	3000～10 000 吨/年
示范	2012—2017 年	山东龙力、河南天冠、吉林燃料乙醇、中粮集团、安徽国祯集团意大利 M&G	3 万～8 万吨/年

随着我国以玉米、木薯等为原料的1代和1.5代生产技术工艺日益成熟稳定，以秸秆等农林废弃物为原料的2代先进生物燃料技术已具备产业化示范条件，我国纤维素乙醇技术在探索过程中的不断积累与学习创新，国内纤维素乙醇逐步进入工业示范化的崭新阶段。

2020年1月10日，科莱恩公司与安徽国祯集团以及康泰斯化学工程公司正式签署sunliquid纤维素乙醇技术许可协议，旨在利用sunliquid技术建设1套农业废弃物生产纤维素乙醇的装置。此次应用为科莱恩公司在全球的第3次许可。该装置位于安徽省阜阳市，计划产能为5万吨/年，目前项目还在评估以及工程设计阶段，原料主要为本地的小麦秸秆和玉米秸秆。

国投生物于2020年设立国投先进生物质燃料（海伦）有限公司，一期项目年产2.5万吨纤维素燃料乙醇，与30万吨玉米乙醇装置联合布局。该项目具有成熟的预处理技术、低成本酶解方案、醇电联产技术及完整工艺设计软件包。项目投产运行后，谷物生物燃料乙醇企业皆有潜力通过快速复制模式完成产业换代，实现谷物乙醇向纤维素乙醇的灵活转换升级。

对于二代燃料乙醇国家尚未出台具体的补贴政策，但作为未来的发展趋势，纤维素乙醇需要一定的补贴额才能在商业上可行。合适的补贴制度可有效激励生产企业走市场化道路，在技术不断提升后逐步摆脱依赖补贴生存，实现产业的持续、健康发展，同时引导行业向非粮纤维素类原料转型。

二、主要产品

乙醇是酒精的化学名称。在我国，按用途分为食用和工业两大类，对应3个国家标准，即食用酒精GB 10343—2008、工业酒精GB/T 394.1—2008和变性燃料乙醇标准GB 18350—2013/XG 1—2016。

燃料乙醇是指未加变性剂，可作为燃料用的乙醇，纯度99.5%，其余为微量杂醇油等，包括甲醇，不可食用，属于环保型可再生清洁能源。而变性燃料乙醇专指加入变性剂后，用于调配车用乙醇汽油的燃料乙醇，按一定比例与组分油调和后可作为车用燃料。

除作为主要产品的燃料乙醇外，纤维素乙醇的副产品木质素除生物质锅炉燃烧供能外，还具有开发有机肥、纤维饲料、减水剂等多种产品的潜力，可根据市场需求进行相应的技术开发。

目前，生产木质纤维素乙醇面临的挑战是盈利能力和可持续性，这使其再次面临新技术挑战。解决此问题的方法需要在生物质精炼中寻求，除了利用纤维素，还需尽可能多地利用生物质原料生产高附加值产品。其中，北京林业大学等研究机构利用龙力公司生产的高纯度木质素开发出了胶黏剂等有较高价值的生物材料。山东泉林纸业集团则开发了利用亚硫酸铵法处理秸秆产生的制浆黑液（含水溶性木质素降解产物）生产优质的黄腐酸类肥料和植物生长激素的新技术，为木质素的高效利用和秸秆组合生物精炼技术的开发提供了一条新路。

三、市场分析

由于纤维素乙醇正处于进入产业发展的过程之中，尚未有实际的生产和销售，目前只能以燃料乙醇市场及技术经济性来进行分析。

1. 燃料乙醇市场

2019年，世界燃料乙醇产量达到8706万吨，同比增长约3.4%。其中，美国和巴西是最大的燃料乙醇生产国，总量合计超过7294万吨，占全球产量的83.8%（表2-38）。

表2-38 2019世界各国和地区燃料乙醇产量

国家/地区	产量/万吨	占比/%
美国	4719	54.2%
巴西	2575	29.6%
欧盟	430	4.9%
中国	284	3.3%
印度	158	1.8%
加拿大	149	1.7%
泰国	125	1.4%
阿根廷	87	1.0%
其他	179	2.1%
总计	8706	100%

世界已有66个国家和地区推广燃料乙醇和车用乙醇汽油，年消费乙醇汽油约6亿吨，乙醇汽油消费占世界汽油总消费量的60%左右，替代汽油7880万吨，减少CO_2排放9600万吨。由于需求增多，燃料乙醇正在成为全球性大宗商品，目前每年国际贸易量约80亿升（623万吨），并有逐年增长的趋势。中国、加拿大、印度等国的燃料乙醇消费量近年有明显增长。

生物产业发展现状与趋势

2018年，我国汽油表观消费量为1.25亿吨，比上年下降1.01%，使用乙醇汽油约2800万吨，约占汽油消费总量的22%。随着乙醇汽油的进一步推广使用，预计未来中国乙醇汽油需求量将会逐年攀升。

截至2020年12月，中国已有12个省区使用乙醇汽油，包括天津、黑龙江、河南、吉林、辽宁、安徽、广西7省区市全境和河北、山东、江苏、内蒙古、湖北5省区31个地市（表2-39）。

表2-39 截至2020年12月我国推广使用乙醇汽油地区

省区市	推广区域
黑龙江	全境封闭使用
吉林	全境封闭使用
辽宁	全境封闭使用
安徽	全境封闭使用
河南	全境封闭使用
广西	全境封闭使用
天津	全境封闭使用
湖北	武汉、襄樊、荆门、随州、孝感、十堰、宜昌、黄石、鄂州9地市封闭使用
河北	石家庄、保定、邢台、邯郸、沧州、衡水6地市封闭使用
山东	济南、枣庄、泰安、济宁、临沂、德州、聊城、菏泽8地市区域封闭使用
江苏	淮安、宿迁、徐州、连云港、盐城5地市使用
内蒙古	乌海市、巴彦淖尔市、阿拉善左旗3市（旗）区域封闭使用

虽然国家要求逐步推广使用乙醇汽油，但实际上十几年的乙醇汽油推广却经历了曲折的历程，反对、呼吁停用之声从未停息。目前，乙醇汽油在东北三省应用情况最好，市场占有率保持在较高水平，能够达到90%以上。由于宣传和监管到位，天津市自2018年10月开始使用乙醇汽油以来市场情况也非常好。然而，在其他推广省份的部分地区，乙醇汽油市场占有率一度呈现逐年下滑趋势，甚至部分地区暂停推广使用。例如，安徽省宣城（2015年10月）、黄山（2016年2月）、马鞍山（2016年5月）已先后停用乙醇汽油。湖北省一度仅剩下武汉、随州、孝感三地市使用乙醇汽油，宜昌、荆门、黄石和鄂州2009年停止使用乙醇汽油，十堰和襄阳2016年停止使用乙醇汽油。封闭使用乙醇汽油的河南省2018年共消费汽油910万吨，其中乙醇汽油518万吨，约占57%。广西乙醇汽油封闭推广情况较差，市场占有率不足50%。山东、内蒙古、江苏区域封闭使用乙醇汽油情况也存在不少

问题。

截至2019年底，已核准建成17个企业、21套装置，另有14套装置已经核准，正在建设或准备建设。自燃料乙醇推广以来，累计生产和消费生物燃料乙醇2841万吨。

根据我国生物燃料乙醇生产和车用乙醇汽油推广现状，燃料乙醇消费市场主要划分两大区域。一是北方区域合计13个省区，包括：原全封闭省区5个（黑龙江、吉林、辽宁、河南、安徽）、原半封闭省区5个（河北、山东、江苏、内蒙古、湖北）、新增全封闭省区1个（天津）以及未封闭省区2个（北京、山西）。该区域集中连片、具有较好的车用乙醇汽油推广基础和生物燃料乙醇供应产能。以2018年该区域年总的汽油消费量约5800万吨计算，燃料乙醇需求约620万吨。二是南方区域7个省区，包括：上海、浙江、福建、湖南、江西、广东及海南，以2018年该区域年总的汽油消费量4400万吨计算，燃料乙醇需求约470万吨/年。

天津是国务院常务会议后第1个实现车用乙醇汽油封闭推广的省份。2018年10月1日，天津按期实现了封闭运行，为其他省份起到示范表率作用。目前，天津车用乙醇汽油供应充足，机动车污染物减排效果显著，车用乙醇汽油已纳入成品油日常管理。截至2019年6月，山西、河北、上海、浙江、湖南已先后明确了推广时间表。但是，2020年已不能实现全国覆盖。

2. 技术经济性分析

(1) 投资与成本

据文献统计，建设1套规模为3万~80万吨/年的纤维素乙醇装置，万吨投资强度为2200万~4670万美元，折合人民币约1.36亿~2.89亿元，美国纤维素乙醇万吨投资强度约为玉米乙醇的6倍。国内采用自有技术在国内建设5万吨/年纤维素乙醇装置的总投资约6亿元，万吨投资强度约1.2亿元，低于国外投资。主要原因是国内的设备费用和人工成本仍然具备投资优势，但国外首套装置为达到示范目的，使用最新的技术、材料，流程更全面，侧线多，也增加了投资金额。

初步测算的投资范围包括纤维素乙醇的主体工程、原材料和产品储运设施、公用工程等内容，不涉及具体的项目建设，也不考虑实际的融资方案以及由此引起的建设期利息。估计5万吨/年纤维素乙醇装置总投资5.52亿元，其中工程费用3.58亿元，投资估算比例如图2-45所示。按工艺单元划分投资构成，主要集中在3个部分：酶解单元占31%，原料预处理单元和原料收集设施各占26%。

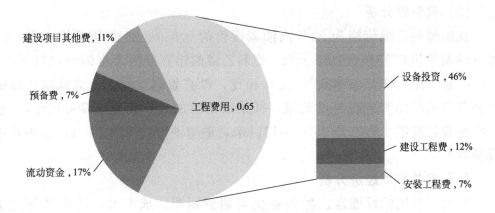

图 2-45　5 万吨/年纤维素乙醇装置投资估算比例

(2) 成本分析

纤维素乙醇的成本构成如图 2-46 所示,乙醇测算成本为 8381 元/t。主要构成为原辅材料,其中辅助材料占 38%,原料占 36%。

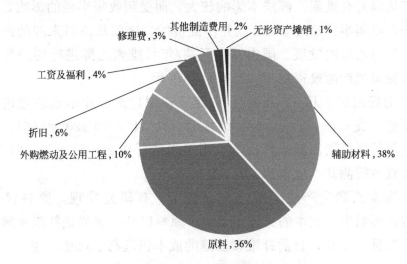

图 2-46　纤维素乙醇的成本构成

原料成本是单项材料占比最高的,每吨纤维素乙醇产品的原料成本为 3000 元,原料的单耗对成本影响很大。在辅料中,纤维素酶的比例最大,据估算使用较先进的酶制剂,每生产 1t 纤维素乙醇在纤维素酶上的成本约 1750 元,占成本的 20.9%。与玉米乙醇相比,当前选用的纤维素酶的吨乙醇酶制剂消耗量大,时空转化率较低,未来纤维素酶的性能和生产工艺将不断提高,预计生产成本也会因此明显降低。通过就地生产、生产效率提高,有约 70% 的降低空间。此外,污水处理的材料成本也较高,吨乙醇的水处理制剂成本为 900 元,占成本的 10.7%。

(3) 盈利性分析

我国燃料乙醇价格为 93♯汽油调拨价的 0.911。2019 年价格水平，93♯汽油调拨价在 7345~8135 元/t，燃料乙醇的结算价格为 6691~7411 元/t，与纤维素乙醇的测算成本 8381 元/t 相比，没有盈利空间。考虑到副产品电力和蒸汽的抵扣和现行补贴政策，纤维素乙醇的成本将低于 7000 元/t，盈利空间非常有限。特别是 2020 年初以来，平均油价为 6400 元/t，市场并不具备盈利空间。

(4) 相关技术经济分析

目前，各国的纤维素乙醇商业化均遇到困难。成本高，还不具备竞争力。但是有研究认为纤维素乙醇已经初步具备商业化发展的基本条件。

乐观的评价是，现阶段每加仑纤维素乙醇成本在 2.5~3.0 美元（5690~6828 元人民币/t），盈亏平衡点对应的石油价格为 92.74 美元/桶。显然，在目前油价水平上，纤维素乙醇与传统汽油相比，短期内还不具备竞争力。

生产规模对纤维素乙醇成本影响较大，而受到收集半径的影响，在可预期的将来，收集半径超过 50km 就是不经济的，这就从原料来源的经济性上限制了纤维素乙醇的发展。国内对 1 万吨/年纤维素乙醇进行的经济性评价表明，装置每吨产能投资在 15 986~16 701 元。

PEP 对规模在 7 万~9 万吨/年的建成或拟建的工业示范装置进行了技术经济评价，成本在 4.5~4.8 美元/加仑（10 340~10 920 元/吨）。国内也有研究测算了纤维素乙醇生产成本，当玉米秸秆在 220 元/t 时，对 5 万吨/年规模装置进行测算，成本为 7460 元/t。

对纤维素乙醇生产成本的结构分析中，有研究发现，原料仅占成本 40% 左右，影响生产成本的关键因素除了原料以外，主要是纤维素酶及装置规模，结果见表 2-40，目前纤维素乙醇的成本仍远高于市场期望。

表 2-40 不同规模的纤维素乙醇投资与成本

装置规模		装置投资		运营成本 /(美元/加仑)	总成本	
百万加仑/年	万吨/年	百万美元	美元/加仑		美元/加仑	元/吨
25	7.6	136	5.44	2.25	2.98	6045
45	13.6	183	4.07	2.22	2.76	5599
69.3	21	220	3.17	2.00	2.43	4929

四、研发动向

技术进步在燃料乙醇产业推广过程中发挥着至关重要的作用。对木质纤维素乙醇，则重点突破工程化难题，建立示范工厂，推动产业化进程。

纤维素生物燃料生产技术有生物化学转化、热化学转化和化学转化3种方法，主要路径有：①催化热解和加氢处理生物油生产碳氢化合物燃料；②气化和费托（F-T）合成生产碳氢化合物燃料；③气化和甲醇制汽油（MTG）合成生产碳氢化合物燃料；④稀酸水解、乙酸发酵和化学合成生产纤维素乙醇；⑤酶法水解生产纤维素乙醇；⑥整合的生物工艺生产纤维素乙醇（图2-47）。

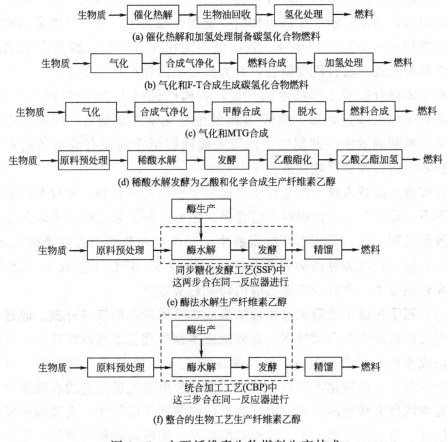

图 2-47　主要纤维素生物燃料生产技术

农林废弃物是农业和林业生产与加工过程中产生的副产品，包括如秸秆、糠皮、藤蔓、木屑、皮壳、锯末、灌木枝、枯树叶等，以及食品加工业排出的残渣，如蔗渣、饼粕、酒糟等，来源广、数量庞大。其中，农作物秸秆与粮食种植量伴生，农作物的光合产物一半在籽实，一半在秸秆，每年产生约10亿吨，在这类资源中最受关注。我国农作物种类繁多，主要有小麦、水稻、玉米、豆类、薯类、棉花、花生、油菜、甘蔗等。据统计，2017年我国秸秆理论资源总量已达10.2亿吨，较20世纪90年代初增加了近4亿吨。其中玉米、水稻、小麦秸秆量分别为4.3亿吨、2.4亿吨和1.8亿吨，三大作物秸秆量占比达到83.3%。全国秸秆可收集资源量为8.4亿吨，已利用量约达到7亿吨，秸秆综合利用率（已利用量与可收集量的比例）超过83%，其中秸秆肥料化、饲料化、燃料化、基料化、原料化等利用率分别为47.3%、19.4%、12.7%、1.9%和2.3%。按照这一测算，每年还有1.7亿吨秸秆有待寻求利用。发展燃料乙醇是其中可选途径之一。

从长期看，纤维素和半纤维素物质是自然界中廉价而充足的资源。从环保角度出发，每年不断产生的生物质一定要合理利用，生产纤维素乙醇毕竟是已经找到的一条途径。至今，各国仍不断在现有燃料乙醇生产工艺基础上，将各种新技术进行深度整合，努力探索出济性可行的技术。

对于木质纤维素乙醇技术的开发，我国已进行了20余年的工业探索。大多研究采用汽爆预处理、酶解-发酵的生物化学方法制备，但预处理效率及收率、酶制剂效率、抑制物毒性等关键问题至今尚没有成功的商业化方案，技术经济性受到严峻挑战。

纤维素乙醇技术难于产业化生产的主要原因为原材料、能耗及环境成本居高不下，难以与第1代燃料乙醇竞争。因此，纤维素乙醇技术攻关重点应为高效预处理工艺、低成本纤维素酶生产和戊糖高效利用乙醇菌种技术等。纤维素乙醇工程攻关重点为完善和优化过程技术，降低工艺成本、酶成本、能耗和环境成本。今后纤维素乙醇的研究趋势如下。

(1) 基于先进工艺研究及整合的低成本纤维素乙醇技术开发。通过生物质原料无糖损高密度存储技术，高效低成本预处理技术和脱毒技术，纤维素酶的低成本高水平合成技术，纤维素酶复配及回收技术，耐高温、耐抑制物、耐高盐、全糖转化乙醇酵母、同步糖化发酵等先进工艺的有效整合，实现高底物浓度下预处理后原料中纤维素的高效率降解转化，有效提高发酵液乙醇浓度。通过预处理工艺、纤维素酶生产、酶解糖化和发酵等工艺的有效整合，最终形成整套的具有竞争力的低成本纤维素乙醇生产技术。

(2) 纤维素乙醇联产生物基化学品的生物炼制技术开发。开发出新型秸秆3大组分的低耗无害高效分离技术，实现玉米秸秆组分分离及其高值转化、纤维素乙醇（联产生物肥、生物燃气等）的关键技术开发、纤维质原料的全利用和多目标产物的联产开发，实现秸秆的3类主要组分全部充分利用起来的集成生物精炼。

(3) 低成本纤维素乙醇的万吨级示范关键技术开发。通过生物炼制过程的体系流变学、流体力学与装备设计技术,全组分物性数据库,流程模拟Aspen Plus模型与技术经济评价模型,生物炼制相关的木质素利用等工程技术,开发与粮食乙醇指标相近的低排放、低能耗、高效率的生物炼制过程技术,实现技术的实质性提升。

目前,国内生物化学法纤维素乙醇依然面临三个技术难题:①高效预处理技术;②低成本纤维素酶的生产技术;③高耐受性的代谢C_5糖产乙醇的微生物菌种。

(1) 木质纤维素预处理技术

预处理技术的目的是破坏植物纤维素、半纤维素和木质素的三维复杂结构,增加酶与纤维素的可接触度,提高纤维素降解为糖的转化率。目前主流工艺有美国POET公司和西班牙Abengoa公司的稀酸蒸汽汽爆工艺、美国Mascoma公司、英国的TMO公司和丹麦Inbicon公司的中性蒸煮工艺以及DDCE(杜邦-丹尼斯克)的氨爆预处理工艺等,3种工艺都取得实质性进展,正在建设工业化示范装置。预处理工艺确定了原料组分分离利用原则,如中性蒸煮和氨法蒸爆主要引起纤维素部分结晶结构的破坏,伴有部分木质素溶解和重排,部分半纤维降解为低聚糖。其中氨爆脱除了底物中的乙酰基,提高了木糖的收率,而中性汽爆则是利用乙酰基释放形成的乙酸作为酸性催化剂,这也造成了糖的降解反应,底物抑制物较多。两者底物中半纤维和低聚糖含量高,酶解重点方向是半纤维和纤维素,对酶的性能要求较高。而稀酸蒸爆是将基本半纤维素都转化为单糖,酶解重点方向是纤维素,对酶的性能要求降低。氨爆工艺和中性蒸煮对设备投资低,但稀酸对设备要求高,投资多,污水处理难度大。

考虑到原料预处理技术涉及多种因素,在进行原料预处理技术研发时,应着重考虑以下几点:①尽量不使用腐蚀性体系或使用低腐蚀性体系,有利于降低设备材料成本;②在预处理过程中尽量减少对后续酶解和发酵有抑制作用的降解产物(如乙酸、糠醛等)的生成;③应采用廉价的化学品辅料,且不产生有害残余物;④降低预处理工段水耗,以得到较高的糖和乙醇浓度,减少产物分离和后期加工的能耗。满足上述要求不仅有利于降低预处理本身的成本,而且可以降低后续下游工艺的操作成本。

(2) 纤维素酶技术

纤维素酶的生产首先取决于产酶能力强的微生物菌株,通过筛选、诱变育种以及基因改造可以获得纤维素酶活力显著提高的菌株。很多研究者正在从事这方面的改进工作,如通过基因及蛋白质工程增加酶的产率和提高酶的活性，这都为低成本生产纤维素酶开辟了新的途径。

尽管纤维素水解研究多年，但这仍然是整个加工过程中效率较低的一个环节。水解经过预处理的纤维素需要的酶量为水解淀粉的60倍左右，成本占生物质转化总成本的约30%。由于酶生产成本依然较高，应用上需要复配酶制剂提高效率、延长水解时间、减少抑制物的生成以及木质素对酶无效吸附。

在美国能源部的支持下，诺维信和杰能科两家酶制剂公司通过筛选复配生产出新的酶制剂，提高木质纤维素的降解能力，实验室研究使玉米秸秆产乙醇用酶的成本降至原来的1/30，达到20～30美分/加仑。美国能源部认为酶处理成本已不再是今后纤维素乙醇产业化的主要障碍。

诺维信公司的酶制剂产品经不断更新，其2011年5月推出的最新一代酶制剂 Cellic® CTec3 的转化效率较 Cellic® CTec2 提高了0.5倍，与较开始的 Cellulast 1.5L 产品相比提高了1.4倍，其半纤维素酶的活性也显著提高。CTec2及升级后的酶制剂蛋白含量显著增加，提高了对酚类、木寡糖等抑制物及单糖产物的耐受能力，可以在较少的酶使用量下，直接酶解不水洗的中性预处理物料。

目前酶制剂公司基于底物性能，通过改造产酶菌株和酶组分的复配，不断优化。诺维信公司和帝斯曼（DSM）公司酶制剂产品针对稀酸汽爆预处理底物进行复配优化，而杰能科公司被杜邦并购后，主要针对氨爆预处理底物复配优化酶制剂。中性预处理物料需要酶制剂有更高的半纤维素酶活力和更强的抗抑制物能力。

改变纤维素酶的生产模式是纤维素酶生产成本的有效途径之一，如投资允许的情况下，把纤维素酶生产过程整合至纤维素乙醇工厂中去，利用工厂内预处理的产物或者廉价的制浆造纸黑液作为产酶菌株培养基，产酶结束后酶和培养基可以直接加到酒精发酵体系内，可以省去不必要的分离纯化过程，减少运输成本。

（3）C_5糖发酵菌株

国外通过基因工程技术改造普通酿酒酵母使其能够代谢戊糖生产乙醇的研究已持续了近20年。国外企业及研究机构将真菌或细菌的戊糖代谢途径在酿酒酵母中得到高活性表达，来提高基因工程酵母的乙醇发酵特性，并取得了突破。下一步将继续改进戊糖酵母的性能，尤其是提高对水解物中抑制物的耐受性，提高生产强度。随着戊糖/己糖共发酵菌株性能不断改进，共发酵工艺已成为趋势。随着高通量测序技术和代谢物分析手段的发展，转录组学和代谢组学等研究为挖掘新的关键基因、进一步提高利用木糖生产乙醇的效率提供了可能,但仍然存在瓶颈,需要研究人员努力解决。几种商业化菌株在各国多套中试上进行测试并已经或准备在商业化装置上应用,见表2-41。

表2-41 几种主要商业化共发酵菌株

共发酵菌株	技术来源	原料	预处理方式	菌株性能
424A(LNH-ST)	普度大学	玉米秸秆	氨爆	总糖利用率88.1%,乙醇转化率44.0%
Z. mobilis 8b	NREL/Dupont	玉米秸秆	稀酸/氨爆	木糖到乙醇转化率42.9%,纤维素到乙醇的转化率48.0%
Royal Nedalco	帝斯曼	玉米秸秆	稀酸预处理	总糖利用率95.4%,乙醇转化率45.4%
CB1	嘉吉	玉米秸秆	稀酸预处理	时空产率>0.5g/(L·h),乙醇转化率>40.9%

利用基因工程技术改造乙醇发酵菌株,实现五碳糖和六碳糖的共发酵,使木糖与葡萄糖的糖醇转化率接近,可以获得乙醇浓度满足于工业化生产要求的发酵醪液,通过代谢工程改造可以显著提高发酵菌株的各方面性能。

(4) 纤维素乙醇酶解发酵工艺

酶解发酵转化纤维素生产乙醇的过程通常涉及5步生物催化反应:纤维素酶的生产、纤维素水解、菌株的扩培、己糖发酵和戊糖发酵。不同的生物反应组合,工艺流程变化很大,目前研究的工艺包括分别水解发酵(SHF)工艺、同步糖化发酵(SSF)工艺、同步糖化共发酵(SSCF)工艺、同步多菌产酶水解发酵(SMEHF)工艺、统合生物加工(CBP)工艺、非等温同时糖化发酵工艺(NSSF)、复合水解发酵工艺(MHF)。

在建的纤维素乙醇项目多采用SHF的方式,预计随着酶制剂性能的不断提升,未来将实现SSF工艺。此外,传统的乙醇发酵由于丙酮酸途径产生CO_2,降低了葡萄糖碳原子利用率。美国加州大学的研究人员开创了一种新的混合途径非氧化糖酵解(NOG),他们重新改造了核心的代谢途径,并找到了一种新方法增加乙酰辅酶A的产出,将葡萄糖的6个碳原子转化为3个乙酰辅酶A分子,因此不会因为二氧化碳损失2个碳原子。这种新的代谢合成途径解决了乙醇生产过程中的局限性——损失碳水化合物原料中三分之一的碳原子,有望使目标产物产量提高30%,从而使乙醇与生物质合成烃具有竞争性。

虽然生物化学法是示范装置普遍采用的工艺形式,但新的途径一直在不断探索。

ZeaChem 公司使用的工艺结合了化学和热化学的方法。首先利用化学法(如酸解)将 C_6 和 C_5 糖(主要是葡萄糖和木糖)从生物质中分离出来,然后将糖发酵成乙酸,再转换为酯。分离剩下的木质素一部分气化后制氢,用于酯的氢化制乙醇。为了获得转化酯为乙醇的氢,木质素残渣气化生成富氢的合成气。将氢分离后用于酯加氢,剩余的合成气则燃烧生产蒸汽和电力。与酶解发酵法相比,这一工艺过程 CO_2 仅产生于气化、制氢和热电过程,排放强度相对较低。同时,微生物发酵制乙酸过程中,碳几乎 100% 转化为乙酸,碳转化效率较高,而酶解发酵法只有 67% 的碳转化到乙醇中。

有研究另辟蹊径,通过化学催化路线来进行纤维素向乙醇的转化,通过使用精确调控的 Ni@C 和磷酸催化剂,可实现纤维素在水相体系一步氢解转化为乙醇,收率 69%,乙醇质量浓度达到 8.9%,为高效、低成本纤维素乙醇的工业化生产带来希望。此外,如何将现有粮食原料中纤维素转化为乙醇也是未来发展方向之一。有研究表明,比较秸秆等木质纤维素原料,玉米籽粒纤维从原料的可获得性、工艺难易程度、灵活嵌入、成本等方面具有明显优势。

目前,纤维素乙醇的一条比较现实的路径是结合传统生物质乙醇工艺,利用全株玉米原料,分级利用其中的淀粉与木质纤维素。玉米纤维的原位转化对提高原料利用率、乙醇得率和 DDGS 品质具有重要的意义,也是近期纤维素乙醇发展的主要趋势。这种方案已经在美国的 27 家已有工厂通过改造得到应用,可提升乙醇产量 1%~3%。以该方法单独建设装置对乙醇产量提升效果更为明显,可提升乙醇产量 7%~10%,效果已在中试得到验证,商业规模装置的应用将在近期完成。

从环保角度出发,每年不断产生的生物质一定要合理利用,生产纤维素乙醇毕竟是已经找到的一条途径。至今,各国仍不断在现有燃料乙醇生产工艺基础上,将各种新技术进行深度整合,努力探索出具备经济性的可行技术。纤维素乙醇是今后发展重要方向,一时间工业化遇到波折,任重而道远。

五、自主创新情况

纤维素乙醇技术难于产业化生产的主要原因为原材料、能耗及环境成本居高不下,难以与第1代燃料乙醇竞争。因此,纤维素乙醇技术攻关重点应为高效预处理工艺、低成本纤维素酶生产和戊糖高效利用乙醇菌种技术等。纤维素乙醇工程攻关重点为完善和优化过程技术,降低工艺成本、酶成本、能耗和环境成本。

中国国家科技部先后启动"可再生能源与氢能技术"和"绿色生物制造"重点专项,推动自主知识产权糖平台技术开发和示范工程建设。重点选育高效木质纤维素降解复合酶系生产菌种,开发低成本液体深层发酵生产工艺,就地生产底物特异性强的木质纤维素转化酶液;开发高固糖化、低用酶量新型木质纤维素糖化工艺,建立适于生物基产品发酵的低成本纤维素糖生产技术,及开发与水解糖制备匹配的生物基产品成套生产技术;集成优化木质纤维素炼制体系中的原料预处理和产酶、酶解技术,结合木质素及其高值化衍生物的联产方案,建立适宜规模的装置,完成全过程技术经济分析与生命周期评价。

国投生物科技投资有限公司立足于低成本纤维素乙醇的万吨级示范关键技术开发,将纤维预处理过程中多相混合机理和反应动力学模型引入流程设计,对汽爆、酶解反应、精馏、蒸发的动态模拟,得到动态反应器内各组分、热负荷随时间变化的实时数据,进而利用模拟软件嵌入的反应动力学模型真实地描述了纤维素乙醇发酵的本质和规律,解释了发酵过程的复杂化学反应、动力学反应及热量平衡,构建了工艺流程优化的理论基础,实现了全流程设计开发创新与优化。开发水耗能耗低、毒性副产物生成少且易于工程放大的高效预处理技术,最终完成了国内首家2.5万吨/年纤维素乙醇绿色生产成套技术,开发完成醇-汽-电联产模式下的万吨级木质纤维素原料自主知识产权的工艺包,并启动筹建万吨级农业秸秆制备纤维素乙醇示范生产线。

(撰稿专家:林鑫 于斌 林海龙)

绿色生物制造

2020 年生物制造发展态势

中国科学院

2020 年，气候变化加剧、疾病大流行、非洲蝗灾等一系列自然灾害刺激了全球环保意识的觉醒，经济发展模式向可持续的、绿色低碳的循环经济模式转型。生物制造是以工业生物技术为核心，以生物体的机能生产燃料、材料、化学品或进行物质加工的先进工业模式，具有清洁、高效、可再生等特点，有望在能源、化工和医药等领域改变世界工业格局，开创一个财富绿色增长新纪元。

生物制造产业脱胎于生物技术与工业制造业的交叉融合，是绿色制造与生物经济的重要组成部分。近几年，世界主要经济体高度重视生物制造产业发展，大力资助生物质利用和生物基产品转化研发，合成生物学研究不断取得突破，生物制造产品的门类和用途逐步扩大，越来越多的新材料、新能源、药物中间体、精细化学品和营养品等实现生物路线生产，推动生物制造成为重新定义绿色产品和生产方式、开启下一代生物经济的重要产业突破口。在我国经济由高速增长阶段转向高质量发展阶段，"中国制造"走向"中国智造"的重要历史攻关期，生物制造业的发展将成为我国转变发展方式、优化经济结构、转换增长动力的重要一环。

一、国际生物制造发展态势

1. 生物制造驱动生物经济加快发展

面向下一代生物经济的生物制造产业已成为世界主要发达经济体科技产业布局的重点领域之一。世界经合组织（OECD）在《面向 2030 年的生物经济——政策议程》报告中预测，至 2030 年，OECD 国家将形成基于可再生资源的生物经济形态，将有 35% 的化学品和其他工业产品来自生物制造，

生物产业发展现状与趋势

生物制造的经济和环境效益将超过生物农业和生物医药,在生物经济中的贡献率将达到39%,超过农业和生物医药的36%和25%。近两年,美国、欧盟、英国、日本、加拿大等经济体纷纷提出或更新国家与地区生物经济发展战略,明确规划生物制造发展路线图。

2019年2月,美国生物质研发理事会发布《生物经济行动实施框架》,提出振兴美国生物经济,通过最大限度促进生物质资源在国内平价生物燃料、生物基产品和生物能源方面的持续利用,促进经济增长、能源安全和环境改善。2019年6月,美国工程生物学研究联盟(Engineering Biology Research Consortium,EBRC)发布了《工程生物学:面向下一代生物经济的研究路线图》,展望了工程生物系统在加工化学品、生产能源、提供食物、维持或改善人类健康和环境等多项应用的未来图景,从工程DNA、生物分子工程、宿主工程和数据科学等4个技术主题入手分析了工程生物学研究和技术的基础,并指出了这些主题下未来20年有望取得突破的技术方向。2020年1月,美国三院发布《保卫生物经济2020》,定义和评估美国生物经济现状,提出应制定使美国在生物经济未来发展和革新过程中保持领先地位的机制。2020年5月,美国通过《2020年生物经济研发法案》提供一个协调的联邦研究计划,确保美国继续在工程生物学领域发挥领导作用。

2019年4月,欧盟RoadToBio项目发布《面向生物经济的欧洲化学工业路线图》,提出增加生物基化学品份额,同时大幅减少碳排放、提高能源效率,为欧洲化学工业创造强有力的竞争地位,针对9个类别产品的生物基替代提出了短期、中期和长期的行动计划。2020年3月欧盟委员会通过了新的《循环经济行动计划》(Circular Economy Action Plan),作为《欧洲绿色协议》(European Green Deal)的主要组成部分之一,宣布了贯穿产品整个生命周期的举措,例如针对循环经济的设计和生产、促进循环经济进程、促进可持续消费,以及确保所使用的资源尽可能长时间地留在欧盟经济中。2020年3月欧盟生物基产业联盟(BIC)发布《战略创新与研究议程(SIRA 2030)》报告草案,提出到2050年建立一个具有竞争力、创新和可持续发展的欧洲,引领向循环型生物经济转变,使经济增长与资源枯竭和环境影响脱钩,并阐述了实现这一愿景的主要挑战和路线图,以及至2030年的里程碑和关键绩效指标。2020年4月,欧洲投资银行(EIB)启动一项新的融资计划,对农业和生物经济领域提供近7亿欧元的投资,并预计将带动欧洲各地近16亿欧元的投资,旨在支持私营企业在食品、生物基材料和生物能源生产和加工的整个价值链中开展业务,帮助农业和生物经济相关行业在2020年新型冠状病毒肺炎疫情冲击下更具弹性。

2018年12月,英国发布首个国家生物经济战略,提出到2030年在开发、生产、使用和出口生物基解决方案领域成为全球领导者,其目标至2030年实现生物经济影响规模较2014年水平翻一番,达到4400亿英镑。2019年6月,英国生物技术与生物科学研究理事会(BBSRC)发布生物科学领域《2019年实施计划》,在推动技术变革方面,提出支持工业生物技术和合成生物学的发展,将其作为平台技术,在更循环、更绿色的生物经济中实现应用。2020年6月4日,英国组织循环生物经济国际圆桌会议提出创建有利于可持续福祉的循环生物经济的10点行动计划,将投资自然与生物多样性和转型工业作为要点。

加拿大2019年5月发布首个国家生物经济战略,提出加拿大生物经济战略的愿景,是促进加拿大生物质和残余物的最高价值化,同时减少碳足迹,实现有效管理自然资源的目标;2019年投入3220万加元支持生物燃料研究集群、生物基产品集群发展。2019年6月,日本发布《生物战略2019——面向国际共鸣的生物社区的形成》,提出"到2030年成为世界最先进的生物经济社会",以可持续性、循环性和健康管理作为关键,提出实现未来社会情景的建设要点之一是通过生物方法可持续制造原料和材料,并将高性能生物材料、生物塑料、生物制造、工业与食品生物产业等列入重点市场领域。德国2020年1月通过新版《国家生物经济战略》,提出挖掘生物经济的潜力,并为实现可持续发展和气候目标而利用这种潜力;通过至2024年投入36亿欧元的生物经济行动计划,以帮助可持续资源取代日常产品中的化石原料。2020年7月,意大利发布《面向意大利生物经济战略BIT II的执行行动计划2020—2025》,提出后疫情时代的循环生物经济发展愿景,详细介绍了未来5年生物经济执行行动计划,并部署了旗舰项目。

2. 生物基产品受资助力度持续增加

随着全球在气候、环境、能源和生态等方面问题的逐渐凸显,世界主要经济体在生物质利用和生物基产品多元化发展方面提出更加细致的实施方案,并提供充足的资金资助。

2019年10月美国农业部(USDA)宣布再次接受项目贷款担保的申请,用于帮助开发、建设和改造以先进生物燃料,可再生化学品和生物基产品为重点的新技术,担保费用不超过项目费用的80%,项目费用最多不超过2.5亿美元。2019年12月美国启动热塑性塑料生物优化项目,提供2500万美元资金,支持具有高回收性的新型生物基塑料的研发,以及改进回收策略,将现有的塑料分解成可用于制造高价值产品的化学构件。2020年1月美国能源部（DOE）宣布，在未来5年内提供高达7500万美元资金，用于研发耐环境压力和适应不断变化的环境条件的可持续生物能源作物。2020年7月2日，DOE为7个研发项目资助194万美元，加速性能优越的生物燃料开发，作为燃料和发动机协同优化（Co-Optima）计划的一部分。2020年7月28日，DOE宣布在5年内投入6800万美元，资助使生物能源原料作物的生产更具生产力和抗逆性基础研究。2020年7月31日，DOE为33个项目提供超过9700万美元的资金，旨在提高性能，降低可用于从生物质和废物资源中生产生物燃料、生物能源和生物产品的技术的成本和风险。2020年9月美国先进能源研究计划署（APAR-E）宣布为6个项目提供1650万美元的资金，资助"农业资源和管理中可再生运输燃料的监测和分析系统（SMARTFARM）"项目。

2019年5月，欧盟生物基产业联盟（BBI JU）宣布新签署18个新项目承诺拨款协议，着力解决如挖掘生物降解包装的潜力、使用面粉虫生产动物饲料，以及绿色化学品技术的开发等系列问题，将获得约8594万欧元的资助。2019年12月，英国政府交通部（DfT）宣布资助4家英国工厂，利用家庭垃圾、未使用的农田秸秆和旧木材等原料生产生物燃料，这笔资金是英国政府绿色交通革命的一部分。2020年5月，欧盟生物基联合产业（BBI JU）确定了2020年度资助的22个支持欧洲绿色发展的新项目，通过开发低成本蛋白质、药品、生物聚合物、生物农药、精细化学品等创新生物基产品并提高资源利用率，提升欧盟生物基产业部门的生产水平，并在未来几年支持欧洲经济的发展。2020年10月，EIB、欧洲委员会和ECBF管理有限公司宣布首次完成8200万欧元的欧洲循环生物经济基金（ECBF）融资，这是欧盟和地平线2020相关国家首个专门专注于生物经济和循环生物经济的风险投资基金。

3. 技术进步推动生物产品迭代创新

近两年来，先进的代谢途径设计工具、下一代测序技术、高灵敏度组学技术、基因编辑技术等系统生物学技术的整合，极大改进了生物过程的自动化设计，促进了数以百万计的化学品生物制造的潜能开发。宾夕法尼亚州立大学等研究团队发现了一种对有机酸工业生产非常有潜力的新宿主——*Issatchenkia Orientalis* SD108；美国能源部劳伦斯伯克利国家实验室的研究者通过使用计算模型和基于CRISPR的基因编辑来修饰微生物，在高效生产目标化合物方面取得巨大成功；中国科学院天津工业生物技术研究所张学礼团队创建出新型糖基化酶碱基编辑器（GBE），开发了可实现嘧啶和嘌呤间颠换的单碱基基因编辑系统。德国法兰克福大学的研究人员开发了一种在活酵母细胞中生产人造细胞器的新方法，可以设计进行特定生化反应；德国马克斯·普朗克陆地微生物研究所的研究团队开发了一种人造叶绿体自动化组装平台，可以根据需求制造不同人造叶绿体以合成不同的有机物；芬兰图尔库大学的研究者设计了一种嵌入蓝藻细胞工厂的薄层人工生物膜，可以持续生产乙烯的时间达 40 天之久；美国伊利诺伊大学与厦门大学研究者合作将光催化与酶酶催化相结合，加速分子间碳-碳交叉偶联，实现了 γ-手性羰基类化合物的高效绿色合成；美国斯坦福大学的研究者利用面包酵母细胞实现了从单糖和氨基酸中生产药用生物碱莨菪碱（hyoscyamine）和东莨菪碱（scopolamine）的生物合成路径；美国斯坦福大学研究者重新构建了一条利用苯丙氨酸和酪氨酸合成 N-甲酰秋水仙胺的生物合成途径；加利福尼亚大学伯克利分校的合成生物学家改造啤酒酵母以生产大麻的主要成分——四氢大麻酚（THCA）、大麻二酚（CBDA）；韩国首尔国立大学研究者在大肠杆菌中整合异源性的色氨酸 6-卤化酶、色氨酸酶和单加氧酶开辟泰紫色靛蓝合成新途径；日本大阪大学等机构的研究团队合作突破性地发现了皂苷合成中糖基化环节的重要细节，并在酵母中成功构建了生产甘草皂苷的工程化生物合成途径；加拿大西蒙弗雷泽大学研究者实现了从简单的非手性材料快速构建核苷酸类似物的更加简单有效的从头合成过程；瑞士伯尔尼应用科技大学等研究者成功利用微生物群落降解木质纤维素产生短链脂肪酸；德国马克斯普朗克复杂技术系统动力学研究所的研究者通过整合里氏木霉 ATP 酶 β 亚基及大肠杆菌 ATP 酶形成改良菌株，使乙醇产量显著增加。

4. 生物产业发展不断注入资本活力

当前，生物制造已成为世界主要发达经济体科技产业布局的重点领域之一，吸引了大量公共投资和社会资本，形成了价值数十亿美元级别的投资风口。众多科技创新企业致力于疫苗、抗体、药物、营养品、材料和食品等的生物路线研发，并获得投资关注和市场青睐。

2020 年 5 月，新加坡生物技术初创企业 RWDC 在 B 轮融资的两个阶段中筹集了 1.33 亿美元，将用于开发生物材料以满足日益增长的可持续食品包装材料需求，RWDC 计划扩大 PHA 的生产能力，同时继续研发性能优良的生物材料。2020 年 9 月合成生物学公司 Zymergen 在第 4 轮融资中筹集 3 亿美元，其推出的 Hyaline 已经在柔性电路、显示触摸传感器和可打印电子产品中使用，首个 Hyaline 产品已经面世；此外 Zymergen 在管道中还生产其他薄膜以及黏合剂、农药和驱虫剂等生物基产品。合成生物技术公司 Amyris 的生物基产品非常丰富，在清洁健康和美容市场占据领先地位，2020 年 6 月，Amyris 完成了价值 2 亿美元的 IPO 后融资；8 月，Amyris 和美国传染病研究所合作，利用 Amyris 发酵平台大规模生产半合成的角鲨烯基辅料，提高 IDRI 针对新冠病毒的 RNA 疫苗的有效性；9 月，Amyris 宣布成功扩大了基于发酵的大麻二酚（CBD）替代品——大麻醇（CBG）的商业生产规模。2020 年 3 月，美国生物技术公司 Conagen 宣布获得日本住友化学株式会社的战略投资，将加速 Conagen 利用合成生物学创造可持续绿色化学品原料的研究，降低全球化学足迹对人类、动物、植物和环境的影响。

2019 年 8 月，新西兰 LanzaTech 获得来自 Novo Holdings 的 7200 万美元 E 轮融资，LanzaTech 公司致力于回收工业污染气体制造生物燃料和其他碳基产品，其独特细菌底盘可以生产数百种新产品，包括复杂的高价值化学品，该公司在中国建立了世界上第 1 家将废气转化为乙醇生物燃料的商业工厂，并且与维珍航空（Virgin Atlantic）合作生产可持续喷气燃料。英国 Nova Pangaea Technologies 公司专注用木材废料生产生物乙醇，2019 年 12 月获得英国政府"先进生物燃料示范竞赛（ABDC）"计划资助，并在 2019 年 12 月和 2020 年 8 月分别获得 230 万英镑和 90 万英镑的风险融资。美国 Renmatix 公司的 PlantRose® 工艺使用超临界水解-高温高压水工艺，能够从木屑半纤维素中分离出纯净的纤维素糖流，该公司于 2015 年 9 月获得总统绿色化学挑战奖的小企业奖，2016 年 9 月得到了比尔·盖茨基金和道达尔石油公司的风险投资，2020 年 3 月 24 日又一次获得 4860 万美元的新一轮融资。

2020 年 4 月美国农业科技公司 Pivot Bio 完成 1 亿美元的 C 轮融资，将扩大其独特的微生物氮技术的使用规模，该技术主要利用微生物固定大气中的氮，并将其分泌到作物的根部，可替代合成氮肥，增加农作物产量。2020 年 5 月，美国公司 Apeel Sciences 获得 2.5 亿美元的 D 轮融资，用于开发一系列植物来源的涂料，可以将食物的新鲜时间延长 2～3 倍，促进了更可持续的供应链、更优质的食品，减少食品的浪费。

人造肉是这两年最热门的生物领域投资方向之一。在基于植物原料的人造肉方面，美国 Impossible Foods 公司于 2020 年 8 月获得价值数十亿美元的 F 轮融资，其生产的植物性汉堡具有与真正汉堡包惊人相似的味道和质感，其主要成分是基于植物使用基因工程酵母发酵制成的血红素。在细胞培养肉方面，Memphis Meats 公司在 2020 年 1 月得到 1.61 亿美元 B 轮融资，该公司直接从动物细胞产生肉类，其目标是到 2050 年帮助全球 100 亿人口供养，同时保护环境并为消费者提供更多的肉类、家禽和海鲜选择。

二、我国生物制造发展态势

我国生物制造产业基础雄厚，近年发展势头良好。当前，我国生物制造产业规模居全球第一，并仍在继续扩大，近年来保持年均 12% 以上增速。生物发酵制品、生物基精细化学品以及生物基材料等主要生物制造产品产量超过 7000 万吨，产值超过 8000 亿元（不含传统酿造业），影响下游产业规模超过 10 万亿元。

党的十九大以来，中央高度重视贯彻新发展理念，建设现代化经济体系，坚持节约资源和保护环境，引导绿色低碳循环发展。2019 年 5 月，发改委、科技部印发《关于构建市场导向的绿色技术创新体系的指导意见》，提出到 2022 年，基本建成市场导向的绿色技术创新体系。企业绿色技术创新主体地位得到强化，出现一批龙头骨干企业，"产学研金介"深度融合、协同高效；绿色技术创新引导机制更加完善，绿色技术市场繁荣，人才、资金、知识等各类要素资源向绿色技术创新领域有效集聚，高效利用，要素价值得到充分体现；绿色技术创新综合示范区、绿色技术工程研究中心、创新中心等形成系统布局，高效运行，创新成果不断涌现并充分转化应用；绿色技术创新的法治、政策、融资环境充分优化，国际合作务实深入，创新基础能力显著增强。2019 年 10 月，国家发改委公布《产业结构调整指导目录（2019 年本）》，将生物质纤维素乙醇、生物燃油（柴油、汽油、航空煤油）等非粮生物质燃料生产技术开发与应用列入新能源鼓励类产业，将生物可降解塑料及其系列产品开发、生产与应用，生物高分子材料、填料、试剂、芯片、干扰素、传感器、纤维素酶、碱性蛋白酶、诊断用酶等酶制剂、纤维素生化产品开发与生产列入石化化工鼓励类产业；将采用发酵法工艺生产小品种氨基酸（赖氨酸、谷氨酸、苏氨酸除外），以废糖蜜为原料年产 8000 吨及以上酵母制品及酵母衍生制品、新型酶制剂和复合型酶制剂、多元糖醇及生物法化工多元醇、功能性发酵制品（功能性糖类、功能性红曲、发酵法抗氧化和复合功能配料、活性肽、微生态制剂）等开发、生产、应用，酵素生产工艺技术开发及工业化、规范化生产等列入轻工鼓励类产业；将生物可降解聚酯，聚对苯二甲酸丙二醇酯（PTT）、聚萘二甲酸乙二醇酯（PEN）、聚对苯二甲酸丁二醇酯（PBT）、聚丁二酸丁二酯（PBS）、聚对苯二甲酸环己烷二甲醇酯（PCT）、生物基聚酰胺、生物基呋喃环等新型聚酯和纤维的开发、生产与应用，纺织行业生物脱胶等列入纺织鼓励类产业；"三废"处理用生物菌种和添加剂开发与生产列入环境保护与资源节约综合利用鼓励类产业；以促行业结构升级、产业高质量发展。

2020年1月，国家发展改革委、生态环境部印发实施了《关于进一步加强塑料污染治理的意见》，要求进一步加强塑料污染治理，建立健全塑料制品长效管理机制。7月，国家发展改革委联合生态环境部、工业和信息化部等部门就落实"意见"发布了《关于扎实推进塑料污染治理工作的通知》，对进一步做好塑料污染治理工作，特别是完成2020年底阶段性目标任务作出部署。11月30日，商务部发布《商务领域一次性塑料制品使用、回收报告办法（试行）》。年内，全国30多个省（区）、市发布了关于禁限塑的相关政策和实施办法。在政策推动和市场需求带动下，生物基及生物可降解塑料制造行业或将迎来快速发展机遇。

2020年9月，国家发改委、科技部、工信部和财政部联合发布《关于扩大战略性新兴产业投资、培育壮大新增长点增长极的指导意见》，为更好发挥战略性新兴产业重要引擎作用、加快构建现代化产业体系、推动经济高质量发展提出决策部署。意见提出聚焦生物产业投资领域，加快生物产业创新发展步伐，重点包括：加快推动创新疫苗、体外诊断与检测试剂、抗体药物等产业重大工程和项目落实落地，鼓励疫苗品种及工艺升级换代。系统规划国家生物安全风险防控和治理体系建设，加大生物安全与应急领域投资，加强国家生物制品检验检定创新平台建设，支持遗传细胞与遗传育种技术研发中心、合成生物技术创新中心、生物药技术创新中心建设，促进生物技术健康发展。改革完善中药审评审批机制，促进中药新药研发和产业发展。实施生物技术惠民工程，为自主创新药品、医疗装备等产品创造市场。

同时，为进一步加强生物科技领域国际前沿研究和促进生物制造产业发展，我国在合成生物学和合成生物技术方面投入力度有所加强。2019年度和2020年度，科技部先后发布国家重点研发计划"合成生物学"等重点专项项目申报指南，要求整合集成全国相关领域的优势创新团队，聚焦研发问题，强化基础研究、共性关键技术研究和典型应用示范各项任务间的统筹衔接，集中力量，联合攻关。2019年11月，科技部公布了关于支持天津市人民政府、中国科学院建设国家合成生物技术创新中心的函，原则同意《国家合成生物技术创新中心建设方案》。这一创新中心的建设对于突破我国医药、食品、石化等领域产业技术瓶颈制约,抢占全球生物技术与产业发展制高点,推动经济社会绿色可持续发展等具有重要的战略意义和现实意义。

1. 发酵产品

我国生物发酵产业由小到大,产品种类也从过去的 3 大类 50 多种发展到现在的 8 大类(氨基酸、有机酸、淀粉糖、酶制剂、酵母、多元醇及功能发酵制品、酵素等)300 多种。我国生物发酵产业主要产品产量由 2015 年的 2426 万吨增长为 2019 年的 3064.7 万吨,年平均增长率 6.58%,产业规模稳步增长。生物发酵主要产品出口从 2010 年的 762 万吨增加到 2019 年的 1538.65 万吨,平均年增长率 11.32%,出口额由 2010 年的 230 亿美元增长为 2019 年的 391.28 亿美元,平均年增长率 7.97%,其中原料药、柠檬酸、谷氨酸等品种是生物制造产业主要出口产品。

(1) 氨基酸

氨基酸产品在饲料、医药、保健、食品和化妆品行业中用途广泛。我国的赖氨酸、谷氨酸、苏氨酸等主要氨基酸产品的市场份额占据国际首位,产值达到 500 亿元,我国已成为世界氨基酸生产和消费第一大国。近 3 年,国内氨基酸发酵产业竞争十分激烈,阜丰、梅花、伊品、象屿、万里润达等企业都有新项目投产(表 2-42),国内氨基酸产能再度提升。2019 年,受行业产能增加、下游需求不振等因素影响,发酵类氨基酸毛利率大幅降低,部分低效产能加速退出或暂停生产,行业集中度进一步提高。2020 年,随着国内生猪产能持续恢复,猪料需求量逐步回升,氨基酸供过于求的局面稍有缓解。

表 2-42 主要氨基酸企业产能及项目投产情况

公司	品种及产能	近 3 年项目进展
阜丰生物	谷氨酸,133 万吨;赖氨酸,20 万吨;苏氨酸,26 万吨	10 万吨/年苏氨酸一期项目和 20 万吨/年赖氨酸二期项目 2018 年都已全面投产,三期 15 万吨/年有机无机复混肥项目预计 2022 年投产
梅花生物	谷氨酸,100 万吨;赖氨酸,70 万吨;苏氨酸,30 万吨	吉林白城年产 40 万吨赖氨酸项目一期 2019 年全面投产;二期年产 30 万吨谷氨酸钠 2020 年 9 月顺利投产
伊品生物	谷氨酸,42 万吨;赖氨酸,56 万吨;苏氨酸,16.8 万吨;色氨酸,4500 吨	年产 30 万吨赖氨酸、10 万吨苏氨酸项目于 2018 年 11 月投产
象屿集团	苏氨酸,10 万吨;色氨酸,1 万吨;支链氨基酸,2 千吨	年产结晶葡萄糖 70 万吨、28.4 万吨发酵用糖的淀粉糖,苏氨酸 10 万吨、色氨酸 1 万吨,2000t 支链氨基酸项目于 2018 年 10 月投产

续表

公司	品种及产能	近3年项目进展
万里润达	赖氨酸,15万吨	年产15万吨赖氨酸项目2020年5月全面投产
新和成	蛋氨酸,15万吨	蛋氨酸10万吨/年的一期工程2020年10月竣工投产,另外15万吨将于2021年投产
蓝星安迪苏(南京)	蛋氨酸,17万吨	新建液体蛋氨酸工厂项目,产能18万吨/年液体蛋氨酸,预计2021年投产
四川和邦生物	蛋氨酸,5万吨	5万吨蛋氨酸项目预计2020年年底投产

谷氨酸是目前全球销量第一的氨基酸,主要加工成谷氨酸钠用于食品行业,少量用于医药行业。中国味精产能占全球的75%,供给量占全球60%以上,我国已成为全球最大的味精生产国和出口国。多年以来,我国味精行业一直处于产能过剩状况,虽然行业经历了3轮产能整合,但总体产能仍然大于需求,行业产能利用率一直维持在65%左右,目前我国味精行业(按谷氨酸产量计算)有效产能约357万吨,年产量在220万吨左右。根据中国海关数据,2019年谷氨酸及其盐出口量68.10万吨,同比增长71.02%,出口额6.93亿美元,增长67.80%。2019年中国味精产量205万吨,较上年减少15万吨,同比下降6.82%;2019年中国味精表观消费量203万吨,较上年增长3万吨,同比增长1.41%。2020年上半年受疫情影响,国内味精产量115.9万吨,同比减少10%。目前,国内味精前三强为阜丰集团、梅花生物和宁夏伊品,当前行业基本形成寡头垄断格局,产能分别为133万吨、100万吨和42万吨。2020年9月吉林梅花二期30万吨谷氨酸钠项目顺利竣工投产,味精产能规模将达百万吨级。

赖氨酸是全球产量第二大的氨基酸品种,在饲料、营养品和化妆品等生产行业有广泛应用需求。2019年全球赖氨酸产能不断扩张,达到233万吨,产能增长主要集中在国内,作为生产第一大国,中国供过于求形势严峻。因此国内企业主要通过出口缓解供应压力,国内产量173万吨,其中出口89.59万吨,占总产量的52%,同比增长39%。饲料市场需求受到非洲猪瘟疫情影响,赖氨酸消费量随之走弱。近3年有多家企业新项目建成投产,超百万吨扩增产能释放。2019年梅花生物白城40万吨赖氨酸产能全部释放,加上新疆工厂30万吨,赖氨酸产能达70万吨,位列国内第一;伊品生物产能56万吨、产量54.7万吨;长春大成产能45万吨、绥化成福35万吨、希杰32万吨。其他赖氨酸生产企业还有寿光金玉米、阜丰生物、万里润达、东方希望、诸城东晓、正大菱花、雪花生物等。

苏氨酸是近年来需求增长最快的氨基酸品种之一，产品用于医药、化学试剂、食品强化剂、饲料添加剂等方面。2019年全球苏氨酸产量70.6万吨，中国苏氨酸产量63.6万吨，占全球苏氨酸产量的90.1%。国外苏氨酸发酵产业发展较早，日本味之素公司是世界上主要的苏氨酸生产企业。国内主要产能集中在梅花生物（30万吨）、阜丰生物（26万吨）、伊品生物（16.8万吨）、象屿集团（10万吨）四家公司。2019年上半年厂家生产保持稳定，下半年因成本上升产品价格下降，部分企业关闭或调减开工率，行业前四供应集中度一度高达91%。

蛋氨酸是氨基酸产品中为数不多的需要全合成生产的品种之一，主要用于加青饲料、医药和香精行业等。2019年全球蛋氨酸需求量约140万吨，需求量以每年6%的速度稳定增长。2019年全球蛋氨酸产能约200万吨，前四大蛋氨酸生产商赢创、安迪苏、诺伟司、住友的总产能占全球蛋氨酸产能的85%以上。近3年，随着各企业产能逐渐释放，而需求增速比较稳定，因此蛋氨酸供过于求，价格逐渐下降。2019年我国蛋氨酸产能47万吨，产量26万吨；2020年产能62万吨，产量28万吨。安迪苏国内产能17万吨，新增的18万吨产能预计在2021年释放；新和成现有产能15万吨，另外15万吨产能将于2021年投产；宁夏紫光已形成10万吨/年饲料级DL-蛋氨酸的生产规模，2018年宁夏紫光年产1万吨氰醇法制蛋氨酸项目目前进展顺利；四川和邦生物5万吨蛋氨酸项目在投料试生产过程中，目前已全线贯通，整个试生产过程较为顺利；住友化学在大连金港的产能在2万吨左右。

国际小品种氨基酸和药用氨基酸的市场需求正在不断增长，市场前景诱人。随着基因工程在微生物基因结构上的逐渐应用，将会进一步推动氨基酸行业获得极大发展。小品种氨基酸生产行业处于行业生命周期的初创至成长期阶段，产品未来市场规模扩容较快，特别是医药级氨基酸正成为未来发展最具潜力的产业。安徽华恒生物的丙氨酸生产规模位居国际前列，2019年产量达2.57万吨，市场占有率接近50%，2020年6月，华恒生物招股募资用于建设交替年产2.5万吨丙氨酸/缬氨酸项目、发酵法丙氨酸5000t/a技改扩产项目，计划于2023年达产，将新增丙氨酸产品产能2万吨。精晶药业是国内精氨酸的主要生产商，目前已经形成每年精氨酸系列产品5000t的产销能力；2019年3月梅花生物1万吨/年缬氨酸项目开工建设；天津市敬业精细化工有限公司与中科院天津工业生物技术研究所合作，利用发酵法制备4α-羟基-L-脯氨酸，摒弃了传统工艺中动物胶原料提取的工艺弊端，在国内率先实现绿色生产。

(2) 有机酸

我国有机酸产业在世界上同样占据着重要地位，目前我国有机酸产能约180万吨，年产能占全球超过70%，年产量占全球的65%左右，产值超过100亿元。其中柠檬酸是最重要的有机酸品种，国内产量的70%以上用于供应国外市场。目前全球柠檬酸总的生产能力约为200万吨，年产量约为150万吨。我国柠檬酸年生产能力已达150万吨，约占全球产能的75%。2019年我国柠檬酸产量139万吨，同比增长3.73%；国内需求量为43.5万吨，同比增长12.99%。2020年1—6月，我国柠檬酸出口量53万吨，同比增长7%。近年来我国柠檬酸产业的集中度有所提高，企业数量约20余家，大多分布在山东、安徽、江苏、湖北、甘肃等地，主要厂家包括潍坊英轩实业有限公司（产能50万~60万吨）、山东柠檬生化有限公司（25万吨）、日照金禾生化集团有限公司（25万吨）、宜兴协联生物化学有限公司（20万吨）、莱芜泰禾生化有限公司（15万吨）、中粮生物化学（安徽）有限公司（15万吨）等。

目前全球乳酸产能约75万吨，国内产能约28万吨，2019年中国乳酸产量12.29万吨，同比增长了1.6%，国内需求量9.42万吨，同比增长了19.5%，2019年进口量1.63万吨，同比下降1.8%，出口量4.5万吨，同比下降23.5%。金丹科技是行业龙头，具有12.8万吨乳酸及衍生物的生产规模，百盛科技具备4万吨乳酸产能，中粮与比利时格拉特合资的4万吨产能因合作到期于2018年退出，河南星汉3万吨产能于2019年下半年投产。其他厂商还包括宜宾五粮液集团精细化工有限公司、湖南省安化乳酸厂、孝感凯风生物工程、山东潍坊巨能金玉米公司等。

(3) 酶制剂

酶制剂产业的发展前景相当广阔。生物酶具有优越的催化性能，广泛应用于食品、饲料、洗涤、纺织、制革、医药、开采、化工等领域。目前已报道发现的酶类有3000多种，但其中已实现大规模工业化生产的只有60多种。2019年全球酶制剂市场规模为99亿美元，预计2020—2027年复合年增长率为7.1%。食品和饮料、生物燃料、动物饲料和家庭清洁将推动市场增长。目前，全球酶制剂市场主要由几家跨国企业垄断，丹麦诺维信几乎占据全球一半市场。中国酶制剂产业经过多年发展已实现30种酶制剂的规模化生产，但酶制剂产业和酶工程研究与国际水平相比还存在较大差距。2018年中国的酶制剂产量达146万标准吨，较2017年增长6.7%。目前我国饲用酶制剂厂商主要有溢多利、新华扬、挑战集团、北京昕大洋、夏盛等，2019年全国饲用酶制剂产量20万吨，同比增长16.6%。纤维素酶制剂制造商主要包括尤特尔、夏盛、江西博兰、高宝、康地恩等；中温淀粉酶厂商包括江阴百圣龙、枣庄杰诺等。

（4）原料药

生物制造医药原料药主要包括抗生素、维生素等，产业继续保持规模优势。我国抗生素原料药产量在20万吨左右，市场规模约2000亿，约占全球产值的50%，是青霉素G钾盐、7-氨基头孢烷酸、7-氨基去乙酰氧基头孢烷酸等多种抗生素产品的重要供应国，在国际抗生素市场占据重要地位。2019年我国主要抗生素原料药品种出口量为12.80万吨，同比增长3.91%。我国发酵类抗生素代表性企业包括科伦药业、哈药股份、健康元、国药威奇达和石药集团等（表2-43）。2019年12月，山东鲁抗和成制药有限公司年产1200t 7-ADCA医药中间体及配套动力车间建设项目开工建设。2020年5月，驻马店华中正大年产3万吨饲料级别金霉素、600t硫酸新霉素项目正式投产，发酵吨位及生产能力在国内跻身领先地位。

表2-43 我国主要抗生素产品产能

主要产品	需求量/产能	代表性企业
头孢曲松钠		山西威奇达药业、福州抗生素药业、悦康药业、上海先锋药业、丽珠医药股份、珠海乐邦制药、齐鲁安替制药等
7-氨基头孢烷酸(7-ACA)	全球需求量6千吨；我国产能8.2千吨	科伦药业(3千吨)、健康元(2千吨)、石药集团(1.6千吨)以及国药威奇达(1.6千吨)等
7-氨基-3-甲基-3-头孢烯-4-羧酸(7-ADCA)		九九久、新时代等
7-苯乙酰胺基-3-氯甲基头孢烷酸对甲氧基苄酯(GCLE)		天津信汇制药股份有限公司(300t)、江苏海慈药业有限公司(250t)、山东菏泽睿鹰制药集团有限公司(100t)、常州康丽制药有限公司(30t)等
青霉素	全球需求量5万～6万吨，我国产能10万吨	石药(1.8万吨)、河南华星(1.2万吨)、联邦制药(1万吨)、华药(8千吨)、哈药(5千吨)、鲁抗(4千吨)等

中国是全球第一大维生素生产国，2019年维生素产量达到34.9万吨，占全球产量的77%。生物制造维生素产品主要包括维生素C、维生素B_2、

维生素 B_7 和维生素 B_{12}。目前全球维生素 C 需求约 18 万吨，全球产能约 22 万吨，我国产能在 20 万吨以上，2019 年产量 19.7 万吨，同比增长 10.67%，出口量达 15.52 万吨，创历史新高。河北石药、山东鲁维制药、辽宁东北制药、江山制药、河北华北制药等 5 家企业占据了全球 90% 以上的市场份额。全球维生素 B2 产能约 1.1 万吨，2019 年我国维生素 B_2 出口 3285.27t，占全球总需求量的 47%（7000t）。我国广济药业产能 4800t/a、海诺嘉药业 1000t/a，圣达生物于 2018 年收购通辽圣达，具备 1000t/a 维生素 B_2 产能。全球生物素需求量 240t，产能 400t，中国的圣达生物产能、新和成、浙江医药、安徽泰格、海嘉诺和科兴生物等 6 家供应商占有全球 97% 以上的市场份额。全球维生素 B_{12} 产能 110t，中国企业产能占比约 90%，主要厂商包括华北制药、河北华荣、河北玉星、宁夏金维。见表 2-44。

表 2-44　中国发酵类维生素企业产能情况

主要产品	需求量/产能	代表性企业
维生素 C	全球需求量 18 万吨；全球产能 22 万吨，中国产能 20 万吨以上	河北石药(4 万吨)、山东鲁维制药(3 万吨)、辽宁东北制药(2.5 万吨)、江山制药(2.5 万吨,2015 年被 DSM 收购)、河北华北制药(2.5 万吨,2015 年因资金链问题完全停产)
维生素 B_2	全球需求量 7 千吨；全球产能 1.1 万吨，中国产能 6.8 千吨以上	广济药业(4.8 千吨)、海诺嘉药业(1 千吨)、圣达生物(1 千吨)、山东恩贝、河北圣雪、宁夏启元等
维生素 B_7（生物素）	全球需求量 240t；全球产能 410t 以上，中国产能 410t	圣达生物(160t)、新和成(120t)、浙江医药(80t)、安徽泰格(50t)、海嘉诺和科兴生物等
维生素 B_{12}	全球产能 110t，中国产能 75t	华北制药(20t)、河北华荣(20t)、河北玉星(35t)、宁夏金维(20t)

（5）甜味剂

中国甜味剂产量占全球甜味剂产量的 75%，是最大的甜味剂生产国。根据 Renub 研究所数据，到 2024 年的全球人造甜味剂市场将达到 20 亿美元。稀少糖（rare sugar）是自然界中存在但含量极少的一类单糖（糖的最小单位）和糖醇（2002 年国际稀少糖学会 ISRS 定义），其味类似于蔗糖，但具有热量低、稳定性高、甜味协调、无吸湿性、无致龋齿性、耐受性高等优点，可以弥补传统甜味剂的不足，对改善特殊人群的饮食起到重要作用。D/L-脱氧核糖、L-岩藻糖等稀少脱氧糖等作为药物的重要前体，在制药领域特别是在治疗艾滋病、乙肝及肿瘤等抗病毒药物合成中具有广泛应用，具有重大开发价值和市场前景。此外，L-赤藓酮糖、L-果糖等稀少糖分子在农业、化工领域也有较广泛应用。稀少糖类甜味剂中较典型代表是阿洛酮糖和塔格糖（分别是果糖的 C-3、C-4 的差向异构体），除具有低热量特点，还在抑制血糖升高与体脂积累、清除自由基、神经保护、修饰药物或活性物质从而优化其功能活性等诸多方面发挥着重要生理活性作用，是糖尿病及肥胖症人群的新型甜味剂。由于自然界中存在量少难于提纯获得，而化学合成成本昂贵。因此，利用生物转化技术开发功能性稀少糖成为国际上研究的热点。近年来，我国利用淀粉、菊芋、甘蔗、甘油、葡萄糖等廉价的生物质资源，在建立多酶级联生物转化合成稀少糖技术方面取得进展，开发了具有不同功能的稀少糖。主要厂商包括浙江嘉兴欣贝莱生物科技公司、浙江益新药业有限公司、广西南宁化学制药有限责任公司、河北华旭药业有限公司、山东天力药业有限公司、山东百龙创园生物科技股份有限公司、广东广业清怡食品科技有限公司等。

2. 生物基化学品

生物基化学品是指利用可再生的生物质（淀粉、葡萄糖、木质纤维素等）为原料生产的大宗化学品和精细化学品等产品。据 IEA Bioenergy 统计数据，当前全球生物基化学品产能约 1.8 亿吨，产量在 9 千万吨左右，每年创造收益约 100 亿美元。生物基化学品主要的产能来自发酵产品，如乙醇、赖氨酸、柠檬酸、山梨醇、甘油以及脂肪酸，此外具有新功能的化学品（如乳酸、琥珀酸、呋喃羧酸等）具有可观的发展前景，也是生物企业布局的重要产品类型。目前，我国生物基化学品与材料领域的产业规模约 600 万吨，约占全球产能的 12%，产值规模已经超过 3000 亿元。

在基础化学品方面，我国率先在世界上实现了羟基乙酸的生物工业化生产，完成了乙烯、化工醇等传统石油化工产品的生物质合成路线的开发，基本实现了生物法乙烯、丁二酸、1,3-丙二醇、L-丙氨酸、戊二胺、法尼烯等产品的商业化，完成异戊二烯、丁二烯、1,4-丁二醇、丙酸、苹果酸等产品的中试或示范过程，实现烷烃、丙酮、丙二酸、乙二酸、己二酸、丙二醇、对二甲苯、环氧氯丙烷、己内酰胺的小试过程；许多产品技术水平与产品产量呈快速增长趋势；1,6-二磷酸果糖、黄原胶、L-苹果酸、长链二元酸等产品的技术水平已达国际先进或领先。2020 年 8 月合成生物学公司上海凯赛生物在科创板上市，该公司聚焦生物基聚酰胺及其原料，包括 DC12（月桂二酸）、DC13（巴西酸）等生物法长链二元酸系列产品和生物基戊二胺，2018 年凯赛生物在新疆乌苏建设的 10 万吨级生物基聚酰胺生产线试生产成功，2020 年 10 月凯赛生物宣布在山西打造全球引领的千亿级生物基绿色新材料产业集群，4万吨/年生物法癸二酸项目正在启动，预计2022年投产，并正在规划年产50万吨生物基戊二胺项目、年产90万吨生物基聚酰胺项目及下游产业链配套项目。

丁二酸又称琥珀酸，是一种重要的C_4平台化合物，用作重要的有机化工原料及中间体，广泛应用于食品、医药、农业等领域。目前国内生物基丁二酸主要生产企业中国蓝星（南京，11万吨）、山东兰典等。山东兰典生物科技股份有限公司买断中科院专利技术，利用先进的生物发酵技术打造全国最大的生物基丁二酸和全生物基PBS产业基地，生物基丁二酸50万吨/年和生物基PBS可降解塑料20万吨/年规模项目一期首条6万吨/年生产线于2017年9月竣工投产。金晖兆隆高新科技有限公司建成2万吨/年生物降解聚酯原料、1万吨/年生物降解聚酯改性料以及1万吨/年丁二酸生产基地。常茂生物化学工程股份有限公司已建年产能1万吨生物发酵法丁二酸生产线。

1,3-丙二醇PDO是关键高性能新型聚酯PTT的关键原材料，并能广泛应用于聚氨酯、化妆品、医药中间体、涂料等领域。杜邦已以多项专利技术垄断了基于葡萄糖的生物基PDO生产技术。经多年的努力，我国生物法1,3-PDO生产已进入产业化阶段，正在产业化中的以清华大学、大连理工大学、华东理工大学技术为主。2020年8月，清华东莞创新中心生物炼制工程研究中心的生物法发酵生产1,3-丙二醇PDO项目精馏装置顺利开车，广东清大智兴生物技术有限公司成功打造完整的年产1.2万吨生物基1,3-丙二醇生产示范基地。2019年10月，广州国宏新材料有限公司年产10万吨PDO项目环评二次公示，项目采用大连理工大学的甘油路线生物法生产PDO技术，计划分三期建设。其中一期年产1.5万吨，二期3.5万吨。2019年东方盛虹通过收购形式引入苏震生物的生物基PDO及新型生物基纤维高新生产技术，进一步提高公司化纤产品差异化率，提升涤纶长丝化纤产业竞争力。

我国生物基精细化工迅速发展，细分品种与日俱增，其生产能力、产量、品种和生产厂家仍在不断增长，L-苯丙氨酸、D-对羟基苯甘氨酸、烟酰胺、丙烯酰胺、D-泛酸和（S）-2,2-二甲基环丙甲酰胺等产品的生产技术已达到国际先进水平，并且一跃成为L-酒石酸、丙烯酰胺、D-泛酸的第一生产大国。

5-羟甲基糠醛（HMF）是一种重要的生物基平台化合物，可用于制备多种新型可降解塑料、生物基润滑油、医药中间体、精细化学品等，2019

年浙江糖能科技有限公司率先完成了HMF及其衍生物的千吨级生产示范，成为全球唯一一家可以提供吨级以上规模HMF及其衍生物产品的企业，且价格远低于同类产品。华东理工大学许建和教授团队开发酶法工艺合成(R)-硫辛酸，反应步骤减少一半，产品收率增加一倍，该羰基还原酶不对称合成手性醇的新工艺已在苏州富士莱医药有限公司、江西科苑生物药业有限公司等10多家企业推广应用，苏州富士莱10t级反应器规模工业生产线可年产(R)-硫辛酸50t、(R)-硫辛酸氨基丁三醇20t，江西科苑也建成降脂药物阿托伐他汀手性中间体的酶法生产线。

3. 生物基材料

生物基材料主要指通过生物发酵技术，将植物的根茎果中的淀粉等转化为聚乳酸等生物类制品，再经提炼与聚合形成高分子环保生物材料，在各个领域尤其是塑料、包装、制造业上有庞大市场需求。Nova研究所统计数据显示，2019年全球生物基聚合物材料产能430万吨，以3%复合增长率增长，预计2024年产能490万吨；2019年生物基聚合物材料产量380万吨，占化石基聚合物产量1%，较2018年增加3%，亚洲是生物基材料的生产中心，2019年产量占比45%。

我国生物基材料以生物降解材料为主，产能由2012年的35万吨增长至2019年的82万吨，复合增长率12.93%，产量由28万吨增长到72万吨，年复合增长率达14.44%。我国生物降解塑料需求量22万吨增长至52万吨；预计2021年国内生物降解塑料产能有望实现翻番。国内生物降解塑料的市场占有率不高，其产品主要用于出口，2017年国内生物可降解材料使用量不足2万吨，而同期出口量却达到了7.2万吨。我国是全球唯一可以生产所有品种生物降解塑料的国家，在生物降解材料研发上具有技术优势。淀粉复合塑料属于天然材料，价格便宜，但由于性能缺陷，使用范围非常受限，目前产业发展多聚焦于PLA与PBAT类的合成材料。

聚乳酸（PLA）是目前产业化水平最高的可降解材料之一。全球PLA现有产能约为43万吨/年，国外产能约23万吨/年，主要生产企业为美国NatureWorks公司（15万吨/年）和荷兰道达尔柯碧恩公司（7.5万吨/年）。目前我国PLA的产能19.6万吨/年（表2-45），已居世界第2位。近两年PLA处于严重供不应求的局面，吸引了众多企业纷纷入局，目前投建的聚乳酸项目产能超200万吨，投资超过300亿元。2019年11月8日，安徽丰原集团5000t/a乳酸、3000t/a聚乳酸产业化示范线试车投产成功，首批聚乳酸产品下线，实现国内首条从葡萄糖发酵开始的聚乳酸全产业链产业化。

2020年9月,位于南乐县产业集聚区的濮阳望京龙新材料有限公司成立,规划建设年产10万吨聚乳酸、年产20万吨生物降解改性材料,计划2022年12月正式投产。2020年12月1日,浙江海正生物材料有限公司3万吨/年聚乳酸生产线投产成功,实现聚乳酸树脂工业化生产跨越式增长。

表 2-45 我国聚乳酸主要生产企业及产能

企业	项目地点	产能/(万吨/年)	投产情况
安徽丰原	安徽	30	已投产5万吨,在建25万吨
龙都天仁	河南	10	已投产5万吨,在建5万吨
浙江海正	浙江	7.5	已投产2.5万吨,在建5万吨
吉林中粮	吉林	3	已投产
光华伟业	湖北	1	已投产
马鞍山同杰良	安徽	1	已投产
恒天长江生物材料	江苏	1	已投产
天仁生物	河南	0.5	已投产
五粮液集团	四川	0.5	已投产
九江科院生物	江西	0.1	已投产
山东大宗集团	山东	60	拟建
浙江友诚	浙江	50	在建
同邦新材料	山东	20	在建
康润洁	新疆	20	拟建
山东泓达	山东	16	在建16万吨(PLA和PGA)
金丹科技	河南	10	在建
新宁生物材料	上海	10	拟建
东部湾生物科技	上海	8	拟建
金发科技	广东	3	在建
濮阳望京龙新材料	南乐	10	拟建
合计		251.6	已投产19.6万吨,在建242万吨

全球二元酸二元醇共聚酯(PBAT、PBS、PBSA)生产能力约75万吨/年,我国产能现有产能44万吨/年(表2-46)。PBS、PBSA开发较早,但由于性能受限,市场用量不及PBAT,目前全球二元酸二元醇共聚酯的生产以PBAT为主。二元酸二元醇共聚酯国外主要生产商包括意大利Novamont公司(10万吨PBAT)、德国BASF公司(7.4万吨PBAT)和日本三菱树脂

株式会社（3万吨PBSA和PBS）等，国内主要生产商有珠海万通化工有限公司、新疆蓝山屯河化工股份有限公司等，营口康辉石化有限公司等多家企业都在新增产能，在建产能超过300万吨，近3年PBAT基本能满足国内塑料污染防治的禁限实施后对生物降解的需求。2020年5月，彤程新材宣布将在上海化学工业区建设10万吨/年可生物降解材料项目（一期），预计于2022年第二季度建成投产，可年产6万吨PBAT可降解材料。万华化学生产基地位于四川眉山工业园，以清洁能源为源头，配套上下游一体化产业链，一期6万吨/年PBAT装置预计2021年下半年投产。2020年11月，新疆蓝山屯河聚酯有限公司宣布拟新建24万吨/年聚酯类可生物降解树脂项目，主要产品为PBAT和PBS。2020年10月长鸿高科宣布拟建60万吨/年全生物降解热塑性塑料产业园PBAT/PBS/PBT灵活柔性生产项目，项目分两期进行，每期30万吨/年，总建设周期5年。恒力石化下属子公司康辉石化已在建年产3.3万吨的PBAT新产能，规划在2020年底投产。

表2-46 我国PBAT/PBS主要生产企业及产能

生产企业	项目地点	产能/（万吨/年）
齐翔腾达	山东淄博	15(PBS)
金发科技	珠海	7.1(PBAT、PBSA)
蓝山屯河	新疆	9(PBAT、PBS)，拟建24(PBAT、PBS)
金晖兆隆	山西	3(PBAT、PBS)
杭州鑫富科技	杭州	1(PBAT、PBS)，在建2(PBAT、PBS)
安庆和兴化工	安庆	1(PBS)
深圳光华伟业	深圳	0.1(PBS)
南通龙达生物	南通	一期1(PBAT)
甘肃莫高聚和环保新材料	甘肃	2(PBAT、PBS)
营口康辉石化	营口	在建3.3(PBS)
重庆鸿庆达	重庆	一期3(PBAT、PBS)，拟建10
鹤壁莱闰新材料	河南	在建10(PBAT)
江苏科奕莱新材料	江苏	在建2.4(PBAT)
江苏和时利新材料	江苏	在建1(PBAT)
北京化工集团华腾沧州有限公司	北京	在建4(PBAT)
瑞丰高材	山东	在建6(PBAT)，拟建30(PBAT)
兰典生物科技	山东	拟建10(PBS)
内蒙古东源科技	内蒙古	拟建20

续表

生产企业	项目地点	产能/(万吨/年)
浙江华峰新材料	浙江	2(丁二酸聚酯)，在建30(PBAT)
美克化工	新疆	在建3
河南恒泰源聚氨酯	河南	在建3
新疆望京龙新材料	新疆	拟建130(PBAT)
长鸿高科		拟建60(PBAT/PBS/PBT)
彤程新材料	上海	拟建6(PBAT)
南通星辰合成材料	南通	—
万华化学	山东	拟建6(PBAT)
合计		已建44.2,在建360.7

聚羟基脂肪酸酯（PHA）是微生物体内合成的100%生物基的生物可降解材料，能在1年内自然降解，PHA是世界塑料环保组织最关注的可降解材料之一。目前全球PHA总产能约11万吨，在生物可降解材料中占比不高，而且其很多应用现在仍处于研发阶段。全球范围内能规模生产PHA的企业主要为美国的Metabolix和日本Kaneka，产品售价高是目前下游用户对PHA接受度低的主要限制因素。随着PHA产业化发展的不断推进，先后有4代商业化生产的PHA产品应用于医药、工农业以及化工等领域。国内主要以天津国韵生物材料有限公司、深圳意可曼生物科技有限公司、珠海麦得发生物科技股份有限公司为首实现规模化PHA生产，但产能利用率均较低。珠海麦得发生物科技股份有限公司主要致力于高纯度医用级PHA材料的制备和加工，医疗级PHA在组织修复与可吸收医疗器械方面有比较大的应用前景，由清华大学陈国强教授团队技术开发的医疗级PHA将在珠海横琴实现产业化生产。2019年10月，北京蓝晶微生物公司与中化集团签订战略合作协议，共同推进完全可降解生物塑料PHA的产业化，按照年产万吨规模的工业生产模型计算，蓝晶微生物已将PHA的生产成本降至接近现有石化塑料的成本价格，未来还具有进一步降成本的空间。

4. 生物能源

由于石油的不可再生性和石油产区的不稳定性，传统化石能源安全问题在全球范围内引起了越来越多的关注，燃料乙醇、生物柴油及生物航空煤油等生物质能源产业，已成为国际可再生能源产业的重要主要组成部分。

(1) 燃料乙醇

据统计，我国燃料乙醇已建成产能500万吨，在建产能超过300万吨。

中粮集团在国内拥有 135 万吨/年产能（安徽 75 万吨、吉林 70 万吨、黑龙江 40 万吨），加上参股的吉林燃料乙醇，总产能达到 200 万吨，2020 年 10 月宿州中粮生物化学有限公司开建年产 15 万吨变性燃料乙醇生产线，安徽中粮生化燃料酒精有限公司计划在沫河口工业园区建设一条年产 30 万吨燃料乙醇生产线。国投生物产能 165 万吨/年，拥有梅河口市阜康酒精有限责任公司、吉林省博大生化有限公司、长春吉粮天裕生物工程有限公司榆树分公司、松原天源生化工程有限公司在内的 4 个生产基地，2020 年 12 月 1 日，国投生物能源（海伦）有限公司年产 30 万吨燃料乙醇项目顺利投料试车，目前国投生物鸡东年产 30 万吨燃料乙醇项目、调兵山 30 万吨燃料乙醇项目、昌图年产 30 万吨燃料乙醇项目正在加紧建设中。2019 年 10 月黑龙江省万里润达生物科技年产 30 万吨玉米燃料乙醇项目正式投产。2019 年 9 月，中兴能源旗下内蒙古中能生物科技有限公司 30 万吨燃料乙醇项目一期工程 15 万吨燃料乙醇生产线开工建设，预计 2020 年 3 月份进入生产期。2020 年在建的项目还有内蒙古蒙佳生物科技有限公司 60 万吨/年燃料乙醇项目、哈尔滨鸿展集团 30 万吨燃料乙醇项目、吉林生物能源（松原）有限公司年产 30 万吨燃料乙醇技改项目、内蒙古利牛生物化工利用闲置产能年产 15 万吨燃料乙醇技改项目等。

我国燃料乙醇技术目前还处于 1～2 代阶段，中粮生物化学（安徽）股份有限公司、吉林燃料乙醇有限责任公司和中粮生化能源（肇东）有限公司主要以玉米、小麦为原料；河南天冠企业集团有限公司同时生产第 1 代和第 2 代乙醇；广西中粮生物质能源有限公司、国投广东生物能源有限公司和内蒙古中兴能源有限公司主要以木薯和甜高粱茎秆为原料发展 1.5 代非粮乙醇，山东龙力生物科技股份有限公司则是较早以玉米芯废渣为原料发展第 2 代纤维素乙醇的企业。利用单碳资源生产燃料乙醇近年来也取得重要技术突破：宁夏首朗吉元新能源科技有限公司年产 4.5 万吨燃料乙醇项目，以工业尾气一氧化碳为原料生产燃料乙醇和副产动物蛋白饲料，预计 2021 年 5 月投产；由潞安集团与巨鹏生物战略合作建设的 CO_2 重整利用工业废气生物发酵法生产 20 万吨/年燃料乙醇项目，一期年产 2 万吨燃料乙醇项目原预计 2020 年底可以投料试车。

2019 年中国燃料乙醇产量 284 万吨，同比增长 38.54%。2020 年燃料乙醇行业遭遇发展转折点，上半年公共卫生事件封锁交通导致燃料乙醇需求量下降、消毒酒精需求量上升，下半年则受到低油价影响。原料供给趋紧也进一步限制了燃料乙醇汽油的生产和推广，2019 年临储玉米消耗量达 5400

万吨，截至 2020 年 9 月 3 日，玉米临储库存仅剩余 359 万吨，几乎消耗殆尽。

(2) 生物柴油

2019 年全球生物柴油产量约 4500 万吨，比上年大幅度增加 380 万吨。中国生物柴油行业仍处于行业成长的初期阶段，行业发展前景广阔。2019 年我国生物柴油产量 120 万吨，较 2018 年增加了 20 万吨，2019 年中国生物柴油表观需求量为 137.6 万吨。2019 年中国生物柴油出口数量为 66.2 万吨，较 2018 年增加了 34.8 万吨；2019 年中国生物柴油进口数量为 83.8 万吨，较 2018 增加了 8.7 万吨。

近几年，中国自主开发的 1 代、2 代生物柴油技术均已达到了国际同类先进水平，单套装置的生产规模也在不断扩大，从最初的几万吨扩大到十几万吨、几十万吨。经过 10 余年的发展，我国生物柴油年生产能力超过 200 万吨，生产企业超过 3000 家，年产 5000t 以上的厂家超过 40 家。龙岩卓越新能源股份有限公司及唐山金利海生物柴油股份有限公司是国内生物柴油行业领先企业，年产量均在 20 万吨以上。卓越新能 2019 年产能达到 24 万吨，2019 年 9 月卓越新能年产 10 万吨烃基生物柴油、年产 5 万吨丙二醇等项目开工建设。2020 年 5 月，广西桂平市广燃能源科技有限公司年产 25 万吨生物柴油产业化项目开工建设。我国也正在积极推进以催化加氢技术制备的第 2 代生物柴油、以高纤维含量的非油脂类生物质和微生物油脂为原料制备的第 3 代生物柴油的生产，解决生物柴油在生产原料上的局限性。2020 年 8 月河北常青集团石家庄常佑生物能源有限公司 20 万吨/年规模 2 代生物柴油生产装置成功开车，其利用的中科院青岛能源所 ZKBH 均相加氢技术成为世界上第 1 个采用液态分子催化成功量产商业化 2 代生物柴油的技术。2019 年 12 月中石化洛阳工程有限公司和河南百优福生物能源有限公司等联合团队宣布秸秆等生物质制备汽柴油技术开发取得阶段性成果，首套年产 1 万吨生物汽柴油工业示范项目原计划 2020 年投产。

(3) 生物航煤

生物航煤在优化民航能源结构、推进民航绿色发展方面具有重要作用。全球生物航煤产量 2018 年在 1.5 万吨，占航空燃料总消费量不到 0.1%。中国航空煤油消费指数显示，2018 年我国航油年消耗量以 3500 万吨跃居世界第二，生物航煤的研究和推广应用需求非常迫切。但是由于技术复杂、成本较高等原因，生物航煤目前在国内航空市场上利用较少，发展空间巨大。目前，美国等发达国家主要在军方资助下开展生物航煤应用开发，而在我国，作为尚处于起步阶段的技术，生物航煤得到的政策支持有限，产业进展缓慢。2020年8月中国石化镇海炼化10万吨/年生物航煤装置建成中交，标志着国内首套生物航煤装置成功向产业化、商业化应用阶段迈进，该装置采用中国石化自主研发的生产技术，以餐饮废油为主、可掺炼非食用油脂等可再生资源为原料生产生物航煤。此外，不可使用的纤维素是生物航煤生产颇有潜力的来源。2019年3月大连化物所与天津大学研究团队首次报道了将纤维素两步法转化为高密度液体燃料的研究进展。

5. 绿色生物加工

酶制剂在传统纺织、造纸、制革、医药、化工等高污染领域的应用大幅提提升，在节能减排方面效果显著。多种性质优良的纺织用生物酶制剂实现规模化应用，极大减少废水排放，节水节电，被业界评价为印染行业的重要技术创新，已经在超过20家纺织企业实现推广，创造新增利润数亿元。酶法骨明胶生产技术将生产周期缩短至3天，减少50%耗水量，消除固废排放，该技术被宁夏鑫浩源生物、内蒙古东宝生物、安徽蚌埠丰原等公司应用，2020年已经形成产能1万吨/年。中科院过程工程研究所邢建民研究团队以生物脱硫技术为核心，与中石化、华北制药集团、石家庄制药集团、四川科伦药业、上海瑞必科公司、中广核等企业建立了长期合作关系，深入推进生物脱硫工艺在天然气脱硫、生物燃气脱硫及高硫制药废水高效处理等方面的工业化应用。

青蒿素作为目前治疗疟疾的特效天然药物，主要利用有机溶剂反复浸提黄花蒿叶生产，存在耗时长、能耗高、溶剂损失严重等问题，难以高效大规模生产。中科院过程工程研究所通过逆流循环强化固液混合、薄膜蒸发-减压浓缩、多级萃取耦合、低温结晶纯化等新方法，解决了制约青蒿素规模化生产的关键技术及系统集成难题，为生产工艺绿色升级开辟了新路径。该工艺在河南省禹州市天源生物科技有限公司实现了60t/a青蒿素生产，大幅降低了溶剂损失和能耗，显著降低了生产成本。2019年11月29日，该技术通过了中国石油和化学工业联合会组织的科技成果鉴定。

利用生物发酵和生物催化转化技术实现工业尾气资源的高效清洁利用，在发展绿色低碳循环经济方面将发挥重要作用。新西兰朗泽公司开发的微生物可以捕获和利用工业尾气中50多种不同分子，2011年首钢集团引入该技术成立北京首钢朗泽新能源科技有限公司，2018年全球首套年产4.5万吨的炼钢尾气生物发酵法制清洁能源商业化装置正式投产。首钢朗泽还先后与包头钢铁、山东钢铁、惠州大亚湾美誉化工仓储贸易公司、宁夏吉元冶金集团合作建设工业尾气生物发酵制燃料乙醇项目，首钢朗泽生物发酵技术的应用迎来了广阔的发展空间。

目前，全世界每年的塑料产量已达4亿吨并仍在继续增长，因有效降解困难带来环境污染问题引发普遍关注。法国图卢兹大学的研究者设计了一款可以在10h内水解90%的聚对苯二甲酸乙二醇酯（PET）塑料瓶的高效分解酶；英国朴次茅斯大学酶创新中心（CEI）研究者设计出了新的嵌合酶，将PET塑料自然分解的速度提高了6倍。中国科学院青岛生物能源与过程研究所崔球团队发现迄今已知的最高效的全菌PET塑料降解策略，证实了嗜热全菌催化策略的优越性和应用前景。该团队前期成功建立了热纤梭菌这一典型嗜热细菌的成熟的基因操作平台，可以通过对热纤梭菌的任意遗传改造实现高效全菌催化剂的定向打造，并已将基于热纤梭菌的全菌催化技术成功应用于木质纤维素的生物转化领域，建立了新型的整合生物糖化技术。

另外，国内多家生物化工龙头企业已相继进入以玉米秸秆等非粮原料生物炼制化学品的领域，建立了千吨级、万吨级试验和示范生产线。生物制造技术在制造领域的渗透和应用，显著提升了资源综合利用水平，降低了能耗、物耗，以及污染物的排放，生态效益显著。天津工业生物所在以葡萄糖为原料生产丙氨酸的技术上取得突破，依托该技术建成国际首条3万吨生产线，生物法路线废水排放量、能耗及生产成本均大幅降低，合作企业占据超过70%以上国际市场份额，正在推动百亿规模环保型洗涤产业发展。天津工业生物所还构建了以葡萄糖为原料一步发酵生产羟脯氨酸的生产工艺，成本降为传统生产方式的1/10左右，生产过程无高盐高氮废水排放，为合作企业带来近千万元利税，实现了羟脯氨酸的绿色生产。中科院沈阳生态所等创建了维生素C发酵伴生依赖性解除新技术，使整体发酵效率提升27%；研发出废菌渣制饲料蛋白、废母液制特种有机肥新技术，减少废渣液COD排放量76%，有力推动维生素C产业高效绿色发展。

三、结语

我国现代生物制造业起步较晚，以低成本、大规模等优势取得了部分大宗产品在产量、规模上的市场优势，在资源综合利用水平逐步提升和节能减排方面取得初步成效。随着我国新时代中国特色社会主义建设进程的不断推进和国家创新驱动发展战略的深入实施，我国生物制造科技与产业创新将进一步加快发展。同时也应看到，我国生物制造业在技术含量、利润率、精细化方面与世界一流还有一定差距,部分粗放型的传统生物制造产业仍然面临产能过剩、国际竞争力减弱的压力。

  发展绿色生物制造,对于我国全面深化新发展理念、推进生态文明建设、加快健康中国和美丽中国建设进程、推动制造业高质量发展和产业国际化发展具有重要现实意义。随着全球经济进入新一轮调整,还必须加强制度资源保障,围绕关键基础前沿技术源头创新、颠覆性技术转化与产业化等集中发力,着力强化生物工程、人工智能和自动化等技术更加深度融合发展,推动供给侧和需求侧改革更高水平动态平衡发展,推进资源、产业和环境更可持续协调发展,促进国内国际双循环更加畅通相互促进发展,进一步提振资本市场活力,繁荣创新创业生态,从而逐步构建工业经济发展的生态路线,加快我国生物产业强国建设和生物经济社会转型的步伐,为我国社会经济高质量可持续发展做出重要贡献。

(撰稿专家:刘斌 陈方)

2020年氨基酸产业发展报告

中国科学院天津工业生物技术研究所

一、概况

1. 产业概况

氨基酸是生命体蛋白质的基本组成单元,对人和动物的营养健康十分重要。随着技术的发展,氨基酸及其衍生物的产品种类已由20世纪60年代的50余种拓展到现在的1000余种,广泛应用于饲料、食品、医药、保健品、化妆品、农药、肥料和制革等领域。据美国GIA市场调查公司报告,过去几年,世界氨基酸市场复合增长率为5.6%,预计到2022年总销售量将达1105万吨,产值超过1000亿元。其中,饲料氨基酸(如L-赖氨酸、L-苏氨酸、D/L-蛋氨酸和L-色氨酸)市场规模最大,占据整个氨基酸市场份额的50%~60%;食品型氨基酸(如L-谷氨酸)约占氨基酸市场份额的30%,其他的小品种氨基酸虽然种类多,但是总体市场份额仅占10%~20%。

L-赖氨酸、L-谷氨酸、L-苏氨酸、D/L-蛋氨酸、L-色氨酸是主要的工业氨基酸品种,产量占95%以上,其国内外市场规模及主要生产企业见表2-47。中国是世界氨基酸生产和消费第一大国,近年来,我国氨基酸发酵

表2-47 2018年国内外大宗氨基酸品种市场规模及主要生产企业

产品	世界总产量/万吨	主要企业产量/万吨	我国产量占比	我国总产值/亿	出口/万吨	进口/万吨
L-赖氨酸	300	大成45,伊品40,梅花30,希杰60,味之素45,ADM 40	59%	120	62	—
L-谷氨酸	300	阜丰100,梅花70,伊品30,味之素20	70%	180	30	—
L-苏氨酸	85	阜丰25,梅花25,味之素12,伊品10,希杰5	85%	60	45	—
D/L-蛋氨酸	140	安迪苏12,紫光6,新和成4	15%	45	9	18
L-色氨酸	5.5	阜丰0.7,巨龙0.7,伊品0.4,梅花0.1,希杰1.6	36%	12	1	0.5

产品年总产量达到600万吨，占世界总产量的60%左右，总产值超过500亿元（包括中外合资以及外国独资公司在中国的产值，占15%左右），净出口总量约125万吨。

2. 知识产权概况

氨基酸工业作为我国发酵产业的支柱产业之一，产能全球第一，但由于我国早期知识产权保护意识差，在代表核心竞争力的菌种专利方面布局极其薄弱，而国外大公司十分重视菌株的知识产权保护，在不断研发新技术的同时也对技术和菌株进行了完整的专利保护和布局。

以谷氨酸棒杆菌 *Corynebacterium glutamicum* 生产 L-赖氨酸的专利技术为例，德国研发实力最强，约33.8%专利由德国申请人赢创提出申请，其次是韩国希杰、日本味之素和美国ADM等，但与德国申请人有较大差距，中国总体研发实力较弱，在全球专利产出中仅占1.3%。全球谷氨酸棒杆菌生产L-赖氨酸专利技术来源国家/地区如图2-48所示。

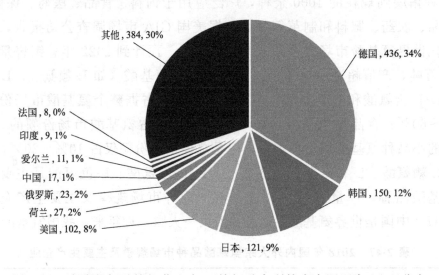

图 2-48　改造谷氨酸棒杆菌生产L-赖氨酸专利技术来源国家/地区分布

注：图中专利单位为项，指简单同族专利的数量；一项简单同族专利中的各件专利的技术手段基本相同，即一项简单同族专利反映一项技术手段。

就L-赖氨酸的市场而言，美、中、欧、日是谷氨酸棒杆菌产L-赖氨酸技术专利申请人最重视的市场保护地，其次为韩国、德国和澳大利亚。全球谷氨酸棒杆菌生产L-赖氨酸的专利受理国家/地区如图2-49所示。在中国市场申请保护的专利数量仅次于美国，中国市场受到重视，体现了中国作为制造业和消费大国的地位，但从申请人来源看，98.7%为国外申请人申请，中国明显处于技术输入国地位。

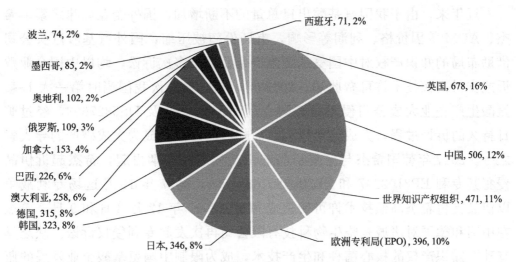

图 2-49 改造谷氨酸棒杆菌生产 L-赖氨酸专利受理国家/地区分布

注：图中专利单位为件，指未经同族专利合并的专利的数量，
用于反映专利受理国/地区的情况。

与 L-赖氨酸的知识产权现状相同，其他大宗氨基酸的知识产权保护方面也面临同样的问题，中国申请人的核心专利持有量极少。L-谷氨酸的 PCT 国际专利申请中，中国申请人的申请量仅占 3%，而 L-苏氨酸、D/L-蛋氨酸和 L-色氨酸的 PCT 占比仅为 1% 左右。核心专利基本上掌握在日本味之素、德国赢创、德国巴斯夫、韩国希杰、美国 ADM 等国际大公司手中。大宗氨基酸品种的 PCT 专利申请情况见表 2-48。

表 2-48 大宗氨基酸品种的 PCT 专利申请情况

产品	中国申请人的 PCT 国际申请量占比	国外申请人 PCT 国际专利在中国的申请量占比	主要申请人/专利权人
L-赖氨酸	3%	38%	日本味之素、德国赢创、德国巴斯夫、韩国希杰、美国 ADM 等
L-谷氨酸	3%	29%	日本味之素、日本旭化成、德国赢创、德国巴斯夫等
L-苏氨酸	1%	33%	日本味之素、德国赢创、德国巴斯夫、韩国希杰、日本东丽、美国 ADM 等
D/L-蛋氨酸	不足 1%	60%	德国赢创、法国 Metabolic Explorer、德国巴斯夫、日本味之素、韩国希杰等
L-色氨酸	1%	38%	日本味之素、德国赢创、日本三井、德国巴斯夫等

近年来，由于我国氨基酸出口总量的不断增加，国外企业如味之素、希杰、ADM 等因价格、利润等影响，市场份额被压缩，国外氨基酸巨头公司借助布局的知识产权对中国氨基酸生产企业提出多次诉讼，均以中国企业败诉或支付高额技术许可费收场。2006 年，味之素诉讼我国当时第一大 L-赖氨酸生产企业大成公司侵犯其美国专利 US6040160 及 US5827698，经过旷日持久的诉讼过程，大成公司败诉，面临巨额赔偿，成为大成破产的导火索之一。2017 年韩国希杰与宁夏伊品知识产权之战硝烟再起，希杰起诉伊品侵犯其专利 EP2102337 和 ZL200980103315.6，2017 年 12 月这场专利战争以伊品支付希杰高额技术许可费达成和解。2017 年 12 月 8 日和 9 日，希杰在中国和德国对诸城东晓生物科技有限公司再次发起专利侵权诉讼。缺乏具有独立知识产权的核心菌种和生产技术，成为限制中国氨基酸企业发展的瓶颈，严重影响出口，影响企业存续，影响就业与社会稳定。

二、主要产品

1. 大宗氨基酸

大宗氨基酸产品主要包括 L-谷氨酸、L-赖氨酸、D/L-蛋氨酸、L-苏氨酸和 L-色氨酸。L-谷氨酸是第一大氨基酸产品，作为重要的食品鲜味剂，用于生产味精、鸡精等调味料以及各种食品，目前是通过谷氨酸棒杆菌发酵生产，发酵产量可达 220g/L 以上。L-赖氨酸、D/L-蛋氨酸、L-苏氨酸和 L-色氨酸主要用于动物饲料添加剂。L-赖氨酸是猪饲料的第一限制氨基酸，鸡禽类饲料的第二限制氨基酸，目前可以通过谷氨酸棒杆菌和大肠杆菌发酵生产，发酵产量均可达 240g/L 以上。L-蛋氨酸是必需氨基酸中唯一的含硫氨基酸，D-蛋氨酸在生物体内可以转化为有活性的 L 型，是禽类、高产奶牛和鱼类的第一限制氨基酸，安迪苏等公司主要是通过氰醇法或海因法化学合成 D/L-蛋氨酸；希杰公司采用葡萄糖发酵生成 L-高丝氨酸前体，再与甲硫醇反应化学合成 L-蛋氨酸。L-苏氨酸是猪饲料的第二限制氨基酸，家禽饲料的第三限制氨基酸，主要用于未成年仔猪和家禽的饲料添加剂，目前是通过大肠杆菌发酵生产，发酵产量可达 140g/L 以上。L-色氨酸作为饲料添加剂使用时可令动物增重，提高机体免疫力，目前是通过大肠杆菌发酵生产，发酵产量可达 50g/L 以上。

2. 小品种氨基酸

小品种氨基酸主要包括 L-精氨酸、L-丙氨酸、L-亮氨酸、L-异亮氨酸、

L-缬氨酸、L-脯氨酸、L-苯丙氨酸、L-酪氨酸、L-半胱氨酸、L-谷氨酰胺、L-组氨酸、L-丝氨酸等。L-精氨酸是一种重要的半必需氨基酸,可以刺激激素分泌,促进伤口愈合和一氧化氮的形成,主要用于食品、医药和动物饲料添加剂等,也是工业上酶法生产 L-鸟氨酸和 L-瓜氨酸的原料,目前主要通过棒杆菌发酵生产,发酵产量可达 80g/L 以上。L-丙氨酸在日化、医药、食品等领域有着广泛的用途,可用于制造新型环保螯合剂 MGDA(甲基甘氨酸二乙酸),目前主要通过大肠杆菌厌氧发酵生产,发酵产量可达 110g/L 以上。L-亮氨酸、L-异亮氨酸和 L-缬氨酸为 3 种支链氨基酸,是高等生物不能合成的必需氨基酸,是人类和动物的重要营养物质,也是药物合成的中间体,主要用于饲料添加剂和制药行业。3 种支链氨基酸都主要是通过谷氨酸棒杆菌发酵生产,L-亮氨酸和 L-异亮氨酸的发酵产量可达 30g/L 以上,L-缬氨酸产量可达 80g/L 以上。L-脯氨酸是合成蛋白质氨基酸中唯一的一种亚氨基酸,已被广泛应用于医药工业、饲料、食品、肥料领域,也是卡托利普和依那普利等药物合成的重要中间体,目前主要是通过谷氨酸棒杆菌发酵生产,发酵产量可达 100g/L 以上。L-苯丙氨酸和 L-酪氨酸属于芳香族氨基酸,在高分子材料、食品、保健品、药品等领域有重要的应用,目前主要通过大肠杆菌发酵生产,L-苯丙氨酸发酵产量可达 70g/L 以上,L-酪氨酸可达 40g/L 以上。L-半胱氨酸是一种重要的含硫氨基酸,广泛应用于食品、医药和化妆品等领域,目前主要通过毛发水解和酶法生产。

3. 非蛋白质氨基酸

非蛋白质氨基酸主要包括 γ-氨基丁酸、反式-4-羟基-L-脯氨酸、4-羟基异亮氨酸、5-羟基色氨酸、5-氨基乙酰丙酸、5-氨基戊酸、四氢嘧啶、L-2-氨基丁酸、茶氨酸、L-高脯氨酸等,广泛应用于食品、医药、农业等领域,随着生物技术的发展,越来越多的非蛋白质氨基酸实现了生物法生产。

三、市场分析

作为产能全球第一的氨基酸生产大国,我国的氨基酸产品主要以中低端产品为主,且氨基酸产品的下游应用研发投入不足,而近年来国内企业的产能不断提升,造成国内现有市场已经饱和,价格竞争激烈。在国际竞争中,我国氨基酸产品多以低价、量大来占领销售市场,被反倾销的案例较多。

据不完全统计,2019 年我国氨基酸发酵生产企业 50 余家,氨基酸总产量 609.1 万吨,同比增长 1.5%。工业总产值 592 亿人民币,同比增长

8.6%（表2-49）。受下游饲料行业产业低迷的影响，饲料级氨基酸开工率、产量、利润均大幅压缩，亏损较严重，以往新建产能没有完全释放。2019年我国氨基酸产品总进口量1.1万吨，同比下降23.35%，进口额4034万美元，同比下降47.07%；氨基酸产品总出口量约为158万吨，同比增长22.7%，出口额21.7亿美元，同比增长7.61%（表2-50）。近两年氨基酸产品的出口量增幅均达20%以上的水平，侧面反映出市场对氨基酸产品的需求不断增加。但是，受到国际贸易政策的影响，高附加值小品种氨基酸的出口量及价格持续降低，产品产量及利润大幅下滑。

表 2-49　2019 年我国氨基酸产品的产量情况

产品	产量/万吨	增长率/%
谷氨酸钠（味精）	286.6	4.2
L-赖氨酸、L-赖氨酸酯及盐	253.3	3.0
L-苏氨酸	60.6	−19.2
L-色氨酸	1.7	−22.7
其他氨基酸	6.9	−31

表 2-50　2019 年我国氨基酸产品的进出口情况

产品	进口量	增长率	进口额	增长率	出口量	增长率	出口额	增长率
谷氨酸钠（味精）	2206.2t	18.35%	719.2万美元	18.35%	70.1万吨	17.49%	7.1亿美元	17.39%
L-赖氨酸、赖氨酸酯及盐	1124t	−15.86%	296.8万美元	−19.82%	58.8万吨	45.15%	5.4亿美元	20.21%
其他	7632t	−29.8%	3018万美元	−54.6%	29.9万吨	11.5%	9.1亿美元	−4.59%

注：数据来源为中国生物发酵产业协会2019年生物发酵行业经济运行情况及协会工作总结。

据不完全统计，2020年多数大宗氨基酸品种市场价格保持稳定和上涨趋势，个别品种价格出现下浮波动。大宗氨基酸产品下游需求趋于稳定。

L-赖氨酸，受玉米价格上涨的带动，截至2020年10月，国内70 L-赖氨酸（L-赖氨酸含量70%）价格在5元/kg以上，98 L-赖氨酸（L-赖氨酸含量98%）报价在8～8.6元/kg，但下游市场对于L-赖氨酸价格的上涨接受度较差，市场成交偏于一般，部分企业仍有库存。由于玉米价格仍处于上涨趋势，预计近期L-赖氨酸的价格仍会持续稳定上涨。据海关数据统计，2020年1—10月，我国L-赖氨酸与赖氨酸盐及酯的出口量为65.2万吨，对欧亚非和美洲的出口量保持高增长，其中，对荷兰的出口量最大，其次是德国、泰国、波兰、越南、加拿大等。2020年10月，我国L-赖氨酸与赖氨酸盐及酯的出口量为6.7万吨，同比增长36.4%，环比增长6.7%。

L-苏氨酸，2020年市场现货持续紧缺，市场价格涨势猛烈，国内企业包括伊品、成福、阜丰、象屿等报价均在9.2元/kg以上。据海关数据统计，2020年1—10月，我国L-苏氨酸的出口量保持高位，达47.54万吨，出口额6893万美元，同比增长40.9%，主要出口国为巴西、荷兰、比利时、美国、俄罗斯、西班牙、泰国、越南、加拿大、印度和菲律宾。2020年10月份L-苏氨酸出口单价1440美元/t，同比增长9.9%。

D/L-蛋氨酸，中国商务部终止对原产于新加坡、马来西亚和日本的D/L-蛋氨酸反倾销调查的公告发布之后，国内市场上下游多数以观望为主，国内D/L-蛋氨酸生产企业的报价为17.0元/kg左右，部分企业限量签单，部分地区少量成交。同时，受欧洲疫情反弹的影响，国外产能下降，国内进口量下降。据海关数据统计，2020年10月，我国进口固体D/L-蛋氨酸产量1.98万吨，环比下降0.29万吨，降幅13%，进口额为3721万美元，同比下降31.5%，进口占比前三的国家为新加坡、比利时和马来西亚。

L-色氨酸，2020年L-色氨酸国内市场需求恢复明显，而目前国内厂家及市场现货的库存较为紧张，导致L-色氨酸的价格激烈上涨。目前，国内L-色氨酸报价在55元/kg以上。

小品种氨基酸方面，全球L-缬氨酸产量已达到千吨以上，全球产能主要集中在日本，其L-缬氨酸纯度较高，达到99.3%以上，售价较为昂贵，多应用于医药领域。我国企业的L-缬氨酸产品纯度低，多应用于饲料等领域，医药领域需求的高纯度L-缬氨酸主要依赖于进口。具有保健应用效果的茶氨酸近年来逐渐成为保健品市场的新宠。目前全球前十大生产商多是中国企业，我国茶氨酸产量约占全球产量的75%，日本占15%。预计茶氨酸有望成为我国出口海外的热门原料产品。

随着大众对健康意识的日益增强，消费者对营养丰富食物的需求不断增加，富含蛋白质的食物和饮料受到欢迎，从而导致氨基酸的市场需求增加。据IMARC发布的最新市场报告，预计到2024年全球氨基酸市场规模将达到1146万吨，在2019—2024年期间的复合年增长率为4.4%。根据Reportlinker发布的最新市场报告，全球氨基酸市场将在2020—2024年期间增长108亿美元。而据MarketsandMarkets预测，由于疾病的爆发、饲料产量增长以及实施新畜牧业导致的肉制品标准化，饲料氨基酸市场预计到2022

年将达到 67 亿美元。预计主要的饲料市场为亚太地区，其次是北美地区。而食品氨基酸的市场份额也会随着消费者对健康饮食的关注逐渐增长，预计其主要市场也为亚太和北美地区。（注：数据来源为发酵工业网）

四、研发动向

1. 菌种创制技术

氨基酸产业的快速发展，国际竞争的日益加剧，对我国氨基酸生产菌种的自主创制和持续提升能力提出了更高的要求。近年来，计算设计、基因组编辑、精细表达调控、高通量筛选等代谢工程使能技术的发展，使得研究人员逐步放弃低效的诱变筛选方法，转而用更理性和高效的方式对菌株的代谢和调控网络进行改造和重构，极大加速了氨基酸生产菌株的创制和迭代升级。

微生物细胞中通常存在数千个生化反应，形成复杂的代谢和调控网络。创制高效的氨基酸生产菌种，需要对细胞的代谢和调控进行大量改造。通过实验的方法对单个或多个遗传靶点进行改造，研究其对氨基酸生产的影响，不仅盲目，且费时费力。基于基因组、转录组等组学数据，将细胞的代谢和调控网络数字化、模型化，构建高质量的数字细胞，可在计算机中模拟细胞代谢，预测最佳的氨基酸合成途径，设计最佳的菌种改造策略，指导氨基酸高产菌种的构建和改造。

基于数字细胞的预测和设计，对菌种进行理性改造，还需要高效便捷的基因组编辑技术和丰富的表达调控元件。近年来，中国科学院天津工业生物技术研究所、江南大学等研究机构已在常用的氨基酸生产菌株大肠杆菌和谷氨酸棒杆菌中开发了基于 CRISPR/Cas 系统的高效基因组编辑技术，借助 CRISPR/Cas 系统的高效的双链 DNA 切割活性，实现了大片段基因的敲除和敲入，较传统方法更为简便和高效。进一步结合 RecT 介导的单链 DNA 重组和碱基脱氨酶催化的胞嘧啶/腺嘌呤脱氨，实现了染色体的小幅改动和多靶点同时编辑，极大丰富了菌种的遗传改造方法，为氨基酸生产菌株的改造提供了技术支撑。除基因编辑，CRISPR/Cas 系统还被开发为弱化基因表达的 CRISPRi 工具，其原理是将 Cas 蛋白的 DNA 切割功能失活，获得的 dCas 蛋白在引导 RNA 的介导下，结合到目的基因区域，抑制 RNA 聚合酶与基因的结合，从而抑制基因的转录，实现表达弱化。启动子、核糖体结合位点（RBS）等表达调控元件是人工控制菌株基因表达水平，实现代谢流重新分配的关键元件。基于 DNA 和 RNA 测序获得的大量组学数据，研究者挖掘了大肠杆菌和谷氨酸棒杆菌的内源启动子，并基于内源启动子构建了具有不同转录强度的启动子文库。除此之外，研究者还利用人工智能方法设计产生全新的启动子，为表达调控元件的设计和优化提供了新的思路和手段。

高效的基因组编辑技术，结合 Biofoundry 等自动化的实验装备，加速了工程菌株的构建，也对高产菌株的筛选效率提出了更高的要求。传统的基于显色或色谱检测方法的氨基酸检测方法，难以实现高通量的菌种表征和筛选。近年来，研究者开发了多种氨基酸生物传感器（biosensor），可将胞内或胞外的氨基酸浓度信息转化为易于检测的信号，如荧光信号、电信号等，并可通过基因线路，将氨基酸合成能力与细胞生长速度关联，在培养过程中富集高产菌种，实现了智能的高通量菌种筛选。

综合使用上述技术，中国科学院天津工业生物技术研究所建立了谷氨酸棒杆菌系统生物学分析、高效基因组编辑、高通量筛选等先进的育种技术体系，获得了新一代 L-谷氨酸生产菌株，在其他生产指标没有明显差异基础上，L-谷氨酸转化率显著提升。联合天津科技大学和阜丰集团，最终在阜丰集团实现百万吨级工业化应用，在工业生产的产率和糖酸转化率、提取收率、玉米消耗、能耗和废水排放等方面展现明显优势。此外，L-赖氨酸、L-缬氨酸、L-丙氨酸、茶氨酸、反式-4-羟基-L-脯氨酸、5-氨基乙酰丙酸等一大批氨基酸菌种也在国内取得了突破并实现了工业应用，成为发酵工业重要的生长点。

2. 原料拓展

玉米淀粉糖是氨基酸工业发酵的主要碳源，其充足供应对氨基酸产业的可持续发展至关重要。按照每生产 1t 氨基酸约消耗 1.25t 折纯淀粉计算，氨基酸发酵工业年消耗玉米淀粉量超过 760 万吨。2019 年淀粉糖在玉米淀粉消费结构中的占比高达 56%，在人口不断增长和资源环境不断恶化的条件下，氨基酸发酵工业对我国粮食的正常供给形成了巨大的挑战。此外，由于原料结构单一，近期玉米价格的上涨导致多种氨基酸价格持续上涨，而下游市场对于氨基酸价格的上涨接受度普遍较差，导致市场成交下降，部分氨基酸生产企业成本和库存压力大幅增加。因此，拓展氨基酸发酵的原材料，开发利用非粮原料，减少玉米等粮食原料的消耗量，避免单一原料价格上涨带来的收益风险，是氨基酸工业长远发展的必然趋势。

目前，发酵原料拓展的研究主要集中在两方面：一是通过非粮原料前处理工艺优化，提高产糖效率，实现对玉米淀粉糖的替代。该技术涉及的非粮原料主要包括其他淀粉质原料[木薯（渣）、葛根、魔芋等]、糖类作物（甜菜、甘蔗、甜高粱等）、木质纤维素类农业废弃物（秸秆、玉米芯、木屑等）。常见的前处理工艺包括物理过程（高温蒸煮、蒸汽爆破）、化学过程（酸碱处理）和糖化过程（多类酶解），获得的水解液经过简单的纯化过程，得到工业糖浆等可发酵碳源，即可用于氨基酸发酵。二是通过菌株改造直接利用淀粉、纤维素、戊糖等原料。该技术目前主要是在常用的氨基酸生产菌株大肠杆菌和谷氨酸棒杆菌中表达外源的淀粉酶或纤维素酶类，以实现工业菌株直接利用淀粉或纤维素发酵合成氨基酸。同时，由于部分氨基酸工业菌株难以利用木质纤维素中的木糖和阿拉伯糖等戊糖成分，研究者采用基因工程技术手段，整合外源戊糖代谢途径，实现工业菌种戊糖和己糖的共利用，以更好的适用于混合糖原料的发酵利用。

此外，除了常规生物质原料的开发利用以外，传统化工原料甲醇的生物转化近年来也备受关注。液态甲醇易于运输和储存，并且通过CO_2直接加氢可以实现连续清洁生产，因此甲醇生物转化在氨基酸发酵应用中潜力巨大。目前基于天然甲基营养菌甲醇芽孢杆菌已经实现了L-谷氨酸和L-赖氨酸的生物合成；改造大肠杆菌、谷氨酸棒杆菌等底盘微生物实现人工甲醇生物转化也取得了突破性进展。尽管在现有技术条件下，上述原料替代的研究距离实际应用还有较大距离，但是，拓展原料来源，寻求具有潜力的替代原料，已经成为氨基酸领域企业和研究人员的共识和亟须攻克的重大问题。

3. 发酵工艺研发

目前，氨基酸发酵普遍采用的是分批补料发酵的工艺。在常规的工业发酵过程中，由于玉米浆、酵母粉等复杂有机原料以及高浓度初糖的使用，导致发酵前期培养基营养丰富，发酵液黏度大、色泽深、杂质多，严重影响菌体活力并导致副产物合成和积累。而发酵中后期，随着营养物质消耗、产物大量积累以及副产物和有毒有害物质增多，菌体活力和产酸能力不断下降，高浓度产物也会反馈调控代谢流量，导致发酵周期缩短，单罐产酸量降低。近年来，为了充分发挥工业菌种的性能优势，国内外研究者在发酵工艺控制方面做了大量的尝试和探索，针对不同氨基酸产品及菌种特性，开发了好氧/厌氧阶段控制、高密度发酵、全营养流加、清洁氮源替代、碳源动态精准控制、添加低熔点共熔溶剂、超声辅助、混菌发酵等多种新型发酵控制工艺，有效避免了发酵中后期菌种性能的退化，提升了发酵生产过程的稳定性，降低了副产物的积累和不利影响，提高了氨基酸的产量和转化率。

以L-谷氨酸发酵为例，常规的发酵培养基中含有玉米浆、豆粕水解液和糖蜜等复杂原料,导致发酵液黏稠、传质差,前期营养过剩反而抑制菌体活力,造成发酵过程稳定性差、产物提取困难。为解决上述问题,天津科技大学对 L-谷氨酸发酵工艺控制进行了持续优化。首先,采用全营养流加策略弥补菌体因生长代谢而消耗的营养物质,解决谷氨酸发酵前期营养过剩、后期菌体活力不足和产酸能力下降等问题。其次,采用生物氮素(含有丰富的氨基酸、蛋白质及小分子肽等)对发酵培养基中的玉米浆和豆粕水解液等氮源进行替代,开发了 L-谷氨酸清洁发酵工艺,提升了菌种发酵性能。最后,将发酵罐与陶瓷膜相偶联,开发了膜偶联间歇透析发酵工艺,实现发酵过程中发酵液的透析排出和新鲜培养基的添加,解除了高浓度 L-谷氨酸的反馈调节作用及有毒害副产物的抑制作用,促使 L-谷氨酸代谢流增加,产酸速率提高,最终单罐 L-谷氨酸产量提高了 94.6%,产酸周期延长了 16h 左右,糖酸转化率提高了 3.5%,主要代谢副产物乳酸的代谢流平均降低了 28.1%,同时,发酵液的质量得到了明显改善,有利于发酵过程控制及后续产物的分离提取。

五、自主创新情况

近年来,随着国内科研院所在主要氨基酸生产菌株谷氨酸棒杆菌和大肠杆菌的基因组编辑技术、高通量筛选和系统生物学等领域的技术提升,我国在氨基酸菌种改造、新菌种开发和自主知识产权创新等方面取得了明显进步。

江南大学通过理性改造中心代谢途径和糖的综合摄入利用系统等,成功获得高产 L-赖氨酸的谷氨酸棒杆菌新菌种,产量和转化率等较出发菌株实现大幅提升;同时其通过强化乙醛酸途径、增强 L-苏氨酸合成途径等,成功获得高产 L-苏氨酸的大肠杆菌新菌种,产量和转化率等较出发菌株也实现大幅提升。

天津科技大学通过解除关键酶反馈抑制、强化 L-组氨酸合成途径基因的表达、增强前体磷酸核糖焦磷酸供应、重构嘌呤核苷酸合成途径、引入异源的 NAD 依赖型谷氨酸脱氢酶、过表达异源的 L-组氨酸外排蛋白等,构建了高产 L-组氨酸的大肠杆菌新菌种;同时其开发了好氧-厌氧两阶段发酵生产 L-缬氨酸的大肠杆菌、发酵生产茶氨酸的谷氨酸棒杆菌等新菌种,多个发酵法生产新技术已转让给国内企业。

中国科学院天津工业生物技术研究所基于氨基酸序列的大数据比对和蛋

白质晶体结构分析，计算设计了 L-赖氨酸合成途径关键酶的新型突变体，实现关键酶高效解除反馈抑制并保持高活性和稳定性，综合运用获得了高产 L-赖氨酸的大肠杆菌新菌种，转化率单项指标达到国际最高水平，在中粮集团近 10 万吨生产线上应用；通过肽聚糖合成关键酶的理性改造和高通量诱变育种相结合，获得了高产 L-谷氨酸的谷氨酸棒杆菌新菌种，转化率也显著提升，并在阜丰集团实现工业化应用；开发了厌氧发酵法生产 L-丙氨酸的新菌种，大幅突破产率和糖酸转化率，合作企业首次在国际上实现 L-丙氨酸的发酵法工业化生产，生产成本相比传统路线降低 50%，废水减排 90%，带动环保型洗涤剂产业的发展。

近年来，国内氨基酸生产企业对知识产权的重视度明显提升，专利申请量逐渐增加，专利的保护内容也从发酵工艺向菌株改造技术慢慢转变。以 L-赖氨酸为例，梅花集团在野生型谷氨酸棒杆菌 ATCC 13032 的基础上构建了一株 L-赖氨酸生产菌 CGMCC No.11942，对该菌株进行了专利保护，并在该菌株的基础上，挖掘新的遗传改造靶点，不断提升菌株的产酸水平，申请了多项专利。宁夏伊品也对产 L-赖氨酸的谷氨酸棒杆菌进行了改造，挖掘出多个可以提高菌株产酸水平的靶点，申请专利 10 余项。

六、结语

我国氨基酸产业规模巨大，面临着严峻的国际竞争和知识产权风险。保持产业健康发展，需要持续地提升我国氨基酸工业菌种的自主创新能力，发展自有核心技术，突破现有工业菌种水平，保护关键知识产权。随着我国国家创新驱动发展战略的深入实施，国家合成生物技术创新中心等国家级创新平台的建设有序推进，以政府主导、资本支持的产学研深度融合体系进一步成熟，我国氨基酸产业的发展升级迎来了历史机遇。高校、科研院所、企业等创新主体需要聚集核心力量，在菌种高产机制解析、基因/蛋白元器件设计、自动化基因组编辑、高通量菌种筛选、智能化发酵工程等菌种创制关键技术中取得突破，开发高生产水平的自主知识产权新菌种，提升我国氨基酸产业的国际竞争力。

（撰稿专家：王钰　周文娟　陈久洲　刘娇　郑平　孙际宾）

生物产业发展现状与趋势

化学原料药的绿色生物制造

中国科学院天津工业生物技术研究所

一、概况

化学原料药,指用于生产各类制剂的原料药物,是制剂中的有效成分,由化学合成、植物提取或者生物技术所制备的各种药用的粉末、结晶、浸膏等,但病人无法直接服用的物质。医药行业将原料药划分为大宗原料药、特色原料药和专利原料药3个子行业:大宗原料药主要指专利过期时间较久、工艺路线稳定、使用量大的品种,如维生素类、抗生素类、激素类和解热镇痛类等药物,其中维生素类药物品种产能规模最大,抗生素次之,这类药物上市已经数十年,产能普遍过剩,行业利润率较低;特色原料药是指专利过期不久、仿制难度大、附加值高的原料药品种;专利原料药则是指还在专利期内或临床阶段的药物,通常采用定制研发和生产的方式,也可以称为合同制造(contract manufacture organization, CMO),对相关药企的研发和技术实力要求极高,附加值也更高。近年来跨国药企持续"瘦身",采用外包方式进行相关产品原料药生产,给国内的特色及专利原料药行业带来了发展机遇。

原料药属于重污染行业,生产过程涉及大量化学反应,产生的废水、废气、废渣量大且成分复杂,处理存在一定难度,是环保核查重点对象。2016年起,国家环保持续收紧,环保督察常态化,2018年1月起《环境保护税法》正式实施,排污许可证制度全面推开,主要原料药生产省份如江苏、浙江、河北等地相继出台严格治理文件,大量原料药及中间体企业停产整顿或被直接关停。为全面贯彻落实《医药工业发展规划指南》,2019年12月,工业和信息化部会同国家卫生健康委、生态环境部、国家药监局等部门制定印发了《推动原料药产业绿色发展的指导意见》,进一步推进原料药产业绿色升级,加强原料药绿色工艺生产技术的研发,助力医药行业高质量发展。

为促进医药行业的绿色可持续发展,解决日益严重的环境问题,"绿色化学 12 原则"被广泛推崇。其中,生物催化技术是实现绿色化学的最佳解决方案之一,与传统化学合成相比具有诸多优势:避免有毒有害试剂的使用,反应条件温和,避免活性基团的保护与去保护步骤,催化效率、立体选择性高,副产物和三废排放少,可有效降低生产成本。生物催化技术作为绿色化学的重要组成部分,已广泛应用于药物及其关键中间体的生产中。

近年来,我国生物催化技术发展迅速,已诞生一批具有相当工作基础的生物催化相关的研究中心,如国家级:国家合成生物技术创新中心、华东理工大学生物反应器工程国家重点实验室、湖北大学省部共建生物催化与酶工程国家重点实验室、山东大学微生物技术国家重点实验室、工业酶国家工程实验室,省部级:清华大学工业生物催化教育部重点实验室、江南大学工业生物技术教育部重点实验室、天津大学系统生物工程教育部重点实验室、吉林大学分子酶学工程教育部重点实验室、浙江工业大学药用化学品生物催化重点实验室、浙江大学工业生物催化浙江省工程实验室、天津市生物催化技术工程中心等。为建立引领未来的生物制造前沿技术系统,抢占新一代产业制高点,科技部于 2020 年 9 月启动了国家重点研发计划"绿色生物制造"重点专项,在工业酶创制与应用、生物制造工业菌种构建、智能生物制造过程与装备、生物制造原料利用、未来生物制造技术路线及创新产品研发、绿色生物制造产业体系构建与示范 6 个任务部署了 22 个研究方向。

二、主要产品及市场分析

据中商情报网统计,全球制药市场规模由 2015 年的约 11 050 亿美元增加至 2019 年的 13 245 亿美元,年均复合增长率为 4.6%。预计到 2024 年达到 16 395 亿美元,2019—2024 年的复合年增长率为 4.4%。根据药物研发过程中涉及的创新度,可分为创新药与仿制药。在全球范围内,按收入计,创新药市场规模远超仿制药。2019 年创新药市场规模约占全球制药市场总规模的 2/3,达到 8877 亿美元,预计到 2021 年这一市场规模将到 9787 亿美元(图 2-50)。

中国是仅次于美国的全球第二大制药市场。据中商情报网统计,2015 年中国制药市场规模约 1943 亿美元,到 2019 年制药市场规模增至 2363 亿美元,2015—2019 年的复合年增长率为 5%,预计到 2021 年这一市场规模将进一步增长至 2643 亿美元。从创新药市场来看,2019 年我国创新药市场规模为 1325 亿美元,预计 2019—2021 年持续按复合年增长率 8.8% 增长,到 2021 年中国创新药市场将突破 1500 亿美元。从仿制药市场来看,2019

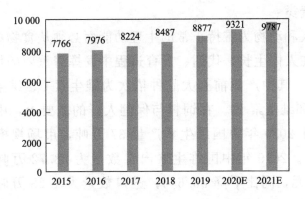

图 2-50 2015—2021 年全球创新药市场规模统计及预测（单位：亿美元）

数据来源：中商情报网。

年我国仿制药市场规模突破 1000 亿美元，预计到 2021 年将达 1105 亿美元。创新药在中国制药市场占主导地位。2019 年，创新药的市场规模占中国制药市场总规模的 56%。

据立鼎产业研究网统计，2019 年全球原料药（API）市场规模约 1822 亿美元，预计到 2024 年达到 2452 亿美元，复合年增长率为 6.1%。2019 年全球 API 市场中，北美占比约 40%，其次是欧洲和亚洲，占比分别约为 27% 和 20%，但亚洲增速更快，同比增长约 15%。全球具有经验的 API 供应商分布最多的地区是美国，占比 36%，印度和中国紧随其后，分别为 13% 和 10%。

据中国医药保健品进出口商会统计，2019 年，我国原料药进出口额达 444.34 亿美元，其中出口额 336.83 亿美元、同比增长 12.1%，进口额 107.5 亿美元、同比增长 24.7%。

1. 大宗原料药

大宗原料药主要以维生素类、抗生素类、解热镇痛类和甾体类等品类为主（表 2-51），市场需求稳定，供给端产能集中，价格周期通常是由供给端变化引起，如生产事故、环保督察等。

表 2-51 大宗原料药行业分类及代表品种

分类	品种
维生素类	维生素 A、维生素 B_1、维生素 B_2、维生素 B_3、维生素 B_{12}、维生素 C、维生素 D_3、维生素 E、维生素 K_3、泛酸钙、肌醇等
抗生素类	6-APA、7-ACA、7-ADCA、GCLE、青霉素工业盐、阿莫西林、头孢氨苄等
解热镇痛类	布洛芬、扑热息痛、萘普生、阿司匹林、咖啡因等
甾体类	氢化可的松、地塞米松、醋酸氢化可的松、黄体酮、皂素、双烯等

(1) 维生素类

维生素是人和动物为维持正常的生理功能而必须从食物中获得的一类微量有机物质,在人体生长、代谢、发育过程中发挥着重要的作用。维生素主要产品有 12 种,其中产能前五大品种依次为维生素 C、维生素 E、维生素 B_3、维生素 A 和维生素 B_5。在饲料与保健人群的需要上,中国维生素产量稳步提升,预计 2020 年中国维生素产量 37 万吨,市场规模为 37 亿美元,同比增长 6.4%。2019 年中国维生素出口数量为 28.72 万吨,出口金额为 271 656.3 万美元,同比下降 35.6%;进口数量为 1.28 万吨,进口金额为 28 977.9 万美元,同比下降 15.4%。

维生素 A 是一种脂溶性维生素,又称视黄醇或抗干眼病因子,是构成视觉细胞中感受弱光的视紫红质的组成成分。具有维持正常视觉功能,其是维持骨骼正常生长发育、促进生长与生殖必不可少的重要化合物。下游主要用于饲料添加剂,占其下游比例超过 80%,其余应用领域还包括医药级食品等。维生素 A 虽然可从动物组织中提取,但资源分散、步骤繁杂、成本高,目前维生素 A 主要依靠化学合成。由于维生素 A 合成工艺复杂,技术壁垒高,中小企业难以进入,全球产能基本集中在新和成、帝斯曼、巴斯夫、浙江医药、安迪苏和金达威 6 家供应商手中,呈现寡头垄断格局。供需方面,2018 年全球维生素 A 总产能约为 3.7 万吨,需求约 2.7 万吨,需求/产能比约为 73%,处于相对紧平衡状态。

维生素 B_2 又称核黄素,是人体必需的 13 种维生素之一,是机体内许多酶系统的重要辅酶 FAD 与 FMN 的组成成分,参与机体的能量代谢和物质代谢。维生素 B_2 下游主要为动物饲料和食品添加剂,分别占 64% 和 32%,医药等其他需求量较小(<5%)。其中,饲料级的维生素 B_2 为 80% 含量的粉,食品中主要用作面粉等食品的添加剂。目前全球维生素 B_2 市场总需求约 7000t,国内市场年需求约 2000t。全球维生素 B_2 总产能约 10 000t(按 80% 粉计,下同),生产企业主要有广济药业 4800t、DSM 2000t、巴斯夫 1500t,3 家企业总产能达 8300t,超过全球产能 80%,呈现三寡头垄断格局。此外,海嘉诺药业旗下内蒙古赤峰制药股份有限公司维生素 B_2 产能约 1000t。工业生产中主要以阿舒假囊酵母(*Eremothereciumashbyii*)为生产菌种。

维生素 B_{12} 又叫钴胺素,是一种含有 3 价钴的多环系化合物,4 个还原的吡咯环连在一起变成为 1 个咕啉大环(与卟啉相似),是唯一含金属元素的维生素。维生素 B_{12} 是唯一的一种需要一种肠道分泌物(内源因子)帮助才能被吸收的维生素，参与制造骨髓红细胞，防止恶性贫血，防止大脑神经受到破坏。维生素 B_{12} 除了医用（含 OTC 药物），还大量用于动物饲料、营养补充剂和食品强化剂，如维生素强化面粉、再制食品、婴儿食品等。由于技术问题，维生素 B_{12} APIs 的生产企业非常集中，世界上只有 5 家公司能生产维生素 B_{12} 产品，主要集中在中国，2019 年中国平均占全球维生素 B_{12} 行业流程的 90.57％。欧洲紧随其后。主要的市场制造商有赛诺菲、河北裕丰集团、河北华荣药业、宁夏金卫药业和 NCPC Victor。2019 年全球维生素 B_{12} 市场总值达到了 25 亿元，预计 2026 年可以增长到 31 亿元，年复合增长率为 2.9％。中国科学院天津工业生物技术研究张大伟研究员等所采用"自下而上"的策略将来源于 *Rhodobacter Capsulatus* 等 5 种细菌中的 28 个基因在大肠杆菌细胞中成功组装、调控，从头设计人工途径实现了维生素 B_{12} 的从头合成，合成菌种发酵周期仅为目前工业生产菌株的 1/10，有望成为新一代维生素 B_{12} 工业菌株。

D-泛酸钙主要用于医药、食品及饲料添加剂，是辅酶 A 的成分，参与碳水化合物、脂肪和蛋白质的代谢作用，是人体和动物维持正常生理机能不可缺少的微量物质。其中，75％以上用作饲料添加剂，临床用于治疗维生素 B 缺乏症、周围神经炎、手术后肠绞痛。D-泛酸钙的合成有化学和微生物酶拆分法两种，国内外大部分厂家采用化学法拆分，世界上仅日本第一制药和亿帆医药采用微生物酶拆分法。酶法工艺具有生产成本低、对环境友好等特点，是目前最先进的工艺。2015—2019 年中国泛酸钙产量逐年增加，2018 年中国泛酸钙产量为 24 400t，同比增长 5.17％；2019 年中国泛酸钙产量为 24 500t，同比增长 0.41％。2015—2019 年中国泛酸钙需求量逐年增加，2018 年中国泛酸钙需求量为 9397t，同比增长 1.70％；2019 年中国泛酸钙需求量为 11 930t，同比增长 26.95％。中国主要泛酸钙生产企业有亿帆医药、新发药业、兄弟科技、山东华辰等。2019 年亿帆医药泛酸钙产量为 8000t，较 2018 年减少了 800t，占全国总产量的 32.65％；新发药业泛酸钙产量为 6500t，较 2018 年减少了 300t，占全国总产量的 26.53％；山东华辰泛酸钙产量为 1800t，与 2018 年持平，占全国总产量的 7.35％；兄弟科技泛酸钙产量为 1500t，较 2018 年增长了 500t，占全国总产量的 6.12％。

肌醇是一种水溶性维生素，属维生素 B 族中的一种。肌醇是人、动物与微生物生长的必需物质，广泛应用于饲料、医药、食品等行业。肌醇传统的生产原材料主要是米糠和玉米，生产企业通常分布在原材料资源丰富的地区，生产区域集中度较高，主要集中在中国和日本。2018 年，中国科学院天津工业生物技术研究所游淳研究员等设计了利用3个级联磷酸化酶［纤维多糖磷酸化酶（cellodextrin phosphorylase，CDP）、纤维二糖磷酸化酶（cellobiose phosphorylase，CBP）和多聚磷酸依赖型葡萄糖激酶（polyphosphate-dependent glucokinase，PPGK）］将纤维多糖转化成高能磷酸化糖（葡萄糖 1-磷酸和葡萄糖 6-磷酸），进而经过葡萄糖磷酸变位酶（phosphoglucomutase，PGM）、肌醇 1-磷酸合酶（inositol 1-phosphate synthase，IPS）、肌醇磷酸酶（inositol monophosphatase，IMP）的催化实现了肌醇的体外生物合成，质量收率达到98%，接近化学计量的底物转化率，该技术已经转让给四川远泓生物科技有限公司，并建成了万吨级生产线。

(2) 抗生素类

抗生素是由微生物（包括细菌、真菌、放线菌属）或高等动植物在生命过程中所产生的具有抗病原体或其他活性的一类次级代谢产物，能干扰其他细胞发育功能的化学物质。按照其化学结构，可分为：喹诺酮类、β-内酰胺类、大环内酯类、氨基糖苷类等。中国是抗生素生产大国，抗生素原料药产量和出口量位居全球首位，供应全球 90% 以上抗生素原料药。近 5 年，在"限抗令"及环保政策的影响下，抗生素市场受到巨大冲击。但总体来看，抗生素的需求在触底之后逐渐回升，2019 年中国抗生素需求量为 13.1 万吨，产量达到 21.8 万吨，同比增长 6.34%。主要抗生素原料药品种出口量为 12.80 万吨，同比增长 3.91%。

抗生素市场中 β-内酰胺类份额最大，原料药及中间体需求同样领先。β-内酰胺类包括青霉素及其衍生物、头孢菌素、单酰胺环类、碳青霉烯等，具有抑菌作用强、抗菌谱广的特点，是应用时间最长、范围最广泛的抗生素。2018 年，头孢菌素类、青霉素类、大环内酯类和碳青霉烯类的销售额位于中国抗生素药物市场中前 4 位，市场份额合计超过 85%。在全球抗生素市场份额中，头孢菌素占比最大约为 25%；其次为青霉素类，约占 20%。

青霉素工业盐全球需求约 6 万吨，下游作为所有青霉素类抗生素和部分头孢类抗生素的原料，可用于合成 6-APA、7-ADCA 等中间体或直接合成青霉素钾、青霉素钠及克拉维酸钾等。目前，青霉素的合成主要为微生物发酵，所用菌种为产黄青霉，利用代谢流分析、基因工程改造、生产工艺优化等手段，提高青霉素合成产量。青霉素工业盐主要产能分布如图 2-51 所示，其中石药集团的青霉素工业盐产能为 18 000t，居于行业的首位。联邦制药是最大的青霉素原料药生产和出口商，口服半合成青霉素原料药年产能达 5000t 以上。

生物产业发展现状与趋势

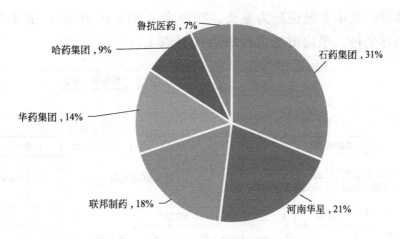

图 2-51　中国青霉素工业盐产能分布

数据来源：中国产业信息网。

头孢菌素类抗生素是一类高效、低毒、临床广泛应用的重要抗生素，属于半合成抗生素，从第 1 代发展到第 4 代，其抗菌范围和抗菌活性也不断扩大和增强（表 2-52）。头孢菌素类抗生素销量最大的品种有头孢曲松钠、头孢唑啉钠、头孢噻肟、头孢三嗪、头孢哌酮和头孢呋辛（酯）等，2019 年总市场规模近 340 亿元。中国头孢类抗生素产量中，头孢曲松的产量居首位，其原料药的生产厂家已超过 40 家，国药威奇达、抗生素药业、悦康药业、先锋药业、丽珠医药、乐邦制药、齐鲁安替等 10 家产量较大，合计约占中国头孢曲松总产量的 80% 左右，2019 年出口约 7 亿元。头孢呋辛酯 2019 年全球销售额为 6.75 亿美元，中国出口约 1.3 亿元。

表 2-52　头孢菌素类抗生素分类及代表品种

分类	代表品种
第一代	头孢唑林、头孢氨苄、头孢拉定、头孢羟氨苄、头孢克罗
第二代	头孢呋辛、头孢孟多、头孢替安、头孢美唑、头孢西丁、头孢替坦
第三代	头孢噻肟、头孢唑肟、头孢曲松、头孢他啶、头孢米诺
第四代	头孢匹罗、头孢唑南

头孢菌素类中间体可分为头孢母核中间体和头孢侧链中间体两类，不同的头孢母核中间体与不同的头孢侧链中间体组合，可合成不同的头孢抗生素。目前，青霉素 G 酰化酶被广泛应用于头孢抗生素的合成，如图 2-52 所示。头孢侧链中间体主要包括 AE-活性酯、头孢克肟活性酯、头孢他啶活性酯（TAEM）、三嗪环、呋喃铵盐（SMIA）等。主要生产企业为金城医药、

齐鲁安替等。其中金城医药为龙头，2019年总销量达4000t，主要产品居市场规模主导地位，平均市场占有率达60%以上。

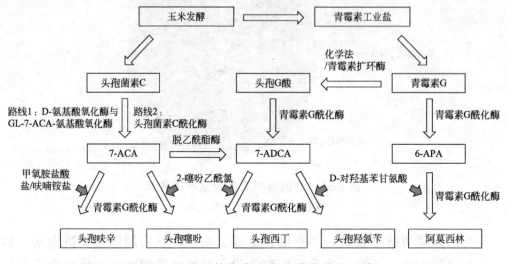

图 2-52　酶法催化合成头孢菌素类抗生素

7-ACA、6-APA、7-ADCA是头孢抗生素三大母核，在工业上主要通过生物催化法合成。通过含酰化酶的固定化细胞或固定化酶分别催化头孢菌素C、头孢G酸及青霉素G的酰胺键水解合成（图2-52）。2018年，全球7-ACA的需求量为6000多吨，而我国国内的产能接近8200t，行业产能过剩较为严重，主要的生产企业有科伦药业、健康元、石药集团以及国药威奇达等。其中科伦药业产能约3000t，是市场的龙头。

6-APA主要用于合成阿莫西林、氨苄西林、美罗培南等。全球6-APA的需求量约为3万吨，因环保因素，石药、哈药和鲁抗陆续退出了6-APA的生产，目前主要生产厂家为联邦制药、科伦药业，产能分别为18 000t及4000t。中国海关数据显示，6-APA出口额占整个青霉素类原料药出口额的40%以上，每年出口额度超过2亿美元，其中联邦制药占据总出口额的四成以上。

7-ADCA主要用于合成头孢氨苄、头孢拉定、头孢羟氨苄、头孢克洛等市场用量较大的药物。全球年需求量约1万吨，中国总产能约7500t。受限抗令的影响，九九久科技医药中间体产品7-ACDA于2019年11月关停，至2019年10月，7-ADCA的产品销售额为5亿元。目前，7-ADCA产量仅华药倍达一家公司生产，2019年，华药倍达生产的7-ADCA与其下游产品头孢氨苄和头孢拉定配套，产能为500t/a，全部自用生产头孢拉定。7-ADCA市场紧缺，2019年11月鲁抗申请建设7-ADCA生产线，主要生产过程为利用青霉素钾盐为原料，经过过氧乙酸氧化、重排、酶解等反应生产7-ADCA，可年产7-ADCA 1200t。

GCLE可用于生产头孢克肟、头孢尼西、头孢丙烯等，同时也是合成7-AVCA的主要原料，以7-ACA为中间体制备的头孢菌素品种中，有60%以上的品种都可以用GCLE来生产。国外生产GCLE的企业主要是日本大冢及其在印度建立的合资企业；国内主要包括天津信汇、天津医药、宁波人健、菏泽睿鹰、江苏海慈、常州康丽等。据前瞻经济学人报道，2018年，世界年产量约2000t，中国GCLE总产能为680t，其中天津信汇年产能300t，占比44%。

(3) 解热镇痛类

镇痛药主要作用于中枢或外周神经系统，选择性抑制和缓解各种疼痛，减轻疼痛而致恐惧紧张和不安情绪疼痛的药物。包括以吗啡为代表的麻醉性镇痛药和以阿司匹林为代表的解热镇痛抗炎药，在解除患者痛苦方面发挥了巨大作用。但有些镇痛药反复使用，易产生成瘾性。凡易成瘾的药物，通称"麻醉性镇痛药"，在药政管理上列为"麻醉药品"，国家颁布《麻醉药品管理条例》，对生产供应和使用都严格加以管理和限制，以保障人民健康。

布洛芬为非甾体类消炎镇痛药，其消炎、镇痛、解热作用效果良好，与一般消炎镇痛药相比，其作用强而副作用小，对肝、肾及造血系统没有明显副作用，特别是对胃肠道的副作用小，不能耐受阿司匹林、消炎痛等药物的患者可服用本品。对于类风湿性关节炎、风湿性关节炎、骨关节炎引起的疼痛、关节肿胀、活动受限等症状效果较为理想，对病程短、症状轻度、中度的病例，布洛芬疗效甚佳，其在抑制疼痛的同时还能显著改善患者晨僵、关节肿胀、活动受限等症状。目前，布洛芬已被《中国药典》、美国、英国、日本等许多国家的药典以及欧洲药典收载，在全世界范围内得到广泛应用，成为全球最畅销的非处方药物之一，和阿司匹林、扑热息痛、安乃近一起并列为解热镇痛药四大支柱产品。我国现已成为全球市场上布洛芬的第一大生产国和出口国，根据新思界产业研究中心发布的《2020—2025年中国布洛芬原料药市场分析及发展前景研究报告》显示，2019年中国布洛芬原料药产量为9600t，占据了全球30%以上的市场份额。全球布洛芬产能主要集中在中国新华制药、中国亨迪药业、美国圣莱科特国际集团、德国巴斯夫、印度Solara、印度IOL等。自上市以来，布洛芬国内外市场长盛不衰，全球市场销售规模已超过30亿美元，是销售额最早突破10亿美元的解热镇痛类药物，成为全球最畅销的解热镇痛抗炎药物之一。2017年，我国市场上共有 30 余种布洛芬制剂品种，市场规模约 50 亿元。目前工业上主要采用转位重排法与醇羰基化法制备。

扑热息痛是最常用的非抗炎解热镇痛药，解热作用与阿司匹林相似，镇痛作用较弱，无抗炎抗风湿作用，是乙酰苯胺类药物中最好的品种。扑热息痛是全球市场销量最大的解热镇痛药。虽然国际市场上的镇痛药有 10 多个品种，但扑热息痛销量约占全部镇痛药的 7~8 成。2019 年全球扑热息痛总产量达到 18.75 万吨，2020 年，因突然暴发的新冠肺炎疫情迅速蔓延全球，推动欧美各国对扑热息痛片的需求数量暴增，预计全球年产量将接近或超过 20 万吨，总销售额将超过 100 亿美元。据美国咨询公司 Marketwatch 报道，全球大型扑热息痛原料药生产商有美国 Mallinckrodt、山东鲁安药业、印度 Granules、浙江康奇药业、印度 Farmson、河北冀衡药业、印度 Noval、印度 SKPL、土耳其 Atabay、常熟华港药业等。其中山东鲁安药业是扑热息痛原料药产量最大的生产商，年产 4 万吨。

阿司匹林为水杨酸的衍生物，经近百年的临床应用，证明对缓解轻度或中度疼痛，如牙痛、头痛、神经痛、肌肉酸痛及痛经效果较好，亦用于感冒、流感等发热疾病的退热，治疗风湿痛等。近年来发现阿司匹林对血小板聚集有抑制作用，能阻止血栓形成，临床上用于预防短暂脑缺血发作、心肌梗死、人工心脏瓣膜和静脉瘘或其他手术后血栓的形成。近几年，我国阿司匹林原料药产量一直维持在 1.5 万吨左右。海关数据显示，2018 年我国阿司匹林进口数量为 18.46t，进口金额为 1.66 万美元；出口数量为 6752.26t，出口金额为 2252.17 万美元。

（4）甾体类

甾体类药物对机体起着重要的调节作用，包括改善蛋白质代谢、恢复和增强体力、利尿降压等；并可治疗风湿性关节炎、湿疹等皮肤病及前列腺等内分泌疾病；亦可用于避孕、安胎及手术麻醉等领域。目前全球生产的甾体类药物已超过 300 种，其中最主要的是甾体激素药物。2016 年全球甾体激素药物销售额超过 1000 亿美金，是仅次于抗生素的第二大类化学药。

甾体激素合成属于高技术壁垒行业，传统的合成路线为：黄姜→皂素→双烯→甾体原料药→甾体制剂，20 世纪末甾体类药物发展较快，黄姜资源被大量消耗，供应短缺限制了行业发展。近年来，新合新、赛托生物和中国科学院天津工业生物技术研究所等开发了以植物甾醇为原料的合成工艺，因其环保成本低、原料供应稳定等特点，逐渐替代传统工艺，具体合成路线为：植物甾醇→雄烯二酮/9 羟基雄烯二酮/雄二烯二酮等→甾体原料药→甾体制剂。下游主流企业天药股份、仙琚制药、津津药业、仙居君业等开始大规模转向以雄烯二酮、9-羟基雄烯二酮等为原料生产甾体药物的技术路线（表2-53）。我国目前的甾体药物原料产业处于传统生产工艺和生物技术路线并存的状态，未来，受益于植物甾醇等甾体药物原料价格稳定、供应量提升等因素的有利推动，采用生物技术路线生产的雄烯二酮、雄二烯二酮、9-羟基雄烯二酮将在国内甾体药物原料市场中占主流地位。

表2-53 甾体药物的核心原料及下游产品情况

序号	产品系列	产品品种	对应下游甾体药物品种
1	雄烯二酮及其衍生物	雄烯二酮、羟基黄体酮、双羟基黄体酮等	氢化可的松系列、泼尼松龙系列、强的松系列糖皮质激素、米非司酮系列、炔诺酮系列、孕激素、螺内酯、依普利酮等
2	雄二烯二酮及其衍生物	雄二烯二酮等	睾酮等雄激素、雌酮、雌二醇等雌激素等
3	9-羟基雄烯二酮及其衍生物	9-羟基雄烯二酮、四烯物、甲羟环氧孕酮、醋酸阿奈可他等	氢化可的松系列、地塞米松系列、倍他米松系列、泼尼松龙系列、强的松系列糖皮质激素、依普利酮等

氢化可的松（HC）也称皮质醇，是一种重要的肾上腺糖皮质激素，主要用于肾上腺皮质功能减退症的替代治疗及先天性肾上腺皮质功能增生症的治疗，也可用于类风湿性关节炎、风湿性发热、痛风、支气管哮喘、过敏性疾病，并可用于严重感染和抗休克治疗等。此外，HC也是制备其他几种重要甾体药物的原料药，如泼尼松龙、甲基泼尼松龙、地塞米松、倍他米松、曲安奈德龙和倍氯米松等。目前，氢化可的松的工业化生产多采用半生物合成的方式，化学合成结合最后一步的生物转化，但是该方法常伴有副产物生成，限制氢化可的松的得率。2019年，中国科学院天津工业生物技术研究所张学礼研究员等通过转录组学分析，结合酿酒酵母底盘细胞的基因功能鉴定，成功挖掘到蓝色犁头霉来源的C11β羟化酶系统，随后通过蛋白半理性改造、代谢工程改造及新型甾体转运蛋白的鉴定与应用，将HC产量进一步提高286%。最终构建的酿酒酵母人工细胞生物转化合成氢化可的松的产量达1.06g/L，最大生产速率达667mg/(L·d)，较出发菌株提高30倍，达到目前酵母体系生物转化合成氢化可的松的最高水平。

双烯是甾体药物工业最核心的原料，国内需求量在2000t以上，市值20亿元以上。双烯价格从2007年40万元/t的最低位一度升至2013年160万元/t高位，2013年之后，双烯价格开始持续下滑，2020年6月报价96万元

/t。目前双烯厂商正经历工艺路径切换，成本下降，竞争环境向好，有望走出价格低谷。预计未来在环保压力下，小厂商逐步退出，市场集中度将进一步提升。

2. 特色原料药

特色原料药是指专利过期不久、仿制难度大、附加值高的原料药品种，集中在高血压、高血脂、高血糖、抗肿瘤、精神神经、消化道用药等领域（表2-54）。特色原料药行业竞争主要有"准入资质""竞争速度""技术竞争""质量竞争""价格竞争"五大特点。与大宗原料药具有稳定的下游需求不同，特色原料药下游制剂面临持续更新迭代，导致特色原料药品种同样具有明显生命周期；特色原料药企业主要成长逻辑在于产品线的持续丰富，价格只是锦上添花的因素。

表2-54 特色原料药行业分类及代表品种

分类	代表品种
降压药	阿利沙坦、奥美沙坦、缬沙坦、氯沙坦、厄贝沙坦、坎地沙坦、替米沙坦、卡托普利、马来酸依那普利、咪达普利、盐酸喹那普利、盐酸贝那普利、西拉普利、阿拉普利、雷米普利、左芬普利、福辛普利钠
降脂药	洛伐他汀、普伐他汀和辛伐他汀、氟伐他汀、阿托伐他汀、瑞舒伐他汀和匹伐他汀
降糖药	二甲双胍、恩格列净、阿卡波糖、伏格列波糖、格列本脲、格列齐特、格列吡嗪、格列美脲、瑞格列奈、那格列奈、米格列奈、吡格列酮、罗格列酮、沙格列汀、西格列汀、维格列汀、利格列汀、阿格列汀
β-内酰胺酶抑制剂	克拉维酸、舒巴坦和他唑巴坦
喹诺酮类	诺氟沙星、氧氟沙星、左氧氟沙星、环丙沙星、氟罗沙星、加替沙星、莫西沙星
抗病毒药	齐多夫定、拉米夫定、替诺福韦、恩曲他滨、度鲁特韦、索非布韦、地瑞那韦、阿巴卡韦、依非韦伦、奈维拉平、洛匹那韦、利托那韦

(1) 降压药

降压药又称抗高血压药，是一类能够控制血压、治疗高血压的药物。高血压是最常见的慢性非传染性疾病，易引起脑卒中、心脏病、肾脏病、外周血管病等并发症，其并发症具有发病率高、病死率高、致残率高的特性，70%的脑卒中和50%的心肌梗死与高血压有关，严重影响人类生命及健康安全。近年来，我国抗高血压药物市场销售规模稳步增长，2018年我国降血压药市场规模达663.1亿元，同比增长3.5%。据相关数据预测，2022

年，全球抗高血压的市场规模将达到350亿美元。从我国降压药销售渠道来看，由于分级诊疗、医药分离等政策的影响，城市等级医院降压药销售额占比持续小幅下滑，而基层医疗机构以及零售药店销售额占比呈上升态势。血管紧张素转换酶抑制剂（普利类）、钙拮抗剂、血管紧张素Ⅱ受体拮抗剂（沙坦类）和β-阻滞剂是全球高血压药物治疗市场的主力品种。

普利类药物包括有卡托普利、依那普利、雷米普利、赖诺普利、培哚普利等，主要用于治疗高血压和充血性心力衰竭。目前我国生产普利类药物的企业主要有浙江华海药业、天津施维雅、汕头金石制药、信立泰药业等，其中华海药业是全球主要的普利类原料药供应商。全球临床使用较多的普利类复方制剂主要是与利尿剂、钙拮抗剂和叶酸组成。国内上市的复方普利类药物主要是培哚普利吲达帕胺、依那普利叶酸、贝那普利氨氯地平、依那普利氢氯噻嗪、贝那普利氢氯噻嗪、赖诺普利氢氯噻嗪、卡托普利氢氯噻嗪等7个品种。国外还上市了群多普利维拉帕米、雷米普利非洛地平等品种。诺维信使用脂肪酶Novozym 435实现了群多普利关键中间体$(2S,3aR,7aS)$-八氢-$1H$-吲哚-2-羧酸的化学-酶法合成。(R)-2-羟基-4-苯基丁酸乙酯是合成赖诺普利、喹那普利、雷米普利、西拉普利、群多普利等药物的重要手性中间体，工业上目前主要采用羰基还原酶催化不对称还原2-氧代-4-苯基丁酸乙酯获得。

沙坦类药，是目前高血压治疗领域的主流产品，全球市场上最大一类抗高血压药物。据IMS数据显示，2019年沙坦类降压药总销售额达到了266亿美元，同比上一年增长6.35%，主要沙坦类药物市场份额如图2-53所示。在沙坦类药物中，氯沙坦、缬沙坦、厄贝沙坦是3只在全球最早上市并取得数十亿美元销量的品种，也成为我国最早实现了原料出口爆发增长的品种。

（2）降脂药

降血脂药是指能降低血浆甘油三酯或降低血浆胆固醇的药物。降血脂药种类较多，分类也较困难。就其主要降血脂功能可分为降总胆固醇、主要降总胆固醇兼降甘油三酯、降甘油三酯、主要降甘油三酯兼降总胆固醇4大类。中国市场是全球最具潜力的降血脂药市场，也是全球发展最快的市场之一。2019年中国降血脂药市场规模为332.6亿元，同比增长9.99%。中国降血脂药产品构成中，目前主要以他汀类药物为主，其他药物种类为辅。其中，他汀类药物中，第3代他汀类药物包括阿托伐他汀、瑞舒伐他汀等，因降脂效果方面优势显著，安全性高，作用机制长效能够提升患者用药体验，因此占据了主要市场份额。与降血脂药相关的企业包括辉瑞、默沙东、阿斯

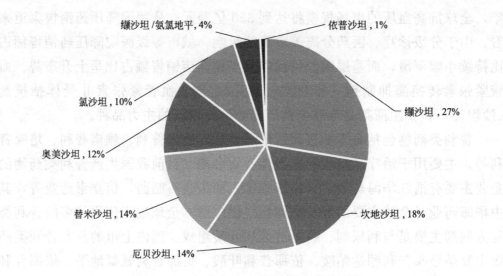

图2-53 全球主要沙坦类药物市场份额

数据来源：IMS。

利康、诺华、嘉林药业、齐鲁制药、鲁南贝特制药、天方药业、京新药业、海正药业等。

阿托伐他汀是由美国Warner-Lambert公司和辉瑞公司共同开发的他汀类血脂调节药物，1997年在英国率先上市，是历史上第1个单品种销售额逾百亿美元的药品，并曾经连续7年保持100亿美元以上的销售额；其专利在2009年陆续到期后，原研药的销售额迅速被仿制药所替代，仍然是全球规模最大的降脂药产品，其全球原料药需求在上千吨的规模。我国阿托伐他汀市场呈快速增长态势，截至2018年，我国阿托伐他汀市场规模已经达到137.45亿元，同比增长21％；产量达到310.98吨，同比增长10.5％。国内生产阿托伐他汀的药企已达4家，包括嘉林药业、兴安药业、乐普药业、齐鲁制药。2015年，浙江工业大学郑裕国院士领衔的"阿托伐他汀钙化学-酶法合成关键技术及产业化"项目荣获浙江省科学技术一等奖。2018年，华东理工大学许建和教授成功实现了阿托伐他汀侧链6-氰基-3R,5R-二羟基己酸叔丁酯的规模生物制备，时空产率达到1050g/(L·d)，底物/催化剂比率达到300g/g。

瑞舒伐他汀是3-羟基-3甲基戊二酰辅酶A（HMG-CoA）还原酶抑制剂，抑制胆固醇合成，降低血脂水平，尤其是降低低密度脂蛋白的作用更为显著，同时能够升高高密度脂蛋白，还具有预防和治疗心脑血管疾病的作用。最初由英国阿斯利康研发，于2003年在美国上市，在2006年获批进入中国。据中国医药创新促进会统计，2018年，国内瑞舒伐他汀钙片的销售额达到 63.65 亿元,同比增长 27.07%,市场前景十分可观。目前国内瑞舒伐他汀钙片的生产企业有正大天晴、京新药业、海正药业、先声东元制药、鲁南贝特制药、上海诺华,且均已申报一致性评价。瑞舒伐他汀关键中间体 $(3R,5S)$-6-取代-3,5-二羟基己酸叔丁酯的生物合成已经实现工业化生产。

(3) 降糖药

常用的降糖药按作用的机理共分为 8 种,主要有胰岛素及其类似物、磺酰脲类促泌剂、二甲双胍类、α-葡萄糖苷酶抑制剂、噻唑烷二酮类衍生物促敏剂、苯茴酸类衍生物促泌剂、GLP-1 受体激动剂、DPP-4 酶抑制剂、SGLT-2 抑制剂和中成药 10 大类多个品种。

阿卡波糖属于 α-葡萄糖苷酶抑制剂类药物,是一种复合低聚四碳糖,可竞争性抑制小肠肠道刷状缘壁细胞 α-糖苷酶,延缓双糖和多糖的水解吸收,从而有效降低餐后血糖。2018 年,阿卡波糖在我国公立医院实现营收 84.06 亿元,同比增长 15.15%,目前国内主要供应企业有拜耳、华东医药、绿叶制药、石药欧意、千金相江、海正药业,其中拜耳市场份额居于首位。浙江工业大学郑裕国院士领衔的科研团队通过对阿卡波糖生产菌种的高效选育与升级改造,实现了降糖药阿卡波糖的国产化,相关研究获得 2014 年度国家科技进步奖二等奖。该成果打破了国际制药巨头长期技术和市场垄断,降低了糖尿病治疗成本。

恩格列净是由勃林格殷格翰及礼来公司联合研发的一款 SGLT-2 抑制剂,用于 2 型糖尿病患者,除了核心的降糖功能,同时还可使心血管获益,降低患有心脏疾病的 2 型糖尿病患者因心血管死亡的风险。作为糖尿病领域的重磅药,2018 年恩格列净全球销售额达 21.2 亿美元,占据了 SGLT2 抑制剂超过 50% 的市场份额。2019 年,恩格列净全球销售额大约 58.5 亿美元,2020 年 7 月 31 日,豪森药业研发的恩格列净片获批,成为该品种国内首仿,并视同通过一致性评价。南京工业大学欧阳平凯院士领衔的研究团队将木糖脱氢酶、木糖酸脱水酶、α-酮酸脱羧酶、醇脱氢酶构建到大肠杆菌中,实现了由木糖制备恩格列净关键中间体 (S)-1,2,4-丁三醇,摩尔产率为 66%,产物浓度为 28g/L。

2010 年,美国 Merck 和 Codexis 公司合作,以对西他列汀前体酮为底物,通过定向进化获得可转化 200g/L 底物的 ω-转氨酶突变体,ee > 99.95%,收率 92%。与铑催化的不对称氢化反应相比,该反应具有较好的稳定性,总产量提高了 10%~13%,生产力提高 53%,废水总量减少 19%。

此外，酶反应不需要高压加氢设备，且无重金属污染，降低生产成本。为此，美国 Merck 公司荣获 2010 年"美国总统绿色化学挑战奖"。此外，L-苯丙氨酸脱氢酶可以实现降糖药沙格列汀关键中间体（S）-3-羟基-1-金刚烷基-甘氨酸的高效绿色合成。

（4）β-内酰胺类药物

β-内酰胺酶抑制剂是一类新的 β-内酰胺类药物，质粒传递产生 β-内酰胺酶，致使一些药物 β-内酰胺环水解而失活，是病原菌对一些常见的 β-内酰胺类抗生素耐药的主要方式。目前应用最广泛的抑制剂是克拉维酸、舒巴坦和他唑巴坦，其中舒巴坦在国内组合药方式和品种最多，达到 7 种，与美洛西林、氨苄西林、阿莫西林、哌拉西林和头孢哌酮的组合药进入最新版国家医保目录。我国已有的他唑巴坦组合品种有 4 个，其中哌拉西林/他唑巴坦进入新版医保目录。阿莫西林克拉维酸钾在 2019 年中国公立医疗机构终端销售额超过 60 亿元，同比增长 6.88%，其中华北制药主导市场，所占市场份额超过 30%。

（5）抗病毒药

抗病毒感染的途径很多，如直接抑制或杀灭病毒、干扰病毒吸附、阻止病毒穿入细胞、抑制病毒生物合成、抑制病毒释放或增强宿主抗病毒能力等。抗病毒药物的作用主要是通过影响病毒复制周期的某个环节而实现的。据 Grand View Research 数据显示，2019 年全球抗病毒药物市场规模达 564 亿美元，4 年的复合增长率为 8.23%。其中，全球抗病毒药物 TOP10 的总市场规模达 270 亿美元，约占整个抗病毒市场规模的一半，其中含替诺福韦成分的抗病毒药物销售额超过 119 亿美元。

中国市场与欧美市场存在较大差异，主流的抗 HIV 药物为上市已久的国产仿制药为主导，国内有 40 多家公司涉足抗 HIV 仿制药市场，包括迪赛诺、成都倍特、齐鲁制药、安徽贝克生物制药、东北药业等公司。同时中国政府向艾滋病感染者提供免费药物，整体市场用药占比超 70%，免费药物包括齐多夫定、拉米夫定、替诺福韦、阿巴卡韦、依非韦伦和奈维拉平、洛匹那韦＋利托那韦。中国销量前 5 的药物是艾伯维的克力芝、BMS 的依非韦伦、迪赛诺的依非韦伦、成都倍特的替诺福韦、齐鲁制药的替诺福韦。

度鲁特韦是一种人类免疫缺陷病毒类型 1（HIV-1）整合酶链转移抑制剂，与其他抗逆转录病毒药联用治疗 HIV-1 感染。2013 年 8 月 12 日美国食品和药物管理局（FDA）批准，2019 年度鲁特韦及其组合药物的全球销售额达到 54.3 亿美元。中国科学院微生物研究所吴边研究员等通过使用人工智能计算技术，结合选用一系列计算方法，对天冬氨酸酶进行了分子设计改造，成功获得了一系列具有绝对位置选择性与立体选择性的人工 β-氨基酸合成酶，实现了度鲁特韦关键中间体 (R)-3-氨基丁酸的高效合成，底物浓度达到 300g/L，立体选择性＞99％ ee。

阿巴卡韦是一种用于预防和治疗艾滋的药物，一般与其他抗病毒药联合使用，如 2014 年上市的绥美凯（Triumeq）包含阿巴卡韦、拉米夫定与度鲁特韦 3 种药物组分，该药 2019 年的销售额达到 32.9 亿美元。利用来源于金杆菌（*Aureobacterium sp.*）的内酰胺酶可以实现阿巴卡韦关键中间体 ($1S,4R$)-(4-氨基环戊-2-烯基)甲酸的不对称合成，底物浓度达到 200g/L。

三、研发动向

随着基因组数据的爆炸性增长以及生物信息学、高通量筛选技术、酶工程、机器学习以及人工智能的快速发展，可以为药物活性成分的合成定制新型个性化的生物催化剂。葛兰素史克（GSK）与默克（Merck）通过与 Codexis 的蛋白质设计平台合作，可快速证实定制生物催化剂在规模化生产中的能力，对临床Ⅰ期和Ⅱ期药物的生产尤其重要。此外，通过生物催化可以合成一些复杂的分子，这是传统的有机化学做不到的，因此在药物开发中可得到更多的候选分子。

1. 高通量筛选技术

定向进化是获得高性能生物催化剂的有效途径，尽管目前在遗传多样性的产生和变体文库的制备能力中有很大进步，但是活性筛选仍然是许多反应的瓶颈。常规筛选主要依靠光学方法，该方法通常需要目标分子上具有合适的生色团，或基于副产物进行检测。质谱筛选的方法无需标记，因此应用非常普遍，但该过程需要色谱分离限制了筛选通量。这些方法不仅限制了进化速度，而且限制了序列空间的探索，通常在合适的时间框架内每轮进化只能筛选数百个突变体，这些限制促使了其他基于质谱检测方法的发展。美国西北大学的 Milan Mrksich 教授介绍了一种自组装单层膜在基质辅助激光解吸电离（SAMDI）方面的首次应用，为定向进化的高通量筛选提供了一个通用平台。

2. 多酶级联反应技术

酶催化反应已经开始改变药物的生产，并提供了可大大改善化学合成的选择性和可调性水平。将酶促反应结合到多步生物催化级联反应中可带来更多好处。级联避免了中间体纯化所产生的浪费。它们还能够将反应链接在一起,以克服不利的平衡或避免不稳定或抑制性中间体的积累。美国默克公司和 Codexis 公司合作通过定向进化改造了 5 种酶,使其作用于非天然底物。将它们与 4 种辅助酶组合,利用简单的结构单元通过三步生物催化级联反应合成抗艾滋药 islatravir,使其合成的步数减少了一半,总收率达到 51%。

美国 Amyris 公司成功开发出能生成青蒿素化学前体的人工酵母。该药是新兴的合成生物学领域取得的第 1 项成果,青蒿素能够成为发展中国家中每年数亿疟疾感染者的救命药物。法国制药业巨头 Sanofi 宣布开始应用 Amyris 生物技术公司开发的青蒿素生产工艺工业化生产青蒿素。2014 年产出 35t 青蒿素原料药,可供 7000 万治疗人份用药。该公司预测,未来生产出的青蒿素原料药,可以提供给 1.0 亿~1.5 亿治疗人份用药。

止痛药的生产往往需要经过一个漫长的过程:首先由得到许可的农民种植罂粟,等罂粟成熟后再送到制药公司,提取阿片类的药物分子配以其他成分制成药物。这个过程往往需要耗时一年左右。由于植物很容易受到天气、病虫害等因素的影响,传统生产方法往往存在很多不可控因素。美国斯坦福大学的 Smolke 等研究人员将植物、细菌和啮齿动物基因混合导入酵母菌中。改造过的酵母菌成功地将糖转化为蒂巴因(thebaine)——吗啡等强大止痛药物的前体。该研究团队还发现,进一步调整过的酵母可以产生氢可酮,一种广泛使用的,由蒂巴因化学合成的止痛药。

茄科植物中的托品烷类生物碱是一种用于治疗神经肌肉疾病的神经递质抑制剂。研究人员利用合成生物学手段,以简单的糖和氨基酸为起始原料合成生物碱 hycycyamine 和 scopolamine。该酵母生合平台可以促进托烷生物碱及其衍生物的规模化,稳定化输出,灵活多变地为人类提供这些基本药物。

3. 光-酶催化技术

尽管很多生命体都能感应光,甚至有不少离开阳光无法生存,但它们体内作为"生物催化剂"的酶却很少可以直接利用光能来催化生物化学反应。2017 年,法国艾克斯-马赛生物科学及生物技术研究所 Fred Beisson 教授发现了一种新的光能酶——脂肪酸光脱羧酶(fatty acid photodecarboxylase, FAP)。这种酶可以吸收和利用蓝光,催化脂肪酸脱去羧基变成烷烃或烯烃。

2018 年,美国伊利诺伊大学香槟分校的赵惠民教授和加州大学伯克利分校的 John F. Hartwig 教授等合作报道了一种结合了光催化和酶催化的不对称合成反应,烯烃发生异构化并进行碳-碳双键的还原,由此高选择性地得到单一对映异构体产物。该方法可实现烯烃异构体混合物的立体会聚式还原,并展示了光催化剂与酶良好的兼容性。2020年,赵惠民教授等利用已知的烯烃还原酶(ene-reductase)为生物催化剂,在温和可见光照射条件下,以简单易得的α-卤代羰基化合物和烯烃为起始原料,实现了重要的γ-手性羰基类化合物的高效绿色合成。

四、自主创新情况

我国是全球最大的精细化学品供应国。生物合成路线不断应用于现代精细化学品的合成中,有力推动了生物催化转化技术的发展,加快了精细化学品绿色制造技术的产业应用进程。我国率先在世界上实现了羟基乙酸的生物工业化生产,L-丙氨酸、D-对羟基本甘氨酸、烟酰胺、丙烯酰胺、D-泛酸和(S)-2,2-二甲基环丙甲酰胺等产品的生产技术已达到国际先进水平,并已成为丙烯酰胺、D-泛酸的第一生产国。华东理工大学许建和教授项目团队瞄准了生物催化剂在医药研发领域的独特优势,建立了酶法合成万能抗氧化剂——"(R)-硫辛酸"的成套工艺,并在全球率先实现产业化,该研究团队开展的"生物催化剂的快速定制改造及高效合成手性化学品的关键技术"项目获得2018年上海市技术发明奖一等奖。浙江工业大学郑裕国院士领衔的"亚胺培南/西司他丁钠化学-酶法合成关键技术及产业化开发"项目荣获中国石油和化学工业协会科学技术奖一等奖。中国科学院天津工业生物技术研究所朱敦明、吴洽庆研究团队通过对腈水解酶的立体选择性改造,获得高立体选择性(>99% ee)及高活性的突变体,实现了抗癫痫、镇痛药普瑞巴林关键中间体的不对称合成。中国科学院天津工业生物技术研究所王钦宏研究员等通过激活细胞内沉默酪氨酸氧化酶活性以及解除底物反馈抑制作用,成功打通了3-脱氢莽草酸到左旋多巴的生物合成路线,左旋多巴产量超过70g/L,相关技术已在浙江震元实现了产业化转化。中国科学院微生物所陶勇研究员等在大肠杆菌中表达青霉素扩环酶,通过重构初级代谢中的三羧酸循环、减少乙酸累积、敲除宿主自身β-内酰胺酶等代谢工程手段,利用全细胞催化高效转化青霉素G生成G-7-ADCA,产量从2.50mmol/L±0.79mmol/L(0.89g/L±0.28g/L)提高到29.01mmol/L±1.27mmol/L(10.31g/L±0.46g/L)。中国科学院天津工业生物技术研究所孙际宾、郑平研究团队以木薯渣水解液为原料,通过5-氨基乙酰丙酸合成酶的筛选、调控关键酶的表达及途径优化,实现了5-氨基乙酰丙酸的高效合成,产量达到

18.5g/L。

随着社会的发展、人们环保意识的加强和对自身健康的关注，对化学原料药生产绿色化的要求越来越高。生物催化技术具有优异的立体选择性、化学和区域选择性、反应条件温和，可以避免传统化学合成中的异构化、消旋化和重排等副反应，减少有害重金属和有机溶剂的使用，从而显著提高原子经济性，降低生产过程的环境因子。生物催化技术促进了绿色化学合成技术的发展，是绿色化学与绿色化工发展的重要趋势。随着基因组数据的爆炸性增长以及生物信息学、高通量筛选技术、酶工程、机器学习以及人工智能的快速发展，优质性能的生物催化剂（酶）的获得将越来越方便，生物催化技术在医药化工中的应用将不断扩大，具有广阔的应用和市场前景。

（撰稿专家：姚培圆　吴洽庆　孙际宾）

生物环保

2020年生物环保发展态势分析

江南大学

随着全球环境污染的日益严重和生态资源的逐渐匮乏,发展环境生物技术已成为解决全球性环境和资源问题的最重要的途径之一。目前生物技术已是环境保护中应用最为广泛、最为重要的单项技术,其在污水及其他污染物处理等产业中的应用较广且对相关产业政策的调整产生了深远的影响。尤其是随着基因组技术和基因芯片技术等现代分子生物学技术的快速发展与应用,环境生物技术已发展成为一种以环境资源可持续发展为目标,上中下游技术集成的系统工程技术,成为全球经济发展中一个新的经济增长点。

环保技术一直以来都是多学科底层技术在环境修复场景下的创新式和集成式应用,科技底层技术的突飞猛进不断给清洁技术的技术创新带来突破性的灵感以及崭新的切入视角和思考维度。据前瞻产业研究院统计我国环保行业总产值从2012年的2.99万亿元增加到2018年的8.13万亿元,年增长率到达18.3%,预计在"十三五"收官之年,2020年将达到9.98万亿。目前一些发达国家在纳米新型材料、清洁能源等前沿技术领域均取得了显著的突破,海外的环保技术创新目前也多集中在新兴科技与传统环保科技的交叉领域。结合我国的环保产业发展趋势,打破各产业之间界限,使环保产业与生物技术、新能源、新型材料等领域协同纵深发展,将真正促进环保技术创新突破瓶颈,加速环保产业的转型和升级。随着现代生物技术的快速发展,生物技术对各行业的渗透不断加强,生物环保产业的内涵也将不断延伸和拓展。

一、生物环保产业发展概况

1. 全球生物环保产业发展概况

生物环保技术的主体是环境微生物技术,主要是利用环境中土著微生物的生物净化、生物转化和生物催化等特性,比较全面地解决工农业/水土气等污染问题,包括点源污染治理(生活废水的 COD、氮、磷去除,工业废水处理与资源化,生物脱硫除臭等)、生态环境修复(污染场地修复,尾矿修复,河流、湖泊水体修复等)、改造传统生产工艺实现清洁生产(生物漂白、生物制浆和生物制革等)、有机废弃物资源化利用(固体废弃物甲烷发酵、堆肥)等。

环保产业包括环保装备、环保产品和环保服务;新兴市场国家虽然在全球的份额中比重较小,但其需求增长极为迅速。目前世界上环保产业发展最具有代表性的是美国、日本、加拿大和欧洲。美国是当今环保市场最大的国家,占全球环保产业总值的 1/3。日本环保产业在洁净产品设计和生产方面发展迅速,如绿色汽车和运输设备生产居世界前列,节能产品和生物技术也是日本环保产业集中发展的对象,2019 年日本环保产业的产值为 675 亿美元。环保装备产业的重点企业有:美国通用电气公司、日本的东芝、三菱重工、川崎重工、德国西门子 AG 发电公司、弗洛特威务环保有限公司等。从世界环保产业发展趋势看,环保装备将向成套化、尖端化、系列化方向发展,环保产业由终端向源流控制发展,其发展重点包括大气污染防治、水污染防治、固体废弃物处理与防治、噪声与振动控制等方面。此外,当前发达国家在国际贸易中设置"绿色壁垒",给世界环保装备产业带来了巨大商机和挑战。

2. 我国生物环保产业发展概况

2020 年,我国污染防治攻坚战取得关键进展,主要污染物排放量持续减少,生态环境质量总体改善。成绩的取得,得益于生态"环保铁军"的攻坚克难、积极作为,以及环保产业的技术支撑。2020 年,我国环保政策密集出台,生态环境监管力度进一步加大,政策红利逐步显现,环保产业已从政策播种时代进入到全面的政策深耕时代。2019 年 6 月,生态环境部的主要领导在参观第十七届中国国际环保展览会时指出,大力推进环保产业发展既是加强生态环境保护、打好污染防治攻坚战的需要,也将推动形成新的经济增长点,具有重要的环境效益、经济效益和社会效益。

2020 年是全面建成小康社会和"十三五"规划的收官之年,是打好污染防治攻坚战的决胜之年,是保障"十四五"顺利起航的奠基之年。要坚持方向不变、力度不减,打好打胜污染防治攻坚战。在这样的背景下,环保产业将迎来更多的发展机遇。2020 中国生态环境产业高峰论坛在成都举行。生态环境部副部长庄国泰表示,大力发展环保产业是改善生态环境,促进绿色发展的重要举措。"十四五"期间,将会同有关部门出台落实生态环境保护的相关财税、价格、金融、贸易等优惠政策,扶持环保企业发展。据介绍,环保产业已成为国民经济新增长点,推动绿色新基建。与此同时,环保产业也为打赢疫情防控阻击战和污染防治攻坚战做出了积极贡献。当前环保产业总体发展项目发展规模壮大,技术水平显著提升,服务模式不断创新。2019年全国环保产业营业收入约1.78万亿元,同比增长11.3%,远高于同期的国民经济增长速度,和国际先进水平的差距持续缩小。"十三五"期间我国生物环保技术重点发展领域见表2-55。

表2-55 《"十三五"生物产业发展规划》生物环保技术重点发展领域

应用领域	发展方向
创新生物技术治理水污染	重点发展高效低耗的生活污水、农业养殖废水、典型工业废水的生态治理技术,通过生物技术,促进富含碳、氮、硫、重金属等污染物的防治与资源化利用;推进污(废)水、污泥处理及资源化生物环保技术/工艺装备的成套化、系列化、标准化、产业化
发展污染土壤生物修复新技术	加快研发污染土壤的植物-微生物联合修复技术、重金属污染土地的生物固化与生物修复技术、土壤农用化学品残留组分的生物消减(除)技术以及中药材生产用地产生的连作障碍生物解除技术,推进技术示范与应用推广,逐步修复与治理土壤复合污染问题,改善和恢复土壤环境质量
加速挥发性污染物生物转化	针对多来源挥发性有机污染物,重点推进石油、化工、医药等行业有毒有害废气的生物-化学集成治理技术、工业源含碳废气生物转化利用技术和污水厂等生活源生物脱硫、脱氮技术,加速工艺系统及产品的规模化应用与技术推广,实现空气净化与清洁化
发展环境污染生物监测新技术	开展有毒有害污染物、持久性有机污染的生物筛查与监测新技术、新方法研究,建立污染性生物检测方法,开发相关设备,促进生物检测技术标准化、业务化

"十四五"期间,生态环境部将从5个方面着力推动环保产业发展:一是加大资金投入,强化资金盈利;2004—2020年,我国环保产业营业收入与国内生产总值(GDP)的比值从2004年的0.4%逐步扩大到2020年的1.8%。环保产业对国民经济直接贡献率从2004年的0.3%上升到2020年的3.1%,尽管期间出现过一些波动,但环保产业对国民经济的贡献总体呈逐步加大的趋势。二是完善生态环境标准体系,倒逼环保产业市场扩容增效。三是会同有关部门出台落实生态环境保护的相关财税、价格、金融、贸易等优惠政策,扶持环保企业发展;如图2-54所示,从企业规模看,列入统计范围的环保企业,大、中型企业数量占比分别为3.4%、24.3%;小、微型企业数量占比为72.2%。其中,营业收入在1亿元以上的企业,以9.8%的企业数量占比(较上年降低了0.6个百分点),贡献了超过92%的营业收入和利润。

四是积极开展环境服务模式的创新，提升环境服务质量。五是夯实工作基础，推进环保产业统计调查政策的工作，及时掌握环保产业发展的基本情况。

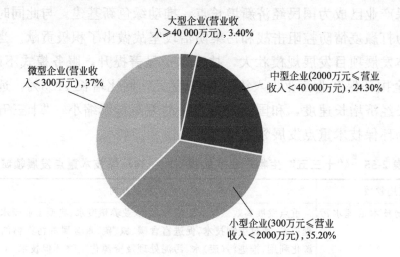

图 2-54　2020 年列入统计的不同规模企业数量占比
资料来源：公开数据整理。

二、生物环保产业现状

1. 废水生物处理技术

近年来，我国的总用水量基本维持在稳定水平，以 2015—2019 年共 5 年间的用水量、污水排放量的统计数据及其变化趋势和变化规律、年均变化量数据为基础，应用系统分析与模式预测相结合的方法，对中国 2020 年污水排放量进行预测。结果显示：2020 年我国废水排放总量为 679.7 亿吨，较 2019 年稍有下降，但仍维持在较高水平，污水处理工作刻不容缓。

生物处理法在污水处理系统中处于主导地位，微生物对生物处理效果优劣起着至关重要的作用，与生物产业相关的污水处理技术为生物技术。即利用微生物的代谢反应过程和生物合成产物（包括酶）对污染环境进行监测、评价、整治以及修复的单一或综合性的现代化人工技术系统。它不仅包含了生物技术所有的特点，还融合了环境污染防治以及其他工程技术，目前已逐步发展成为一种经济效益和环境效益俱佳的、能解决日益严重的（尤其是水污染）环境问题的有效手段之一。

污水生物处理，按对氧的需求情况可分为厌氧生物处理和好氧生物处理两类。其中，好氧生物处理系统采用机械曝气和自然曝气为污水中好氧微生物提供活动能源，促进好氧微生物的分解活动，使污水得到净化，常用方法包括活性污泥法、生物滤池、生物转盘等。厌氧生物处理系统运行机理为无氧的条件下利用厌氧微生物的降解作用使污水中有机物质净化。污水中的厌氧细菌可把碳水化合物、蛋白质、脂肪等有机物分解生成有机酸;然后在甲烷菌的作用下,把有机酸分解为甲烷、二氧化碳和氢等,从而使污水得到净化。

如表 2-56 所示,相比于好氧生物处理工艺,厌氧种类繁多,除上述 5 种典型工艺外,常见工艺还包括接触式厌氧反应器、厌氧生物滤池、推流式厌氧反应器等,为了选择最适合的工艺,需要对这几种反应器的构型和进水水量、特性等进行系统性评估。

表 2-56 各种典型厌氧生物污水处理工艺优缺点分析

工艺类型	优点	缺点	运行范围/[kg TS/(m³·d)]	水力停留时间
完全混合式(CSTR)	• 连续运行 • 运行条件简单 • 易操作 • 投资及与运行成本低 • 易清洗	• 转化效率低 • 水力条件较差 • 易形成死区	4~6	15~20d
厌氧膜生物反应器(AnMBR)	• 污染物去除效率高 • 启动时间非常短 • SRT 与 HRT 分开 • 促进厌氧微生物生长 • 占地小 • 出水水质好,能够实现水回用	• 运行成本较高 • 膜污染问题 • 需专业操作 • 仍缺乏设计规范	0.3~20	2~12h
升流式厌氧污泥床(UASB)	• 高效降解污染物 • 无需添加载体 • 运行成本较低 • 耐高有机负荷[10kgBOD/(m³·d)负荷] • 剩余污泥少	• 启动时间长 • 需要足够的接种颗粒污泥 • 需专业操作	5~10	4~20h
厌氧折流板反应器(ABR)	• 设计简单 • 无需填料或三相分离器 • 投资运行成本低 • 污泥产量低 • 耐冲击负荷强	• 需专业的设计 • 启动时间较长 • 缺乏设计规范	2~5	2~4d
厌氧膨胀床/流化床(EGSB/AFB)	• 污染物降解效率高 • 控制及优化生物膜厚度 • 不易造成污泥床堵塞 • 水头压力低 • 载体比表面积大 • 投资成本较低	• 要添加载体 • 对反应器设计要求较高 • 产生管道堵塞及死区问题 • 产生气体滞留	10~30	2~12h

2. 有机固体废弃物的处理

2018年6月，中共中央国务院印发《关于全面加强生态环境保护 坚决打好污染防治攻坚战的意见》，对全面禁止洋垃圾入境，开展"无废城市"建设试点等工作做出了重要部署。固体废物管理与大气、水、土壤污染防治密切相关，是整体推进环境保护工作不可或缺的重要一环。2019年，全国共有200个大、中城市向社会发布了2018年固体废物污染环境防治信息。经统计，此次发布信息的大、中城市一般工业固体废物产生量为15.5亿吨，工业危险废物产生量为4643.0万吨，医疗废物产生量为81.7万吨，生活垃圾产生量为21 147.3万吨。200个大、中城市一般工业固体废物产生量达15.5亿吨，综合利用量8.6亿吨，处置量3.9亿吨，贮存量8.1亿吨，倾倒丢弃量4.6万吨。一般工业固体废物综合利用量占利用处置总量的41.7%，处置和贮存分别占比18.9%和39.3%，综合利用仍然是处理一般工业固体废物的主要途径，部分城市对历史堆存的一般工业固体废物进行了有效的利用和处置（图2-55）。

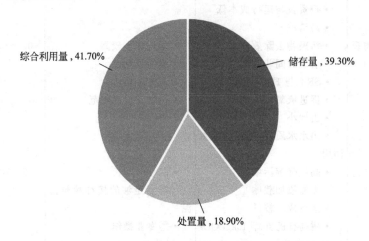

图2-55 2020年一般工业固体废物利用、处置等情况

资料来源：公开数据整理。

（1）污泥生物处理技术

污泥是污水处理的副产物，含有毒有害物质，需进行稳定化、减量化和无害化处理。国家近年来对各地污泥环境风险和危害的认识不断清晰，在国家政策层面来看，污泥处置始终是水污染防治行业的重点，需要充分的政策支撑。2020年国家发展和改革委员会与住建部联合印发《城镇生活污水处理设施补短板强弱项实施方案》，明确提出要推进污泥无害化资源化处理处置。污泥处理处置费用的标准也呈现逐年提升的趋势，已成为污泥行业发展

的重大利好。

由于城市污水厂污水处理率提高，污泥产生量随之增加。图 2-56 是根据住建部统计数据的近 7 年全国城镇污水处理厂污泥产量及增速。2018 年我国城市污水处理厂干污泥产生量 1176 万吨，干污泥处置量为 1129 万吨，近年来城市干污泥处置率均在 90% 以上。据 2019 年城市污水处理厂处理能力增长率估算，2019 年，城市污水处理厂干污泥产生量约为 1232 万吨，干污泥处置量约为 1182 万吨。

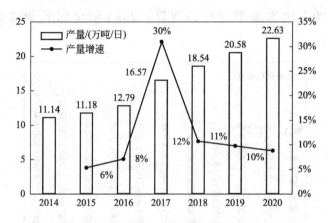

图 2-56　全国城镇污水处理厂污泥产量及增速

资料来源：公开数据整理。

根据 E20 统计数据，目前国内污泥处理领域各技术路线中，能源干化、机械脱水、好氧发酵、厌氧消化技术分别占比 31%、27%、18%、20%，其中能源干化是最主流的技术路线（图 2-57）。污泥能源干化即污泥热干化，

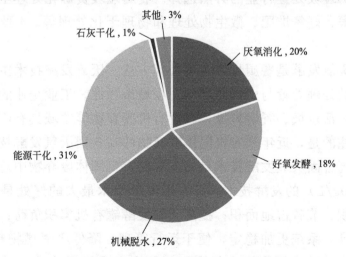

图 2-57　全国城镇污水处理厂污泥处理路线占比

资料来源：公开数据整理。

是指向污泥中输入能量,使脱水污泥进一步去除水分,实现含水率降低的过程,干化后的含水率一般在15%~60%之间。

(2) 餐厨垃圾

随着餐饮业的高速发展,餐厨垃圾产量也迅速增长。2015年全国餐厨垃圾产生量达9475万吨,日均产量达26万吨/日。统计显示,我国餐厨垃圾占城市生活垃圾比重大致范围为37%~62%,由于国家官方数据对全国餐厨垃圾产生量仅披露至2015年,2016—2019年的数据以城市生活垃圾产生量和餐厨垃圾占比为基准进行的测算,2020年全国餐厨垃圾产生量突破1.2亿吨(图2-58)。

图2-58 中国餐厨垃圾产生量规模增长情况及预测
资料来源:公开数据整理。

目前餐厨垃圾的处理方法主要分为填埋、焚烧和资源化处理。资源化处理是未来餐厨垃圾处置行业的必然选择。餐厨垃圾资源化处理主要有4种模式:厌氧发酵、好氧堆肥、微生物处理和物理干化处理等。4种模式各有利弊(表2-57)。

目前,厌氧发酵是餐厨垃圾主流处理方法。厌氧发酵技术主要用于有机固体废弃物的处理处置与资源化利用,在城市污泥,工业企业的有机固体废弃物,城市生活垃圾、餐厨垃圾,农业有机废弃物等领域具有广泛的用途。

值得关注的是,近年来有机固体废弃物的高含固厌氧发酵技术有逐渐增加的趋势。高含固厌氧发酵技术是指发酵时有机固体废弃物中总固体含量高于20%(200g/L)的发酵技术。高含固发酵技术最大的好处是大大减少了发酵罐的体积,节省占地面积;提高厌氧发酵罐有机容积负荷;厌氧发酵罐缓冲能力提高,系统更加稳定,便于运行管理;降低厌氧罐物料加热能耗,节约运行成本;减少固定资产投资;而且由于采用干化法发酵,后续的沼渣、沼液问题也得到缓解,减轻了后续处理的成本,因而得到推广应用。

表 2-57　我国餐厨垃圾处理技术优缺点

处理方式	优点	缺点
厌氧发酵	• 工艺先进稳定,具有较高的有机负荷承担能力 • 全封闭处理过程减少二次污染,环保水平提高 • 资源化利用水平高 • 目前国内 80% 以上处理项目采用该工艺	• 工程投资大 • 工艺链长、工艺复杂 • 产生的沼渣沼液需进行资源化利用
好氧堆肥	• 工艺简单成熟,应用时间长 • 产品有农用价值 • 宜于机械化	• 无法很好解决有害有机物及重金属等的污染,无害化不彻底 • 处理过程不封闭,容易造成二次污染 • 有机肥料质量受餐厨废弃物成分制约很大,销路往往不畅 • 堆肥处理周期较长,占地面积大,有臭味和蚊蝇,卫生条件相对较差 • 对于餐厨废弃物中的油脂和盐分,目前堆肥技术无法降解,长期使用还会加剧土壤的盐碱化
微生物处理	• 处理时间较短,采用前后分选工艺,分选相对简单 • 前端工艺链扁平、简单	• 投资及能耗较高 • 采用单机设备处理,处理规模受限 • 无污水处理工艺段,易造成二次污染 • 部分产品仍间接进入食品链,存在食品安全的隐患
物理干化处理	• 工艺链短,操作简便,系统稳定 • 前期国内较多采用该工艺 • 工程投资适中	• 终端产品为饲料,存在产品许可的政策风险,存在动物的同源性隐患 • 处理工艺单一,无污水处理工艺段,易造成二次污染 • 能耗较高

3. 生物环保产品

(1) 生物降解材料

生物降解材料是一类可在土壤微生物和酶的作用下被降解的材料,且废弃后能被完全分解最终转化为 CO_2 和 H_2O,继而参与自然界的碳循环,因而素有"绿色生态材料"之称。

根据降解机理生物降解材料可分为生物破坏性材料和完全生物降解材料,主要指掺混型降解材料、化学合成型生物降解材料、天然高分子型和微生物合成型降解材料等。常见的几种类型具体包括聚乳酸(PLA)、聚羟基脂肪酸酯(PHA)、聚丁二酸丁二醇酯(PBS)和聚己内酯(PCL)等。在我国治理"白色污染"的进程中,这种新型环保材料被寄予厚望。在许多发达国家,生物可降解材料也已经得到大力推广和使用。据现有数据预测,全球生物塑料产能将从2018年的约210万吨增加到2023年的260万吨。

近年来生物降解材料的需求量不断增长，被越来越多地应用于各行各业。其中，淀粉基聚合物由于其易得性，被广泛应用在食品包装中。PLA可用于预防黏合剂、药物输送系统和外科缝合线等医疗应用中。此外，可生物降解的聚合物还可用于农业覆盖和淀粉基包装、基于纤维素的包装等。随着支持推广可降解材料的政策出台，对传统塑料最具替代优势的生物可降解塑料的产能快速增长，有关数据表明，2019年国内生物可降解塑料产能约为52万吨，同比增长15.6%，到2021年生物降解塑料产能有望翻番，产业迎来了新的契机。但目前，生物可降解材料产业仍面临不少瓶颈问题，如生产技术不够成熟，国内推行试点城市较少等。

(2) 酶制剂

酶制剂是一类从生物（包括动物、植物、微生物）活细胞中产生的具有催化功能的蛋白质催化剂。因其具有化学污染小、专一性强、能耗低、条件温和等特点被广泛应用于食品、纺织、饲料、医药等多个领域。目前为止，已报道发现的酶类有3000多种，但其中已实现大规模工业化生产的只有60多种。工业上应用的酶制剂大多数为水解酶，又可按底物不同分为淀粉酶、蛋白酶、脂肪酶、果胶酶、木聚糖酶、纤维素酶等。生物体内生化代谢途径中的酶可以分为氧化还原酶类、转移酶类、水解酶类、裂合酶类、异构酶类和合成酶类共6类。

中国酶制剂产业已进入世界酶制剂生产的大国行列，目前已实现规模化生产的酶制剂达到30种左右。在市场需求扩大和政策利好的双重刺激下，2016年中国的酶制剂产量已达128万标准吨，年复合增长率为9.60%，2018年我国酶制剂在市场占有率将近达到30%，总产量约为145万吨，在2020年可达到154.87t的年产量。

我国酶制剂工业经过近几十年的发展，已初具规模。尽管如此，国外酶制剂公司在该行业仍处于绝对的领先地位，特别是一些比较出色的公司，例如，诺和诺德公司（Novo Nordisk）、丹尼斯克公司（Danisco）等。但是，正是那些进入中国市场的国外酶制剂大大提高了中国酶制剂企业的竞争意识，并促进了国内酶制剂质量的改进和提高。

(3) 微生物菌剂

微生物菌剂是指目标微生物（有效菌）经过工业化生产扩繁后，利用多孔的物质作为吸附剂（如草炭、蛭石），吸附菌体的发酵液加工制成的活菌制剂。这种菌剂用于拌种或蘸根，具有直接或间接改良土壤、恢复地力、预防土传病害、维持根际微生物区系平衡和降解有毒害物质等作用。表 2-58 为国内外部分废水处理和农产方面商品化微生物菌剂的应用情况。

表 2-58 国内外部分商品化微生物菌剂应用情况

类别	产品	研发单位	应用领域
国外产品	BI-CHEM 微生物制剂	丹麦诺维信	水产养殖,农业及植物护理、工业清洁
	EM 菌剂	日本琉球大学	污水、河湖水质、垃圾处理,家庭环保
	Aqua-Purification、Aqua-Clarifier 菌剂	美国碧沃丰	污水、水环境治理,水产养殖,民用净化
	MicroPlex-N、MicroPlex-RL 系列	美国普罗生物技术有限公司	石油、制浆造纸、化工废水,市政污水
	利蒙系列	美国通用环保公司	工业废水、河湖修复、水产养殖
国内产品	除 COD 系列、除氨氮系列、除总氮系列	北京甘度环保技术公司	生活污水、工业废水、特殊水体
	除 COD 系列、除氮磷系列	广州瀚湖环保科技有限公司	湖泊、池塘、水库、河道等水体及淤泥中的有机物、氮、磷等
	除臭油系列、除蓝藻系列	鹤壁人元生物技术有限公司	景观水池、湖泊、河道的生态治理及修复、含油废水
	土壤修复菌剂、功能微生物菌剂	北京中农富源生物工程技术有限公司	修复、改良土壤
	硅甲十三金、力加力、生物改良剂、益地素等	北京世纪阿姆斯生物技术有限公司	土壤调理、农业增效
	耕多邦等	福建三炬生物科技股份有限公司	调节、调理土壤;提高农作物产量和品质
	氨基酸微生物菌剂、根果旺微生物菌剂等	河北灵光生物科技有限公司	修复土壤生态、改善产品品质、减少病害
	菌动力、土壤多菌宝等	保罗蒂姆汉(潍坊)生物科技有限公司	改良土壤、作物品质;促使植物生长
	内生菌等	中农绿康(北京)生物科技有限公司	改善农业生态环境、提高农产品品质
高校及科研所所研发产品	除重金属菌剂、高浓度有机物降解菌剂	中国科学院成都生物研究所	工业废水、污染河流或湖泊修复
	炼油及印染废水处理菌剂	清华大学	含油废水、印染废水
	微生物絮凝剂、低温生物强化菌剂、特种废水处理菌剂	哈尔滨工业大学	污水、废水

资料来源:公开信息整理。

微生物菌剂目前正广泛应用于农业、养殖业、水环境处理。据统计,2018 年我国微生物菌剂行业产量约 305 万吨,需求量约 300 万吨。酵母菌处理色拉油加工废水、微生物菌剂整治昆山千灯浦河道淤泥、苏州黑臭河道等均取得了明显的效果。虽然微生物菌剂的处理效果较好,且我国菌剂发展虽也较快，但国内产品的推广率仍不高，产品效果也需进一步提升，因此国内大部分仍是购买国外的产品来进行使用。

随着国家对微生物肥料行业重视程度的不断提高，种植业生产结构的战略性调整和转型升级扩大了对优质肥料及其施用需求，也增大了微生物菌剂的产量和使用量。统计数据显示，2018年我国生物肥料产量约2000万吨，其中微生物菌剂产量约305万吨占比约15.25%。截至2020年5月底，农业农村部微生物肥料和食用菌菌种质量监督检验测试中心记录的微生物肥料产品登记证为7246个，其中微生物菌剂产品登记数量3315个，占比45.75%。

三、生物环保产业市场分析

当前，我国推行人与自然和谐共生的绿色发展理念，在此背景下，我国的环保产业和环保企业迎来了发展的大好时机。我国的生物技术发展将带动环保产业的发展，为成功解决我国的环境问题，提供环境保护技术奠定良好基础。

1. 废水和有机固体废弃物领域市场分析

就我国污水处理现状而言，污水处理技术市场需求相当大。城市污水处理的发展将表现为以下几个方面的特点：氮、磷营养物质的去除仍为重点，也是难点；工业废水治理开始转向全过程控制；单独分散处理转为城市污水集中处理；水质控制指标越来越严；由单纯工艺技术研究转向工艺、设备、工程的综合集成与产业化及经济、政策、标准的综合性研究；污水再生利用日益受到重视；污泥处理处置问题亟待解决；中小城镇污水污染与治理问题受到重视。

目前，我国固体废弃物处理行业投资占环保行业整体投入比重不足15%。而在发达国家，固体废弃物处理是环保领域投资和产值占比均超过50%的最大子行业。结合我国固体废弃物行业目前发展状况来看，无论是存量需求还是增量需求，行业市场前景都较大。

固体废弃物处理行业作为保护生态平衡、实现可循环经济的重要推动力量，与之相关的国家政策频频发布。2020年3月3日，中共中央办公厅、国务院办公厅印发了《关于构建现代环境治理体系的指导意见》，与环保相关行业再一次引起社会的关注。该文件提出：要健全环境治理市场体系，其中包括构建规范开放的市场、强化环保产业支撑、创新环境治理模式和健全价格收费机制。这在市场开放、技术装备和管理运营方面都将有利地推动固体废弃物处理行业的发展。"十三五"期间,固体废弃物治理市场成为最具有发展潜力的市场。

固体废弃物处理行业通常执行的是减量化、无害化和资源化三类技术政策,发展中国家以无害化为主,经济发达国家一般以资源化为主。目前,我国以"无害化"技术为主。以生活垃圾为例。对生活垃圾的具体处理方式有许多种,其中最常见的分别是卫生填埋、焚烧和其他方式。目前,我国以卫生填埋的应用最广,所占收运量的比例也最高,焚烧则通常限定在沿海地区。根据"十三五"规划,到2020年,我国生活垃圾处理方式中,焚烧处理将成为大头,占比将达54%。

2. 生物降解材料产业

从全球市场分析,生物降解材料的主要市场是欧洲、北美和亚太地区。德国和荷兰对绿色技术和制造业发展的高度关注使欧洲占据了市场主要占有率,其次是北美,继而是以25.7%的复合年增长率增长的亚太市场。目前,全世界各国因过度使用塑料而带来的污染问题使得可生物降解塑料的市场逐渐增大,之前IHS Markit发布报告显示,2018年全球可生物降解塑料市值将超过11亿美元,预计到2023年市值将达到17亿美元。在可生物降解材料市场上,Cortec集团、三井化学、巴斯夫、Cereplast Metabolix公司和FP国际等均属于顶级的公司。这些市场参与者致力于通过研发改进生物降解材料的生产技术,以扩大其应用范围。

中国市场方面,受材料成本高、应用市场低端等因素的影响,国内生物降解材料市场短期内有赖于政策导向、政府的鼓励和扶持。但随着我国新版"限塑令"的出台,应用市场将进一步扩大。2012—2018年中国生物降解塑料需求市场规模如图2-59所示,呈现逐年递增的趋势。其中,包装行业是生物降解塑料的最大应用领域。2017年生物降解材料在包装市场规模为810.1亿美元,预计到2023年将达到1135.5亿美元,在预测期(2018—2023年)内的复合年增长率为5.9%。财联社"橡塑"主题库显示,在新兴公司(包括金发科技股份有限公司、韶能股份有限公司、王子新材料股份有限公司和金明精机股份有限公司等)的努力下,我国生物可降解材料市场表现出较大的潜力。

3. 酶制剂产业

我国酶制剂的主要应用领域是食品工业,全世界食品工业用酶约占总量的60%,我国更高达85%以上。我国酶制剂行业已经取得了长足进步,正不断推出新型酶制剂、复合酶制剂、高活力和高纯度特殊酶制剂来满足日益

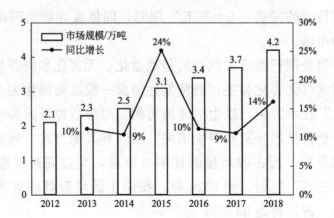

图 2-59　2012—2018 年中国生物降解塑料需求市场规模

资料来源：公开数据整理。

发展的食品工业需要。我国也因此出现了多个新兴酶制剂公司，如曲阜生物科技、玉园生物科技、博尔利科技、尤特尔生化等。行业研究报告数据显示，2017 年我国酶制剂生产总量达 178.17 万吨，到 2022 年将超过 260 万吨，2017—2020 年酶制剂生产总量及 2020—2022 年预测总量如图 2-60 所示。

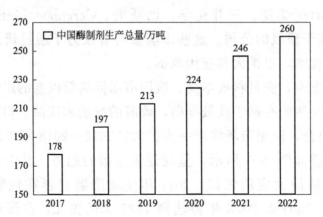

图 2-60　2017—2022 年中国酶制剂预测生产总量

资料来源：公开数据整理。

酶制剂工业是知识密集型的高新技术产业。按应用分类，食品和饮料为规模最大的细分市场，洗涤和饲料次之；按销售区域划分，北美市场销售占比 38%，欧洲占比 29%，亚太占比 22%。结合近年全球酶制剂市场规模，前瞻产业研究院预计 2016—2021 年全球酶制剂市场规模增长率将在 8% 左右，到 2021 年市场规模或达 126 亿美元，酶制剂产业的发展前景相当广阔。我国酶制剂行业近年来发展迅速，根据中国生物发酵工业协会 2019 年的最新统计数字显示，2018年国产酶制剂的产值约合5亿美元，约占全球市场的10%，产量同比增长4.3%，产值增长10%。

2014—2019年，我国饲料添加剂产量逐年增长。据全国畜牧总站、中国饲料工业协会统计数据显示，2019年，我国饲料添加剂产量约为1199.2万吨，较2018年增长5.8%，预计我国2020年饲料添加剂产量将超过1290万吨，2025年饲料添加剂产量将超过2000万吨。根据全球第二大市场研究咨询公司MarketsandMarkets发布的饲用酶市场报告，2014年全球饲用酶市场的估值为8.99亿美元，到2020年全球饲用酶市场总值将达到13.71亿美元，2015—2020年的复合增长率为7.3%。目前，饲料酶市场主要领导者倾向于通过收购业务、新产品开发和扩张策略来获得更大的市场份额。几大巨头如乐斯福集团（Lesaffre Group）、巴斯夫公司（BASF）、沛富公司（ABFPLC）、诺维信公司（Novozymes A/S）等都在进行新产品研究。

随着酶制剂技术的不断完善和产品的更新，市场中酶制剂所占份额也在增大。尽管全球的工业酶制剂市场长期被外国公司垄断，但我国酶制剂市场份额在全球的比重已由"十二五"初期的不足10%提升到现在的近30%，产品市场竞争力大幅提升。2018年全球工业酶制剂的市场约为55亿~60亿美元，MarketsandMarkets公司预估2023年该市场将增长至70亿美元，同样BBC Research公司预计其2018—2023年的年平均增长率为4.9%。

4. 微生物菌剂产业

国内市场环保用菌剂的3个重要来源分别是：①国外进口，份额占总量的60%以上，代表厂家为丹麦诺维信、佛山碧沃丰、日本琉球大学（EM菌）等；②国内企业生产，占市场份额30%左右，代表厂家有广州农冠（台资）生物科技有限公司、广宇生物技术有限公司等；③国内高校科研院所开发生产，占到5%~10%份额，主要代表为中科院微生物研究所、清华大学等高校。

在国内市场上流通的微生物菌剂有除国内厂家自主研发生产外，也有代理国外（美国、日本、韩国、澳大利亚、荷兰等）的菌剂产品。与国外相比，尽管我国微生物菌剂在深度研究方面尚有欠缺，在产品稳定性上也有不足，但随着我国农业种植在不断升级以及种植大户的思维变化，微生物菌剂在中国的市场相当可观。目前，国内市场上影响较大、品质出众的微生物菌剂的公司有中农富源、阿姆斯、三炬、施能、保罗蒂姆汉等。

四、生物环保产业研发动向

1. 废水生物处理技术

污水生物处理技术发展至今,已开始从传统的能耗大户向能源及水资源回收方向转变。研究新的污水处理技术,使污水处理事业成为一种自然资源再生和利用的新兴工业,是解决水污染和合理利用水资源的重要途径之一,作为污水处理技术的研究方向,重点在于降低能耗、改善出水水质、减少污泥量、简化与缩小处理构筑物的体积、减少占地、降低基建与运行费用、改善管理条件等。

综合国内外理论研究和工程化应用的发展态势,其在未来一段时间内将污水生物处理的研发动向主要聚焦于如下3个方面:

(1) "从处理到回用,从能源消耗到能源自给"的转型,进一步通往"可持续供水的理想闭路水循环"。近些年,概念水厂的提出和建立,将厌氧生物技术用于市政污水处理,逐步取代好氧生物处理工艺,使城市污水处理厂实现能源自给,并回收资源的理念不绝于耳,预示着市政污水处理工艺的变革,在这场变革中,厌氧膜生物反应器(AnMBR)和厌氧氨氧化(Anammox)必将起到举足轻重的作用。

(2) 实际的研究与应用中,应立足于通过水力优化、工艺改造等措施实现强化传统城市污水生物处理技术的处理效果,并积极开发高效、节能的污水生物处理新技术。

(3) 秉承传统生物学技术,发展分子生物学技术在污水生物处理中的应用。分子生物技术能够准确地检测污水处理过程中微生物群落结构多样性及其动态变化,克服了传统方法费时费力、培养条件苛刻等局限性。在指导调节实际工艺参数,提高难降解有机物的去除率,筛选和鉴定工程菌等方面具有指导意义。

2. 固体废弃物生物处理技术

借鉴国际经验,未来污泥处理处置的技术发展主要有两条路径:

(1) 沼气能源回收和土地利用为主的厌氧消化技术路线:厌氧消化主要能提高后续处理的效率并减少后续处理能耗,其成本较低,目前采用碱解处理、热处理、超声波处理、微波处理等方法对污泥进行预处理,可提高污泥水解速率,改善污泥厌氧消化性能。

(2) 土地利用为主的好氧发酵技术路线:好氧堆肥中污泥经发酵后转化为腐殖质,可限制性农用、园林绿化或改良土壤,从而实现污泥中有机质及营养元素的高效利用，设备投资少、运行管理方便。在《城镇污水处理厂污泥处理处理技术指南（试行）》中，"好氧发酵＋土地利用"被列为推荐技术路线之一。

目前，国内外均已经开始探索餐厨垃圾处理的新技术，餐厨垃圾处理项目在逐步增多，主要处理方式有：

(1) 厌氧消化。厌氧消化又分为干法工艺和湿法工艺，由于特性差异，餐厨垃圾具有含水、含油高的特点，更适用于湿法工艺，厨余垃圾含水率低，油脂含量也较低，一般处理工艺中不设置油脂回收工艺，针对含水率低的厨余垃圾采用"干式厌氧"生化处理技术，发酵产生沼气后再利用。

(2) 制作饲料、肥料。餐厨垃圾中有机物的含量高，可通过好氧堆肥、厌氧消化来分解垃圾，进行物质的转换，从而制成肥料；或经过杀菌消毒、脱水除盐等有关处理后，将餐厨垃圾制成饲料。该方法成本低，可利润高，有利于物质的循环利用，实现垃圾处理的资源化。

3. 生物环保产品

随着人们环保意识的加强以及"限塑令"的即将颁布，生物可降解塑料相关技术的研发与改进是企业和高效的研究热点。其主要发展方向如下：

(1) 降低光分解剂、光敏化剂等添加剂的生产成本并提高可控性；

(2) 通过研究不同添加剂的优化组合、协同效应提高降解效果开发准时可控降解塑料；

(3) 将塑料工业与细菌学有效结合起来，培养能生产高分子塑料的微生物，发现新的高分子，或者通过研究培养出可以分解广泛使用塑料的微生物。

酶制剂行业核心竞争力集中在酶制剂资源挖掘、高效稳定的表达系统以及发酵提取工艺。从技术方向上来说，全世界现在工业化产酶的主要手段依然依赖生物合成法。中国酶制剂技术是以微生物发酵法为主，少量采用生物提取法。随着科学技术的发展，化学合成法制酶也逐步从实验室走向工业化生产。中国酶制剂专利多集中分布在大学或研究机构，酶制剂生产企业目前还是主要依赖引进国外先进设备、优良菌株，这就造成我国酶制剂研发链中关键技术的缺失，可能面临巨大的知识产权风险。因此，未来如何充分利用我国丰富的微生物资源，建立酶基因资源库和高效的酶表达系统，并进一步健全酶制剂生产技术体系，系统性提高酶制剂生产工艺水平将是我国酶制剂发展的关键。

通过对微生物菌剂发展趋势进行分析，微生物菌剂以后的发展重点在绿色农业、生态农业、有机农业中。微生物菌剂应用技术在当前的环境下而言，仍然需要继续研究。为进一步提高处理效果和稳定性，国内的主要研究仍集中在高效菌种的选择和培育上，通过分析微生物菌剂发展趋势，挖掘、筛选、拓展新的功能性菌种，选育具有作物亲和性、地域性、针对性、适应性、生产性优良的菌种，实现应用效果的稳定。但要长远发展，必须创新求发展，由单一菌种单一功能向复合微生物菌群多功能性方向发展，由阶段性向全生育期应用转变。同时，我国在微生物菌剂的推广和开发应用上仍不够完善。但随着微生物菌剂在治理污水、改良土壤等方面的应用，我国将增强对微生物菌剂污染治理领域的研究。

（撰稿专家：刘和）

生物产业发展现状与趋势

生物服务

纳米孔靶向测序在新冠病毒检测中的应用

武汉大学药学院

一、新型冠状病毒检测概况

新型冠状病毒（SARS-CoV-2）疫情给全球经济和人类生命健康造成了极其严重的影响。在疫情暴发的初期，新冠病毒检测方法学和试剂盒相对比较缺乏，随着政府、企业以及科研工作者的共同努力，各种不同新冠病毒检测方法被开发出来，为新冠疫情的及时防控和患者诊疗发挥了重要作用，总结起来主要包括如下几类检测方法（图2-61）：

第 1 类是最常见的新冠病毒核酸检测方法，即实时荧光 PCR 法。荧光 PCR 方法一直是国家卫健委发布的新型冠状病毒肺炎诊疗方案中确诊病例的金标准之一。国家药品监督管理局在 2020 年 1 月 26 日最早通过应急审批程序批准了华大生物（武汉）、上海捷诺和上海之江 3 家企业的 4 种新冠病毒检测试剂盒，其中 3 种试剂盒基于荧光 PCR 法。随后又有多家公司的多款基于该方法的检测试剂盒通过了国家药监局的应急审批，为早期新冠病毒的检测做出了巨大的贡献。荧光 PCR 法原理简单、方法十分成熟、检测周期短、对实验人员的技能要求和实验设备要求不高，各级别的医疗机构均有能力开展检测。该方法主要基于特异性引物和荧光探针捕获新冠病毒基因组上的 2~3 个短的靶标基因片段，对于病毒核酸载量低、碎片化比较严重、引物靶向区域突变或缺失的临床样本，荧光 PCR 方法容易出现漏检或假阴性的结果。

第 2 类是基于抗原-抗体免疫反应的血清学检查方法，如胶体金法或磁微粒化学发光。这种方法具有方便快捷、不需要特殊设备和试剂、结果判断直观等优点，因而特别适合广大基层检验人员大批量检测和大范围普查。截至 2020 年 3 月，国家药品监督管理局应急批准了多款基于该方法的试剂盒，

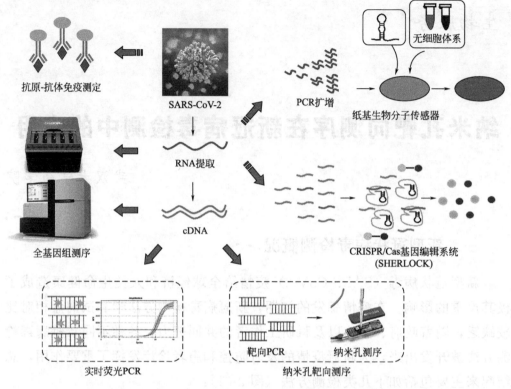

图 2-61　常见的 SARS-CoV-2 检测方法（图片引自 Liu 等[1]）

如广州万孚的胶体金抗体检测试剂盒、英诺特（唐山）的 IgM/IgG 胶体金抗体检测试剂盒、博奥赛斯（重庆）基于磁微粒化学发光的 IgM/IgG 抗体检测试剂盒等。但该方法的敏感性和特异性较差，由于试剂本身阳性判断阈值，或者体内存在类风湿因子等干扰物质，或标本溶血、被细菌污染、贮存不当等情况，都容易造成抗体检测结果出现假阳性。而且该方法在患者发病 1 周内检出率低，因此不适合对感染初期的患者进行筛查。

第 3 类属于学术研究的前沿领域，其中代表性的方法有张峰团队开发的 SHERLOCK[2,3]，一种基于 CRISPR/Cas 基因编辑系统检测病毒的方法以及 Green 等[4] 提出的可编程的 RNA 传感器。这些方法学的可行性已经通过对 Ebola[5]、Zika[2] 和 SARS-CoV-2 等多种病毒的检测得到了验证，研究论文均发表于国际顶尖权威期刊，研究结果表明这些方法具有广泛的市场应用潜力。

第 4 类是病毒基因高通量测序方法，又可以细分为 SARS-CoV-2 全基因组测序和靶向 PCR 扩增测序。早在 2020 年 1 月初，复旦大学张永振团队[6] 第一时间利用全基因组高通量测序，向全世界分享了第一株 SARS-

CoV-2 的全基因组序列,为荧光 PCR 方法中的引物和探针设计奠定了坚实的基础。目前国内的新冠病毒基因测序整体解决方案主要以华大智造为代表,其自主的测序平台 MGISEQ-2000、MGISEQ-200、DNBSEQ-T7 已经获得国家药品监督管理局批准。国外的病毒基因测序平台则以 illumina、PacBio 和 Nanopore 为主。虽然全基因组测序方法也是确诊病例的标准之一,但其临床应用主要集中在 SARS-CoV-2 基因组突变以及进化分析,其样本核酸提取、逆转录、PCR 扩增建库、上机测序、下机数据的生物信息学分析均需要由专业人员进行操作,基层医疗机构开展全基因组测序十分困难,实际临床应用比较受限。此外,病毒全基因组测序对于样本中 SARS-CoV-2 核酸载量要求十分严格,低载量的样本难以获得病毒高质量的完整基因组,后续的突变和进化分析也将受到一定限制。鉴于此,武汉大学刘天罡教授、武汉大学人民医院李艳教授和武汉臻熙医学组建联合团队,在疫情爆发初期,创新性地开发了纳米孔靶向测序(nanopore targeted sequencing,NTS)SARS-CoV-2 检测方法[7]。

NTS 方法基于最新一代牛津纳米孔科技公司(Oxford Nanopore Technologies,ONT)开发的 Nanopore 测序平台,相比于 illumina 等 NGS 测序平台,Nanopore 具有测序读长长、建库无需打断、数据实时产出实时分析等优势。相比于病毒全基因组测序,NTS 方法不仅可以快速、准确检测临床样本中的 SARS-CoV-2,还可以同时分析病毒基因突变;且对于样本中病毒核酸载量要求相对较低,低载量的样本也可以获得高的检测敏感度,因此临床应用前景更加广阔。

二、纳米孔靶向测序检测 SARS-CoV-2 和呼吸道其他病毒

1. NTS 检测 SARS-CoV-2 的原理

SARS-CoV-2 的基因组全长约 30kb,包括 *ORF1ab*、*S*、*ORF3a*、*E*、*M*、*ORF6a*、*ORF7*、*ORF8*、*N* 和 *ORF10* 共 10 个编码基因。常见的荧光 PCR 方法通常检测中国或美国 CDC 推荐的 *ORF1ab*、*E* 和 *N* 基因中的 2 个或 3 个位点,检测位点少,容易导致临床高度疑似新冠病毒感染患者或低病毒潜伏的"假痊愈患者"检测出现"假阴性"结果。相比之下,NTS 方法不局限于上述检测位点,而是将检测范围扩大到 9 个基因、12 个位点,近 9kb 长度的基因组区域(图 2-62),全面覆盖病毒基因组上主要基因区域,从而显著提高检测的敏感性和准确性。

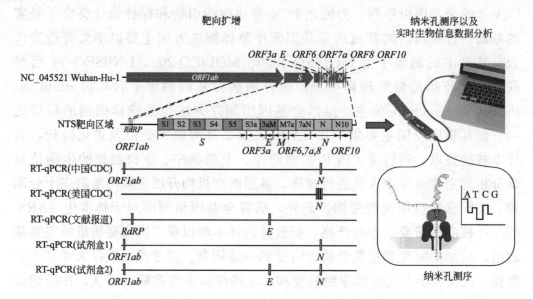

图 2-62 NTS 扩增区域与常见荧光 PCR 方法靶向区域对比（图片引自 Liu 等[7]）

NTS 方法以 SARS-CoV-2 基因组上约 9kb 的区域为模板，设计了 13 对 PCR 特异性引物，扩增子长度在 300~900bp 之间，为了避免 RdRP 区突变导致该区域扩增失败，研究人员同时设计了 2 对引物对该区域进行扩增。经过多重 PCR 扩增后的产物，利用 Nanopore 实时测序平台获得目标区域的碱基序列，同时利用实时生物信息数据分析流程将测序读长（read）映射到 SARS-CoV-2 基因组上，然后通过统计每个靶向区域的 reads 数据获得 NTS 打分，从而判断样本中是否检出 SARS-CoV-2。

2. NTS 和荧光 PCR 方法检测临床样本中 SARS-CoV-2 结果对比

将新冠疫情早期收集到的 61 例病人的鼻咽拭子样本同时采用 NTS 和荧光 PCR 两种方法检测，这些样本共分为两个组：第一组 45 例样本，归类为疑似样本组，这组样本荧光 PCR 结果采用试剂盒 1 检测，即图 2-63(a) 所示；第二组 16 例样本，结合临床核酸检测结果、影像学和血液检测结果确诊为 COVID-19 的患者，归类为确诊样本组，这组样本荧光 PCR 结果采用试剂盒 2 检测，即图 2-63(b) 所示。

NTS 检测结果根据 NTS 打分进行判断，判断的阈值为：NTS 打分大于 2.4，检测结果为阳性；NTS 打分在 1.2~2.4 之间，检测结果为不确定或疑似；NTS 打分小于 1.2，检测结果为阴性。如图 2-63 中结果所示：无论采用哪种荧光 PCR 检测试剂盒，荧光 PCR 检测为阳性的样本，NTS 结果全部为阳性，说明阳性病例两种方法检测结果完全一致，而对于荧光

PCR 检测结果为阴性或不确定的病例，NTS 方法具有更高的阳性检出率，对于临床确诊的 16 例样本［图 2-63(b)］，NTS 检测结果与临床诊断完全一致，而荧光 PCR 检测结果则出现部分漏检或不确定的结果，以上对比结果表明相比于荧光 PCR，NTS 方法具有更高的检测敏感性和准确性。

(a)

病人编号	NTS靶向位点												NTS和RT-qPCR结果对比		
	RdRP	S1	S2	S3	S4	S5	S3a	3aM	M7a	7aN	N	N10	NTS打分	NTS	RT-qPCR
A2	96	60	118	75	40	4	12	14	60	53	132	4	9.8	阳性	阳性
A4	797	793	1079	901	744	64	123	190	439	1179	2014	32	11.4	阳性	阳性
C1	2768	2213	2714	1882	2212	202	620	498	2538	2628	3167	364	12	阳性	阳性
C2	1680	1883	3491	1810	2445	92	737	268	1151	2973	3052	464	11.4	阳性	阳性
D12	3731	2683	4080	2392	3868	464	1709	815	2193	4825	2738	116	11.4	阳性	阳性
E5	124	211	324	121	175	9	70	24	163	359	385	3	9.8	阳性	阳性
G1	2026	791	1636	1375	1158	109	382	252	1335	2532	2921	82	11.4	阳性	阳性
H9	2015	2260	3624	1817	2691	223	647	481	1990	2621	3273	18	12	阳性	阳性
E1	582	237	258	215	180	36	54	19	237	377	360	0	10	阳性	阳性
A6	7	7	9	3	4	3	7	0	1	4	8	1	3.2	阳性	不确定
A9	11	1	40	2	1	7	0	5	20	63	55	0	4.8	阳性	不确定
A12	6	4	5	6	40	4	4	2	4	12	161	0	3.6	阳性	不确定
B4	3	6	11	6	10	1	4	1	2	8	6	1	3.4	阳性	不确定
C11	7	10	5	3	11	1	3	0	1	0	35	1	3.2	阳性	不确定
D2	0	2	8	2	1	0	2	2	4	4	6	1	0.8	阴性	不确定
F5	208	233	3	149	6	0	2	0	2	6	9	1	3.8	阳性	不确定
F12	3	1	5	1	1	1	1	0	0	1	7	0	0.4	阴性	不确定
H12	14	14	16	10	8	2	1	2	10	7	43	2	4.6	阳性	不确定
D10	3	2	5	1	1	0	0	0	1	2	2	0	0.4	阴性	阴性
A1	14	7	14	8	8	4	9	1	6	7	10	0	4.2	阳性	阴性
A3	5	10	13	2	4	1	0	1	3	2	8	0	2.2	不确定	阴性
A5	0	0	2	1	1	0	1	0	0	0	9	2	0	阴性	阴性
A7	1	8	3	1	0	1	1	0	0	22	549	41	2.4	不确定	阴性
A8	2	6	7	2	5	1	0	1	0	0	6	1	1.2	不确定	阴性
阳性对照	0	622	504	386	517	339	26	0	0	0	0	0	6	阳性	阳性
阴性对照	1	0	2	0	0	0	0	0	2	0	316	1	NA	阴性	阴性

病人编号	RdRP	S1	S2	S3	S4	S5	S3a	3aM	M7a	7aN	N	N10	NTS打分	NTS	RT-qPCR
A11	150	17	9	67	12	5	6	0	1	810	294	0	6.6	阳性	阳性
B9	1410	179	711	808	198	9	637	75	146	1117	1285	85	11.4	阳性	阳性
C9	1145	190	547	89	421	12	69	48	135	1317	63	0	11	阳性	阳性
D9	702	122	1440	708	769	28	807	45	74	2459	1931	0	11	阳性	阳性
D11	270	324	517	71	418	4	306	32	96	527	604	0	10.4	阳性	阳性
E3	3	2	94	37	132	15	3	0	18	5	133	1	7.2	阳性	阳性
E11	353	277	766	302	231	11	636	40	76	656	1078	157	12	阳性	阳性
F11	2009	511	1307	1166	390	30	1604	129	245	2092	2631	0	11	阳性	阳性
G11	2709	1944	2885	1735	1983	71	2334	418	595	3523	2964	8	11.4	阳性	阳性
G12	4200	1202	4765	1433	1532	6	4131	58	1711	6722	1125	0	10.4	阳性	阳性
C12	125	187	110	2	1	12	99	23	60	88	91	2	9	阳性	不确定
E6	118	123	224	2	16	1	2	16	3	3	2	1	5.8	阳性	不确定
E12	6	6	3	4	3	3	6	0	0	8	6	1	3.2	阳性	不确定
F8	5	157	5	7	295	2	5	0	1	332	239	0	5.2	阳性	不确定
G6	1	4	173	4	7	1	2	0	0	3	2	0	2.2	不确定	不确定
H3	1	0	4	26	1	1	0	0	0	0	0	0	1	阴性	不确定
A10	0	0	0	0	0	0	0	0	0	0	52	0	1	阴性	阴性
B1	1	5	7	3	6	33	3	0	0	4	8	0	3.4	阳性	阴性
B2	27	4	1	2	11	0	0	0	0	15	2	0	3	阳性	阴性
B3	21	76	10	8	118	4	8	0	14	212	288	1	7.6	阳性	阴性
B5	4	6	4	3	9	1	0	0	1	6	4	0	2.4	不确定	阴性
阳性对照	0	916	848	588	848	593	17	0	0	0	1	0	6	阳性	阳性
阴性对照	1	2	2	0	0	0	1	0	0	0	0	0	NA	阴性	阴性

图 2-63

病人编号	RdRP	S1	S2	S3	S4	S5	S3a	3aM	M7a	7aN	N	N10	NTS打分	NTS	RT-qPCR
R01	1	4	38	0	2	0	0	0	0	11	11	0	3.8	阳性	阳性
R02	7	2	12	1	6	0	6	0	2	5	7	1	3	阳性	阴性
R03	50	0	17	1	3	0	10	1	0	13	8	0	4.8	阳性	阳性
R04	1	0	13	1	0	0	0	0	0	5	18	0	2.8	阳性	阳性
R05	135	0	127	23	12	0	176	1	109	580	460	0	8	阳性	阳性
R06	90	14	42	31	1	1	38	0	0	2	95	0	6	阳性	不确定
R07	0	0	4	7	12	2	1	0	0	28	9	0	3.2	阳性	不确定
R08	33	1	4	1	4	0	1	0	0	1	3	0	2.6	阳性	不确定
R09	6	2	8	2	6	0	16	0	0	7	3	1	3	阳性	阴性
R10	3	1	2	59	0	18	0	4	0	1	4	55	4.2	阳性	阴性
R11	6131	496	8613	1310	3526	38	5364	60	317	5481	5436	178	12	阳性	阳性
R12	610	100	882	120	55	9	340	18	2	898	345	0	9.4	阳性	阳性
R13	40	0	0	0	0	2	191	1	0	65	0	0	3	阳性	阳性
R14	7	2	15	1	7	0	6	0	1	6	11	0	3.6	阳性	阳性
R15	35	11	188	6	93	0	65	0	2	75	49	0	7	阳性	阳性
R16	8	0	11	0	6	0	0	0	3	6	2	1	3	阳性	阳性
阴性对照	0	0	0	0	0	0	0	0	0	0	0	0	NA	阴性	阴性
阴性对照	0	0	0	0	0	0	0	0	0	0	0	0	NA	阴性	阴性

(不同色块内的数字代表该位点测序得到的read条数)

■ 阳性(该色块代表10条及以上,即该位点阳性,打分权重为1) ■ 不确定(该色块代表3~9条,即该位点不确定或疑似,打分权重为0.4) ■ 阴性(该色块代表3条以下,打分权重为0,最后的NTS打分为所有位点打分权重值之和)

图 2-63 NTS 和荧光 PCR 方法检测结果对比(图片引自 Liu 等文章[7])

3. NTS 可检测样本中 SARS-CoV-2 的基因突变

NTS 方法测序可获得 SARS-CoV-2 基因组上约 9kb 长度区域的碱基序列信息,通过对 NTS 检测阳性的样本中获得的测序序列进行生物信息学分析,从 27 个样本中发现了 42 个单碱基突变,其中 14 个为同义突变,28 个为非同义突变。北京大学陆建等[8]的研究表明,T28144C 突变位点对于 SARS-CoV-2 的亚型分型具有重要的意义。NTS 测序区域刚好覆盖了 28 144 位点,因此虽然通过 NTS 方法无法获得 SARS-CoV-2 完整的基因组信息,但是其测序结果同样可以对基因组上关键基因的突变进行分析,并且可以利用 28144 位点的突变情况确定患者感染的病毒谱系,对于患者治疗和疫情防控都具有十分重要的意义。

4. NTS 可同时检测样本中其他 10 大类常见呼吸道病毒

NTS 方法的一个主要优势是其检测病原的类型可以扩展,一方面通过设计 10 类常见呼吸道病毒的特异性扩增引物,增加到原有的引物池进行多重靶向扩增;另一方面通过增加生物信息学分析比对数据库中新的病毒参考基因序列,即可以实现同一份样本中 SARS-CoV-2 和其他常见呼吸道病毒的同时检测。利用该方法,在疫情早期即发现一例同时感染 SARS-CoV-2 和甲型流感病毒 H3N2 的病例。因此,NTS 方法对于流感高发的秋冬季节的人员进行新冠病毒筛查具有广泛的应用前景。

三、纳米孔靶向测序临床应用前景展望

1. NTS在临床样本细菌、真菌感染快速检测中的应用

目前临床上确诊感染病原菌类型主要依靠微生物培养技术,虽然培养一直是感染诊断的金标准,但是它具有一些明显的缺点:①培养周期长,常见细菌的培养通常需要3~7天不等,而某些关键的致病菌,如结核分枝杆菌,培养周期可能长达2~4周;②培养覆盖的致病菌不全,不同致病菌需要在不同的培养基生长;③培养条件要求严格,培养阳性率低,厌氧菌需在无氧条件下培养。因此,临床上急需能够弥补培养技术不足的分子诊断技术来辅助病原微生物的快速检测。

NTS技术通过对细菌、真菌目标基因进行多重靶向测序,可以实现临床样本中病原菌全面、快速、准确的检测,为临床医生的精准诊断和精准用药提供有意义的指导。以武汉臻熙医学为代表的三方临检公司,利用NTS技术,目前已经可以实现24h内的临床样本病原菌的检测。

2. NTS在混合感染检测和致病菌动态监测中的应用

NTS技术可以实现细菌、真菌、寄生虫和病毒的同时检测,无需多次采样和多次实验,大大降低了检测操作的人力成本和试剂成本。对于用药情况的反馈,NTS技术可以通过对病人整个病程中不同时间点的采样检测,实现对病人治疗情况的动态监测,及时评估治疗效果并监测可能的新发致病菌感染。

3. 耐药基因检测

通过设计常见耐药基因的特异扩增引物,NTS可以实现临床样本中致病菌耐药基因的检测,为临床医生精准选择抗生物治疗方案提供指导。

4. 特殊样本的检测

对于血液等人类宿主核酸含量高、微生物含量极低的样本,基于NGS平台的宏基因组测序技术通常检测效果不佳,相比之下,NTS技术通过靶向扩增,首先富集样本中致病菌的基因,大大降低了人类宿主对于测序结果的影响,因此对于这类样本具有更好的检测敏感性。

5. NTS技术有望实现临床病房端的测序检测

Nanopore平台目前有多款测序仪可供选择,最小的MinION占用空间小、方便携带,结合便携式自动化建库设备,将来有望实现临床病房直接测序,而基于NGS平台的宏基因组技术由于设备庞大,操作复杂则难以实现

类似的应用场景。NTS病房端的测序数据可直接上传至云端分析平台进行分析并直接返回检测报告结果,从而大大节省了样本流转时间,缩短报告时间,为患者赢得最佳的治疗时机。

参 考 文 献

[1] LIU Ran, FU Aisi, DENG Zixin, et al. Promising methods for detection of novel coronavirus SARS-CoV-2 [J]. View, 2020, 1 (1): e4.

[2] GOOTENBERG J S, ABUDAYYEH O O, LEE Jeong Wook, et al. Nucleic acid detection with CRISPR-Cas13a/C2c2 [J]. Science, 2017, 356 (6336): 438-442.

[3] JOUNG J, LADHA A, Saito M, et al. Detection of SARS-CoV-2 with SHERLOCK one-pot testing [J]. The New England Journal of Medicine, 2020, 383: 1492-1494.

[4] GREEN A A, SILVER P A, COLLINS J J, et al. Toehold switches: *de-novo*-designed regulators of gene expression [J]. Cell, 2014, 159: 925-939.

[5] QIN Peiwu, PARK Myeongkee, ALFSON K J, et al. Rapid and fully microfluidic Ebola virus detection with CRISPR-Cas13a [J]. ACS Sensors, 2019, 4 (4): 1048-1054.

[6] WU Fan, ZHAO Su, YU Bin, et al. A new coronavirus associated with human respiratory disease in China [J]. Nature, 2020, 579: 265-269.

[7] WANG Ming, FU Aisi, HU Ben, et al. Nanopore targeted sequencing for the accurate and comprehensive detection of SARS-CoV-2 and other respiratory viruses [J]. Small, 2020, 16: e2002169.

[8] TANG Xiaolu, WU Changcheng, LI Xiang, et al. On the origin and continuing evolution of SARS-Cov-2 [J]. National Science Review, 2020, 7: 1012-1023.

(撰稿专家:刘天罡)

生物产业发展现状与趋势

生物医学工程

2020年生物医学工程发展态势分析

中国医学科学院医学信息研究所

我国生物医学工程学科与医疗器械产业发展势头良好，国家对相关领域创新研发高度重视，从宏观政策层面进行布局，不断优化行业监管政策，营造良好的制度环境，并从科研投入方面对创新链条不同环节的创新主体进行引导和资助。我国生物医学工程理论研究实力持续增强，论文作为基础研究产出标志不断增加；医疗器械技术创新活跃，专利申请数量快速增长，但缺乏国际布局，也侧面反映出在国际上的竞争力仍显不足；临床试验数量虽呈现增长态势，但试验数量的全球占比明显小于论文和专利；产品注册受到疫情影响，国产第2类产品数量激增，进口产品数量锐减。综合来看，我国医疗器械产业规模仍然较小，也预示着较大的发展空间，先进诊疗装备和高端医疗器械的国产化在这一阶段仍是我国主要的发展方向，对核心技术、突破性技术研发的扶持也将继续进行。此外，随着我国老龄化进程加剧，家庭诊疗、康复辅助、远程医疗、医养结合等领域相关医疗器械的研发将成为需求导向的重点研发领域之一。另一方面，人工智能、互联网＋、基因技术、增材制造、生物新材料等新技术、新业态的出现与应用也将给医疗器械的发展带来新契机。

一、宏观发展环境

1. 发展形势与需求

随着我国经济技术的持续发展和国民对医疗卫生与健康需求的不断提升，我国对医疗器械在疾病诊防治和健康促进方面的需求呈现快速增长态势，市场潜力巨大，发展前景广阔，是新时期推动我国新经济增长的一个重要方向。

生物医学工程具有多学科交叉、知识密集、附加值高等特点，可一定程度反映国家创新能力和制造业发展水平。随着国家对科技创新重视程度的提升和科研投入的增加，我国在生物医学工程领域已积累大量科学研究基础，创新发展已经进入由量的快速增长向量、质稳步提升的重要阶段，科研体系日益完备，人才队伍不断壮大，科学、技术、工程、产业的自主创新能力持续增强。在取得一系列成果的同时，也应当看到我国以生物医学工程为基础的医疗器械在核心竞争力方面仍面临挑战，依然存在原始创新能力不足，创新转化效率较低，具有国际竞争力的企业与产品较少等问题，高端医疗装备以仿制为主、以进口为主的局面仍未彻底改变，对进口产品的依赖也推高了医疗器械与医用耗材费用，加重医疗负担。

2020年3月2日，习近平总书记在北京考察新冠肺炎防控科研攻关工作时也提出要加快补齐我国高端医疗装备短板，加快关键核心技术攻关，突破技术装备瓶颈，实现高端医疗装备自主可控。加快自主创新研发，促进产业转型升级和高质量发展，提高高端药械国产化替代已成为国家医疗卫生领域重点任务之一，对于推动健康中国建设意义重大。

在新时期卫生与健康科技发展新形势、新要求、新方向的背景下，医疗器械产业的创新发展不仅需要科技创新，同时要体制机制的创新和管理水平、管理能力的提升，建立灵活、科学、有效的成果转化激励机制，创造更加有利于产业发展的政策环境。此外，医疗器械产业的发展还要注重政策协同、管理协同、产学研医协同，以及跨领域合作，充分激发市场主体创新活力，加快创造并完善制度环境。

2. 国家战略政策

在国家宏观战略规划方面，2020年10月，《中共中央关于制定国民经济和社会发展第十四个五年规划和二〇三五年远景目标的建议》获得通过，明确将国家耗材集中采购使用改革和高端医疗设备发展作为健康中国建设的重要一环。

在保障医疗器械供应方面，2019年12月全国人大常委会通过《中华人民共和国基本医疗卫生与健康促进法》，提出要加强对医疗器械的管理，完善标准和规范，提高安全有效水平。国务院卫生健康主管部门和省、自治区、直辖市人民政府卫生健康主管部门应当根据技术的先进性、适宜性和可及性，编制大型医用设备配置规划，促进区域内医用设备合理配置、充分共享，以提高大型医疗装备的可及性。

在创新集群与区域建设方面，2019年2月中共中央国务院印发《粤港澳大湾区发展规划纲要》，提出依托香港、澳门、广州、深圳等中心城市的科研资源优势和高新技术产业基础，发挥国家级新区、国家自主创新示范区、国家高新区等高端要素集聚平台作用，推动包括高端装备制造、生物技术、新材料等在内的战略性新兴产业发展，在高端医学诊疗设备、基因检测、现代中药、智能机器人、3D打印等重点领域培育一批重大产业项目，增强经济发展新动能。

在制度建设方面，国务院在2019年9月发布《关于加强和规范事中事后监管的指导意见》，要求从制度入手，对药械等重点领域、重点产品加强全过程监管，创新完善监管方式。

此外，《医疗器械监督管理条例》（修订）也已纳入国务院2020年立法工作计划，《医疗器械监督管理条例（修订草案）》已在12月21日召开的国务院常务会议上获得通过，明确进一步强化企业、研制机构对医疗器械安全性有效性的责任，明确审批、备案程序，充实监管手段，增设产品唯一标识追溯、延伸检查等监管方向，并提出加大违法行为惩处力度，包括对涉及质量安全的严重违法行为大幅提高罚款数额，对严重违法单位及责任人采取吊销许可证、实行行业和市场禁入等严厉处罚，涉及犯罪的依法追究刑事责任等。

3. 行业监管政策

(1) 注册制度改革

近年来，在中共中央办公厅、国务院办公厅《关于深化审评审批制度改革鼓励药品医疗器械创新的意见》和国务院《关于改革药品医疗器械审评审批制度的意见》文件的指导下，我国医疗器械审评审批改革继续向纵深推进。《创新医疗器械特别审查程序》《医疗器械优先审批程序》工作有序推进，加快了具有我国发明专利、技术上具有国内首创、国际领先水平，并且具有显著临床应用价值和临床急需、国家科技重大专项或国家重点研发计划成果产出医疗器械的上市速度。截至2020年末，已有98个创新医疗器械产品获批上市。

在2018年上海市、广东省和天津市自贸区实施医疗器械注册人制度试点的基础上，2019年国家药品监督管理局（National Medical Products Administration，NMPA）发布《关于扩大医疗器械注册人制度试点工作的通知》，将试点范围扩大至21个省（区、市），进一步为注册与生产"解绑"，激发科研创新活力。截至2020年9月11日，已有552个产品按照医疗器械注册人制度试点获批上市。

2020年12月，医疗器械技术审评检查长三角分中心、医疗器械技术审评检查大湾区分中心分别在上海市、广东深圳市挂牌成立，为长三角地区、粤港澳大湾区医疗器械创新成果转化、产业聚集、创新发展和开展有针对性的区域监管科学研究提供助力。

（2）高值耗材集中采购

为促进高值耗材的合理使用，降低高值耗材虚高价格，原国家卫生计生委等9部门在2017年开展的医疗纠风运动暨耗材专项整治中明确提出要对高值耗材进行监控，全面落实《高值医用耗材集中采购工作规范（试行）》文件要求，普遍开展以政府为主导、以省（区、市）为单位的网上高值医用耗材集中采购工作。2018年3月，国家卫生健康委发布的《关于巩固破除以药补医成果 持续深化公立医院综合改革的通知》也提出要实行高值医用耗材分类集中采购。2019年7月，国务院办公厅印发《治理高值医用耗材改革方案》，再次明确"促降价、防滥用、严监管、助发展"的要求。

2020年，国家卫健委发布了《国家卫生健康委办公厅关于印发第一批国家高值医用耗材重点治理清单的通知》，公布第一批国家高值医用耗材重点治理清单，包括血管支架、髋关节假体、球囊扩张导管、植入式神经刺激器等18种耗材。文件要求各省级卫生健康行政部门在文件基础上，根据各地实际，适当增加品种，形成省级清单，并指导辖区内医疗机构制定医疗机构清单。10月，《国家组织冠脉支架集中带量采购文件（GH-HD2020-1）》发布。11月，首次高值医用耗材冠脉支架采购拟中选结果公布，10个产品拟中选，涉及9家中外企业，支架价格从均价1.3万元左右下降至700元左右。

（3）医疗器械唯一标识系统

为进一步深化医疗器械全生命周期管理理念，便利高值医用耗材采购管理，加强产品上市后流通与质量监管，我国持续推进医疗器械唯一标识系统（UDI）建设。2019年8月，NMPA发布《医疗器械唯一标识系统规则》和相关标准，赋予产品"电子身份证"，并选择部分品种和参与单位开展试点工作，探索从源头生产到临床使用全链条联动。2019年10月，第一批医疗器械唯一标识实施品种确定，考虑风险程度和监管需要，部分有源植入类、无源植入类等9大类64个品种高风险第三类医疗器械被纳入首批实施品种。2020年9月，《关于深入推进试点做好第一批实施医疗器械唯一标识工作的公告》发布，进一步扩展了实施品种，在总结试点初步结果的基础上，对下一阶段工作进行部署。

4. 突发公共卫生事件响应

2020年新型冠状病毒肺炎在全球暴发，对核酸检测、抗体检测等检测试剂，口罩、防护服等医疗防护用品，以及呼吸机、ECMO等呼吸相关重症和急救设备的需求暴增，为应对疫情相关医疗器械需求，保障医务工作者和人民群众的医疗器械供应，我国组织实施一系列医疗器械应急供应保障措施，包括实施检测试剂的应急审批、加快医用防护服注册审批和生产许可、允许应急进口未在我国注册的医疗器械等。

(1) 医疗器械应急审批

医疗器械应急审批制度是为有效预防、及时控制和消除突发公共卫生事件危害，确保突发公共卫生事件应急所需医疗器械尽快完成注册审批而制定的，适用于突发公共卫生事件应急所需，且在我国境内尚无同类产品上市，或虽在我国境内已有同类产品上市，但供应不能满足应急处理需求的情况。在此疫情应对中，大量防疫、抗疫所需医疗器械通过依据该制度快速上市。

国家药品监督管理局（NMPA）是我国医疗器械应急审批的主管部门，负责根据突发公共卫生事件的形势与需求，决定程序的启动和终止时间。与常规审评审批流程相似，第一类医疗器械采取备案管理，第二类、第三类医疗器械应急审批仍包含提交注册申请、转交评审机构、技术审评、行政审批等步骤，但在审批时限上进行了大幅缩减。医疗器械的注册检测由具有医疗器械检验资质的检测中心开展，技术审评的主体是各级医疗器械审评机构，质量管理体系核查和行政审批则仍根据器械类型分别由国家、省（自治区、直辖市）医疗器械监管部门负责。当程序启动后，各级医疗器械监管部门及相关检测与审评机构则根据各自职能开展应急审批工作。

2020年1月20日，NMPA召开紧急会议，决定启动医疗器械应急审批程序，随后，国家医疗器械技术审批中心（CMDE）立即启动医疗器械应急审批工作。应急审批工作组迅速收集文献资料，组织内部讨论，征求专家意见，制定新冠肺炎器械相关审评要点，为指导注册申请人准备申报资料、保障审评质量，尽快批准可以用于疫情防控的产品上市提供了技术支持。对于经NMPA批准进入应急审评程序的产品，CMDE指派专人与注册申请人保持沟通，对拟申报的产品进行技术评估，以"统一指挥、早期介入、随到随审、科学审批"为原则并要求产品安全、有效、质量可控。

(2) 医疗器械快速进口

为了增加新冠疫情相关医疗器械的供应，在国务院联防联控机制的协调下，工业和信息化部、国家卫生健康委员会、中国海关等多部门展开协同，与相关企业联动，迅速打通医疗器械国外进口→通关→运输通道，力争用最短的时间将国内急需医疗器械送到抗疫一线，有效保障了国内无法自给自足的抗疫所需高端医疗仪器供应。

2020年1月27日，NMPA发布《关于紧急进口未在中国注册医疗器械的意见》，允许符合美国、欧盟、日本相关标准并在境外上市的医疗器械的应急使用。同日，中国海关发布《关于全力保障涉及新型冠状病毒感染的肺炎疫情物资快速通关的通知》，就进口捐赠物资办理通关手续事宜做出指示，要求各直属海关设立进口捐赠物资快速通关专门受理窗口和绿色通道，实施快速验放，全力保障进口药品、消毒物品、防护用品、救治器械等防控物资快速通关。

（3）鼓励企业扩能转产

2020年2月7日，为应对医用防护服短缺问题，NMPA发布《关于加快医用防护服注册审批和生产许可的通知》，支持医用防护服生产企业扩大产能、增加生产场地，鼓励防护服企业和有一定生产能力的工业防护服生产企业转产医用防护服，并通过优化医用防护服产品注册和生产许可程序加速防护服产品的上市。

同一天，多部门联合发布《关于发挥政府储备作用支持应对疫情紧缺物资增产增供的通知》和《政府兜底采购收储的产品目录（第一批）》，要求疫情防控期间，将目录中重点医疗防护物资品种增列储备物资目录，对目录中企业多生产的重点医疗防护物资，全部由政府兜底采购收储。该文件提出支持生产目录所列疫情防控重点医疗物资的企业抓紧释放已有产能，进一步增加产量，尽快实现满负荷复工复产，支持有关企业通过技术改造、增添生产线（设备）迅速扩大产能，支持有条件的企业尽快实现转产，重点生产应对疫情急需的紧缺医疗物资，帮助企业解决资金、资质、生产场地、设备购置和原材料采购等实际困难，促进上下游生产良性循环，提高全产业链生产能力。

5. 科技计划投入

科技投入是国家宏观科技布局的直观体现，可反映政府主导的科技研发活动情况，也是理论研究和技术开发的重要支持。我国在生物医学工程领域理论研究投入持续增加，技术开发优先布局重点领域。

（1）国家自然科学基金

国家自然科学基金主要从基础研究角度给予生物医学工程领域项目资助，2015—2019年间共资助相关领域项目2000余个，主要来自医学科学部与生命科学部，资助总额超过 12 亿元。从趋势来看，资助项目数量在 5 年间持续增长，资助金额除 2016 年明显偏高外，其他年份呈现稳步增长态势（图 2-64）。

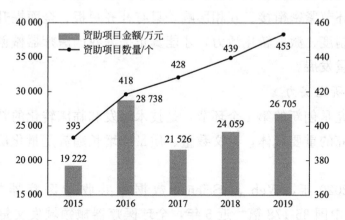

图 2-64 国家自然科学基金对生物医学工程领域资助情况

(2) 国家重点研发计划

"十三五"时期以来，国家设立多个国家重点研发计划，针对事关国计民生的重大社会公益性研究，以及事关产业核心竞争力、整体自主创新能力和国家安全的重大科学技术问题，突破国民经济和社会发展主要领域的技术瓶颈。其中，"数字诊疗装备研发和生物医用材料研发"与"组织器官修复替代"两个专项主要面向生物医学工程学科和医疗器械产业进行资助，资助机构包括高校、科研机构、医疗服务机构和企业。2016—2019 年间，两个专项累计资助金额超过 32 亿元，资助项目总数 289 个（图 2-65）。

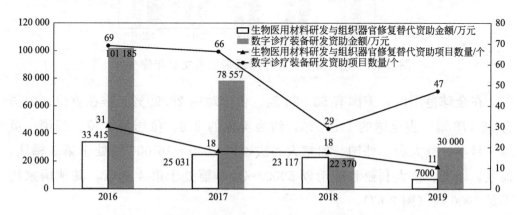

图 2-65 "生物医用材料研发与组织器官修复替代"和"数字诊疗装备研发"专项的资助情况

注：2019 年资助金额为指南规划金额。

二、生物医学工程发展态势

医疗器械科技创新涉及理论研究、技术开发、临床转化、产品注册等多个环节,各环节紧密衔接、互相影响,只有补齐短板、全面提升全链条创新能力,优化制度、激发转化活力,才能真正提高我国医疗器械创新水平,实现产业高质量发展。

1. 理论研究实力

理论研究是创新的第1个环节,是技术研发和临床转化的基础。科技论文是理论研究的重要载体,论文数量、质量和增长趋势是量化反映理论研究实力的标志。

2016—2020年,Web of Science数据库共收录医疗器械领域论文178 006篇,中国35 178篇。近5年,全球医疗器械领域发文量处于波动变化中,年平均发文量约为35 601篇,其中2019年发文量最多,有37 399篇;中国医疗器械领域发文量整体上呈现增长趋势,年平均发文量约为7036篇,其中2020年发文量最多,有8389篇(图2-66)。

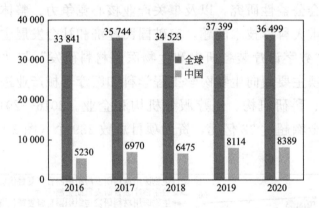

图2-66 全球和中国医疗器械领域发文量年度分布

在全球范围内,美国有53 388篇,占全球的29.99%,排在首位;中国有35 178篇,占全球的19.76%,约为美国的2/3,位居第2位;德国、英国、日本、意大利、韩国、加拿大和法国以7000~16 000篇处于第3梯队,荷兰、印度、澳大利亚和瑞士以5000~7000篇处于第4梯队,其他国家均不足5000篇(图2-67)。

全球医疗器械领域的基础研究(图2-68)主要集中在医学影像学(98 431篇)、工程学(64 346篇)和材料科学(41 316篇),中国的主要研究方向(图2-69)同全球基本一致,材料科学有14 416篇,工程学有13 922

生物产业发展现状与趋势

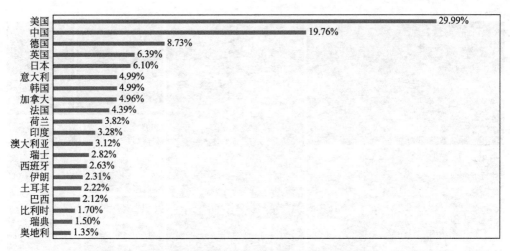

图 2-67　全球医疗器械领域发文量全球占比前 20 位国家

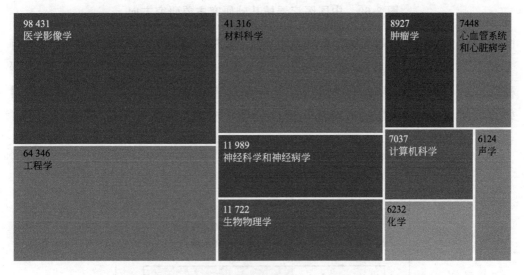

图 2-68　全球医疗器械基础研究主要研究方向

篇，医学影像学有 13 815 篇。

2. 技术开发实力

医疗器械行业是一个知识密集、资金密集且多学科交叉的高技术产业。专利可以保护技术创新，是技术信息最有效的载体，囊括了全球 90% 以上的最新技术情报。通过对医疗器械的全球专利申请来分析医疗器械的技术产出规模，有助于了解我国医疗器械技术发展情况。

我国医疗器械领域 2016—2020 年技术产出规模超过全球总量的 2/5。截至 2020 年 12 月底，全球医疗器械领域专利申请共计 2 541 658 件，其中我国 1 154 334 件，超过全球申请总量的 2/5，从专利申请数量来看，我国

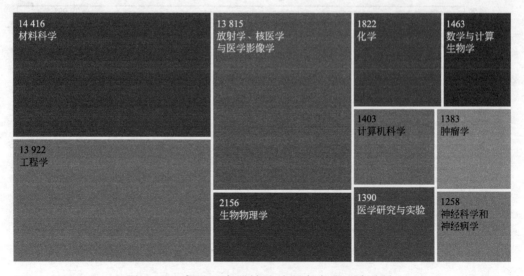

图 2-69　中国医疗器械基础研究主要研究方向

医疗器械领域的技术研发具有一定优势。合并同族后，全球医疗器械领域有专利 1 578 216 组，我国有 1 025 790 组，超过全球总量的 3/5，我国医疗器械领域的技术创新活动相对活跃，但在全球市场中份额不大，全球布局相对较少，接近 90% 的专利申请都在国内（图 2-70）。

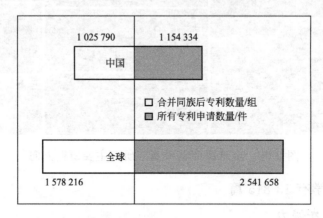

图 2-70　中国与全球医疗器械领域 2016—2020 年专利申请情况

全球和我国 2016—2020 年专利申请量的年度分布如图 2-71 所示，2016—2018 年 3 年间，全球每年的专利申请数量都在 3 万组以上，我国维持在 2 万组左右，每年维持较高的申请量。2016—2018 年，我国在全球医疗器械领域的专利申请百分比逐年增长，从 59% 增至 65%。全球和我国在该领域的专利申请均呈现明显的增长态势，年复合增长率分别为 6% 和 12%，我国专利申请增长态势远高于全球水平。

生物产业发展现状与趋势

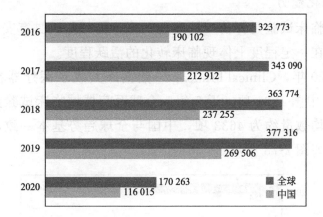

图 2-71　中国与全球医疗器械领域 2016—2020 年专利申请情况（单位：组）

注：由于专利申请到公开有 18 个月的滞后期，因此 2019 年、2020 年数据不代表最终趋势。

PCT 专利申请是国际上通常用于衡量一个国家（地区）国际专利申请实力和水平的重要指标。全球医疗器械领域共有 PCT 申请 125 282 组，我国有 10 288 组，全球占比不到 10%，表明我国医疗器械领域对海外市场的拓展还有很大的提升空间。全球和我国 2016—2020 年 PCT 专利申请量的年度分布如图 2-72 所示，PCT 申请数量呈现波动式增长。全球每年的 PCT 申请量维持在 2 万～3 万组，我国每年维持在 2000 多组，每年的全球占比维持在 8% 左右，全球布局相对较少，在全球市场份额不大。

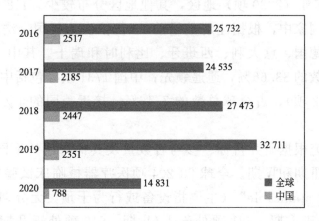

图 2-72　中国与全球医疗器械领域 2016—2020 年 PCT 专利申请情况

注：由于专利申请到公开有 18 个月的滞后期，因此 2019 年、2020 年数据不代表最终趋势。

我国在医疗器械领域专利申请数量具有较明显的优势，技术发展活力已远超全球水平，但是 PCT 专利申请数量较少，表明我国医疗器械领域的全球布局相对较小，未能充分开拓海外市场。

3. 临床转化能力

医疗器械临床试验是评价申请注册的医疗器械是否具有安全性和有效性重要环节，可在一定程度上体现临床转化的活跃程度。

2016—2020 年，ClinicalTrials.gov 数据库共收录医疗器械领域临床试验 23 204 项，中国 1731 项。近 5 年，全球医疗器械临床试验数量增长趋势较平缓，年平均数量约为 4633 项，中国与全球趋势基本一致，年平均数量约为 345 项。如图 2-73 所示。

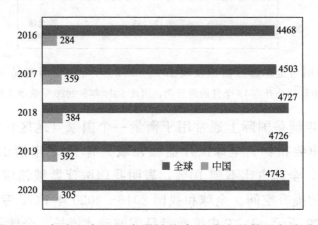

图 2-73　全球和中国医疗器械临床试验注册数量年度分布

全球范围内，医疗器械临床试验主要分布在北美（8830 项）、欧洲（6935 项）和东亚（2330 项）地区，其他地区分布较少。118 个开展医疗器械临床试验的国家中，根据注册数量前 10 位依次为美国、法国、中国、加拿大、英国、德国、意大利、西班牙、比利时和瑞士。其中，美国有 7810 项，占全球总数的 33.66%，遥遥领先；中国 1731 项（包括中国台湾 383 项和中国香港 192 项），占全球总数的 7.46%，接近美国的 1/4，排在第 3 位（图 2-74）。

实验性研究根据研究目标、参与者数量及其他特征的不同划分为 0 期、Ⅰ期、Ⅱ期、Ⅲ期和Ⅳ期。全球 23 204 项医疗器械临床试验中，16 723 项对应的为"not applicable"（主要指设备或行为干预，无分期），69 项处于 0 期，338 项处于Ⅰ期，221 项处于Ⅰ/Ⅱ期，519 项处于Ⅱ期，136 项处于Ⅱ/Ⅲ期，409 项处于Ⅲ期，553 项处于Ⅳ期（数量最多）。中国 1731 项医疗器械临床试验中，1270 对应的为"not applicable"，8 项处于 0 期，12 项处于Ⅰ期，16 项处于Ⅰ/Ⅱ期，30 项处于Ⅱ期，16 项处于Ⅱ/Ⅲ期，46 项处于Ⅲ期（数量最多），37 项处于Ⅳ期（图 2-75）。

全球医疗器械临床试验（表 2-59）的适应证主要集中于糖尿病（241

生物产业发展现状与趋势

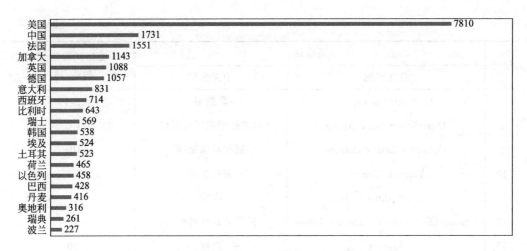

图 2-74　全球医疗器械临床试验注册数量前 20 位国家

注："国家"指临床试验开展所在国家。

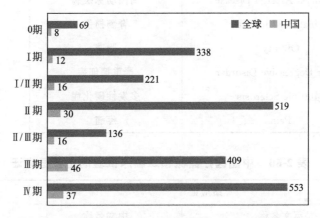

图 2-75　全球和中国医疗器械领域临床试验分期分布

项)、中风（228 项）和骨关节炎（150 项），中国的适应证（表 2-60）主要集中于中风（50 项）、冠状动脉疾病（25 项）和骨关节炎（18 项）。

表 2-59　全球医疗器械领域临床试验的主要适应证

序号	适应证		临床试验注册数量/项
	英文名称	中文名称	
1	Diabetes Mellitus	糖尿病	241
2	Stroke	中风	228
3	Osteoarthritis	骨关节炎	150
4	Heart Failure	心脏衰竭	140
5	Atrial Fibrillation	心房颤动	132
6	Parkinson Disease	帕金森综合征	119

261

续表

序号	适应证		临床试验注册数量/项
	英文名称	中文名称	
7	Breast Cancer	乳腺癌	114
8	Obstructive Sleep Apnea	阻塞性睡眠呼吸暂停	105
9	Coronary Artery Disease	冠状动脉疾病	104
10	Prostate Cancer	前列腺癌	88
11	Asthma	哮喘	71
12	Chronic Obstructive Pulmonary Disease	慢性阻塞性肺疾病	70
13	Myopia	近视	70
14	Cataract	白内障	69
15	Peripheral Arterial Disease	周围动脉疾病	67
16	Spinal Cord Injuries	脊髓损伤	65
17	Obesity	肥胖	57
18	Major Depressive Disorder	严重抑郁症	56
19	Multiple Sclerosis	多发性硬化症	54
20	Pain	疼痛	53

表 2-60　中国医疗器械领域临床试验的主要适应证

序号	适应证		临床试验注册数量/项
	英文名称	中文名称	
1	Stroke	中风	50
2	Coronary Artery Disease	冠状动脉疾病	25
3	Osteoarthritis	骨关节炎	18
4	Lung Cancer	肺癌	16
5	Myopia	近视	16
6	Schizophrenia	精神分裂症	11
7	Chronic Obstructive Pulmonary Disease	慢性阻塞性肺疾病	9
8	Scoliosis	脊柱侧弯	9
9	Atrial Fibrillation	心房颤动	7
10	Carpal Tunnel Syndrome	腕管综合征	7
11	Hepatocellular Carcinoma	肝细胞癌	7
12	Obstructive Sleep Apnea	阻塞性睡眠呼吸暂停	7

续表

序号	适应证		临床试验注册数量/项
	英文名称	中文名称	
13	Prostate Cancer	前列腺癌	7
14	Breast Cancer	乳腺癌	6
15	Heart Failure	心脏衰竭	6
16	Hypertension	高血压	6
17	Parkinson Disease	帕金森综合征	6
18	Cataract	白内障	5
19	Chronic obstructive pulmonary diseases	慢性阻塞性肺疾病	5
20	Coronary Disease	冠心病	5

4. 产品与产业

2020年，国内上市医疗器械45 418个，国产医疗器械44 164个，进口医疗器械1254个。国产医疗器械中，第一类医疗器械备案28 832个，第二类医疗器械注册14 444个，第三类医疗器械注册888个。进口医疗器械中，第一类医疗器械备案714个，第二类医疗器械注册295个，第三类医疗器械注册245个（图2-76）。

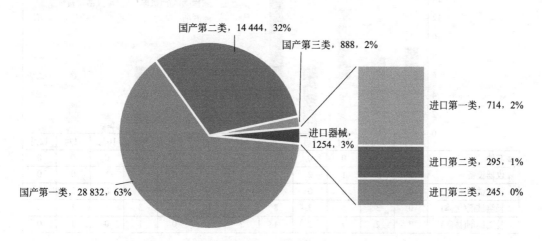

图2-76　2020年中国上市医疗器械类型与数量占比

数据来源：NMPA数据库（检索日期2020年12月31日）。

受到全球新型冠状病毒肺炎疫情影响，国内上市医疗器械数量和种类占比与往年存在一定差异，主要体现在进口医疗器械数量偏少和国产第二类医疗器械数量较多两个方面。国外疫情形势严峻，间接影响到国外企业在我国的医疗器械注册工作，第二类、第三类进口医疗器械注册数量较去年分别下降59.8%和72.2%。此外，由于疫情，我国今年出台大量鼓励医用防护用品等防疫、抗疫医疗器械注册的政策，仅一年间，我国新注册国产医用口罩就达到5000余个，这也使得2020年注册上市的第二类国产医疗器械数量较2019年增长了44.9%。

由于疫情，防疫、抗疫医疗器械在陡然激增的需求面前，先后在国内外出现短缺现象。为应对短缺问题，保障国内医疗器械供应并促进出口，我国启动医疗器械应急审批通道，加快相关产品上市。

新冠肺炎检测试剂属于第三类医疗器械，由NMPA进行审批。2020年1月26日，在我国开通应急审批通道后的第6天，就有4个病毒核酸检测试剂通过审批快速上市。至2020年底，共有24个核酸检测试剂、26个抗体检测试剂和3个抗原检测试剂通过应急审批通道上市，为我国疫情诊断和防控提供有力保障（图2-77）。除检测试剂外，我国应急审批的第三类医疗器械还包括呼吸机、血液净化设备、分析检测设备、软件和黏胶泡沫敷料产品等。

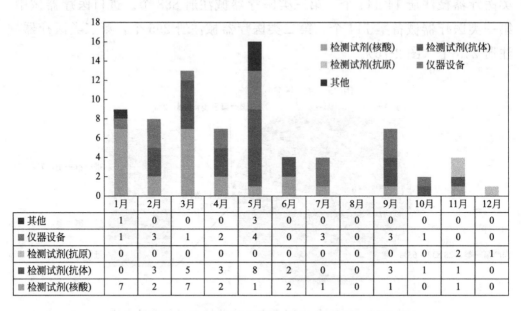

图 2-77　2020年我国应急审批上市的第三类医疗器械
数据来源：国家药品监督管理局医疗器械审评中心。

针对口罩、防护服、面罩、额温计、医用消杀器械等第二类医疗设备的短缺问题，全国31个省（区、市）的医疗器械监管部门均启动了医疗器械应急审批程序，在资料流转、技术审评和行政审批环节进行提速，采取将审评审批的多个环节由"串联"改为"并联",允许容缺审批、附条件审批,合并产品注册核查与生产许可现场检查等措施压缩审批周期,加快区域内相关产品的注册上市。

(撰稿专家:池慧 欧阳昭连 严舒)

生物技术发展前沿与热点分析

生物医药科技前沿动态和我国发展态势

中国科学院上海生命科学研究院

生物医药科技关乎社会民生，备受国际关注。2020年，国际加强了人工智能医疗应用的战略布局，以加速产品落地，全球竞争进一步加剧。与此同时，新发现、新理论、新技术、新方法推动全球疾病诊断、治疗和新药创制水平不断提升。基因检测、液体活检、分子影像等诊断技术不断进步，提高了疾病早筛、早诊和精准诊断水平；肿瘤免疫治疗研发热度持续，基础研究和突破成果不断；生命组学、干细胞、人类微生物组、基因编辑技术等前沿科技快速发展，基因疗法、RNA疗法、干细胞治疗、微生物组重构疗法等新型疗法不断取得突破，逐步从临床走向应用。

一、人工智能改变医疗供给模式，商业化进程提速

随着互联网+、区块链、5G等前沿技术的充分整合和运用，医疗健康大数据爆发、深度学习等算法升级以及算力提升，进一步激发了人工智能医疗的应用潜力，相关产品纷纷落地，已经应用于从疾病研究、预测、诊疗，到治疗后康复、健康管理等医疗全链条的各个阶段，全球竞争进一步加剧。全球多个国家从战略层面强化布局，并通过更新监管框架，简化产品上市前的审核程序，以适应人工智能快速迭代的特性，最大程度地加速人工智能医疗产品的落地。目前，市场化应用最为突出的 IBM Watson Health 系统已进入全球多国的医院进行试点应用；基于医学影像的人工智能医疗产品，如美国 Caption Health、以色列 Zebra Medical Vision、以色列 Aidoc 等公司开发的针对心脏、椎骨压缩性骨折、脑血管闭塞以及新冠肺炎等筛查的产品相继获批；以色列 Clew Medical 公司的预测分析平台 ClewICU 也获美国食品药品监督管理局（Food and Drug Administration，FDA）认证，用于ICU的新冠肺炎病情预测性筛查。

我国也迅速布局，尤其是密集出台了人工智能医疗产品的具体监管方

案、审批流程,并建立了产品审评审批参照的标准数据库,从而解决了制约我国行业发展的关键瓶颈。同时,我国人工智能医疗行业在 2020 年迎来了三类医疗器械产品审批的"零突破"。目前,科亚医疗、乐普医疗、安德医智、硅基智能、鹰瞳医疗、数坤科技、推想科技的 7 款产品通过国家药品监督管理局(National Medical Products Administration,NMPA)的"创新医疗器械绿色通道"获批上市,我国人工智能医疗领域发展提速,未来将更加深度参与全球竞争,成为领域重要推动者。

二、肿瘤免疫治疗持续热点

肿瘤免疫治疗不同于手术、放化疗等传统肿瘤疗法,是应用免疫学原理和方法,激发和增强机体抗肿瘤免疫应答,提高免疫细胞杀伤的敏感性,从而杀伤、抑制肿瘤生长。免疫细胞治疗和免疫检查点抑制剂已成为当前免疫治疗研发的重点方向。

(1) 免疫细胞治疗

免疫细胞治疗在血液肿瘤治疗研发方面持续稳步推进。2020 年 7 月,全球第 3 款 CAR-T 疗法 Tecartus(brexucabtagene autoleucel)获美国 FDA 批准上市,由美国 Kite Pharma 公司研发用于套细胞淋巴瘤(mantle cell lymphoma,MCL)的治疗。此外,该公司早前获批上市的 Yescarta,其 II 期临床研究结果表明对惰性非霍奇金淋巴瘤(indolent non Hodgkin's lymphoma,iNHL)的缓解率达 92%,公司已向 FDA 提交适应证补充申请。

与此同时,免疫细胞治疗实体瘤仍未攻克,研发主要围绕免疫逃逸、开发新的免疫治疗细胞类型、抗原靶标等方面开展。美国纽约大学等机构发现自噬通过降解主要组织相容性复合体 I 类(major histocompatibility complex,MHC-1)促进胰腺癌的免疫逃逸,并证明抑制自噬可增强抗肿瘤免疫应答。美国宾夕法尼亚大学等机构发现 CD8+杀伤性 T 细胞通常不会从血液移动到器官和组织中,该研究为解决免疫细胞治疗实体瘤疗效不足提供了思路。美国宾夕法尼亚大学开发了一种可直接作用于肿瘤的 CAR 巨噬细胞(CAR macrophages,CAR-M),并在体外试验和小鼠实体瘤模型中证明这些 CAR-M 可杀死肿瘤,基于此研究结果,美国 Carisma Therapeutics 公司的 CAR-M 疗法 CT-0508 已获 FDA 批准开展临床试验。德国 BioNTech 公司等机构基于实体瘤 CAR 靶标紧密连接跨膜蛋白 CLDN6(claudin 6),设计了一种可编码 CLDN6 的 mRNA 疫苗,临床前结果表明,该疫苗 CAR-

Vac 可促进靶向 CLDN6 的 CAR-T 细胞扩增，并增强对实体瘤的疗效。我国上海交通大学等机构发表全球首个靶向磷脂酰肌醇蛋白多糖-3（glypican-3，GPC3）的 CAR-T 细胞治疗晚期肝细胞癌患者的Ⅰ期临床结果，初步证实了该疗法的安全性和有效性。

国内免疫细胞治疗逐渐进入上市审批阶段。2020 年 3 月，复星凯特生物科技有限公司的 CAR-T 细胞治疗产品——益基利仑赛注射液被纳入我国 NMPA 优先审评程序，这是 NMPA 受理的首个 CAR-T 细胞治疗产品上市申请。我国目前已有多款免疫细胞治疗产品在临床试验中取得积极疗效，并获 NMPA 突破性治疗药物认定。南京传奇生物科技有限公司自主研发的 LCAR-B38M CAR-T 细胞制剂于 8 月被纳入并成为我国首个突破性治疗药物，此后上海明聚生物科技有限公司的 JWCAR029 和科济生物医药（上海）有限公司的 CT053 和合源生物科技（天津）有限公司的 CNCT19 也相继被纳入突破性治疗药物。

（2）免疫检查点抑制剂

当前全球已有多款免疫检查点抑制剂上市，产品竞争激烈，通过联合疗法协同增强免疫治疗效果成为主要突破口。美国百时美施贵宝公司的纳武利尤单抗联合伊匹木单抗的双免疫疗法在 2020 年获美国 FDA 批准新增 3 项适应证，分别为肝癌、非小细胞肺癌和恶性胸膜间皮瘤。瑞士罗氏公司的阿替利珠单抗联合贝伐珠单抗的免疫治疗，在Ⅲ期临床显著提高了肝癌患者的总生存期和无进展生存期，基于此，FDA 和 NMPA 已批准该联合疗法用于一线治疗肝细胞癌。

截至 2021 年 1 月，我国已有 4 款国产 PD-1 抑制剂上市，尚未有 PD-L1 抑制剂获批。基石药业（苏州）有限公司（简称基石药业）的舒格利单抗和江苏康宁杰瑞生物制药有限公司的恩沃利单抗两款 PD-L1 单抗的上市申请已率先获 NMPA 受理。我国多项免疫检查点抑制剂联合疗法也取得较大进展，已进入上市受理阶段，包括信达生物制药（苏州）有限公司的信迪利单抗联合化疗，用于一线鳞状非小细胞肺癌（non-small cell lung carcinoma, NSCLC）和非鳞状 NSCLC、基石药业的舒格利单抗联合化疗用于一线治疗非小细胞肺癌。2020 年 12 月，江苏恒瑞医药股份有限公司（简称恒瑞医药）的卡瑞利珠单抗联合化疗一线治疗晚期食管癌和鳞状非小细胞肺癌Ⅲ期临床也已达终点。此外，多款免疫疗法被我国 NMPA 纳入突破性治疗药物，包括恒瑞医药的卡瑞利珠单抗与苹果酸法米替尼胶囊的联合疗法、中山康方生物医药有限公司研发的 PD-1/CTLA-4 双特异抗体 AK104。

三、新型诊断技术

基因检测、液体活检、分子影像等多种新型诊断技术不断发展，提高了疾病早筛、早诊和精准诊断的水平。

基因测序技术的更新迭代大幅降低了基因检测成本，带动临床应用的突破，促进肿瘤早筛与伴随诊断、无创产前诊断、传染病检测、肿瘤个体化治疗与药物基因组检测等需求发展，加速了分子诊断行业格局的变化。目前，基因检测在传染病检测领域发展成熟，其次为针对生育健康的无创产前诊断，针对遗传病、癌症等疾病的诊断也快速推进。在传染病诊断方面，研究人员利用宏基因组测序技术对人类体液样本中的病原体进行快速检测，可加速识别感染性因子。在指导个体化治疗/用药与治疗预后方面，研究人员通过基于CRISPR的新型诊断技术，准确检测来自病人机体样本中的DNA等生物标志物，能够检测器官移植后患者的感染风险与监测患者对移植器官的排斥反应；或通过遗传检测的方式来预测药物性肝损伤的风险；通过心脏病学领域最大规模的药物基因临床试验证明，基因检测有助于选择抗血小板药物；同时国外经验已经表明，二代基因测序技术有效提升了艾滋病耐药检测的敏感度，缩短了人工操作和检测周期。另一方面，CRISPR、智能手机等技术或平台在传染病检测中的应用，使其更加高效、灵敏、便携、易用。研究人员基于CRISPR技术，开发出核酸多重评估的组合排列反应（CARMEN）技术，能够实现单次169种病毒的高通量检测；美国加州大学、杜兰大学医学院和中国第三军医大学等机构分别通过智能手机摄像头或基于体液的便携式智能手机平台，为COVID-19的快速检测提供灵敏准确的结果。此外，相关技术不断进步，纳米孔测序作为现有基因诊断技术的有效补充，能够在一次性完成结构变异检测的同时检测染色体倒位和点突变等变异，适用于开展遗传病结构变异的解析。

液体活检是肿瘤早期筛查、诊断分型、药物伴随检测、患者病情检测等领域的无创诊断利器。一方面，随着检测技术与算法的进步，人们对肿瘤与健康情况的监测能力不断增强，并已形成商业化产品。研究人员开发出无细胞甲基化DNA免疫沉淀和高通量测序技术（cfMeDIP-seq），可以高精度地检测出肾癌；通过新的机器学习模型分析血液中的DNA突变，能够鉴别出早期肺癌患者；通过单针活检技术分析来自患者肿瘤的基因组学与蛋白质组学特征，从而进行肿瘤诊断；利用纳米微流体芯片对肿瘤相关胞外囊泡进行综合功能与分子表型分析；通过血液中ctDNA检测可敏感检测个体的肿瘤

DNA；血液检测与 PET-CT 筛查结合可助力无癌症病史或症状患者的癌症检测，并以非侵入性血液测试的方式比目前的癌症诊断方法提前 4 年检测出癌症。目前，美国 FDA 已先后批准了美国 Guardant Health 公司、美国 Foundation Medicine 公司等的实体瘤基因组分析产品或泛肿瘤液体活检产品上市。

分子影像技术不仅可以将基因表达、生物信号传递等复杂过程图示化，还可以通过上述动态变化发现疾病早期的分子细胞变异与病理过程。首先，分子影像技术聚焦活细胞观测与高分辨率的时空化特征，在设备与技术上取得了系列突破。研究人员对染色质的结构和功能一起成像，揭示人类染色体的三维结构；开发出能有效捕捉脑电波信号的双光子荧光显微镜，记录大脑神经元活动和血流快速动态变化研究的共聚焦光场显微镜，同时对单个细胞中 5 种不同类型分子进行成像的技术，显示整个细胞与组织内的纳米级结构和器官与身体的染色观察技术，以及对免疫细胞微环境进行成像的微环境绘谱平台技术。其次，通过对疾病组织与细胞的成像，可以增强疾病诊断与治疗能力。研究人员先后通过开发三维可视化技术揭示肿瘤 3D 亚细胞结构、通过复合成像技术提高了乳腺癌分类的准确性、基于核磁共振技术开发出高效检测人类脂肪肝和肝纤维化新型检测工具，以及能够实时监测细胞中病毒感染的成像技术。

四、基因疗法

截至 2021 年 1 月，全球已获批 6 款基因疗法针对罕见病和遗传病。当前基因疗法已经在神经系统疾病、单基因遗传病、癌症和艾滋病等适应证上显示出一定的疗效，多项试验取得重要进展。美国哈佛大学等机构利用腺相关病毒（adeno-associated virus，AAV）载体向小鼠视网膜递送 3 种转录因子，重编程视神经节细胞（retinal ganglion cell，RGC），成功逆转因衰老和青光眼引起的视力损失。美国国立卫生研究院（NIH）使用 AAV8 载体递送抗 HIV 单克隆抗体基因 VRC07，成功使人体持续产生 HIV 抗体。与此同时，基因载体的安全性问题也备受关注。美国费城儿童医院等机构通过对 A 型血友病狗进行 AAV 病毒基因治疗及长期的观测研究，发现该疗法可将 AAV 病毒载体携带的基因片段整合至狗的染色体上，进而可能诱发癌症。2020 年 12 月初，荷兰 uniQure 公司公布的 Ⅲ 期临床试验结果显示，基于 AAV5 病毒载体的基因治疗药物 AMT-061 通过向人体递送人凝血因子 Ⅸ

（factor IX，FIX）基因突变体，大幅提高了 B 型血友病患者 FIX 水平，并改善其症状，但随后不久，因其中一名患者患上肝细胞癌，FDA 暂停相关临床试验，以研究该患者病毒载体与癌症相关性。基因编辑技术推动了基因疗法快速发展，在血液遗传病领域取得重大突破。美国 TriStar Centennial 儿童医院等机构通过 CRISPR-Cas9 基因编辑技术对自体 CD34＋细胞进行 BCL11A 增强子改造，回输后可有效提高患者体内胎儿血红蛋白（fetal hemoglobin，HbF）水平，成功治疗 β-地中海贫血症和镰刀状细胞贫血症。美国宾夕法尼亚大学利用 CRISPR-Cas9 技术对晚期癌症（两例骨髓瘤，一例多发性肉瘤）患者 T 细胞进行基因编辑，使 T 细胞在体内持续存在并稳定发挥功能，Ⅰ 期临床试验结果证明了该疗法的安全性和可行性。此外，2020 年 3 月，CRISPR-Cas9 基因编辑疗法首次被直接用于体内治疗一名莱伯先天性黑矇症 10 型（Leber congenital amaurosis 10，LCA10）患者，标志着体内基因编辑疗法也迎来重大突破。

国内方面，基因疗法研发在癌症和遗传性血液疾病领域取得了初步进展。四川大学等机构利用 CRISPR 技术编辑的 T 细胞（敲除 PD-1 基因）开展临床研究 Ⅰ 期研究结果显示该疗法治疗非小细胞肺癌安全可行。2020 年 7 月，上海邦耀生物科技有限公司与中南大学湘雅医院合作开展的基因编辑自体造血干细胞移植治疗重型 β-地中海贫血的临床试验取得初步成效，随访显示患者已摆脱输血依赖，这是亚洲首次通过基因编辑技术成功治疗地中海贫血。10 月，博雅辑因（北京）生物科技有限公司针对输血依赖型 β-地中海贫血的基因编辑疗法产品 ET-01 递交申请，成为国家药监局受理的首个 CRISPR 基因编辑疗法临床试验申请。

五、RNA 疗法

随着核酸稳定性增强技术和递送技术的成熟，越来越多的 RNA 疗法药物从临床试验走向实际应用，RNA 疗法产业进入收获期，尤其是反义寡核苷酸（antisense oligonucleotide，ASO）疗法和小干扰 RNA（small interfering RNA，siRNA）疗法的上市进程加速。2020 年 8 月，日本新药株式会社的 ASO 药物 Viltepso（viltolarsen）获美国 FDA 批准，用于 53 号外显子跳跃治疗的杜氏肌营养不良症（Duchenne muscular dystrophy，DMD）。11 月和 12 月，全球第 3 款和第 4 款 siRNA 药物 Oxlumo（lumasiran）和 Leqvio（Inclisiran）相继获批上市，分别用于治疗罕见遗传肝病 1 型原发性高草酸尿症（primary hyperoxaluria type 1，PH1）和成人高胆固醇血症及混合性血脂异常。新冠疫情的暴发使新冠 mRNA 疫苗研发加速，预防性 mRNA 疫苗上市实现零的突破。2020 年 12 月，德国 BioNTech 公司的疫苗 BNT162b2 分别已获得英国药品和健康产品管理局（Medicines and Healthcare products Regulatory Agency，MHRA）、美国 FDA 的紧急使用授权，用于 SARS-COV-2 病毒的预防，这是全球首款获批的 mRNA 疫苗。随后，美国 Moderna 公司的新冠 mRNA 疫苗 mRNA-1273 也获得 FDA 的紧急使用授权。

此外，RNA 疗法在神经系统疾病、罕见病、肿瘤、感染性疾病等领域持续取得进展。美国加州大学等机构在帕金森疾病小鼠模型中通过 ASO 技术成功将星形胶质细胞转化为多巴胺能神经元，进而逆转小鼠运动障碍症状。哈佛大学等机构通过慢病毒递送的短发夹 RNA（short hairpin RNA，shRNA）降低 CD34＋自体细胞 BCL11A 基因的表达，提高了镰状细胞贫血症患者体内胎儿血红蛋白水平，改善贫血症状。治疗性 mRNA 疫苗在肿瘤治疗方面继续稳步推进。德国 BioNTech 公司等机构开展的首个人类黑色素瘤 RNA 疫苗 I 期临床试验中期结果显示，该疫苗能诱导机体的效应 T 细胞对肿瘤相关抗原产生反应，并能介导免疫检查点阻断对患者产生持久客观的反应。国内 RNA 疗法研发产业相对薄弱，目前有 10 余家机构开展预防性 mRNA 疫苗的研发。

六、干细胞治疗

干细胞治疗技术经过多年的发展，正在逐渐形成从基础科研、疗法转化、临床治疗，到产业发展的全链条发展体系。在基础科研方面，干细胞的可塑性和命运调控机理尚未完全明晰，影响疗法的稳定应用，在科学家的奋力攻关下，干细胞相关表观遗传、微环境调控等基础机制研究不断获得突破，成像、单细胞测序等技术的不断进步也为干细胞相关机制的揭示提供了更为优化的手段，如利用单细胞转录组测序技术，科学家建立了小鼠造血细胞群的单细胞转录组图谱。干细胞疗法研发是现阶段干细胞领域发展的重点，越来越多的疾病干细胞疗法获得在动物模型体内有效性的证实，针对糖尿病、眼部疾病、心血管疾病等一系列疾病的干细胞疗法也不断获得优化，治愈潜力不断增强，如首次开发出具有免疫躲避能力的人类胰岛样细胞簇，使小鼠在移植后较长时间维持了体内的葡萄糖稳态，而无需服用抗排异药物；开发出一种将皮肤细胞直接重编程为可用于恢复视觉的光敏细胞新技术，通过这种技术制造的细胞能够使失明小鼠获得光感。在疗法研发快速发展的推动下，干细胞疗法的临床转化进程也获得加速推进，全球已经开展了超过8000例的干细胞相关临床试验，且逐年增长，2020年启动的临床试验数量达到571例。与此同时，干细胞治疗的产业化进程也获得不断推进，截至2020年，欧盟、美国、韩国、加拿大和新西兰等国家陆续批准了17种干细胞产品上市。干细胞结合基因改造正逐渐成为干细胞治疗药物研发的重要途径，2020年，Bluebird公司开发的利用基因修饰的自体造血干细胞治疗肾上腺脑白质营养不良的疗法进入了欧洲药品管理局（EMA）人用药品委员会（CHMP）的加速审评通道。

我国干细胞治疗技术发展日趋成熟和规范化。在基础研究方面，我国始终处于国际第一阵营，2020年也取得了一系列重大突破，例如，中国科学院的科研人员成功发现并鉴定了小鼠胰岛中的干细胞类群，并构建了小鼠"人工胰岛"；南开大学成功将卵巢颗粒细胞经由诱导性多能干细胞最终转化为卵子，并通过正常受精获得了健康小鼠。在干细胞治疗技术的临床转化和产业发展方面，2020年，国家药品监督管理局药品审评中心发布了《人源性干细胞及其衍生细胞治疗产品临床试验技术指导原则（征求意见稿）》，为药品研发注册申请人及开展药物临床试验的研究者提供了更具针对性的建议和指南，同时，这一指南的提出，也标志着我国对干细胞治疗技术的监管体系得到进一步完善，相关疗法和药物的申报和备案已经步入正轨，2020年国家药物监督管理局（CDE）新受理了4例干细胞相关药物的申请，使相关药物申请数量增加至26例。在新冠疫情期间，我国利用干细胞治疗新冠肺炎的临床试验也取得了良好的疗效，有效降低了患者的炎症反应，改善了肺功能，缓解了肺纤维化的症状。

七、微生物组重构疗法

随着人类微生物组与人体发育、成长、衰老全生命周期过程，以及多种疾病发生的密切关系陆续得以揭示，以粪菌移植、微生态药物为代表的基于人类微生物组重构的干预方式逐渐成为疾病治疗的另一重要手段。自2013年粪菌移植写入美国医学指南用于艰难梭菌感染的治疗以来，粪菌移植在疾病治疗中的应用范围不断拓宽，截至2020年年底，全球共开展粪菌移植临床试验354项，适应证包括艰难梭菌感染、溃疡性结肠炎、克罗恩病等肠道疾病，肥胖、糖尿病等代谢性疾病，以及帕金森病、自闭症等神经系统疾病等。2020年发布的多项临床试验结果也相继证实粪菌移植在疾病治疗中发挥关键作用。荷兰阿姆斯特丹大学医学中心等机构的研究人员通过临床试验发现，粪菌移植可保护新发1型糖尿病患者残余β细胞的功能；以色列特拉维夫大学等机构的研究人员证实粪菌移植可促进难治性黑色素瘤患者对免疫治疗的应答。微生态药物研发整体处于药物发现和临床试验阶段，多款微生态药物临床试验迎来新进展，在研发进程最快的复发性艰难梭菌感染治疗方面，美国Rebiotix公司RBX2660和美国Seres Therapeutics公司SER-109的3期临床试验中获得积极结果，距离批准上市又迈进了一大步；美国Finch Therapeutics公司候选药物CP101在关键性2期试验中达到主要疗效终点。在其他适应证微生态药物研发方面，人类微生物组与癌症治疗研究逐渐成为热点并取得突破性进展，微生态药物与癌症免疫疗法联用获得重视。以色列魏茨曼科学研究所等机构的研究人员绘制首张不同类型的肿瘤的微生物组分布特征图谱，为更好地理解肿瘤微生物和肿瘤免疫之间的相互作用并优化免疫治疗奠定基础；英国Microbiotica公司、英国癌症研究中心和剑桥大学医院NHS信托基金会在6月启动合作研究计划，通过两项涉及1800名癌症患者的大型临床试验开展癌症微生物组研究，旨在鉴定出有益免疫疗法效果的微生物组并开发微生态药物作为伴随治疗手段。法国Enterome Bioscience公司已启动微生态候选药物EO2401联合免疫检查点抑制剂治疗脑癌和肾上腺癌的1/2期临床研究。

我国微生物组疗法研发持续推进，在粪菌移植治疗方面，南京医科大学第二附属医院张发明团队总结分析"洗涤菌群移植"在粪菌量化和质控上的优势，并证实粪菌移植在治疗人慢性放射性肠炎中的应用潜力；中国农业大学王军军团队等提出相较粪菌移植，"全肠菌群移植"干预更为精准，更有助于小肠菌群的植入。在微生态药物研发方面，我国活菌类生物新药开发多处于初期药物发现阶段，进展较快的是广州知易生物开发的生物制品1类新药SK08，其1期临床试验于2020年5月正式入组。

（撰稿专家：徐萍）

合成生物学产业技术发展与热点分析

中国科学院深圳先进技术研究院

一、概述

1. 合成生物学追求工程化目标

合成生物学是近年来发展迅猛的前沿交叉学科,其实质是在工程学思想指导下,按照特定目标理性设计、改造乃至从头重新合成生物体系,通过构造人工生物系统来研究生命科学中的基本问题或应对人类面临的重大挑战。它的任务是研究工程化改造和从头再造生命体中具有普适性的设计原理、构建技术和安全规范等生物工程的共性问题,即生物学的工程化。一方面,通过设计和改造生命,实现特殊的生物功能和推进生物"使能"技术的开发和利用,即"造物致用";另一方面,在对生命的改造和再创过程中,揭示新的生物法则和增进对生命体自身规律的认识,即"造物致知"。合成生物学的工程特点决定了合成生物学是一个"顶天立地"、兼顾前沿科学探索又满足国计民生需求的交叉学科。

随着数理科学"定量概念"、工程科学"设计概念"、合成化学"合成认识概念"等思路和策略的引入,合成生物学正在开启以系统化、定量化和工程化为特征的"多学科会聚"研究范式。它的工程设计核心与数学工具支撑,正在促使生命科学从观测性、描述性、经验性的科学,跃升为可定量、可预测、可工程化的科学。因此,合成生物学被认为将带来继分子生物学革命和基因组学革命之后的第3次生命科学革命,推动人们实现从"认识生命"到"设计生命"的伟大跨越。

2. 合成生物学是战略性、颠覆性技术领域

习近平总书记在2018年5月的中国院士大会上指出:"以合成生物学、基因编辑、脑科学、再生医学等为代表的生命科学领域孕育新的变革,……科学技术从来没有像今天这样深刻影响着国家前途命运,从来没有像今天这样深刻影响着人民生活福祉。"

在国际上，合成生物学已成为世界强国博弈的制高点之一。联合国贸易和发展会议 UNCTAD 的《2018 技术与创新报告：利用前沿技术进行可持续发展》报告、联合国千年项目 2015 年的《未来展望》、世界经合组织（OECD）2014 年的《合成生物学的新政策问题》报告、2016 年的世界经济论坛（达沃斯论坛）、美国 2012 年的《生物经济蓝图》、2014 年的《加快美国先进制造业发展》总统报告、2015 年的《国防 2045：为国防政策制定者评估未来的安全环境及影响》评估报告、2019 年的《工程生物学：新一代生物经济研究路线图》、英国 2010 年发布的第 3 轮技术预见报告——《技术与创新未来：英国 2030 年的增长机会》等，都将合成生物学评价为未来的颠覆性技术或作为重要内容。2019 年 5 月，美国商务部工业安全署筛选出 14 项代表性技术类别列为限制输出的新兴技术重点，其中生物技术类就包括合成生物学、基因组和基因工程等。这些标志性事件反映出合成生物学已进入了一个共识、合作与竞争的快速发展时期。

二、国内外研发现状与趋势

近年来，合成生物学的发展逐渐向工程生物学拓展延伸。参考国际上工程生物学研究联合会的提法，结合我国实际，合成生物学的关键子领域可划分为：基因合成组装，DNA 数据存储与生物计算，生物分子、通路和线路工程，宿主和生物群落工程，基础理论、建模和自动化等技术子领域，以及医疗、农业、材料与能源等应用子领域。

1. 国外学术界的现状与趋势

国外学术界近两年最具代表性的成果包括：英国剑桥大学重新编码了大肠杆菌 18 214 个密码子，创造了只含 61 种密码子的有机体，使用 59 种密码子来编码 20 种氨基酸；荷兰埃因霍芬理工大学开发了可以感知和响应基于 DNA 信息的原始细胞联合体，可在特定环境中可靠地执行基于 DNA 的分布式分子程序，为 DNA 计算和最小细胞技术开辟了新的方向；美国 Firebird Biomolecular Sciences 公司通过将 4 种人工合成核苷酸与 4 种天然核苷酸相结合，构建出由 8 种核苷酸（碱基）组成的新型 DNA 分子 Hachimoji DNA，证明了非天然碱基也能像天然碱基一样相互识别并形成可自我维持的稳定双螺旋结构；美国华盛顿大学通过人工从头设计，实现由诱导构象变化控制的蛋白功能切换，并通过精确组织掩埋于氢键网络的组氨酸残基，设计出可响应 pH 变化的蛋白构象变化；美国麻省理工学院在发展酿酒酵母转录调控元件定量设计的基础上,首次实现了真核生物中基因回路的自动化设计,并实现了包含 11 个转录因子的大规模基因回路在两周内的稳定状态切换和动态过程预测;德国美因茨约翰内斯古滕贝格大学构建出一种无膜细胞器,可利用天然或非天然氨基酸在真核细胞中生产具有新功能的蛋白质;以色列魏茨曼科学研究所构建出仅利用 CO_2 作为唯一碳源的自养型大肠杆菌;奥地利自然资源和生命科学大学将巴斯德毕赤酵母从异养型转化为能够在 CO_2 中生长的自养型细胞;美国加州大学伯克利分校和中国科学院深圳先进技术研究院团队介绍了大麻素及其非天然类似物在酿酒酵母中的完全生物合成,可用于开发治疗药物;美国波士顿大学使用基因组规模的代谢模型,研究释放"无成本"的代谢物是否会是种间相互作用的重要驱动力,为合成微生物群落的设计提供依据;瑞士苏黎世联邦理工大学与我国华东师范大学基于冷感受器 TRPM8,开发了一种由薄荷醇调控的基因开关 CoolSens,实现了可控释放效应蛋白以用于相应疾病的治疗;美国伊利诺伊大学香槟分校介绍了一种结合机器学习算法的集成机器人系统的应用,将生物系统设计的设计-构建-测试-学习流程完全自动化;英国帝国理工大学等 8 个国家 16 家机构联合发文创建了全球生物铸造厂联盟(Gobal Alliance of Biofoundries,GBA),将共享基础设施、开放标准、分享最佳案例、互通数据资源,以在全球推动合成生物设施建设,共同应对可持续发展等全球性挑战。

值得一提的是,当 2020 年 COVID-19 新冠病毒大流行席卷全球时,合成生物学界迅速应对这一巨大挑战,成为制定有效诊断措施并研发药物和疫苗的力量之一。世界卫生组织早在 2015 年就已提出《新发传染病研发蓝图》,2016 年推荐了 6 个抗疫平台技术,其中的自复制 mRNA 疫苗、毒株合成、DNA 疫苗、分子诊断工具等内容均涉及合成生物学。欧洲议会在 2020 年 4 月发布了《10 个应对新冠疫情技术》,其中亦包含合成生物学。美国麻省理工学院联合创立 Sherlock Biosciences 公司,拥有由 FDA 认证的基于 CRISPR 和无细胞合成技术的 COVID-19 诊断试剂盒;美国范德堡大学和 Twist Bioscience 公司合作,基于单细胞测序数据,可在 9 个工作日内合成组装 1000 个抗体基因表达载体,35 天筛选出有效中和抗体;美国 Moderna 公司运用"设计-构建-测试"自动化流程,提高 mRNA 疫苗的研发规模和速度,其合成 mRNA 的关键基础技术由美国麻省理工学院合成生物学家共同开发;美国加州大学伯克利分校将植物基因放入酵母中,通过代谢工程更快地生产疫苗佐剂。

2. 国内学术界的现状与趋势

据统计，中国在合成生物学领域的论文数量已位居全球第二，仅次于美国。中国在基因合成组装，DNA数据存储与生物计算，生物分子、通路和线路工程，宿主和生物群落工程，基础理论、建模和自动化等技术子领域，以及医疗、农业、材料与能源等应用子领域，都取得了骄人的进展。

在技术子领域，近两年我国取得的代表性成果包括：中国科学院深圳先进技术研究院揭秘了细菌大小的决定因素，发现了全新的"个体生长分裂方程"，修正了该领域原有的两大生长法则，对生命体理性设计提供了相关建构基础原理；中国科学院深圳先进技术研究院与美国加州大学圣地亚哥分校团队通过简单的数学关系总结了细菌通过平衡生长和运动的进化策略来实现空间上的分布多样性，揭示的定量规律能够为多细胞体系有序结构的设计与构建提供基础理论指导；北京大学的理论模型研究表明，代谢网络的拓扑结构特征可以决定细菌在双碳源环境中的代谢模式，并得到了实验的定量验证；清华大学通过抽象化各种基因调控网络背后的类似物竞争机制，建立了基于模体的粗粒化计算模型，分析了不同基因调控背后共有的一般性质；中国科学院上海应用物理研究所揭示了可以用最少的DNA序列实现高信噪比和快速计算的分子线路，展示了迄今为止最为快速的4位平方根运算；天津大学介绍了携带大寡聚体的细菌细胞的混合培养物，作为稳定的材料用于大规模数据存储，探索DNA存储的基本原理；华东理工大学提出了一种新型在活体中特异性结合RNA并发出荧光的适配体，获得了覆盖从青色到红色荧光的RNA适配体，建立了活体测量RNA浓度的新技术；清华大学证明了利用人工智能方法创造全新生物调控元件的可行性；江南大学构建了能够自发调节胞内碳中心代谢流的双功能丙酮酸响应基因回路，使细胞能够动态优化中心碳代谢途径的代谢流；上海交通大学赋予了原核生物原本不具备的功能化无膜区室，为原核细胞内生化反应的人工时空调控提供了新机遇；湖南大学构建出具有人工信号网络的原始细胞模型，并可对外部环境变化产生智能响应；哈尔滨工业大学提供了一种利用磁场组装囊泡来得到形貌可控和空间有序排布的人工组织的方法，发现了人工组织在渗透压下的整体稳定性，并实现了其内部分区化反应和信号传递；武汉大学建立平台改善油脂三酰甘油的代谢，并增加番茄红素的积累；中国科学院天津工业生物技术研究所、山东大学、中国科学院微生物所团队证明SACA途径可以有效地将一碳化合物转化成乙酰辅酶A，是迄今为止最短的乙酰辅酶A生物合成途径；

华东理工大学阐明链霉菌初级代谢到次级代谢的转换机制并进行工程应用，揭示了链霉菌胞内三酰甘油降解和聚酮类药物合成的代谢机制；江南大学提出了一种通用的微生物高效合成羟化氨基酸策略，最终反式-4羟基脯氨酸产量为目前报道的最高水平之一；中国科学院微生物所构建了小鼠肠道微生物资源库，包括126种细菌及其基因组，含77个新菌种，为后续展开以小鼠为模型的宿主-肠道菌互作和菌群功能研究打下坚实基础。

在应用子领域，近两年我国取得的代表性成果包括：

医学方面，清华大学构建模块化的合成基因线路，调控溶瘤腺病毒在肿瘤细胞中选择性复制，从而特异性杀伤肿瘤细胞、刺激抗肿瘤免疫；上海交通大学、西安交通大学、南京大学团队开发了一类新型的环境响应分子砌块库，用于构建具有逻辑门的智能聚合物和纳米载体，实现了肿瘤内多种药物的分层释放；华东师范大学开发了由对原儿茶酸控制系统调节的具有治疗活性的工程细胞；暨南大学开发了一种新型基因疗法，可在亨廷顿舞蹈症小鼠模型中再生新神经元来达到运动功能修复和生命延长；上海科技大学、东南大学和复旦大学团队研发出一种可用于耳聋基因治疗的 AAV 新变体，能够高效且安全的靶向小鼠内耳的各种组织细胞，并显示出优于其他 AAV 的感染率；中国科学技术大学、中国科学院上海生命科学研究院开发了一个基于 HDR 的 Cas9/RecA 系统来精确纠正 *Pde6b* 突变并提高在出生后杆状缺失（rd1）小鼠中 HDR 的效率，这是一个以光感受器退化和视力丧失为特征的色素性视网膜炎突变模型。

农业方面，中国水稻研究所通过同时编辑杂交水稻中 4 个基因（*REC8*、*PAIR1*、*OSD1* 和 *MTL*），将杂合度固定和单倍体诱导相结合，可使多种优良 F1 杂交种实现自繁殖；中国科学院遗传与发育生物学研究所、中国农业大学通过编辑乙酰乳酸合酶和乙酰辅酶 A 羧化酶基因，产生了携带除草剂耐受突变的非转基因小麦种质资源，使小麦对磺酰脲类、咪唑啉酮类或芳氧苯氧丙酸类除草剂具有耐受性；中国科学院分子植物科学卓越创新中心在拟南芥、烟草和水稻中创建了一条全新的、且由高温响应启动子驱动细胞核融合基因表达的 D1 蛋白合成途径；中国科学院上海植物逆境生物学研究中心在水稻上建立了一种高效的片段靶向敲入和替换技术，高至 50% 的靶向敲入效率将极大地方便植物的研究和育种。

材料与能源方面，上海科技大学开发了基于枯草芽孢杆菌生物被膜的可编程可 3D 打印的活体功能材料平台，还设计了由液液相分离到液固相转变的顺序自组装驱动的超强水下黏合材料，将哺乳动物细胞中的低复杂序列蛋白首次应用于可控的功能生物材料领域;香港科技大学设计了一种基于四臂星状蛋白分子的分子网络,研发了多种全蛋白质水凝胶材料,为蛋白质拓扑工程在材料科学中的应用提供了新思路;中国科学院上海光学精密机械研究所、上海交通大学团队揭示了微生物合成 Te 纳米材料及其共轭聚合物复合材料优异的超快非线性光学特性,证实了其在超短脉冲产生、全光开关等领域的重要应用潜力;中国科学院深圳先进技术研究院、美国杜克大学团队通过建立工程细菌与智能材料的双向响应,开发了一种新颖的蛋白生产平台;中国科学院微生物所创建的双菌生物光伏系统实现了高效稳定的功率输出,其最大功率密度达到 150mW/m^2,比目前的单菌生物光伏系统普遍提高 10 倍以上。

3. 国外产业界的现状与趋势

合成生物技术可以看作一种平台技术,横跨医药、化工、能源、环境和农业等几个关键市场领域,还可以根据产品、技术和应用 3 个层面进行细分:在产品层面,市场被分割成酶、寡核苷酸、底盘生物和异种核酸等;在技术层面,市场被分割为基因合成、基因组工程、测量和建模、克隆和测序、纳米技术等;在应用层面,分为工业、农业、食品、医疗、环境应用等。值得指出的是,在生物技术领域内,自然存在的生命体及其 DNA 序列在许多国家是不能授予专利的;而在合成生物学中,DNA 序列和人工生命体是由人类设计得到的,因此可以获得专利或著作权保护,这一点对于吸引风险投资,乃至产业的发展尤为有利。根据 CB Insights 分析数据显示,2019 年全球合成生物学市场规模达 53 亿美元,预计到 2024 年达到 189 亿美元,年复合增长率(CAGR)将达到 28.8%。合成生物产业中许多细分市场份额正在以高 CAGR 的水平增长,上升空间明显。

研发平台方面,美国国防部向生物工业制造与设计生态系统(BioMADE)颁发为期 7 年的 8700 万美元,该非营利组织是由工程生物学研究协会(EBRC)创建的非营利性组织,用于新建制造创新研究所(MII)。BioMADE 总部位于明尼苏达大学圣保罗分校,预期的生物工业制造应用包括化学品、溶剂、洗涤剂、试剂、塑料、电子薄膜、织物、聚合物、农产品、农作物保护溶液、食品添加剂、香料和调味剂。SynBio Innovation Accelerator 加速器是由 Codexis 与 Casdin Capital 共同推出的加速器,预计在未来几年内将向与该行业相关的公司和加速器投资 5000 万美元以上。Zymergen 在 2020 年 9 月进行了 D 轮融资 3 亿美金,用于加速公司的 Hyaline 胶片的生产,利用生物来源的单体制成聚酰亚胺膜。

DNA 合成服务方面，国外代表性公司有美国 Twist Bioscience（NASDAQ：TWST，市值 71 亿美元）和 Synthego，法国 DNA Script。还有重点开发软件平台帮助设计和构建自定义 DNA 序列的公司，如美国 Benchling 和英国 Synthace。

化学品合成方面，化学工业每年生产的产品价值近 5 万亿美元，其中许多传统的化学公司已经开始转型布局，日本住友、三井、日本化药公司、三菱，韩国 LG 化工，荷兰 DSM，都已展开合成生物学的战略布局。杜邦公司以 63 亿美元收购了酶工程公司 Danisco；拜耳则与 Ginkgo Bioworks 共同投资 1 亿美元创建 Joyn Bio。

天然产物合成方面，Manus Bio 已筹集 7500 万美元的 B 轮融资以扩大其先进发酵制造天然成分的平台，包括调味剂、香料、食品成分、化妆品、维生素、药品和农药。本轮融资由 BBGI 领导，BBGI 是位于泰国曼谷的生物基产品制造商和分销商。美国 Antheia 使用酵母来更快更便宜地生产阿片类药物分子。Demetrix 使用发酵技术来低成本高效地生产大麻素，目前正在进行 100 多种大麻素的商业化探索。

食品方面，Impossible Foods 仅在 2020 年就筹集了 7 亿美元。它利用巴斯德毕赤酵母生产大豆血红蛋白，然后将其添加到人造肉饼中来改善汉堡的风味，并销售用大豆蛋白和血红素制成的逼真的牛肉和香肠产品。该公司的人造肉在 17 000 多家餐厅销售；其人造肉香肠在美国 22 000 个连锁地点和香港 200 多个地点有售。由于不需要养殖真正的肉牛，Impossible Foods 所需的土地减少了 96%，温室气体减少了 89%。美国公司 Perfect Day 和 Clara Foods 等正在合成蛋白类产品如牛奶、蛋清、奶酪等。

农业方面，美国 Pivot Bio 正在开发一种微生物解决方案，可以替代氮肥，并消除相关的一氧化二氮的产生，基于 γ-变形杆菌（KV137）的玉米生物肥料可将化学肥料的需求量减少 12kg/英亩，同时将产量提高 147kg。Agrivida 通过开发新一代酶解决方案满足动物营养和动物健康的需求，其首款产品 Grain 酵素植酸酶可以提高饲料的消化率，减少动物体内的营养抑制剂，从而使得畜牧养殖业受益。

医药方面，Ginkgo Bioworks 近日获得了美国国际开发金融公司的高达 11 亿美元的贷款，用于提升新冠疫苗必需原料的生产能力。疫情暴发以来，Ginkgo 推出了 SARS-CoV-2 试剂盒"Ginkgo Concentric"，与 Totient 合作进行治疗性抗体发现和优化，并与 Synlogic 合作开发新型疫苗平台。Ginkgo 还和 Moderna 在内的数家疫苗开发商合作，缩短生产时间并提高疫

生物技术发展前沿与热点分析

苗产量。Ambrx 在 2020 年 11 月完成 2 亿美元的融资。公司使用扩展的遗传密码将合成氨基酸整合到蛋白质中,具有广泛的应用和潜力,包括用于癌症的下一代抗体药物偶联物,双特异性抗体和靶向免疫肿瘤疗法,调节免疫系统的智能细胞因子,以及用于代谢和心血管疾病的长效治疗性肽等。Sana Biotechnology 2020 年 7 月获得 8.21 亿美金的种子轮融资,将用工程改造的细胞作为药物来进行疾病治疗。United Therapeutics 公司旗下 Revivicor 公司改变基因组(intentional genomic alteration,IGA)的家猪——GalSafe 猪近日被 FDA 批准上市,这种家猪旨在消除猪细胞表面表达的 α-半乳糖,这是 FDA 批准的首个可以同时用于人类食物消费和作为潜在疗法来源的 IGA 动物。GalSafe 猪不仅可以为过敏者提供安全食用的肉类,同时还可以用于为过敏者生产药物,例如不含 α-半乳糖的血液稀释药物肝素。科学家也正在研究将猪器官移植在人类身上,GalSafe 猪甚至可能潜在地解决接受异种器官移植患者的免疫排斥问题。例如 eGenesis 公司的目标正是使用猪的器官来缓解移植器官的短缺,已完成超过 1 亿美元的融资。此外在基因编辑方面,美国已拥有包括 CRISPR Therapeutics、Editas Medicine、Intellia Therapeutics、Beam Therapeutics 等在内的多个市值超过 10 亿美元的基因编辑企业。2020 年,CRISPR Therapeutics 和 Vertex Pharmaceutics 联合开发利用 CRISPR-Cas9 基因编辑技术治疗 β-地中海贫血和镰刀状细胞贫血症,成为人类首次 CRISPR 基因编辑临床试验。

材料与能源方面,Amyris(NASDAQ:AMRS,市值 10.5 亿美元)是法呢烯和长链碳氢化合物生产商,将植物糖转化为各种碳氢化合物分子。Genomatica 目前已筹集了超过 2.34 亿美元,将生物基丁二醇的工艺商业化,开发聚酰胺中间体和长链化学品。Lygos 则是将低成本的糖类转化为丙二酸等化学物质。LanzaTech 利用微生物将二氧化碳或甲烷转化为燃料和化学物质。Geltor 在 2020 年进行了 B 轮 9130 万美元融资,开发生物活性成分用于替代动物来源的蛋白质如胶原蛋白和明胶。美国公司 Bolt Threads 和 Modern Meadow 都在开发可持续的皮革材料。瑞典公司 Spiber 开发重组蜘蛛丝蛋白产品。法国公司 Glowee 利用海洋生物的发光基因,提供基于微生物发光的产品。英国 REACT-FIRST 项目从 Innovate UK 获得了 300 万英镑启动,该项目由碳回收生物技术公司 Deep Branch 领导,开创了利用微生物将工业排放的二氧化碳转化为高价值蛋白质的生产工艺,来生产清洁且可持续的鱼类和禽类饲料,将碳足迹减少达 75%。

4. 国内产业界的现状与趋势

在大型平台方面，在天津，投资 20 亿元的合成生物技术创新中心建设正在稳步推进；5 年投资 10 亿元的"天津市合成生物技术创新能力提升行动"专项也已启动实施。在深圳，已启动"深圳合成生物学创新研究院"（投资 7.5 亿元）、"合成生物研究重大科技基础设施"（投资 7.6 亿元）、"深圳市工程生物产业创新中心"的建设工作，搭建源头创新至成果转移转化的全链条创新模式。此外，上海凯赛生物与山西综改示范区签署项目合作协议，计划总投资 250 亿元，分期建设山西合成生物产业生态园区。2020 年 11 月，国内首支合成生物产业基金——星博生辉基金由中国科学院深圳先进技术研究院与北京演绎科技有限公司（DeepTech）联合成立。

在我国的合成生物学代表企业有：

平台型公司方面，恩和生物 Bota Biosciences 宣布 2020 年 9 月完成 1500 万美元 A 轮融资。核心技术团队覆盖生物计算、菌株工程和发酵工艺等各个技术模块，技术高管来自于 Amyris、Codexis、Ginkgo Bioworks、Intrexon、Joyn Bio 等。弈柯莱生物科技（上海）有生物催化工艺开发、酶的筛选与定向进化、发酵工艺开发在内的定制研发，和化学生产和酶催化生产在内的定制生产业务，2019 年 A 轮融资亿元以上，2020 年再次完成战略融资，现拥有超过 2 万种酶，涵盖 21 类化学反应的酶库资源。深圳瑞德林近日完成超过亿元人民币的 A 轮融资，以酶催化技术为核心，聚焦于肽、糖和核酸等特色原料的商业应用。宁波酶赛生物集酶的筛选、定向进化、发酵、产业化生产为一体，主要产品包括酮还原酶、转氨酶、水解酶、氧化酶等，近日完成 5000 万元 B1 轮融资。此外，广东溢多利（300381.SZ，市值 56 亿）、青岛蔚蓝生物（603739.SH，市值 34 亿）都是规模领先的酶制剂生产商。

DNA 合成服务方面，金斯瑞生物科技（01548.HK，市值 249 亿）、华大基因（300676.SZ，市值 510 亿）都是全球领先的 DNA 合成服务提供商。

材料与能源方面，凯赛生物（688065.SH）总市值 375 亿元，其生物法长链二元酸系列产品全球市场份额高达 80% 以上，2019 年销售收入 17.71 亿元。生物基戊二胺可实现替代进口己二腈合成的己二胺，打破国外石化技术对高档尼龙 80 多年的垄断。生物基聚酰胺系列产品在高端纺织、电子电器、汽车轻量化等领域有近万亿元的应用市场。华熙生物（688363.SH）是全球领先的透明质酸微生物发酵生产商，总市值 753 亿元，其原料产品的

2019年营业收入达7.6亿元。蓝晶生物BluePHA生产全生物合成的生物可降解材料PHA,已经与中化国际签署战略合作协议,共同推动PHA材料的规模化生产及市场化销售,代替传统塑料。2020年完成A+轮数千万元融资。中粮科技(000930.SZ)是全球领先的燃料乙醇生产商,总市值168亿,其2019年燃料乙醇及副产品营收93亿元。

活性天然产物方面,嘉必优(688089.SH)市值54亿元,是国内最早从事以微生物合成法生产多不饱和脂肪酸及脂溶性营养素的高新技术企业之一,涵盖多不饱和脂肪酸ARA、藻油DHA及SA、天然β-胡萝卜素等多个系列产品。一兮生物布局生物治疗、基因治疗、药物原料和生物活性物质的生物合成,已实现母乳中人乳寡糖HMO主要成分2-FL的生物合成。南京枫杨生物融资2853万元,生产聚酮化合物。嘉兴欣贝莱通过细胞工厂制造高附加值药物原料及大宗化工原料。

医药方面,合生基因设计开发了能够精准识别肿瘤和提高杀伤效果的基因线路,形成了一种能够精准识别肿瘤、改善免疫环境、有效提高肿瘤杀伤能力的新型溶瘤病毒基因治疗药物平台SynOV系统,近日获美国FDA批准,将在美国开展中晚期实体瘤患者临床试验。深圳亦诺微进行疱疹溶瘤病毒的免疫治疗与靶向治疗的创新药物开发,2020年完成4亿元B轮融资。博雅辑因通过基因编辑自体造血干细胞,治疗输血依赖型β-地中海贫血,在过去两年完成了7亿元融资。深圳普瑞金生物建有基因编辑等平台,从事细胞与基因治疗创新药物研发,近日完成1.4亿元B轮融资。杭州启涵生物由美国George Church教授和合成生物学家杨璐菡博士共同创立,致力于生产可用于人体移植的细胞、组织和器官,解决器官移植供体严重短缺的问题,A轮总融资金额合计3300万美元。中南大学湘雅三医院的王维教授与湖南赛诺生物科技公司团队也致力于使用猪器官来缓解移植器官的短缺。

三、前景与展望

不少学者将合成生物学的当前发展阶段与20世纪中期的信息技术发展阶段相提并论,预言合成生物学将是新一轮产业革命中的长周期核心技术。学科汇聚、技术整合已经展示出合成生物学在医药、化学品、食品、材料、生物燃料、环境等领域的广阔应用前景。可以预见的是,合成生物学产品将在解决人口与健康、资源与环境、能源与材料等重大挑战的过程中发挥重要作用,对我国经济社会发展与国家生物安全具有双重战略意义。

2020年5月麦肯锡全球研究院发布题为《生物革命:创新改变经济、社会和人们的生活》的研究报告,预计在未来10~20年,人类健康和运动机能、农业、水产养殖和食品、消费品与服务、材料、化学品和能源等方面的应用将对全球每年产生2万亿~4万亿美元的直接经济影响,占到世界实体经济的60%,且其中2/3都与理性设计的工程生命体有关。

随着合成生物学和相关技术的发展成熟,预测将有以下要素打通从科技到产业的通道:①DNA测序、合成和编辑技术不断进步,成本将持续降低;②大型设施平台将发挥支撑作用,设计、制造、测试新型微生物的技术水平不断提升,加速产品迭代;③对生物体的理性设计能力将不断提高,复杂基因线路操控能力将提高;④领域内合作、国内外交流合作将不断加强;⑤初创公司、孵化器、产业园区将组成完整的产业育成链条;⑥风险投资等产业金融要素在合成生物领域中的专业化程度将提高;⑦合成生物产业对其他产业领域的拉动能力将提高;⑧专业法规、伦理、科普将健全。这些要素的聚集有望催化一轮基础科研、人才队伍、产业实业的大爆发,真正实现将生物设计、研发、制造过程变成工程设计问题。学术界及产业界将可以通过对生物的操纵,获取新知识,以及制造新材料、新器件、新系统和新生命。

值得一提的是,从应对疫情的角度,合成生物学可以促进抗疫体系从"被动、零星、滞后"的危机应对转化为"主动、系统、前瞻"的准备、应对与恢复。疫前,可以建立病毒信息库与实体库用于前瞻性研究,基于宏基因组合成环境及动物来源假病毒株,无需耗时进行危险的分离与转运过程。疫中,基于合成制备能力可简化毒株分离培养,基于非天然核酸或氨基酸可构建正交病毒以防止逃逸并研发疫苗,基于自动化设施可对未知病毒的蛋白组开展系统性重组表达以及药物高通量筛选,合成细胞可递送基因药物或大规模生产药物,等等。

合成生物产业尚处在发展初期,其研发资助、技术转化、知识产权、公众科普等涉及方方面面的政策和法律法规问题。其中,工业方面的应用一般是对现有的、源于石油的化学品的替代,一般不需要制定全新的政策或监管措施;而新型活体药物以及农业方面的应用,则分别涉及人体健康和环境排放,需要对现有的政策及监管措施进行延伸,乃至大幅修改。面对合成生物学这一前沿热点,我国亟需建立有效的监管主体以及长效监管体系,并充分发挥行业协会的协助作用,在政府、学术界、产业界、公众用户之间实现管理互作,肩负起国际责任,确保生物安全,维护人类命运共同体的和谐发展。

(撰稿专家:崔金明)

2020年生物产业投融资分析

2020年生物投融资报告

西南证券股份有限公司

一、国际篇

1. 首发融资创历史纪录

突然而至的新冠疫情将生物技术推到了风口浪尖。无论是新发融资还是增发融资,市场表现都强于往年。2020年美国市场医疗保健行业有129家公司IPO,合计融资金额241.83亿美元。首发公司家数基本平了2014年的纪录,但融资规模相比2014年有显著的提升。与2019年相比,融资额和首发公司数分别增长80.4%和20.6%,为近10年表现最为优异的一年。如图4-1所示。

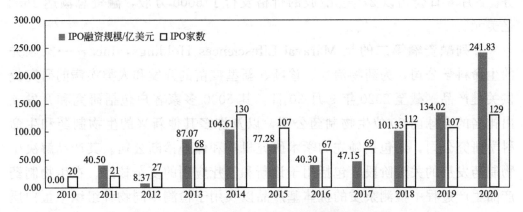

图4-1 美国市场2020年生物科技首发融资

数据来源:WIND资讯,西南证券整理。

新冠疫情虽然给资本市场带来了短期的冲击,但宽松的货币政策给市场增添了许多活力,流动性的改善以及应对疫情对健康的诉求使得市场给予了医疗保健行业更高的估值。2020年医疗保健领域合计有40家公司募资总额超过了2亿美元,其中33家公司为生物技术类公司。细分领域丰富导致行业发展繁荣是2020年资本市场表现突出的主要原因。看2020年的美国新发融资公司介绍从系统到组织、从器官到细胞、从基因到靶点、从小分子到核苷，与生命健康和疾病诊疗相关的若干内容都可以找到对应的上市公司，基因编辑、CAR-T 细胞、干细胞等名词都在若干公司的主业中找到。除了生命科学服务和新药研究服务类公司，绝大部分公司都是处于早期的临床阶段企业，公司规模和融资规模都不大。因此，从 IPO 融资排名榜看，基本上就是服务于行业发展的公司摘得了 2020 年融资桂冠。

Royalty Pharma plc 是生物制药版税的最大买家，也是整个生物制药行业创新的主要出资人。公司注册于英格兰，自 1996 年成立以来，它一直是专利权市场的开拓者，与学术机构、研究医院的创新者合作，并通过中小型生物技术公司和领先的全球制药公司实现非盈利。2020 年 6 月 16 日完成首发融资，以 28 美元/股的价格发行了 7768.167 万股，融资 21.75 亿美元成为 2020 年生物技术领域首发融资的最大赢家。公司 2019 年实现了 126.56 亿元的收入，其中 90% 来自于制造和使用特许授权费。

首发融资额排名第二的有两家公司，一家是 PPD, Inc., 一家生物制药行业领先的药物开发服务提供商，致力于帮助它的客户将其新药带给世界各地的患者。该公司从事药物开发服务业务已有 30 多年，为制药、生物技术、医疗器械和政府机构以及其他行业参与者提供一整套临床开发和实验室服务。2 月 6 日公司以 27 美元/股的价格发行了 6000 万股，融资总额达 16.2 亿美元。

并列融资额第二的是 Maravai Lifesciences Holdings, Inc., 一家领先的生命科学公司，为药物治疗、诊断、新型疫苗的开发和人类疾病的研究提供关键产品。截至 2020 年 9 月 30 日，其 5000 多家客户包括研究和开发支出排名的全球前 20 位生物制药公司，以及许多其他新兴的生物制药和生命科学研究公司，还包括领先的学术研究机构和体外诊断公司。其产品解决生物制药发展的关键阶段，包括用于诊断和治疗应用的复杂核酸、在生物制药产品生产过程中检测杂质的抗体基产品以及用于检测不同物种组织中蛋白质表达的产品。11 月 20 日公司以 27 美元的价格发行 6000 万股，融资总额为 16.2 亿美元。

首发融资额第三是 Relay Therapeutics, Inc. 公司，一家临床阶段的精准药物公司，致力于药物发现过程的变革，最初专注于增强靶向肿瘤学中的小分子治疗发现。7 月 16 日公司以 20 美元/股的价格发行了 2000 万股，融资总额为 4 亿美元。

首发融资额排名第四的是 Atea Pharmaceuticals, Inc., 是一家专注于发现、开发和商业化抗病毒疗法，以改善患有威胁生命的病毒感染患者的生活的临床阶段生物制药公司。利用对抗病毒药物开发、核苷生物学和药物化学的深入了解，该公司建立了一个专有的嘌呤核苷酸前药平台，以开发新的候选产品来治疗单链核糖核酸病毒。公司10月30日以24美元/股的价格发行了1250万股，融资总额为3亿美元。

接下来有27家公司IPO融资额超过2亿美元，还有26家公司融资总额介于1亿~2亿美元之间，其覆盖的领域基本包含近几年生物技术的前沿全部。

2. 增发融资也创新高（图4-2）

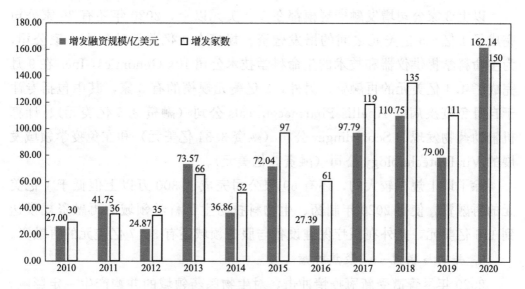

图4-2 美国市场增发融资分析

数据来源：WIND资讯，西南证券整理。

增发融资的大赢家是从事mRNA疫苗开发的Moderna公司，公司股价相比年初累计涨幅已达669%，公司于5月20日以76美元/股的价格，发行了1760万股，融资额高达13.3760亿美元，位居增发融资第一。公司预防新冠病毒的mRNA疫苗于四季度获得了积极的评价，受到机构投资者的好评。mRNA-1273的成功对于验证Moderna的信使RNA技术来说还有很长的路要走。这种担心也导致早期股东默沙东在第4季度前期出售了对Moderna的直接股权投资。作为Moderna的早期投资者，默沙东在2015年向期投资了5000万美元，2018年又投资了1.25亿美元。Moderna于2018年12月首次公开募股。默沙东称，自首次向Moderna注资以来，其投资价值已大幅增长，取得了"可观的"收益。

增发融资居次席的是Elanco Animal Health Inc公司。该公司原为礼来公司的动物保健部门,一直致力于为兽医、食品生产者以及所有与动物健康相关的人提供动物健康生活所需的帮助,不断创新、开发,生产和销售动物保健相关产品。公司提供超过 125 个品牌的多元化产品组合,使其成为 90 多个国家兽医和动物食品生产商值得信赖的合作伙伴。公司年初完成了 7.26 亿美元的再融资。

增发融资额排名第三的是一家专注于新型的癌症免疫疗法产品的开发和商业化的公司 Iovance Biotherapeutics,公司于 5 月底完成了 5.25 亿美元的再融资。

以上 3 家公司增发融资规模都在 5 亿美元以上,2020 年还有 36 家公司完成了 1 亿~5 亿美元之间的增发融资。规模在 4 亿美元的仅有一家公司,为生命科学提供仪器和技术的生命科学技术公司 10x Genomics, Inc. 在 9 月完成了 4.4 亿美元的再融资。另外,3 亿美元规模的有 3 家,其中包括专注于自身免疫疾病的 Apellis Pharmaceuticals 公司(融资 3.5 亿美元)、计算机辅助药物发现的 Schrodinger 公司(融资 3.34 亿美元)和在免疫学领域发展的 Vir Biotechnology 公司(融资 3 亿美元)。

除了以上规模较大的,还有 69 家公司完成了 300 万以上但低于 1 亿美元的再融资,使得 2020 年制药、生物科技与生命科学领域的再融资规模达到 116 亿美元,此外在医疗保健设备与服务领域还有 38.7 亿美元的再融资。

3. 并购与联盟——聚焦肿瘤

2020 年尽管遭受新冠疫情冲击,对生物医药领域的并购产生一定影响,致使 2020 年并购的超大型案例不如往年。但并购与战略联盟依然活跃,尤其是二季度以后。上半年交易金额超过 10 亿美元的案例仅有 9 个,而三季度一个季度超过 10 亿美元的案例就达到了 10 个,而且 2020 年排名前三的交易案例均在三季度披露。

2020 年居并购与战略联盟首位的案例是 9 月 13 日吉利德科学公司 210 亿美元收购 Immunomedics,获得了靶向 TROP2 的 ADC 药物 Trodelvy (sacituzumab govitecan)。该药品是第一三共在研药物 DS-1062 的竞争对手,已在 4 月获得美国食品和药物管理局(FDA)批准用于治疗三阴性乳腺癌。阿斯利康公司与第一三共公司在该领域的合作也排进了 2020 年并购与联盟前七。疫情初期,权威医学期刊《新英格兰医学杂志》(NEJM)发表了美国首例确诊新型冠状病毒确诊病例的诊疗过程以及临床表现,一款名叫 Remdesivir(瑞德西韦)的药物在抗新型冠状病毒时展现出较好的疗效。并于 2 月 2 日,中国国家药监局药品审评中心(CDE)正式受理瑞德西韦的临床试验申请。瑞德西韦最早是吉利德科学公司针对埃博拉病毒研发的一款药物，已经在国外完成了Ⅰ期和Ⅱ期临床试验。但后期的临床试验结果并没有证实该药的特效。公司市场表现也经历短期上冲后回落，年涨幅表现为跌4%，不及其他疫苗相关概念股。

排名第二的是一家美国数字医疗巨头 Teladoc Health 公司与远程慢性病护理平台 Livongo 公司合并，共同创建一家虚拟远程医疗公司。合并后新公司价值可以达到380亿美元，折合人民币约2700亿元。由此，该项巨额交易也被视为一起数字医疗历史上前所未有的事件。作为美国规模最大的远程虚拟医疗公司，Teladoc Health 成立于2002年，并于2015年成功登陆纽交所资本市场。该公司主要通过电话或视频会议软件和移动应用程序来按需提供远程医疗服务，患者与医生可以进行远程问诊，从而获得医疗保健知识和健康计划。合并后，Teladoc Health 公司股价在2020年最高涨幅达到200%，成为2020年市场表现最好的医疗健康管理公司。

排名第三的是 Siemens Healthineers 公司以164亿美元现金收购美国癌症医疗技术制造商瓦里安医疗系统公司（Varian Medical Systems），这一交易价格较瓦里安当时市值高出20%以上。Siemens Healthineers 是 Siemens AG 独立管理的医疗保健业务，核心领域包括诊断和治疗成像、实验室诊断、数字医疗服务和医院管理；而被并购对象瓦里安有着72年的历史，作为放疗设备市场的老大哥，其是全球最大的X射线数字成像公司，直线加速器、伽马刀等产品主要生产企业。据悉，瓦里安在全球安装了8000多套放射治疗系统，占据全球超过50%的放疗市场份额。

除了前三案例中有两家医疗类，其余排序下来的并购与联盟案例基本是围绕生物技术展开。而且多数是围绕癌症的早期诊断与精准治疗。全部21个超过10亿美元的案例（表4-1）中，有15个案例是围绕癌症领域展开，占比为71%。

表4-1 2020年主要并购及联盟案例

排序	并购主体	交易金额/亿美元	并购/联盟对象	并购/联盟对象所属领域	协议日期
1	吉利德科学	210	Immunomedics	靶向 TROP2 的 ADC 药物	9月13日
2	Teladoc Health	185	Livongo	远程慢性病护理平台	8月5日
3	Siemens Healthineers	164	Varian Medical Systems	癌症医疗技术	8月2日
4	BMS	131	MyoKardia	心血管治疗	10月5日
5	Illumina	80	Grai	癌症早筛技术	9月21日
6	杨森/强生	65	Momenta Pharmaceuticals	抗 FcRn 单克隆抗体	8月19日

续表

排序	并购主体	交易金额/亿美元	并购/联盟对象	并购/联盟对象所属领域	协议日期
7	阿斯利康	60	第一三共	靶向TROP2的ADC药物	7月27日
8	吉利德科学	49	FortySeven	肿瘤免疫治疗	3月2日
9	默沙东	42	Seagen	肿瘤靶向药物	9月14日
10	拜尔	40	Asklepios Biophmaceutical	基因治疗	10月26日
11	艾伯维	39	Genmab	血液肿瘤免疫治疗	6月10日
12	赛诺菲	33.6	Principia Biopharma Inc.	自身免疫疾病	8月17日
13	杨森	31	Fate Therapeutis	Car-T细胞治疗	4月2日
14	BMS	30.65	Fate Therapeutis	癌症药物开发	5月26日
15	渤健	27.2	Sangamo Therapeutis	神经疾病药物开发	2月27日
16	雀巢	26	Aimmune	食品过敏症治疗	8月31日
17	赛诺菲	25.55	Nurix Therapeutis	DELigase平台开发	1月9日
18	默沙东	25.5	Taiho Pharmaceutical	小分子癌症治疗	1月6日
19	渤健	21.5	Danali Therapeutis	小分子帕金森抑制剂	8月6日
20	诺和诺德	21	Corvidia Therapeutics	心脏病治疗	6月11日
21	Invitae	14	ArcherDx	肿瘤基因检测	6月22日

数据来源：WIND资讯，西南证券整理。

4. 市场表现巨头偏软，疫苗公司抢眼

2020年纳斯达克生物技术指数12个月（截至2020年12月14日）涨幅为27.75%，落后于纳斯达克综合指数42.42%的整体表现。导致生物技术指数表现不尽人意的主要是传统生物技术巨头表现不佳。如图4-3所示。

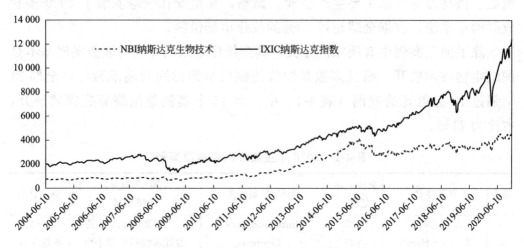

图4-3 美国纳斯达克生物技术指数走势

数据来源：WIND资讯，西南证券整理。

如排名第一的安进公司（市值8731亿元）2020年累计涨幅为-0.4%，

排名第二的赛诺菲-安万特（市值 7684 亿元）市值也下降了 3.9%，排名第三的吉利德科学（4903 亿元）尽管有新冠治疗药物，但市值依然下降了 5.3%。表现相对强势一点的是 Seagen（70%）、亚力兄制药（Alexion）（41.6%）、再生元制药（Regeneron）（32.9%）和百济神州（29.6%）。其中 Seagen 是 2020 年战略联盟的明星，受到了默沙东的 42 亿美元的战略合作。制药巨头的加持使得该公司市值增长了 70% 达到 2281 亿元。如图 4-4 所示。

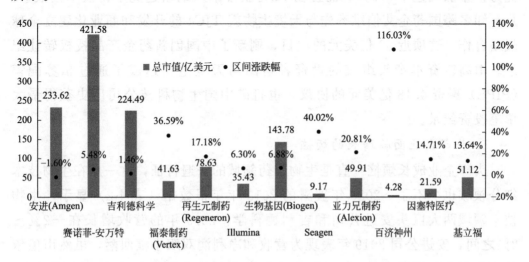

图 4-4　生物制药巨头 2020 年市场表现

数据来源：WIND 资讯，西南证券整理。

新晋千亿市值公司还有 Moderna（732.8%）、扭亏为盈的 Novocure（111%）和 Horizon Therapeutics（137%）。Novocure 是一家商业化阶段的抗癌/抗肿瘤疗法 & 医疗设备公司，总部位于泽西岛圣赫利尔，该公司开发了一种用于实体瘤治疗的专有技术疗法。Horizon Therapeutics 公司是一家专业的制药公司，通过其附属公司开发和销售药物，用于治疗关节炎、疼痛和炎症性疾病。明星公司 Moderna 尽管遭受默沙东的抛售，但市场预期依然支撑其股价不断创出新高。

除了这些表现较好的千亿巨头，2020 年纳斯达克生物技术成分股中还有 36 家公司股价表现为翻倍（涨幅 100%），其中涨幅在 400% 以上的还有赛里斯治疗（490.7%）、Twist Bioscience（429.7%）、Fate Therapeutics（412.9%）。涨幅在 300% 以上的还有 scholar Rock（366.3%）、Denali Therapeutics（335.3%）。

其中明星公司可能是 Denali Therapeutics，公司正在开发广泛的神经退行性疾病靶向治疗候选药物组合,目前市值为 644.83 亿元(335.3%);以及领先且发展迅速的合成生物公司 Twist Bioscience Corp(市值 438.28 亿元,429.7%),公司已开发出一种破坏性的 DNA 合成平台,用于工业化生物工程。商业化多个产品的 Ultragenyx Pharmaceutical 公司(市值 653.55 亿元,增长 258.6%)预计也会成为 2021 年的千亿市值新贵。

中概股天境生物(IMAB)自 2020 年 1 月 17 日上市以来,表现也相当优秀,年涨幅达 158.9%,而且在 12 月获准纳入纳斯达克生物技术指数;9 月,知名跨国药企艾伯维率先与天境生物就 TJC4 的开发和商业化建立全球战略合作。这项近 30 亿美元的项目,刷新了中国创新药企产品授权转让纪录。由高瓴资本牵头组成的投资者财团与天境生物达成了通过私募配售(PIPE)融资 4.18 亿美元的协议,也打破中国生物科技公司历史获得最大单笔投资纪录。

5. 头部企业面临增长的烦恼

头部企业成长烦恼一直是生物医药领域的普遍特征,这一点在生物技术细分领域也少不了。2020 年披露的 2019 年年报数据(表 4-2)显示,生物技术领域两大巨头安进公司和吉利德科学,2019 年的营收增长在 -2% ~ 2% 之间,安进公司 2019 年表现为营收和净利润双双小幅回落,虽然市值依然比吉利德科学高出 78%,但 2019 年营收仅比吉利德科学多 4 个百分点,好在 2020 年公司有两个产品相继在中国市场获批,一个是骨质疏松症药物普罗力,另一个是治疗多种肿瘤的双特异性抗体——注射液倍林妥莫双特异性抗体。而吉利德科学虽然瑞德西韦(Veklury)在 2020 年 3 月获准在中国开展临床试验以对抗新冠病毒,但结果不如预期,虽然 FDA 最终在 10 月批准了该药的临床应用,但市场销售情况显然不及预期。不过公司的抗 HIV 药物以及治疗乙肝的药物目前依然表现为稳健的增长。

表 4-2　2020 年美国市场市值前 12 位公司营收及研发支出分析

代码	简称	2019 年营收/亿美元	同比增长	利润总额/亿美元	同比增长	研发支出/亿美元
AMGN.O	安进(Amgen)	233.62	-1.60%	78.42	-6.58%	41.16
SNY.O	赛诺菲-安万特	421.58	5.48%	31.43	-34.84%	67.42
GILD.O	吉利德科学	224.49	1.46%	53.86	-1.26%	91.06
VRTX.O	福泰制药(Vertex)	41.63	36.59%	11.77	-43.88%	17.54
REGN.O	再生元制药	78.63	17.18%	21.16	-13.44%	30.37

续表

代码	简称	2019年营收/亿美元	同比增长	利润总额/亿美元	同比增长	研发支出/亿美元
ILMN.O	Illumina	35.43	6.30%	10.02	21.31%	6.47
BIIB.O	生物基因（Biogen）	143.78	6.88%	58.88	32.90%	22.81
SGEN.O	Seagen	9.17	40.02%	−1.59	28.76%	7.19
ALXN.O	亚力兄制药	49.91	20.81%	24.04	2998.32%	8.86
BGNE.O	百济神州	4.28	116.03%	−9.49	−40.79%	9.27
INCY.O	因塞特医疗	21.59	14.71%	4.67	308.16%	11.54
GRFS.O	基立福	51.12	13.64%	7	4.78%	3.09

数据来源：WIND资讯，西南证券整理。

为了获得持续的增长动力，研发投入是生物技术公司不可忽视的重要前瞻性指标，2019年美国上市制药、生物科技与生命科学领域的717家公司合计支出1246.78亿美元，占当期收入的21.6%。从排名靠前的生物技术公司数据看，研发支出最大的是吉利德科学，2019年研发支出达到91亿美元。在整个制药领域仅次于默克集团的98亿美元的研发支出。而研发收入支出占比也达到了40%，占比排序在前12强中仅次于福泰制药（Vertex）的41%，排名第三的是再生元制药（Regeneron），2019年研发支出占收入比达到38%。

2019年的年报显示，生物制药已经跻身医药板块的前列，而且细分行业边界越来越模糊。基本上排名靠前的制药巨头都在生物技术领域有所布局，辉瑞、默克、葛兰素史克、赛诺菲-安万特、武田制药和百时美施贵宝都在生物技术领域进行了大量的并购，成为生物技术制药行业的领军企业。而生物技术领域崛起的巨头也没有放慢发展的步伐，巨资进行技术研发或进行大规模的行业收购兼并，都是近10年的生物技术行业的主要特征。从2019年营收排名前20的公司看，除了排名靠前的几家巨头化学制药依然占据主要地位，主要经营生物技术药物或为生物技术服务的公司已经占据前20位的半壁江山。

生物与制药科技的快速发展，也为科技服务公司提供了极大的发展空间，如主营科研仪器的赛默飞世尔科技、提供生物制药开发服务和商业外包服务的公司昆泰医药（IQV.N）以及为生命科学和制药提供耗材与仪器的Avantor（AVTR.N）都跻身收入的行业前20位（表4-3）。这也从另一个角度证明了美国生物技术领域的综合竞争优势，也是美国在生物技术领域全方位多领域全面发展的最好实证。

表 4-3 制药与生物科技 2019 年收入前 20 强

证券代码	证券简称	总营业收入/万美元	净利润/万美元	研发费用/万美元
PFE. N	辉瑞制药（Pfizer）	5 175 000.00	1 627 300.00	865 000.00
MRK. N	默克集团（Merck）	4 684 000.00	984 300.00	987 200.00
GSK. N	葛兰素史克	4 427 230.80	609 245.93	599 146.48
SNY. O	赛诺菲-安万特	4 215 834.99	314 358.72	674 201.99
ABBV. N	艾伯维（AbbVie）	3 326 600.00	788 200.00	640 700.00
TAK. N	武田药品工业	3 044 665.94	40 927.19	455 499.86
BMY. N	百时美施贵宝	2 614 500.00	343 900.00	614 800.00
TMO. N	赛默飞世尔科技	2 554 200.00	369 600.00	100 300.00
AZN. O	阿斯利康（US）	2 438 400.00	133 500.00	605 900.00
AMGN. O	安进（Amgen）	2 336 200.00	784 200.00	411 600.00
GILD. O	吉利德科学	2 244 900.00	538 600.00	910 600.00
LLY. N	礼来公司（Eli Lilly）	2 231 950.00	831 840.00	559 500.00
NVO. N	诺和诺德	1 829 415.43	583 977.84	213 195.17
BIIB. O	生物基因（Biogen）	1 437 790.00	588 850.00	228 060.00
MYL. O	迈兰实验室（Mylan）	1 150 050.00	1680.00	63 990.00
IQV. N	昆泰医药	1 108 800.00	19 100.00	0.00
REGN. O	再生元制药（Regeneron）	786 340.00	211 580.00	303 660.00
ZTS. N	硕腾公司（Zoetis）	626 000.00	150 000.00	45 700.00
AVTR. N	Avantor	604 030.00	3780.00	0.00
GRFS. O	基立福	571 210.97	70 035.67	30 922.55

数据来源：WIND 资讯，西南证券整理。

6. 孤儿药、抗癌与抗击新冠引发新药审批新潮

2020 年新药审批方面，尽管面对新冠疫情的冲击，但 FDA 的新药审批依然如火如荼，抗癌药品和罕见病药是 2020 年新药审批的亮点，有些病是几十年没有药物获得批准，而 2020 年获得了 FDA 的核准。1 月 21 日，FDA 批准 Horizon Therapeutics 的 Tepezza（teprotumumab-trbw）上市，用于治疗甲状腺眼病。这是 FDA 批准的首个甲状腺眼病药物。Teprotumumab 是一种靶向 IGF-1R 的单克隆抗体，Ⅲ期 OPTIC 临床研究表明，接受 Teprotumumab 治疗的患者较安慰剂能显著减轻患者眼球突出症。

2月21日，FDA批准灵北制药的Vyepti（eptinezumab-jjmr）上市，用于成人偏头痛的预防治疗。这是FDA批准的首个预防偏头痛的静脉注射药物。Vyepti是灵北斥资19.5亿美元收购Alder公司所获得一款降钙素基因相关肽（CGRP）药物，CGRP被认为是一种与偏头痛相关的重要神经肽。Vyepti是一种预防偏头痛的单克隆抗体（mAb），能够强效且高特异性抑制降钙素基因相关肽（CGRP）。

3月2日，FDA批准赛诺菲的CD38单抗药物Sarclisa（isatuximab-irfc）上市，用于联合泊马度胺和地塞米松治疗既往至少接受过2线以上疗法（包括来那度胺和一种蛋白酶体抑制剂）的复发性难治性多发性骨髓瘤（MM）成人患者。

4月10日，FDA批准阿斯利康/默沙东的Koselugo（selumetinib）上市，用于2岁及以上儿童和青少年的神经纤维瘤病Ⅰ型（NF1）患者，这些患者伴有症状性和/或进展性、无法手术的丛状神经纤维瘤（PN）。这是FDA批准的首个用于治疗NF1的药物。该药也获得了中国的临床研究批复。

4月Seattle Genetics公司的Tukysa获得批准，作为一种联合化疗（曲妥珠单抗和卡培他滨）用于治疗无法通过手术切除并且之前已经接受过一种以上疗法的HER2阳性晚期乳腺癌患者。该疗法可有效延长患者无进展生存期以及脑转移患者的OS和PFS。

2020年4月Immunomedics公司的Trodelvy被批准用于治疗既往接受过至少2种疗法的转移性三阴乳腺癌成人患者。Trodelvy除了是FDA批准的首个治疗三阴乳腺癌的抗体偶联药物，也是首个获批的靶向人滋养层细胞表面抗原2（Trop-2）的抗体偶联药物。Trodelvy可提高客观应答率（ORR）和应答持续时间（DoR），但存在严重中性粒细胞减少和腹泻的风险。

6月11日，FDA批准Viela Bio公司的CD19单抗Uplizna（inebilizumab）上市，用于治疗AQP4阳性的成人视神经脊髓炎谱系疾病（NMOSD）患者。豪森药业曾于2019/5/28与Viela Bio公司达成协议，斥资2.2亿美元获得了该药中国权益。

2020年8月葛兰素史克的Blenrep获批。适应证：用于既往接受过至少4种疗法（包括抗CD38单克隆抗体，蛋白酶体抑制剂和免疫调节剂）的复发性或难治性多发性骨髓瘤的成年患者。根据总缓解率，该适应证获得加速批准。Blenrep是全球首个获批的抗BCMA（B细胞成熟抗原）疗法。

2020年8月FDA批准了Cassiopea公司的Clascoterone，用于治疗12岁以上的痤疮患者。与痤疮的口服抗雄激素疗法不同，Clascoterone同时适用于男性和女性。这是近40年来针对痤疮治疗的首个新机制药物。

2020年9月葛兰素史克的Blenrep获批，其适应证为：靶向BCMA治疗复发/难治性多发骨髓瘤。Blenrep是抗体-药物偶联物（ADC），抗体成分是针对BCMA的岩藻糖基化IgG1，BCMA是在正常B淋巴细胞和多发性骨髓瘤细胞上表达的蛋白质。小分子成分是微管抑制剂MMAF，通过与BCMA结合后，将belantamab mafodotin-blmf内在化，然后经过蛋白水解切割释放MMAF。释放的MMAF在细胞内破坏了微管网络，导致细胞周期停滞和凋亡。

2020年12月FDA批准了Rhythm Pharmaceuticals公司的Imcivree，Imcivree（Setmelanotide）是一款首创、寡肽类MC4受体激动剂，旨在恢复由于MC4受体上游遗传缺陷而引起的受损的MC4受体通路活性，重新建立罕见肥胖遗传性疾病患者的能量消耗和食欲控制，减少饥饿感、降低体重。在此之前，尚无FDA批准的特定疗法来控制因POMC，PCSK1或LEPR基因缺陷引起的肥胖症患者的体重。

此外，针对癌症的诊断与基因分析，2020年8月FDA还批准了Guardant Health公司的Guardant360 CDx。用于对患有任何实体恶性肿瘤的晚期癌症患者的肿瘤突变进行图谱分析。同时作为辅助诊断，可识别表皮生长因子受体（EGFR）基因突变的转移性非小细胞肺癌（NSCLC）。

Guardant360 CDx检测主要采用两种技术：①液体活检，即利用血液样本为专业医护人员提供有关患者肿瘤的遗传信息。与标准组织活检相比，它具有侵入性小、易于重复，且适用于无法进行标准组织活检的肿瘤患者。②NGS，Guardant360 CDx使用基因测序技术进行高通量肿瘤分析，可同时检测55个肿瘤基因的突变。

抗病毒与抗击新冠是2020年新药审批的另一亮点。制药行业为应对COVID-19大流行建立了许多合作伙伴关系，包括疫苗开发、诊断、治疗、检测和管理COVID-19。如赛诺菲和葛兰素史克首次强强联手，将赛诺菲的刺突蛋白抗原与葛兰素史克的佐剂技术相结合；阿斯利康和牛津大学4月签署的腺病毒载体疫苗研发，以及辉瑞和BioNTech 3月签署基于mRNA的疫苗研发。辉瑞的疫苗已在英国获得紧急授权使用，并于12月10日获得美国FDA的审核批准。

此外FDA还于2020年10月22日批准吉利德科学Veklury（瑞德西韦）

上市，用于治疗12岁以上（体重≥40kg）住院COVID-19成人和儿科患者。这是FDA批准的首个COVID-19治疗药物。尽管该药在中国的试验不如预期。FDA批准Veklury主要基于3项随机对照临床试验的数据，包括轻度至重度COVID-19住院患者中的数据。试验表明，相较安慰剂，使用Veklury可帮助COVID-19住院患者在多项结果评估中获得具有临床意义的改善。截至2020年12月初，Veklury已经在全球50个国家地区批准/授权使用，包括美国、欧盟和澳大利亚等。吉利德科学近日公布的2020Q3财报显示，Veklury在第3季度的销售额达到8.73亿美元。

2020年10月FDA批准了再生元公司用于治疗由扎伊尔型埃博拉病毒（Zaire ebolavirus）引起感染的Inmazeb，Inmazeb是FDA批准的首个用于治疗埃博拉病毒感染的药物，由3种全人IgG1单抗组成，通过再生元专有的VelociSuite©快速反应技术进行开发，该技术正被应用于开发针对新型冠状病毒肺炎（COVID-19）的新型抗体鸡尾酒疗法。

2020年对于全球经济和社会是非常特殊的一年，对于生物技术领域，也是承受考验最大的一年，从病毒的发现、测序、应对和防控，生物技术同仁们发扬合作拼搏精神，用最短的时间完成了以往需要数年才能完成的任务，为人类的安全和全球经济的发展做出了极大的贡献，中国的生物技术同行们在这场与病毒的战斗中也做出了不可磨灭的贡献。

二、国内篇

1. 行业发展因疫情而分化

2020年的中国生物产业在新年伊始就迎来了艰巨的考验，新冠病毒的分离、分析、定性与防控，每一步都是中国生物科技力量的勇敢担当，第一时间完成病毒的基因测序并向世界卫生组织公布。2020年1月14日，世界卫生组织（WHO）正式将引发此轮肺炎的病毒命名为2019新型冠状病毒（2019-nCoV）。

在此基础上，我国和世界科技力量一起，拉开了公共安全危机挑战的序幕。2020年2月22日，广州万孚生物技术股份有限公司（万孚生物，300482），新型冠状病毒（2019-nCoV）抗体检测试剂盒（胶体金法），获国家药监局新型冠状病毒应急医疗器械审批批准（注册证号：国械注准20203400176），成为首批正式获准上市的新冠病毒抗体现场快速检测试剂。4月12日，由中国工程院院士、军事科学院军事医学研究院研究员陈薇院士团队牵头研发的创新性重组疫苗产品——重组新冠病毒（腺病毒载体）疫苗正式进入Ⅱ期临床试验，开始受试者接种试验。中国生物武汉生物制品研究所与中国科学院武汉病毒研究所协同攻关的新冠灭活疫苗率先获得全球首个临床试验批件，并且于4月24日已进入Ⅱ期临床试验阶段。4月13日批准科兴控股旗下的新型冠状病毒灭活疫苗克尔来福经国家食药监局批准进入临床研究。自此，国内生物技术团队在成功防控疫情蔓延的基础上，又将新冠疫情防控工作推向了新的阶段。

国内经济和产业迅速恢复，走出了一波先抑后扬的增长曲线。2020年前10个月，国内医药制造业实现19 555.90亿元，同比增长2.5%，实现利润总额2779.1亿元，同比增长8.7%。增幅分别比去年同期回落6.7和1.9个百分点。疫情虽然快速拉动了口罩和呼吸机等的需求，但医疗机构的限流也使得短期内医药的需求迅速下坠，一季度医药制造业收入和利润总额增长速度一度回落到−8.9%和−15.7%。但随着疫情的逐步控制和医疗服务业的有序开放，行业增速开始了逐步的回升，并在三季度实现了利润总额和营收的正增长。如图4-5所示。

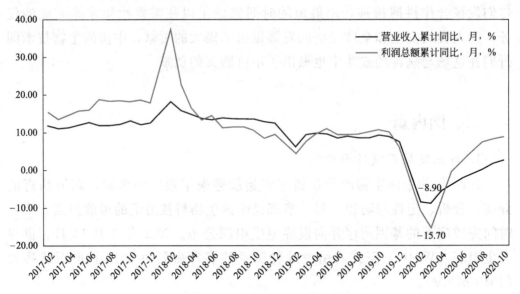

图4-5 我国医药制造业营收及利润增长分析

数据来源：WIND资讯，西南证券整理。

如图4-6所示在经营方面，受疫情影响，公司市场推广活动难以正常展开，致使营业费用相比上年明显下降许多，此外医保用药目录更多采用集中招标采购，也降低了企业营业费用支出。同期管理费用也在低位运行，但财务费用增速攀升较快，应是坏账处理所致，因为2020年银行的借贷利率是持续走低的。应收账款和存货增长速度长期保持在10%以上,2020年疫后营收账款还有加快增长的趋势,说明整个医药市场不是很顺畅。2020年新冠疫情后,在公共场所佩戴口罩已经成为社会共识,相应也降低了呼吸道传染病的发病率,影响了若干药品的销售,传统的医院就诊人数也累积同比也降幅不小,1~8月,全国医疗卫生机构总诊疗人次达33.9亿人次,同比下降16.1%。其中医院20.4亿人次,同比下降17.2%。医疗服务的下降也影响了药品的市场销售。

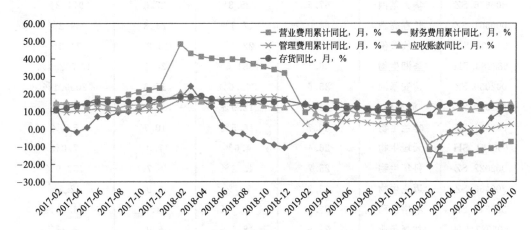

图4-6 我国医药制造业费用增长分析

数据来源:WIND资讯,西南证券整理。

2. 疫情促进生物技术公司业务增长

与整个行业呈现弱增长相比,与疫情相关的生物技术公司出现了业务的井喷,公司不仅主营业务爆发性增长,市值也因此水涨船高。从收入前30位的生物技术公司看(表4-4),三分之二的公司都实现了两位数的增长,有核酸检测业务的圣湘生物、达安基因、华大基因等实现了200%以上的收入增幅,其中2020年刚迈入资本市场的圣湘生物业务同比增幅高达13.8倍。作为一家以自主创新基因技术为核心,集诊断试剂和仪器的研发、生产、销售,以及第三方医学检验服务于一体的体外诊断整体解决方案提供商,是国内技术先进、产品齐全的体外诊断领军企业之一,公司产品已在全国2000多家标杆医院、第三方医学检验机构及其他医疗机构广泛使用,并远销全球40多个国家。11月中旬公司信息披露,公司产品全自动核酸提取仪及核酸提取或纯化试剂于近日获得美国FDA授权,12月公司3个产品新型冠状病毒SARS-CoV-2/多项呼吸道病原体核酸检测试剂盒、核酸提取或纯化试剂、核酸提取仪获得欧盟CE认证。圣湘生物、达安基因、华大基因三家公司的利润增长也非常可观,增幅达 9～100 倍。

表 4-4 2020 年前 3 季度生物技术公司收入前 30

证券代码	证券简称	营业收入/亿元	营业收入同比增长	净利润/亿元	净利润增长
603259.SH	药明康德	118.1	27.3%	23.9	31.3%
300122.SZ	智飞生物	110.5	44.1%	24.8	40.6%
300244.SZ	迪安诊断	74.7	20.3%	11.1	109.5%
300676.SZ	华大基因	67.5	225.8%	27.3	914.2%
000661.SZ	长春高新	64.0	17.5%	24.8	39.2%
600195.SH	中牧股份	36.3	22.8%	5.2	71.3%
688289.SH	圣湘生物	36.1	1381.5%	20.1	10 702.4%
002030.SZ	达安基因	35.6	363.6%	15.0	2099.1%
002399.SZ	海普瑞	35.4	12.9%	7.1	7.6%
002007.SZ	华兰生物	30.7	16.5%	10.7	5.1%
600161.SH	天坛生物	26.4	4.6%	7.3	7.0%
002022.SZ	科华生物	25.7	45.3%	6.7	152.9%
300463.SZ	迈克生物	25.3	7.7%	5.9	32.5%
300347.SZ	泰格医药	23.0	13.3%	14.0	143.1%
603087.SH	甘李药业	21.9	18.3%	6.9	3.7%
600867.SH	通化东宝	21.9	6.2%	7.5	9.8%
300482.SZ	万孚生物	21.7	52.6%	5.7	83.2%
603658.SH	安图生物	20.5	8.1%	5.2	−5.1%
002252.SZ	上海莱士	20.4	6.4%	10.9	80.6%
300294.SZ	博雅生物	19.9	−5.4%	2.4	−28.9%
300255.SZ	常山药业	16.4	14.6%	2.0	6.0%
603392.SH	万泰生物	16.0	92.6%	4.7	275.6%
688363.SH	华熙生物	16.0	24.0%	4.4	5.2%
300142.SZ	沃森生物	15.7	96.5%	5.4	237.7%
300298.SZ	三诺生物	15.3	21.5%	2.5	17.0%
300119.SZ	瑞普生物	14.6	41.4%	2.9	65.6%
300601.SZ	康泰生物	14.2	1.9%	4.3	0.6%
300009.SZ	安科生物	11.5	−0.9%	3.3	17.2%
688065.SH	凯赛生物	11.5	−27.4%	3.2	−13.8%
600201.SH	生物股份	11.1	30.7%	3.1	21.2%

数据来源:WIND 资讯,西南证券整理。

受疫情影响,传统依赖于血液商业化采集的公司业务受到一定的影响,营收和利润均落后于非血液制品类生物技术公司。天坛生物、博雅生物和上海莱士收入增幅都低于7%。博雅生物净利润甚至出现了28%的跌幅,是前30强中利润降幅最大的。

表 4-5　沪深市场生物板块市值大于 500 亿元的公司

证券代码	证券简称	总市值/亿元	年涨跌幅/% (2020 年 12 月 24 日取值)
603259.SH	药明康德	3060.73	92.36
300122.SZ	智飞生物	2516.48	217.72
000661.SZ	长春高新	1692.22	87.36
300347.SZ	泰格医药	1376.17	153.29
300601.SZ	康泰生物	1172.86	95.89
603392.SH	万泰生物	872.19	1496.43
002007.SZ	华兰生物	768.06	56.99
603087.SH	甘李药业	723.83	98.39
688363.SH	华熙生物	717.94	79.80
688185.SH	康希诺-U	661.82	3.79
603658.SH	安图生物	638.81	47.80
300142.SZ	沃森生物	590.06	17.89
688180.SH	君实生物-U	588.04	−51.60
600161.SH	天坛生物	524.98	79.95
300676.SZ	华大基因	519.73	89.20

数据来源:WIND 资讯,西南证券整理。

受疫情推动,2020 年生物板块市值出现了普遍的增长,统计的沪深市场 69 家生物技术公司 70% 的市值年增幅都在 10% 以上,其中万泰生物以 1496.43% 的涨幅居第一(表 4-5、图 4-7)。作为 2020 年上市的新股,公司以连续 26 个涨停板傲视同侪。公司是一家成立于 1991 年,从事体外诊断试剂、体外诊断仪器与疫苗的研发、生产及销售的高新技术企业。公司在体外诊断试剂领域已取得了 5 项新药证书、9 项药品注册证书、300 余项国家医疗器械注册证、16 项欧盟 CE 认证、2 项世界卫生组织 PQ 认证,还获得 150 个国家二级标准物质证书。公司体外诊断领域的核心产品有艾滋病毒诊断试剂、病毒性肝炎系列诊断试剂、全自动管式化学发光免疫分析系统等。虽然在检测试剂领域公司是上市比较晚的,但厚积薄发的势头还是摘得了 2020 年的涨幅桂冠。

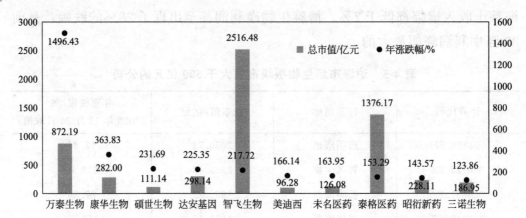

图 4-7 沪深市场生物医药市值增幅最大的 10 家公司（单位：亿元）

数据来源：WIND 资讯，西南证券整理。

2020 年市场表现抢眼的还有智飞生物，公司以研发生产和销售疫苗为主业，2020 年公司续约默沙东，智飞生物与默沙东自 2011 年 4 月起开展市场推广合作，前者负责默沙东疫苗产品在中国大陆区域的销售。目前，默沙东的四价和九价 HPV 疫苗国内由智飞生物独家代理销售。公司在销售和市值上直追排名第一的药明康德，后者是世界领先的生物医药研发服务商，与世界排名前列的制药巨头都有业务合作。

3. 融资市场风生水起

受疫情影响，加上资本市场改革推动，2020 年的生物科技融资也是风生水起，呈现多年少见的一级市场和二级市场共同繁荣的局面。2020 年整个医疗健康领域合计完成 2076.82 亿元的资本市场融资，其中首发融资 641.9 亿元，增发融资 494.1 亿元，可转债和可交换债融资 75.36 亿和 33.50 亿元，一级市场 PE 与 VC 融资 831.96 亿元。其中涉及上市公司 91 家，未上市公司 515 家。如图 4-8 所示。

从公开市场看，2020 年的融资总额比 2019 年增长了 25%，其中增幅最大的是首发融资，54 家公司完成了 641.9 亿元首发融资，同比增长了 262%，其次是可转债融资，10 家公司完成了 75 亿元的可转债融资，同比增长 22%。如图 4-9 所示。

但因为增发融资大幅低于 2016 年，因此在公开市场股权融资总额上，依然略低于 2016 年，创近 10 年的次高纪录，但首发融资的金额创出了 10 年新高。融资额甚至超出了前 4 年之和。这主要得益于科创板实行注册制后，修改了上市标准，对于未上市创新型生物医药企业，只要有产品进入二期临床而且预期市值大于 40 亿元，就可以申请上市融资，不再在收入和利

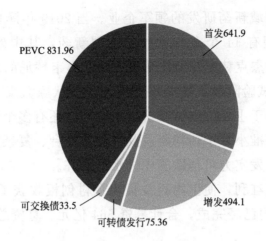

图 4-8 医疗健康领域 2020 年融资结构分析（单位：亿元）

数据来源：WIND 资讯，西南证券整理。

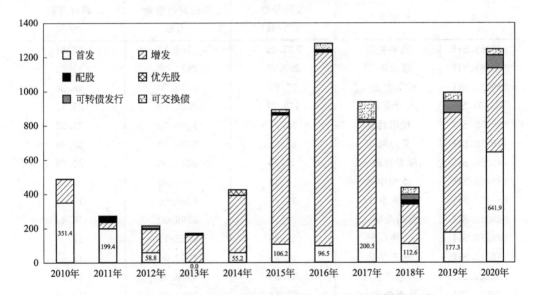

图 4-9 沪深市场医疗健康领域融资年度变化分析（单位：亿元）

数据来源：WIND 资讯，西南证券整理。

润方面进行约束。该政策极大鼓励了处于创新药研发阶段的生物技术公司上市融资。

泽璟制药是第 1 个享受该政策红利的生物企业，2020 年 1 月 23 日，泽璟制药鸣锣上市，成为 A 股市场首家尚未盈利而成功 IPO 的上市公司，中国资本市场崭新的一页因此书写。2009 年，以盛泽林为主的中美医药界管理和技术团队创办了中外合资企业泽璟有限公司（泽璟制药前身）。成立伊始，公司就目标明确致力于成为中国肿瘤、出血及血液疾病、肝胆疾病和免疫炎症性疾病等领域新药研发的领军企业。当 2019 年泽璟制药现身科创板"考场",公司已拥有 11 个在开发的主要创新药,其中外用重组人凝血酶(泽普凝 R)、盐酸杰克替尼片(泽普平 R)及奥卡替尼的多种适应证已分别处于Ⅱ/Ⅲ期临床试验阶段;注射用重组人促甲状腺激素(赛诺璟 R)及盐酸杰克替尼乳膏处于Ⅰ期临床试验阶段。此外,还有多个新药处于临床前研发阶段。公司在精准小分子药物研发及产业化平台、复杂重组蛋白新药研发及产业化平台的研发实力可与欧美先进水平看齐。

科创板的制度红利,使生物科技板块在科创板收获了 38 家公司首发融资,其中 36 家公司已经完成,合计募资 564 亿元。募资总额超过 10 亿元的公司见表 4-6。

表 4-6　科创板 2020 年新上市主要生物科技公司

代码	股票名称	发行价格/(元/股)	新股发行数量/万股	募资总额/亿元
688065.SH	凯赛生物	133.45	4166.82	55.61
688185.SH	康希诺-U	209.71	2480.00	52.01
688180.SH	君实生物-U	55.50	8713.00	48.36
300896.SZ	爱美客	118.27	3020.00	35.72
688658.SH	悦康药业	24.36	9000.00	21.92
688578.SH	艾力斯-U	22.73	9000.00	20.46
688266.SH	泽璟制药-U	33.76	6000.00	20.26
688289.SH	圣湘生物	50.48	4000.00	20.19
688177.SH	百奥泰-U	32.76	6000.00	19.66
688221.SH	前沿生物-U	20.50	8996.00	18.44
688336.SH	三生国健	28.18	6162.11	17.36
688513.SH	苑东生物	44.36	3009.00	13.35
300832.SZ	新产业	31.39	4120.00	12.93
688520.SH	神州细胞-U	25.64	5000.00	12.82
688617.SH	惠泰医疗	74.46	1667.00	12.41
688526.SH	科前生物	11.69	10 500.00	12.27
688189.SH	南新制药	34.94	3500.00	12.23
688580.SH	伟思医疗	67.58	1708.67	11.55
688136.SH	科兴制药	22.33	4967.53	11.09
688566.SH	吉贝尔	23.69	4673.54	11.07
688085.SH	三友医疗	20.96	5133.35	10.76
688505.SH	复旦张江	8.95	12 000.00	10.74
300841.SZ	康华生物	70.37	1500.00	10.56
688338.SH	赛科希德	50.35	2041.20	10.28

数据来源:WIND 资讯,西南证券整理。

募资最大的 3 家公司分别是凯赛生物、康希诺和君实生物,分别融资 55.61 亿元、52.01 亿元和 48.36 亿元。发行价格最高的是康希诺、凯赛生物和爱美客,均超过了 100 元/股。

除了科创板,主板和中小板也有 9 家生物医药类完成了 63.13 亿元的首发融资。其中甘李药业以 25.45 亿元的融资额居首位,作为国内第 2 代基因工程胰岛素领先企业,公司从通化东宝分立出来也历经曲折如愿上市,也算行业发展的一段佳话。

除了沪深市场,三板市场经过改革和发展创新,2020 年也恢复了融资功能,特别是精选层,也能和沪深市场一样进行首发融资。新政实施后,2020 年有 7 家公司完成了 14.67 亿元的首发融资。其中包括业内著名公司三元基因和生物谷,二者分别融资 3.25 亿元和 0.96 亿元。

二级市场的融资火爆也带动了一级市场的融资繁荣。从季度数据看,受疫情的影响,2020 年 PEVC 市场在近半时间内都不能开展尽调工作,募资工作也难以正常开展,但全年的投资工作特别是生物科技细分领域的投资活动依然非常活跃。

从投资额和投资案例统计看,2020 年的 4 个季度似乎难以超越 2018 年的高峰,但生命科学和生物科技细分领域的投资活动和投资案例占比双双创出了近几年的历史新高。投资金额占比从 2016 年的 30% 一路攀升到 2020 年的 60%,而投资案例占比也从 2016 年的 30% 攀升到 2020 年的 50% 以上。

可统计数据显示,2020 年 PEVC 市场医疗健康领域 515 个投资案例完成 831.96 亿元融资,其中生命科学和生物科技完成 277 个案例可统计金额 509.1 亿元。占比分别为 61.2% 和 53.8%。如图 4-10 所示。

从投资的轮次特征看,2020 年和前几年相比最大的变化是天使投资在减少,2020 年仅有 14 个天使投资案例合计融资 5312 万元。除了一个案例在陕西宝鸡,其余案例均发生在长江以南地区,其中主要以广东、江苏和上海为主,三地占了余下的 13 个案例。A 轮 B 轮的投资案例占据了半壁江山,此外 2020 年投资案例增加比较多的是战略投资。2020 年完成了 77 个案例。有 15 个投资案例在 D 轮及以后,能够坚持到 D 轮以后还没有上市,说明公司尤其值得期待的价值但发展艰难,至少在满足上市条件方面依然存在不足。如图 4-11 所示。

从投资金额的轮次特征看,战略投资占比是最大的,237 亿元的投资总额占据了 2020 年 PEVC 投资生物科技总额的 43.5%。其次是 C 轮和 B 轮投资,分别为 105.8 亿元和 98 亿元。D 轮及以后完成了 70 亿元的融资。如图

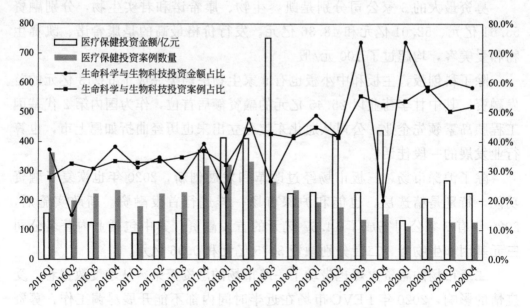

图 4-10　生物科技领域 2020 年 PEVC 投资案例与金额分析

数据来源：WIND 资讯，西南证券整理。

图 4-11　2020 年 PEVC 投资生物科技案例轮次分析

数据来源：WIND 资讯，西南证券整理。

4-12 所示。

　　2020 年生物科技领域完成了 35 个美元投资案例，合计可统计投资金额 25.225 亿美元。最大的一笔投资来自于中国生物制药对北京科兴中维生物技术有限公司（科兴中维）5.15 亿元美元的战略投资，大于 1 亿美元的投资案例还有 9 个，其中基石药业（苏州）有限公司（基石药业）获得辉瑞药业 2 亿美元的战略投资排名第二。博裕资本对中山康方生物医药有限公司 16 300 万美元的投资 F 轮投资是 VC 投资轮次最后的投资案例。见表 4-7。

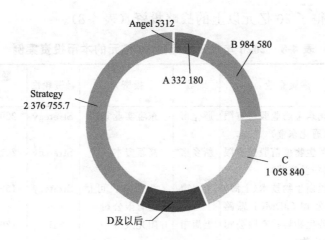

图 4-12　2020 年 PEVC 投资生物科技金额分析（单位：万元）

数据来源：WIND 资讯，西南证券整理。

表 4-7　2020 年 PEVC 美元基金投资生物科技案例

披露日期	融资企业	地域	投资方	融资轮次	融资金额/万美元
2020-12-07	北京科兴中维生物技术有限公司(科兴中维)	北京市	中国生物制药	Strategy	51 500.00
2020-09-30	基石药业(苏州)有限公司(基石药业)	苏州市	—	Strategy	20 000.00
2020-12-08	优锐医药科技(上海)有限公司(优锐医药)	上海市	RTW Investments，康桥资本等	D	18 100.00
2020-04-14	中山康方生物医药有限公司(康方生物)	中山市	博裕资本	F	16 300.00
2020-03-31	南京传奇生物科技有限公司(传奇生物)	南京市	Hudson Bay Capital Management Lp	Strategy	15 000.00
2020-08-25	苏州康乃德生物医药有限公司(康乃德)	苏州市	礼来亚洲基金，启明创投等	C	11 500.00
2020-08-31	杭州阿诺生物医药科技股份有限公司(阿诺医药)	杭州市	泰州盛鑫产业基金	C	10 000.00
2020-06-10	上海药明巨诺生物科技有限公司(药明巨诺)	上海市	元禾控股	B	10 000.00
2020-03-16	荣昌生物制药(烟台)股份有限公司(荣昌生物-B)	烟台市	檀英投资基金	Strategy	10 000.00
2020-01-08	创胜生物医药(上海)有限公司(创胜集团)	上海市	红杉资本中国	B+	10 000.00

数据来源：WIND 资讯，西南证券整理。

　　除了以上美元基金的投资，2020 年还有几个投资案例也在 10 亿元之上，其中排名靠前的两个案例均与上市公司相关，通化东宝和华兰生物的疫苗公司分别获得了 20 亿元以上的战略投资（表 4-8）。

表 4-8 2020 年投资额超过 10 亿元的本币投资案例

披露日期	融资企业	地域	投资方	融资轮次	融资金额/万美元	融资币种
2020-06-16	通化东宝药业股份有限公司（通化东宝）	通化市	东宝实业集团	Strategy	229 665.78	人民币
2020-03-27	华兰生物疫苗股份有限公司（华兰疫苗）	新乡市	高瓴资本	Strategy	207 000.00	人民币
2020-10-19	埃提斯生物技术（上海）有限公司（3DMed 思路）	上海市	江西济民可信药业有限公司	Strategy	150 000.00	人民币
2020-08-06	迪乐普生物科技有限公司（乐普生物）	上海市	阳光人寿	B	129 100.00	人民币
2020-04-16	北京天广实生物技术股份有限公司（天广实）	北京市	中金启德基金，国投创合，交银国际，越秀产业基金	C	113 000.00	人民币
2020-02-18	河北大安制药有限公司（大安制药）	石家庄市	君正集团	Strategy	112 200.00	人民币
2020-09-28	益方生物科技（上海）股份有限公司（益方生物）	上海市	高瓴创投，启明创投等	D	100 000.00	人民币
2020-08-25	苏州信诺维医药科技有限公司	苏州市	正心谷创新资本，中金资本等	C	100 000.00	人民币

数据来源：WIND 资讯，西南证券整理。

4. 并购市场波澜不惊

资本市场的改革也对行业的并购市场产生了影响，新发上市融资门槛的降低，使得并购交易不再是资本退出的主要途径，因此抑制了并购交易的产生。

2020 年医疗健康领域合计发生并购交易案例 296 例，交易金额合计 3972.6 亿元，其中生物类交易案例 60 例，交易金额 185.6 亿元，占整个医疗健康领域的 20.7% 和 4.7%。相比 2019 年，生物科技领域的并购案例数和交易金额分别下降了 28.6% 和增加了 40.9%。从季度数据看，2020 年 4 个季度仅二季度案例超过了 20 个，三季度甚至跌至个位数，与 2019 年 3 个季度均在 20 以上相比，明显降温。如图 4-13 所示。

5. 境外上市依然踊跃

受国内资本市场建设加快，上市门槛降低影响，持续几年的生物科技公司海外上市潮 2020 年没有出现明显的回落，香港市场依然创出了新高，但美国市场不如往年。

2020 年有 16 家生物科技企业完成在香港上市的工作，合计募资 574.76

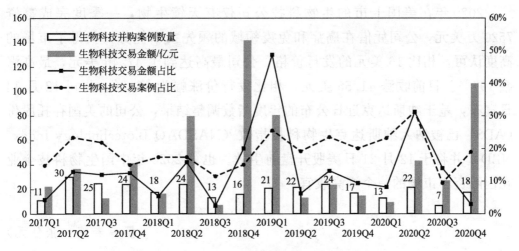

图 4-13 2020 年生物科技领域并购季度分析

数据来源：WIND 资讯，西南证券整理。

亿港元，相比 2019 年的 13 家公司募资 340.89 亿港元，同比增长了 20% 和 68.6%。导致融资额大幅增长的主要原因是泰格医药的超额资金募集，公司的发行获得了市场的热捧，投资者认购踊跃，最终获得超额募资 15.5 亿港元。见表 4-9。

表 4-9 2020 年香港市场生物科技首发融资名单

股票名称	上市日期	发行价格/港元	实际发行总数/百万股	首发募资总额/百万港元
加科思-B	2020-12-21	14.00	96.4761	1350.67
和铂医药-B	2020-12-10	12.38	138.2210	1711.18
德琪医药-B	2020-11-20	18.08	157.1360	2841.02
荣昌生物-B	2020-11-09	52.10	88.0175	4585.71
药明巨诺	2020-11-03	23.80	109.4215	2604.23
先声药业	2020-10-27	13.70	263.5240	3610.28
云顶新耀-B	2020-10-09	55.00	73.0790	4019.35
嘉和生物-B	2020-10-07	24.00	129.6835	3112.40
再鼎医药-SB	2020-09-28	562.00	12.1487	6827.54
泰格医药	2020-08-07	100.00	123.1248	12 312.48
永泰生物-B	2020-07-10	11.00	114.5840	1260.42
欧康维视生物-B	2020-07-10	14.66	121.8195	1785.87
海普瑞	2020-07-08	18.40	220.0945	4049.74
开拓药业-B	2020-05-22	20.15	92.3475	1860.80
康方生物-B	2020-04-24	16.18	183.4190	2967.72
诺诚健华-B	2020-03-23	8.95	287.8720	2576.45

数据来源：WIND 资讯，西南证券整理。

2020年在美国上市的生物科技公司仅有天镜生物，一季度完成募资7520万美元，公司凭借在癌症和免疫领域的领先技术优势，获得了市场的高度认可，相比16美元的发行价格，公司最高达到了47.46美元，最高涨幅197%。目前收涨41.55美元，相比发行价涨幅为160%。公司12月14日宣布，基于纳斯达克近日公布的年度指数调整结果，公司的美国存托股份（ADS）已被纳入纳斯达克生物科技指数（NASDAQ Biotechnology Index，NBI），并将于12月21日美股开盘前生效。也算2020年中国生物科技企业在国际资本市场的一个漂亮收官。

（撰稿专家：张仕元）

2020 年生物专利分析

2020年考研真题分析

2020年生物疫苗专利分析

国家知识产权局

接种疫苗是预防和控制传染病最经济、有效的公共卫生干预措施，对于国家来说也是促进国民健康、减少疾病发生、减少医疗费用的有效手段。因而疫苗在各国公共卫生体系中都占有重要的地位。

我国拥有世界上最多的疫苗生产企业，也是全球疫苗年生产剂数最多的国家之一，但整体来说以传统疫苗产品为主，仍处于全球疫苗产业价值链低端，面临传统疫苗产品如何改造升级，新型疫苗产品如何抓住专利机遇进行技术突破，市场化重磅疫苗产品如何规避专利风险再创新等制约全产业发展的问题。

2020年，新型冠状病毒疫情在全球蔓延，针对新型冠状病毒的疫苗成了全球范围内抗击疫情的首选方式。这也为疫苗行业带来了新的发展契机。

本文从疫苗领域相关专利的全球和中国申请态势入手，通过深入解析疫苗产业全球专利竞争态势，希望为国内疫苗产业指明方向；并以重点申请人专利布局为例，试图揭示疫苗产品的突破之道。

如未特别说明，统计的专利申请相关信息均来自国家知识产权局专利检索与服务系统（下文简称S系统）中已公开的数据，统计数据截至2020年12月31日。由于专利申请存在延迟公开的特点，近3年提交的专利申请中的部分申请存在尚未公开的情况，因此这段时间的专利申请数量将存在一定的低估现象。

疫苗是将病原微生物（如细菌、立克次体、病毒等）及其代谢产物，经过人工减毒、灭活或利用转基因等方法制成的用于预防传染病的自动免疫制剂。疫苗保留了病原菌刺激动物体免疫系统的特性。随着技术发展，疫苗种类越来越多样化，包括灭活疫苗、减毒活疫苗、类毒素、亚单位疫苗、多肽疫苗、基因工程疫苗、DNA疫苗等。作为预防和控制传染病最经济、有效的公共卫生干预措施，疫苗是全球制药企业都极为看重的一个领域。

本节将对疫苗专利申请的总体情况进行分析，以期解读该领域的发展趋势和发展特点。

1. 全球专利申请分析

本小节以全球范围内疫苗的专利申请总量为基础,通过统计分析研究疫苗的发展趋势和特点,内容主要包括对申请量年度变化趋势、主要申请国的申请量、专利布局目的地的国家和地区分布、主要申请人等方面进行分析比较。

(1) 疫苗发展历程及趋势

为了了解疫苗领域的整体发展趋势,对全球范围内疫苗相关专利申请以最早优先权日的时间顺序进行统计分析,以了解该领域的整体发展趋势和历年变化。

由于烈性传染病疫苗已于 19 世纪末至 20 世纪相继问世,进入 21 世纪以来,如图 5-1 显示,疫苗一直处于平稳发展阶段。从 2000 年的约 3272 项到 2004 年约 2582 项,申请量略有下降。从 2005 年开始,申请量稳中有升,到 2014 年,年申请量增长到约 3413 项。从 2015 年开始,疫苗相关专利年申请量逐步上升,到 2018 年年申请量达到了近 4816 项。从疫苗领域申请量数据可以看出,全球对该领域的研发投入并不多,年申请量和申请总量都不大。由于传染病的种类有限,而大多数烈性传染病已经通过前人的努力得到了遏制,人类健康和市场对新的疫苗和疫苗领域新技术的需求有限。但是随着 2020 年新型冠状病毒在全球肆虐,对新型冠状病毒疫苗的需求格外迫切。以此为契机,有理由相信,疫苗领域研发将会加速发展。通过新型冠状病毒疫苗研发和上市的速度也能初步印证上述判断。

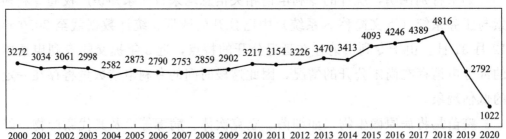

图 5-1 疫苗全球申请量态势

(2) 疫苗专利技术区域分布

本小节考察了各来源地和目的地国家/地区疫苗相关专利申请量分布及发展变化趋势,进而分析各国在该技术领域的研发实力和变化,以期能够预期各国所能拥有的市场规模和商业前景。

图 5-2 显示了疫苗领域专利技术主要的来源国家/地区首次申请的申请量分布。由于申请人一般倾向于在所属国家/地区进行第 1 次专利申请,因此该数据能够较为真实地反映各个国家和地区在疫苗研发领域的技术实力。从各国在疫苗领域的申请总量排名可以看出,美国作为全球最大的技术输出国,在疫苗领域也拥有最大的研发优势,申请总量 28 194 项。排名第二的中国申请总量 18 396 项,虽然相比美国少了 1 万项左右,但综合考虑我国的经济发展和科技发展进程,事实上我国在疫苗领域的研发实力不容小觑。欧洲作为医药行业大厂云集的地区,疫苗申请量排名第三,约为 11 000 项。从排名可以看出,日本、韩国、澳大利亚、俄罗斯、印度、巴西等国在疫苗研发领域不占优势,申请总量均不到 5000 项。

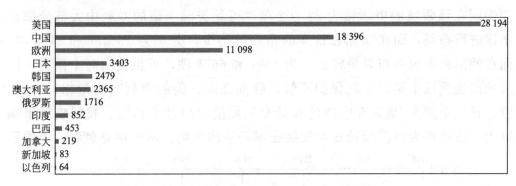

图 5-2 疫苗领域主要技术来源国分析

全球申请人以某个国家/地区作为目标申请国家/地区有几个重要的考虑因素:一是该国家/地区存在足够的市场需求;二是该国民众整体具备相当的经济承受能力;三是该国/地区技术相关领域技术水平具有一定高度,需要相应布局和保护。图 5-3 显示了全球疫苗相关技术专利申请在不同国家的布局情况。从图中可以看出,美、中、欧、日、澳这 5 个疫苗领域专利申请主要来源地国家/地区,也是疫苗领域专利的主要布局国家。这表明研发的

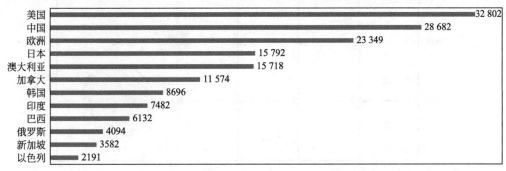

图 5-3 疫苗领域主要技术目标国分析

投入是与本国市场相关的,只有大量的药物需求才会有相应的研发动力。加拿大、韩国、印度、巴西、俄罗斯、新加坡、以色列作为研发大国同时也是专利布局大国。这一方面体现了各国的经济实力,也与各国的人口数量和患病人数密切相关,更反映出各国在该领域的技术水平以及知识产权保护和竞争意识。

进一步对世界五大专利局所在的国家/地区(中、美、欧、日、韩)的专利布局情况进行分析。从图5-4中可以看出,各国在本国的专利申请量均为最大,表明各国申请人一方面将获得的技术成果最先在本土申请专利保护,另一方面也体现了各国或地区将本国或本地区的市场放在首位。美国是疫苗在全球范围内布局最多的国家,共有23 568项专利在美国进行布局,而美国在该领域的申请量为32 802项,可见美国申请的专利中大部分都在本国进行布局,而在欧洲和日本的布局量略少,分别为13 277和8458项,而在韩国和中国的布局量较少,为4061和6675项,可见美国对中国这一巨大的市场重视不足,专利保护不够。欧洲在欧、美的专利布局量相近。美、欧、日三个国家/地区在中国的布局专利数量均超过了韩国。我国疫苗市场巨大,已经成为疫苗领域技术发展强国必争的市场。从申请总量看,中国已

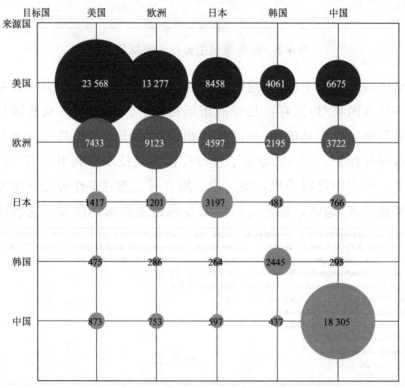

图 5-4 疫苗领域专利技术"五局"申请流向分析

居全球第二，但中国申请的绝大多数相关专利都仅在本国布局，进军海外的专利数量不足 3000 件，与在中国申请的 18 000 余件相比，差别巨大。这一悬殊的申请量差异在美、欧、日、韩 4 国均没有表现，个中原因是我国的技术创新主体将其创新成果送出国门的意愿不强还是意识不足，或是技术转化能力不够，还是知识产权保护意识有待进一步加强，值得创新主体和国家宏观层面进一步思考和行动，促进优势技术"出海"。

（3）领域主要申请人分析

统计分析疫苗领域主要申请人申请量（图 5-5），可以看出，其中，以总部位于英国的跨国药企葛兰素史克位居榜首，申请量为 941 项，该公司在抗感染领域代表了世界最高水平，申请量也证实了其在疫苗领域占据绝对优势地位。排名第二的是美国卫生和人力服务部，有 855 项申请。赛诺菲以 766 项位居第三，该公司下属的赛诺菲巴斯德是全球最大的专业致力于人用疫苗研发和生产的企业。排名前 15 位的主要申请人中，医药企业还有诺华、罗氏、默沙东和 IMMATICS，其中诺华、罗氏和默沙东都是耳熟能详的跨国药企，而 IMMATICS 是一家德国生物技术公司，其主要研发对象是癌症疫苗，该公司已在美国上市。值得注意的是，在全球排名前 15 位的申请人中，大学和科研院所占据 9 席，这于疫苗产业的发展状况密切相关。由于整个技术领域申请量不大，反映出市场需求和研发投入有限，医药企业的目的是盈利，其对市场相对稳定、需求不十分紧迫的领域自然没有过多的投入。而大学和科研院所往往更倾向于基础性研究，因此在疫苗领域具有相当的优势。因此，如果在今后的一段时间想要在疫苗领域形成技术突破，产学研相结合不失为一个有效手段。

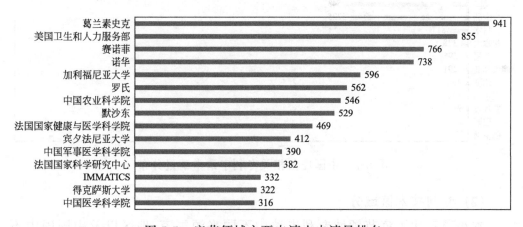

图 5-5 疫苗领域主要申请人申请量排名

2. 中国专利申请分析

本小节主要考察我国的疫苗领域专利申请状况、申请人的来源地区分布等。

(1) 专利技术发展趋势

为了了解我国疫苗领域技术发展的整体趋势，统计了近20年来在我国申请的疫苗领域相关专利申请数量的历年变化情况。图5-6显示了在中国申请的疫苗相关专利申请量变化情况，从图中可见，我国疫苗相关专利申请从2000年以来，一直呈上升态势。2000年的年申请量为540件，随后以大约每年增长100件左右的速度增加，到2018年年申请量已达到3700件，2019—2020年的专利申请由于未全部公开，存在被部分低估的情况。从我国疫苗领域专利申请的变化趋势可以看出，国内申请人对疫苗领域的研发热情持续不减，投入和产出与日俱增；国外申请人重视中国市场，积极在我国布局，从图5-7不同来源国家/地区的申请量排名也可印证上述观点。

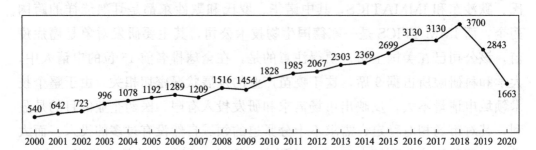

图5-6　疫苗领域中国专利申请态势

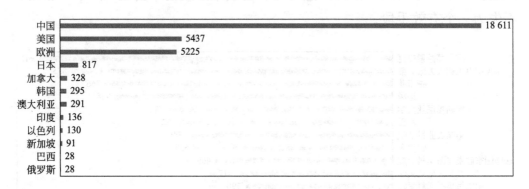

图5-7　中国疫苗相关专利申请申请量分布

(2) 专利技术区域分布

本小节对比了疫苗领域专利申请中不同来源国家/地区以及中国国内不同来源省/市的申请量，以期分析各主要国家/地区在中国的市场布局情况以及中国不同省/市在该领域的研发实力。

从图5-7可以看出,在中国提交的疫苗相关专利申请中,我国申请人的申请量最大,共18 611件;其次是美国,共计5437件;第三是欧洲,共计5225件;排名第四的是日本,共计817件;排名第五为的是加拿大,共计328件。韩国、澳大利亚、印度、以色列、新加坡、巴西和俄罗斯分列第6~12位。综合统计国外来华申请总量,为12 798件,比国内申请总量少约5000件。从中可见,我国在疫苗行业有自己的行业优势。此外,疫苗领域技术也相对更为成熟,国外申请人的投入相对较少,如何在关键技术上有所突破获得行业优势,是值得我国疫苗生产企业思考的问题。

图5-8显示的是国内申请量排名前10位的省/市。可以看出,来自北京、广东和上海的申请人申请量分列前3位,分别为2431件、1881件和1563件。山东、江苏、河南、湖北、天津、黑龙江和安徽位列第4~10位。从这一排名顺序可以看出,疫苗的研发主要集中在经济和科研实力较为发达的一线城市和东部沿海地区,以及高校集中区域,同时山东、江苏、河南等地也具有相当的研发优势。

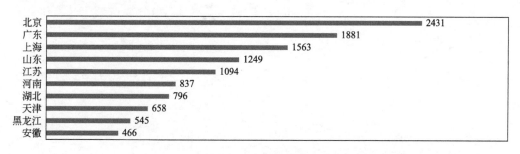

图5-8 疫苗相关专利国内申请量TOP10省/市

(3) 主要申请人分析

图5-9展示的是主要国内申请人申请量排名。从申请量来看,排在前3位的分别是中国农业科学院、军事医学科学院和中国医学科学院,申请量分别为769件、312件和266件。这3家科研院所均位于北京,也从侧面印证了北京在疫苗领域研发方面的绝对实力。位列第4~9位的是6所高校,分别是浙江大学、复旦大学、第三军医大学、扬州大学、华中农大和华南农大,浙江省农业科学院并列第9位。

从国内主要申请人均为大学和科研院所也可以看出,我国医药企业在疫苗研发方面投入还有待加强,这与国内疫苗生产厂家多数采用成熟技术工艺生产常见的疫苗种类的现状相符合。而大学和科研院所在该领域更有可能实

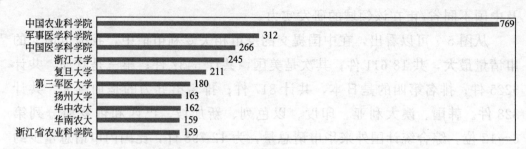

图 5-9 疫苗相关专利主要国内申请人申请量排名

现技术突破，进一步促进研究机构的科研成果向产业转化是亟待疫苗行业思考的问题。

（撰稿专家：张弛　张丹丹　李肖蒗）

国家生物产业基地
2020 年度发展报告

成都国家生物产业基地 2020 年度发展报告

生物产业是支撑发展医疗卫生事业和健康服务业的重要基础，是具有较强成长性、关联性和带动性的朝阳产业。当前，全球生物科技发展突飞猛进，生物产业深刻调整变革，人民群众健康需求持续增长，都对生物产业转型升级提出了迫切要求。成都市是国内生物产业发展最密集的地区之一，于 2007 年获得国家发展和改革委员会批复建设国家生物产业基地（简称"成都基地"）。成都市委、市政府高度重视，发力打造世界级医药健康产业高地，以产业生态圈为引领、以产业功能区为载体，重点发展生物医药和生物技术服务，加快发展资源技术主导型的生物农业、生物能源和生物材料，形成加速产业转型升级的新引擎、推动经济高质量发展的新动力，着力打造特色鲜明、产业突出、优势互补的生物产业发展区域新格局。

一、基本情况

成都市拥有四川大学华西医院等国家级医疗中心、中国科学院成都生物所等重点科研机构 200 余家、科伦药业等生物医药规上企业 249 家。成都市委、市政府高度重视生物产业基地建设，大力统筹产业集群发展与城市建设，形成以医药健康产业生态圈为统筹，以成都天府国际生物城、成都医学城、华西大健康产业功能区、天府中药城为集群建设的核心承载区和管理主体，着力构建"链式整合、园区支撑、集群带动、协同发展"新格局，加快建设世界级生物产业高地、打造具有国际竞争力和区域带动力的万亿级医药健康产业。成都市医药健康产业功能区布局如图 6-1 所示。2020 年 1—10 月，全市医药工业完成营收 522.9 亿元；实现利润 96.8 亿元，同比增长 11%，完成医药工业投资 168.16 亿元，同比增长 8.6%；新签约引进 75 个医药健康重大项目，协议总投资 1318.2 亿元。根据南方医药经济研究所 2020 年发布的中国医药工业百强系列榜单显示，成都共有 9 家企业入榜，其中，成都科伦、康弘、天台山、苑东 4 家企业进入化药企业 100 强，地奥、百裕 2 家

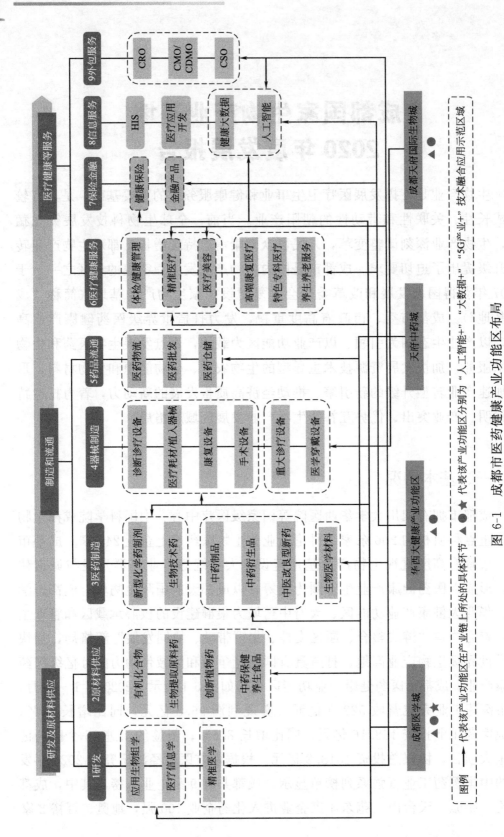

图 6-1 成都市医药健康产业功能区布局

企业进入中药企业 100 强，先导药物进入 CRO（含 CDMO）企业 20 强，迈克生物进入医疗器械（含 IVD）企业 20 强，远大蜀阳进入生物医药（含血液制品、疫苗、胰岛素等）企业 20 强。

二、2020 年生物产业基地主要工作、发展特色

1. 强化统筹推动，高位引领产业发展

一是抓好统筹谋划。成都市委、市政府高度重视生物产业基地建设，多次召开专题会议，研究推动医用防疫物资生产研发、企业复工复产、医药产业生态圈及功能区建设，成立成都市医药健康产业生态圈联盟，汇集医疗、医药、医养以及高等院校、科研院所、金融保险等各行各业各机构单位 300 余家。

二是做好政策协同。出台《成都市关于支持医药产业高质量发展的若干措施》，进一步深化"放管服"改革，坚持监管服务并重，在严守药品安全底线的同时，追求医药产业高质量发展高线。生物医药核心区围绕优势领域出台《成都天府国际生物城关于构建生物产业生态圈（产业功能区）促进生物产业发展的若干政策》《成都医学城产业发展扶持政策实施细则》《彭州市促进生物医药产业加快发展的奖励办法》等系列配套政策举措。

2. 全力应对疫情，服务企业抓好保障

一是坚持"戴着口罩抓发展"。帮助医药企业畅通微循环、稳定生产线。出台全市应对疫情稳定经济运行 20 条政策措施，全面深入开展"送政策、帮企业，送服务、解难题"活动，制定支持药械入院使用、拓展线上销售渠道、产品迭代升级等措施，帮助企业保市场保订单。以科伦、倍特等龙头企业为重点，梳理产业链供应链上下游企业，围绕研发、中试、服务外包等薄弱环节制定稳链补链行动计划。协调开辟医药健康企业信贷"绿色通道"，开发"医保贷"等产品，帮助 441 户企业融资 181.28 亿元，指导科伦药业发行 8 亿元的全国首只"疫情防控债"。将口罩等防疫物资纳入医保基金支付范围，加大向企业预付货款力度，缓解现金流压力。

二是全力打赢应急保障"攻坚战"。面对疫情初期应急物资紧缺局面，迅速启动响应机制，采取企业扩产转产、政企协作攻关等方式，构建防疫物资产业链。在较短时间内推动医用防护口罩、医用防护服、门式测温仪等防疫物资形成本地产能，口罩机、熔喷布等实现同城配套，加快核酸采样工作

站等设备研制。2020年全市共有防疫物资重点生产企业158家,其中,口罩、面罩、防护服、隔离衣等防护物资生产企业74家,口罩日产能1000万只以上;检测试剂生产企业4家,病毒检测试剂日产能达709.9万人份以上;消杀用品(含设备)生产企业35家;诊疗设备(仪器)及测温设备生产企业21家;生产设备及原材料供应企业24家。截至11月,累计保障口罩1.04亿只、测温仪37.02万只,消毒产品1405.17吨,有力支撑了疫情防控工作。

3. 突出重大项目,强化产业发展支撑

坚持以项目为中心组织工作,强化生物医药产业生态圈项目支撑。一是瞄准龙头项目开展投资促进。采取"走出去、请进来""云招商、云签约"等线上线下相结合的方式,拜访或在蓉会见格力、上海电气、徐诺药业、上海医药、华大基因、迈瑞生物等100多户知名企业,签约引进联东U谷康复辅具产业园、绿叶血脂康研发生产基地等重大项目,积极推进阿斯利康西部总部、赛默飞创新中心等高能级项目。新签约远洋资本智慧医疗及公共安全大数据产业园、药械化检验检测能力提升建设项目、南方医大生物科技产研项目等医药健康产业等项目24个,协议总投资约112亿元。二是突出关键环节推进项目建设。开展全覆盖走访服务、项目靠前服务促建攻坚等活动,协调保障项目复工复产,2月28日全市重点项目复工率即实现100%。1—9月,全市重点促建的131个医药健康重大项目完成投资183.46亿元,完成全年计划75.3%,其中,汇宇创新药物研发总部及产业化基地、坤鼎国际医药健康产业园等16个项目开工,合纵医药总部研发生产基地等5个项目竣工。其中,科伦药业股份有限公司创新制剂生产项目、汇宇创新药物研发总部及产业化基地等20个项目开工。

4. 聚焦健康服务,推动产业能级跃升

健全医疗健康服务体系,提高医疗卫生保障能力和服务效率,促进医疗服务资源向产业发展优势转化。

一是完善公共卫生应急体系。研究制定完善重大疫情防控体制机制、健全公共卫生应急管理体系实施意见,围绕提升重大传染病救治、防控检测检验、紧急医学救援能力强基补短,制定应急物资保障方案及物资管理、资金结算、流通监管等专项办法,提升应急调度和储运能力。2020年已累计安排20.27亿元专项发展资金,实施全市公共卫生服务能力提升工程保障,完成市公卫中心2期、市七医院天府院区改建项目;全市114家医疗卫生和第三方检测机构P2实验室具备新冠病毒核酸检测能力。

二是强化优质医疗资源供给。争创国家医学中心、区域医疗中心,加强区域联动与协同发展,推动四川大学华西第二医院与重庆医科大学附属儿童医院共建国家儿童区域医疗中心(西南区)。联合波士顿咨询公司、中规院等国内外知名专业机构,高起点规划建设成都健康医学中心(未来医学城)、天府国际医疗中心,积极推进华西国际肿瘤治疗中心、费森尤斯肾病专科医院等重点项目。启动全市医联工程,成立健康医联信息产业公司,推出成都首个新型普惠式商业健康险——"惠蓉保",参保人数突破200万。

三是加快医美之都建设。举办第三届成都国际医美产业大会、"2020成都夏季医美月"等活动,发布国内第1本医美产业蓝皮书,开展规范安全专题培训、医美科普直播、美丽跨界消费等系列活动,加强医美、楼宇、体育、商贸等优势产业联动,推进品牌、资本、科研等各类要素汇聚融合。新希望集团与四川省人民医院联合打造的"医美之都示范医院"——新丽美医疗美容医院、成都医学院与成都市第二人民医院共建医美学院等项目已陆续落地。

5. 构建创新体系,厚植产业竞争优势

一是强化创新平台支撑。服务产业发展建设高端创新平台,推进国家重大新药创制成果转移转化试点示范基地、国家转化医学重大科技基础设施、四川脑科学与类脑智能研究院建设,海枫生物药效基地开工建设,全球规模最大的新药临床前研发技术服务中心加速构建,获批四川省精准医学产业创新中心。制定鼓励药械创新实施方案,积极筹建GCP公司,全国首个APEC医疗器械监管卓越中心落户四川大学,成都市检验检测高技术服务集聚区获国家市场监管总局和国家发展改革委批复。

二是提升服务创新能力。强化金融服务,成立天府国际生物城产业发展母基金,加快推动生物城地方政府专项债申报发行。先导药物、苑东生物、合纵药易购登陆科创板上市,百裕药业等6家企业正在备案辅导。2020年我市境内外上市医药健康企业已增至14家。加强供应链服务,推进生物城医药供应链服务中心、医学城研发供应链平台建设,提升报关清关、冷链运输、公共仓储等综合服务功能;推动杰特贝林4万瓶人血白蛋白在成都口岸空运进口,正组织生物制品铁路运输方案论证。

三是加快品种培育。65个Ⅰ类新药处于临床研究阶段,处于Ⅱ期、Ⅲ期临床研究阶段项目分别达到11个和4个,12个企业25个品种,通过一致性评价。海创药业抗前列腺癌创新药、康弘康柏西普眼用注射液等开展欧美Ⅲ期临床研究。

三、发展面临的主要问题

一是龙头项目偏少,对产业支撑作用不够。世界500强企业仅6家、全球制药100强仅有9户落户成都,且制造类项目偏少。本土医药健康龙头企业不多,上市企业和进入全国医药工业百强的数量均为全国第7位。高端医疗资源不足,除四川大学华西医院外,三级医院数量和医疗水平整体低于北京、上海、广州等地。

二是产业结构不优,产业链现代化水平还需提高。处于产业链、供应链、价值链、创新链的高端环节企业较少,化药、中药在全市医药行业占比超过60%,生物药、医疗器械仅占20%,创新药和具有自主知识产权的高端医疗器械不多。

三是政策影响较大,部分企业发展面临挑战。随着国家药品集采、药品价格谈判等政策深入实施,同时新冠疫情突袭而来,医药企业将进一步承受药价下降、利润减少等多重压力,部分企业将面临生存挑战。

四、下一步工作思路

1. 聚焦协同发展,深化生物医药产业集群建设

围绕成渝地区双城经济圈建设、成德眉资同城化发展、中日城市建设和现代服务业开放合作等重大机遇,探索生态圈区域协作新路径,推动生物医药、医疗健康和医药商贸融合发展;深入落实产业高质量发展实施意见及配套政策,支持成都天府国际生物城、成都医学城、华西大健康产业功能区、天府中药城建设,打造高品质产业社区,带动全市医药健康产业突破5000亿元;加快推进天府国际医疗中心、环华西国际智慧医谷、医美之都示范街区等建设,打造国际医疗消费中心;加快供应链服务中心建设,提升"一站式"通关平台、标准化冷链仓储服务功能,招引跨国医药企业来蓉通关。

2. 着眼创新提能,全力提升产业集群创新能力

围绕医药健康产业主攻方向,鼓励企业参加药品集采,积极扩大市场份额,支持科伦药业等龙头企业丰富研发管线及新药品种,远大蜀阳等优势企业加快技改升级,先导药物等高成长企业提升创新能力。办好国际第三届成都国际医美产业大会、全球医美产品采购与供应链发布会等会议,促进更多创新成果在蓉落地转化。推进国家生物治疗集中攻关大平台、成都前沿医学中心等重大创新平台建设,筹建成都市国家临床药物试验机构联盟,争创国

家转化医学产业创新中心，提升新药研发全链条服务和孵化能力。

3. 汇聚高端要素，持续优化产业发展生态

做好"十四五"医药健康重大项目策划，深入分析国际国内龙头企业投资布局，精准掌握企业高层变动、业务重组、新品研发等动态，赴欧美、日本、上海等地开展精准招商，推动葛兰素史克、武田制药等项目尽快签约落地。根据疫情防控形势，加快引进应急物资生产关键企业及配套企业，提升检验检测试剂、治疗救护设备、特效药品疫苗等研发生产能力。完善高端骨干人才引进和各类产业人才培养体系，为人才提供子女入学、购房等高质量服务，缓解人才短缺难题。用好医药健康产业投资基金，支持产业功能区设立风险投资和天使投资基金，引导优质项目向功能区聚集。

（撰稿：成都市发展和改革委员会）

武汉国家生物产业基地 2020年度发展报告

一、基地发展的基本情况

武汉国家生物产业基地（即光谷生物城）位于武汉东湖国家自主创新示范区，2007年6月获国家发改委批复，2008年11月开工建设，重点围绕生物医药、生物医学工程、生物农业、精准诊疗、智慧医疗、生物服务等领域，已建成生物创新园、生物医药园、生物农业园、医疗器械园、医学健康园和智慧健康园，正在大力推进建设生命健康园，打造集研发、孵化、生产、物流、生活为一体的生物产业新城。

2020年以来，面对突如其来的新冠疫情，光谷生物城一手抓园区疫情防控，一手抓企业复工复产，展现经济发展的强劲韧性。1—11月，规模以上工业总产值同比增长44.5%。规模以上服务业收入同比增长14.1%，其他营利性服务业收入同比增长13.2%。纳税百万以上企业税收同比增长25.83%，其中63家企业税收实现增长，45家企业税收增幅超过30%；纳税千万以上企业税收同比增长29.34%。外贸进出口完成值同比增长220.07%。招商引资到位资金完成率84.17%，实际利用外资完成率74.14%。新申报工业"小进规"13家，总数达71家；新申报服务"小进规"7家，总数达91家（含商贸25家）。新认定高新技术企业64家，高新技术企业总数达324家。65家企业认定为光谷"瞪羚企业"。

二、基地开展的主要工作

1. 持续提升科技创新能力

一是推动院士专家引领。研究拟订《院士专家引领武汉市大健康产业发展的实施方案》，梳理院士专家项目清单，其中光谷生物城第1批重大项目

13个，总投资87亿元。积极对接院士、推进项目落户，策划了徐涛院士的武汉纳米抗体产业技术院、于金明院士的武汉光谷肿瘤新技术研究院、侯惠民院士的"慢性乙肝新型治疗性疫苗"项目、李明院士的"单抗测序平台和个体化新抗原癌症免疫治疗平台项目"等。

二是深入开展招才引智。汉密顿、唯柯医疗、核圣、药明康德4家企业的4位人才入选湖北省"百人计划"；联影医疗、药明康德、纽福斯、睿健等37个项目入选武汉市"黄鹤英才"计划，获得1314万资金；108个项目通过"3551光谷人才计划"初审。

三是重视创新能力建设。加快推进国家病毒性疾病防治诊疗产业创新中心申报工作。1家企业获批省级创新中心专项；4家企业获批省级企业技术中心，1家获批省级工程研究中心；新认定光谷生物城公共服务平台5家。分别在动物生物安全、医疗器械、基因治疗、高端医学检验等领域形成创新支撑体系。武汉国家级人类遗传资源样本库顺利通过国家科技部保藏审批。获批创建全国第五、华中唯一的国家现代农业产业科技创新中心。4家企业入选"2020中国医药创新企业100强"。

2. 着力培育产业谋划项目

一是加快项目落地建设。建立光谷生物城"十四五"项目库，广泛汇集"十四五"续建、新建及策划的产业项目共56个，总投资1024亿元。利用互联网"云看地、云招商、云开工"等形式，疫情期间同100多家省内外重点企业、行业协会保持联系。着力推动开立医疗华中区总部、美国迈胜医疗研发中心、德国EZAG集团"核素药物研发生产基地和亚太销售运营总部"、嘉必优总部基地及研发中心、重庆药友武汉肿瘤药生产基地等一批重大产业项目落户，迈瑞医疗武汉基地和华大智造智能制造及研发基地接续开工，联影医疗武汉总部项目一期入驻办公。

二是深化规划和政策研究。全力争取国家和省市重大专项，推进国家生物医药产业集群试点，累计获批和政策兑现资金约3.5亿，鼎康生物成为中部地区首家持有生物药生产许可证的CDMO公司。充分发挥产业政策研究工作小组职能，完成了11个领域的"十四五"前期研究，汇编产业研究报告20余篇。启动光谷生物城发展专项研究，深入分析全国医药产业园区发展情况，提出20余条具体建议。完成自贸区、新冠对省市生物产业影响、省大健康和生物医药产业等专题研究。

三是加快拓展产业空间。推进生命健康园控规编制及申报工作，完成生命健康园控规落图，以及生命健康园先导区490亩用地的控规调整工作；启动部分地块概念规划设计,前沿生物产业园完成策划选址。推动生物创新园二期、医疗器械园E地块加快建设。全年共完成土地挂牌4宗,土地面积350亩。

3. 营造园区良好发展环境

一是落实干部包保责任制。印发了《重点企业实行干部包保责任制》等系列企业包保服务工作方案,建立"处(科)级干部全员参与"的企业对口机制,每月深入企业了解其困难和问题,针对共性问题和个性问题提出解决方案。全年"点对点"服务161家重点企业,共收集问题200余项,问题解决率95%以上。

二是集聚金融资本要素。科前生物正式登陆科创板,成为第3家本土上市企业;新增6家报辅导企业,8家省级"金种子"企业,16家"科创板种子"。共举办生物创赢汇22场,企业累计获得股权投资93笔,合计67.8亿元人民币。组织企业申报人行再贷款和纾困专项资金等各类金融政策,企业累计获得357笔银行融资132.5亿元。

三是提升园区环境品质。启动智慧园区规划,完成智慧园区项目招标,正在开展实地调研、编制实施方案及软件开发工作;建成充电桩361个,新增停车位1590个。全面推行垃圾分类,在人才公寓试行居民垃圾定时定点收运。完成二妃湖水质治理,目前已达地表水Ⅲ类标准。加强企业环境保护意识,配合完成重点排污企业的排污许可证办理。

四是建设平安和谐园区。实行对口包保联系责任制,深入开展安全生产专项整治三年行动。相继开展各类专项检查,共检查企业641家次,排查隐患489处。强化应急处置双重预防性工作机制,对1起区级挂牌事故隐患进行安全技术改造升级。对7个微型消防应急站、4个应急物资站和应急储备物质进行更新升级。建立6支快速应急救援队伍,将相关工作纳入园区应急响应机制。

三、基地发展的特色和亮点

一是力保经济平稳运行。在新冠疫情重压下,预计主要经济指标均可实现正增长,展现了经济发展的强劲韧性。工业产值在4月份即止跌回正,连续7个月保持30%以上增速,其中重点企业如华大生物同比增长1234%,华大智造完成同比增长173%。服务业逐步回暖,7月规上服务业收入实现止跌回正、增幅持续扩大,目前已实现2位数增长。企业税收逆势增长,1—10月纳税百万以上企业税收同比增长26.29%,纳税千万以上企业同比增长29.19%。疫情期间组织应急科技攻关、技改扩产和第三方检测服务，13家企业开展检测试剂盒产品研发、注册和生产，3家企业的5个检测试剂产品通过国家应急审批，10余个产品获得欧盟CE或美国FDA认证，12家独立医学实验室提供检测服务近200万人份。

二是重点项目实现新突破。紧盯院士专家的首批13个项目，积极对接推动落户，成功签约徐涛院士的武汉纳米抗体产业技术院、于金明院士的武汉光谷肿瘤新技术研究院、侯惠民院士的"慢性乙肝新型治疗性疫苗"、李明院士的"单抗测序平台和个体化新抗原癌症免疫治疗平台"等项目，有望突破相关领域的"卡脖子"关键核心技术，抢占国内行业标准制高点。发力医疗器械特色板块，总投资50亿元的联影医疗武汉总部项目一期建成入驻，总投资45亿元的迈瑞医疗武汉基地和总投资24亿元华大智造智能制造及研发基地接续开工，有望打造国内医疗器械行业"第四极"。

三是创新成果不断涌现。全年新获批波睿达"靶向CD30嵌合抗原受体基因修饰的自体T细胞注射液"等7个国家1类新药IND。新增二类以上医疗注册证86个，其中三类16个，二类70个。新增新兽药证书4个。特别在新冠疫情期间，全球首座"火眼"实验室在武汉诞生，从武汉"走"向了全国10余个城市，在海外设计建造"火眼"实验室58个；以武汉华大智造高通量自动化病毒核酸提取设备MGISP-960为代表的"火眼"实验室核心设备，发货超过500台、交付超30个海外国家。友芝友生物新冠重组蛋白疫苗申报临床，华大吉诺因新冠mRNA疫苗完成动物实验。一批全球首创或领先的新技术、新产品投入应用，为抗击疫情贡献光谷力量。

四是办好重大展会活动。协调承办第十三届中国生物产业大会，是我国生物产业领域规模最大、层次最高的顶级盛会，大会围绕"科技抗疫·产业赋能"主题，重点聚焦全国生物产业和技术在疫情防控中的作用及最新发展，同期举办1场高层论坛和4场线上分论坛，380余万人在线收看大会直播。配合做好第二届世界大健康博览会、第十五届国际基因组学大会、中国医疗器械产业峰会、基因医学精准诊断与治疗学术交流会等重大会议活动。举办"WEBIO"品牌系列论坛共计21场，营造常态化行业交流、成果展示、产学研合作氛围。

四、下一步开展工作的思路和设想

一是紧盯年度经济目标。针对固投和工业投资总量小的问题，跟踪帮扶迈瑞、创新园二期等续建项目加快投资，推进药明康德、华大智造、明德生物、回旋医药等新建项目和一批技改项目开工入库。围绕工业产值、服务业收入、税收等产出指标，做好事前调度、事中监测、事后分析，既要防疫情逆势增长企业产出回落，又要助困难企业突破发展瓶颈。加大服务力度，推进必盈、朗力、艾美捷等申报工业"小进规"，推进康斯泰德、奥赛福等申报服务业"小进规"，为经济指标统计补充新血。

二是深入推进双招双引。健全压力传导渠道和奖惩机制，进一步完善招商机制，将压力层层传导，将责任压实到人。瞄准国际化短板力求破题，联合阿斯利康、复星医药、省高投、中英基金等，加快推进英国医疗技术在武汉转移转化，持续做好"华创会"专场活动，吸引一批国际一流科学家和企业家来汉创新创业，促进一批创新成果落户园区进行孵化。积极引进具有产业带动作用院士专家，加大对高端领军人才的招引，集聚创新资源，引进培育科技创新团队，引领生物产业"产学研"深度融合。

三是高标准编制十四五规划。做好生物城技术、人才、企业、项目、空间、平台等产业要素"底册"梳理，摸清家底。纵向分析国际形势、国家和省市战略、行业监管政策，做好衔接；横向对标京津冀、长三角、粤港澳、成渝经济圈四大区域先进园区做法，取长补短。聚焦创新驱动高质量发展，推进产业政策研究常态化运作和产出机制，为产业发展和招商引资决策提供参考，完成生物产业发展"十四五"规划编制工作。以"战略引导、资助前移"思路，系统优化现行生物产业政策。

四是夯实核心支撑能力。重点加快已签约院士项目的建设进程，推动纳米抗体产业技术研究院注册成立，开工建设产品研发中心、成果转化中心和生产基地；推动光谷肿瘤新技术研究院加速形成全链条产业体系；推动光声医学成像研发中心和生产基地注册上市人体乳腺光声成像系统。推动缔脉生物新药临床平台、奥绿新医技转化中心、唐济医疗器械转化中心、省器检院二期、珈创检测平台等公共服务平台建设。争取尽快获批国家病毒性疾病产业创新中心。进一步提升孵化（加速）等载体的服务能力，探索孵化（加速）器投资运营主体多元化，鼓励专业化运营团队打造专业新型孵化（加速）器，提供专业分析检测、成果孵化转化、信息资源共享、风险投资、供应链、渠道和政务等一站式服务。

五是优化产业发展环境。强化重点企业干部包保责任制，落实每半月交流、每季度走访的工作机制，为一类新药和高端医疗器械等重磅创新成果提供保姆式服务，加速创新成果转化及其产业化进程。完成前沿生物产业园概念规划设计，深化启动地块的详细规划设计；开展人福等大企业的选址工作，启动相应地块的土地供应工作。上线光谷生物城"智慧园区"系统，推进园区数字化改造；加快园区变电站及开闭所建设，建成创新园二期1期。打造"生物创赢汇"平台，利用沪深交易所湖北基地平台，继续将"生物创赢汇"打造成集企业融资路演、主体交流、问题对接的一站式平台；加强企业上市工作，加大对重点上市后备企业的支持力度，利用一切资源支持企业上市，打造生物大健康上市公司产业集群。

六是维护安全生产抓监管。按照"五落实、五到位"要求企业履行主体责任，建立完善企业安全规范，结合"安全生产专项整治三年行动"全覆盖排查治理隐患，在专项整治方案中增设小微企业和生物安全专项，梳理建立问题、任务、责任"三张清单"，细化量化目标，坚持从源头上防止非产业规划的高危企业入园。重新修编园区《应急管理预案》，落实应急管理各环节责任和措施，强化应急管理队伍培养建设，建立专群结合、反应灵敏、作风过硬、具备专业知识的应急救援队伍。围绕园区环境和建筑安全抓监管，针对部分企业异味投诉问题，加大巡查力度，加强对污水处理站和废气处置设施的检查；开展园区在建项目工地日常巡检和汛期防汛工作，强化安全红线意识。

（撰稿：武汉市发展和改革委员会）

长沙国家生物产业基地 2020年度发展报告

一、基本情况

长沙国家生物产业基地以浏阳经开区为核心区，创建于1997年，以发展生物医药产业起步。2002年，被认定为火炬计划特色产业基地。2006年，被国家发展改革委批准为中西部地区第1个国家生物产业基地。2012年，经国务院批准升级为国家级经济技术开发区。2019年，获评全省园区产业高质量发展奖，名列全省25家获奖产业园区榜首，并连续3年在湖南省133家产业园区发展综合评价中获得第一。2020年，获评第9批国家新型工业化产业示范基地、国家绿色工业园区等4个国家级荣誉，分别就高质量发展、绿色发展在全省作典型推介。

2020年4月，浏阳经开区与浏阳高新区合并，形成了以电子信息、生物医药、智能装备制造为主导产业，以健康食品、再制造为特色产业的"三主两特"产业发展格局，是长沙市生物医药、显示功能器件、环境治理技术及应用、碳基材料4条产业链的牵头建设园区。两园合并后，共有各类注册企业2000余家，其中，规模工业企业285家，规上服务业企业21家。2020年全年预计实现规模工业总产值817亿元，同比增长12.5%；实现规模工业增加值243.5亿元，同比增长10%。

目前，园区生物医药产业形成了以药用原辅料、通用名化学药、现代中药为主导，生物制品与健康产品快速发展的产业格局，注册各类生物医药企业153家，其中，医药科研类企业78家，规模以上工业企业59家，通过GMP认证医药企业71家，通过新版GMP认证医药企业36家。2020年，受疫情、销售额下跌（如尔康制药、九典制药）、一致性评价导致企业研发投入大幅增加（如九典制药）、基础设施建设投入增加（如天地恒一）等因素影响，园区生物医药产业预计实现产值106亿元，同比下降30%。

二、开展的主要工作

1. 招商引资有质量

2020年园区共引进签约生物医药产业项目17个,其中,投资1亿元以上的项目6个。湖南迪诺制药拟建设抗癌、心脑血管及皮肤病创新药原料药及部分制剂生产基地,计划投资5.1亿元;天地恒一拟建设坎地沙坦酯、甲苯磺酸妥舒沙星等高端化学原料药生产基地,计划投资5亿元;湖南开元医药拟建设抗艾滋病、糖尿病等口服制剂、高端原料药及中间体生产基地,计划投资5.5亿元;湖南康特防护医用耗材生产项目计划投资1亿元。另外,湖南谦之臻医疗器械生产基地、湖南厚生医疗二类器械生产研发基地、湖南马尼克医疗器械生产基地、湖南地球人医疗器械、湖南至善医疗、长沙邦创生物科技等一批重点项目签约。

2. 项目建设有速度

2020年铺排生物医药类项目20个,其中,长沙(国际)健康生态科技产业园保健食品研发中试及GMP生产基地样板区项目总投资50亿元,主体和基础设施建设正在加速推进;春光九汇中药配方颗粒提取制剂生产线与在线控制系统、朗林生物研发生产基地、天地恒一智慧工厂、敬和堂制药生产基地、湖南康特防护医用口罩等5个项目均已完成投资1亿元以上;开元制药生产基地二期、威特(湖南)药业原料合成车间及精烘包车间、湖南明瑞制药新药产业化等一批扩建项目正在稳步推进;嘉恒制药全资收购湖南安信制药有限公司100%股权及长沙康平生物科技有限公司全部资产,正在进行厂房改造扩建、设备购置及新品种研发项目建成投产后预计可实现产值3亿元。

3. 主体培育有成效

今年生物医药产业新增规模以上企业11家,截至目前,园区共有生物医药规上企业58家,增速达20%以上。创建了高新技术企业培育库,广泛开展高企认定、研发奖补政策宣讲和业务指导培训等工作,预计全年园区新认定生物医药领域高新技术企业91家,累计可达130家。成立促推企业上市(挂牌)工作领导小组,为企业提供一企一策上市服务,目前,园区共有A股上市企业8家,新三板挂牌企业4家,其中,生物医药产业领域有A股上市企业4家(尔康制药、九典制药、南新制药、华纳大),新三板挂牌企业1家(永和阳光),以及威尔曼、天地恒一、安邦制药、迪诺制药、春光九汇等上市后备企业33家。

4. 环境优化有力度

出台《浏阳经开区关于促进医疗器械产业发展的实施意见》，精准支持医疗器械产业发展。积极落实各级研发奖补政策，区内 66 家科技型企业获省级研发经费补贴 2954.13 万元，获补贴企业数同比增长 50%，获补贴金额同比增长 22.67%，九典、天地恒一等医药企业获补贴。获批全省唯一一个产业项目"先建后验"改革试点，减少审批环节 11 个，免交审批资料 91 项，项目建设速度大幅提升。在全省率先打造"无费政务大厅"，免收工业企业项目建设所有报批费用。财税服务中心在全省率先实现国地财合署办公，实现"国、地、财一站式"服务。大力推行电子营业证照，在全省率先将商事注册登记部分业务提速到 1 个工作日办结。特别是疫情期间，推出惠企政策"组合拳"，落实《阶段性降低用电成本》《"1 减免 2 减半"房租减免》等政策，将 301 名干部和资金精准送入企业；设立复工复产政策兑现专项窗口，方便财政奖补、融资贷款、就业用工、税费优惠等 56 项政策办理。

三、基地发展的特色和亮点

1. 主导产品优势不断扩大

产品涵盖药用辅料、化药原料药及制剂、中药、基因与蛋白质、诊断试剂、生物制品等多个细分领域，数量超 800 个，销售过亿元以上拳头品种达 11 个。药用甘油、丙二醇、奥硝唑等 23 个主要品种进入全国销量前三强。湖南春光九汇现代中药有限公司产品成功纳入省 100 个重大产品创新项目。天地恒一、华纳大药厂、迪诺制药等 4 个医药产品通过仿制药一致性评价，获资金支持 800 万元。威尔曼阿莫西林克拉维酸钾片纳入国家基药品种，列为国家甲类医保。注射用阿莫西林钠克拉维酸钾列为国家医保乙类品种，成为临床抗感染经验治疗首选药物。尔康制药全资子公司湘易康新增"磷酸氯喹"原料药生产资质，磷酸氯喹于 2 月 19 日被国家卫健委作为抗病毒治疗试用药物纳入该版诊疗方案。在全国第二批 33 个药品集采中，华纳大药厂的聚乙二醇 4000 散、九典制药的盐酸左西替利嗪片、天地恒一的坎地沙坦脂片均中标。

2. 创新能力建设持续加强

2020 年，新增九典制药国家企业技术中心、天地恒一国家级博士后科研工作站等 2 个国家级创新平台，以及欧智通科技等 4 家企业市级企业技术中心，截至目前，园区在生物医药领域共有国家级研发平台 7 个、省级研发平台 26 个、市级研发平台 13 个。南新制药和斯奇生物分别获得第二十一届中国专利奖银奖和优秀奖，永和阳光获批省知识产权重点企业保护项目。激发高校院所科技成果转移转化活力，成功促成天地恒一与湖南中医药大学、汇湘轩生物与中南林业科技大学的产学研项目合作及技术成果转化。

3. 智能制造升级全面推进

智能化车间、智能化生产线改造成效显著，2020 年，38 家药企获评长沙市智能制造示范企业；59 家企业获批省、市级智能制造企业，总数达到 182 家。如华纳大药厂原有小容量注射剂生产线改造为智能化生产线后，生产线综合产品合格率大于 99%，产品不良品率相对传统生产线降低 3%～5% 以上；年产能可达 2 亿支，与原有传统的生产线相比，生产效率提高 50% 以上，运营成本降低 50% 以上。天地恒一的全自动数字化中药提取车间项目完成后，将实现关键生产工序数控化率 95% 以上，生产效率提高 20% 以上，产品生产周期缩短 10% 以上，将成为省内中药智能制造的一张新名片。

四、面临的主要问题

1. 项目投资压力较大

园区近年来引进的产业项目具有资金和技术密集性特点，如惠科项目产业带动作用巨大，但需要投入大量资金，将大大制约生物医药等其他领域重大产业项目招商。

2. 产业发展空间不足

产业园区发展取决于产业聚集规模，目前园区产业存量空间严重不足，制约产业项目落地投产，也严重影响增长型企业的空间预留。

3. 产业配套较为滞后

受早期发展条件和发展基础模式等因素限制，园区生产性和生活性配套相对还不完善，对企业留人用人、产业发展等方面产生较大影响。

五、下一步工作思路

1. 统筹谋划支持政策

积极推进《工业 30 条》《人才新政 22 条》《1＋N 科技创新体系》《仿制

药一致性评价》等现有政策在园区落地落实。充分发挥产业链牵头园区作用，立足产业发展需求，加强部门对接协调，加快推动出台《深化审评审批制度改革鼓励药品医疗器械创新的实施意见》《长沙人用长沙药械（药品、医疗器械）》等专项政策，加大支持力度。

2. 聚焦引育优质项目

大力推进园区首个"园中园"平台项目——长沙（国际）健康生态科技产业园建设，力争接触一批、引进一批、孵化一批优质知名健康项目。紧盯广州大参林药业、上海尚华医药集团、南京正大天晴、深圳博圣康医药、爱康家庭健康及智慧云平台等一批重大项目，量身定制招商政策，争取项目尽早落户。加强对接中科院深圳先进院、广东建智控股集团、张江高科技园、武汉光谷生物城等创新资源，遴选一批重大项目。依托九龙山养生旅游度假区等医养健康资源，打造集医药研发、药物生产、产品销售、康养服务于一体的高端医养全产业链。

3. 大力优化产业服务

按照"一企一策"思路，制定重点企业培育与服务计划，推动相关企业赴港上市、登陆科创板。加快金阳产业基金等战略性产业基金建设，引导社会资本扩大投资，着力化解企业融资难融资贵问题。加快引进华大基因分库等公共服务平台，支持龙头企业牵头组建院士工作站、博士后工作站等高端研发平台，为产业发展提供平台支持。积极推动园区企业相关产品纳入省市医保等目录，加大本土市场培育。

（撰稿：湖南省发展和改革委员会）

广州国家生物产业基地 2020 年度发展报告

2020 年新冠疫情突发，加快生物医药发展已成为世界共识。广州正着力打造全国新药创新策源地、全球新药临床试验集聚地、全球生物医药产业新高地，超前布局大平台、大装置建设，扎实推进创新研发和核心技术攻关，提升产业政策协同水平和综合竞争力，吸引生物医药产业高端资源要素集聚，广州国家生物产业基地不断发展壮大。

一、广州国家生物产业基地基本情况

广州国家生物产业基地产业规模稳定增长，产业主体活跃，科技创新成效明显，产业生态日益完善，已构建了从技术研发、临床研究和转化中试到制造产业化的完整产业链，初步形成了研发在生物岛、中试在科学城，制造在知识城的"三中心辐射多区域"发展格局。

1. 产业规模稳定增长

广州国家生物产业基地生物医药产业规模不断扩大，近年来年均增长10%左右。2020 年以来，面对全球新冠肺炎疫情的蔓延带来的机遇与挑战，广州生物医药产业逆势发展，呈现出变局中的新局面，2020 年 1—11 月，全市医药制造业产值增长了 12.1%。

2. 产业主体越发活跃

广州国家生物产业基地生物医药产业主要包括生物制药、现代中药、化学药、医疗器械和健康服务五大领域，构建了从技术研发、临床研究和转化中试到制造产业化的完整产业链。GE、百济神州、龙沙、阿斯利康、绿叶、赛默飞等国内外顶尖企业相继落户广州开发区，达安基因、香雪制药、迈普再生医学等一大批细分领域领军型企业加速成长，形成了以检验检测、医疗器械、现代中药、保健食品为主导，以精准医疗为新动力的生物医药与健康产业体系。全市现有各类生物医药企业 5500 多家，其中包括 123 家药品生产企业、1244 家医疗器械生产企业和 1909 家化妆品生产企业，总数保持全国第三；今年新增了洁特、百奥泰、燃石、永顺、安必平和迈普等6家上市公司，上市企业数达到45家，总市值超过3000亿元，位居全国第四。

3. 科技创新成效明显

近两年聚焦生命科学、生物安全超前谋划布局初见成效，钟南山、王晓东、施一公、裴钢、徐涛等一大批创新领军人才集聚，带来各自专业领域的顶尖生物医药项目，推动生物医药产业向纵深高质量发展。一系列生物医药产业创新成果不断涌现，至2020年11月底，广州市获批新药临床批件共29件，占广东省（86件）33.7%。抗疫期间，钟南山院士团队与和信健康研发出的抗体快速检测试剂盒，仅需采取一滴血就可在15min内肉眼观察获得检测结果。达安基因研制出全国首发新型冠状病毒核酸超快速检测试剂盒。达安基因、万孚生物、和信健康等3家企业的核酸检测试剂盒获国家注册审批，并获得欧盟CE认证。生物岛实验室开发的AI辅助诊断系统获批示在全国推广使用。

4. 产业生态日益完善

一是颁布《广州市加快生物医药产业发展若干规定（修订）》《广州市生物医药全产业链发展推进方案》，为产业创新发展提供强有力的支撑，各部门与各区政府也相继出台配套政策，形成"省、市、区"完善产业政策体系，涵盖了实验动物养殖、产品研发、评价、临床试验、注册认证、生产、销售等生物医药全产业链各个环节。

二是拥有省内所有"双一流"医学高校，生物岛实验室，中国科学院广州生物院、广州呼吸健康研究院等大院大所，以及省内全部5家GLP机构，36家GCP机构和国家、省重点实验室、工程中心、企业技术中心等一大批创新平台和新型研发机构。

三是广州市生物产业联盟经过3年的运营发展，共有成员单位200多家，已成为推动广州市生物产业"政、产、学、研、医、融"对接的创新服务平台，对提升产业创新研发能力、完善临床研究服务体系、推进创新成果产业化起到重要推动作用。

5. 重大项目进展顺利

启动建设全球首个纳米生物安全中心，挂牌广州生物安全创新研究院，新增恒瑞医药南方总部等六大总部项目，开工建设广州绿叶生物制药产业园、百济神州三期等生物医药龙头企业项目。总投资约27亿元的广州呼吸中心于10月18日完成主体结构封顶，预计2021年6月建成并投入使用，将依托呼吸疾病国家重点实验室，建成国际呼吸领域医、教、研、产的科技龙头。生物岛实验室负责建设的移动三级实验室，目前已完成国家科技部建设审查，争取2021年度完成实验室方舱的建设、出场审查和安装验收等。另外，布局建设生物安全与健康产业先导区，力争打造综合性生物安全科技高地和产业高地。

二、基地开展的主要工作及发展亮点

1. 完善产业扶持政策体系

在广州国家生物产业基地总体发展规划布局框架下，近年来密集发布了《广州市加快IAB产业发展五年行动计划》《广州市加快生物医药产业发展实施意见》《广州市加快生物医药产业发展若干规定》《广州市生物医药全产业链发展推进方案》等一系列政策措施，各区也相继出台配套政策，形成完善产业政策体系。其中，广州开发区出台"金镶玉"政策体系，2020年2月推出"黄金十条""美玉十条"2.0升级版，出台《加快生物医药产业发展实施意见细则》《加快IAB产业发展实施意见》《促进高端生物制药产业发展办法》等，在项目落地、研发创新、推介交流等全产业链方面扶持生物医药产业快速发展。在2020年新冠肺炎疫情防控期间，印发《广州市坚决打赢新冠肺炎疫情防控阻击战努力实现全年经济社会发展目标任务的若干措施》，明确对研发出新型冠状病毒感染的肺炎有效疫苗或特效治疗药物，为抗击疫情作出突出贡献的企业，给予1000万元一次性奖励等。

2. 持续优化产业布局

针对广州国家生物产业基地生物医药产业链上关键所在和薄弱环节，集中力量推进生物医药产业链强链、补链、延链项目。秉持空间链和产量紧密结合，突出产业延伸及产业差异化发展路径，通过多年的发展，已初步形成了研发在生物岛、中试在科学城，制造在知识城的"三中心辐射多区域"发展局面。同时，为产业提质扩容，积极打造粤港澳大湾区生命健康产业创新区、广东省生物安全与健康产业先导区、广州国际医药港等重大园区载体，面向全球招商布局大健康产业，推进广州生物医药产业高质量发展。

3. 打造全产业链协同机制

一是建立生物医药"研发机构＋医院＋企业"对接机制。市邀请市政府领导主持，2020年举办了3场"院长、所长、董事长"全产业链对接活动，累计参加对接活动的企业有240家次，累计收集企业诉求35个，协调解决

27个问题，引导全市生物医药产业链上下游创新资源高效对接、优势互补，并促成广州市产、学、研、医多个市场主体达成合作意向。

二是印发实施《广州市创新药物临床试验服务中心建设方案（2021—2025年）》，进一步整合广州地区临床研究资源，搭建医药创新企业、临床试验机构和临床研究者沟通联系和服务的平台。

4. 强化高层次交流活动

举办全国首个国际防疫物资展、中医药科技创新发展圆桌会，举办第四届官洲国际生物论坛，为高校、研究机构、企业等搭建行业交流合作平台。尤其是，在2020年11月成功举办第四届官洲国际生物论坛，省、市、区有关领导，钟南山、裴钢、徐涛等近20位国内外院士、科学家出席论坛，1000多位专家学者、企业领袖、创新人才齐聚广州国际生物岛，再度打造享誉全球的国际生物科学年度盛典。

5. 穗港澳合作继续深化

组织疫苗研发与生产企业进行对接，促成澳门科技大学刘良院士与派真生物合作研发腺相关病毒载体新冠疫苗；与香港中文大学、香港大学、香港科技大学等共建联合研究中心；大批生物医药龙头企业与港澳的生物医药技术国家重点实验室、医学院校、香港科技园积极开展合作；广药在澳门设立国际总部并在粤港合作中医药科技产业园建设产业基地；香雪与澳门大学合作建设中医药创新转化平台。

6. 推动国际合作

与新加坡共同建设广州知识城，搭建了中沙、中以、中欧等国际合作平台。与新加坡南洋理工大学、国立大学等联合设立研究院，与以色列战略合作设立的中以基金已在广州市与以色列企业合作设立了7家合资企业，中以基金投资的7个项目，全部落户广州国际生物岛和广州科学城，总投资额约2.53亿元，涵盖眼科、脑科、骨科等生物医药领域，均具有一定的国际先进性。其中，广州卡邦力医疗科技有限公司和广州以美创新医疗科技有限公司已在广州科学城设立工厂生产产品。同时，广州卡邦力医疗科技有限公司已获得欧盟CE认证和美国FDA认证，产品具备销售港澳和欧美地区的资格。

三、主要存在的问题

一是缺乏提升原始创新能力的国家大科学装置。生物医药产业原始创新能力与大科学装置的支撑能力密切相关。当前广州市的重大科技基础设施规划建设较弱，没有大科学装置等国家级重大科技基础设施，与国内先进城市的差距较大。

二是创新资源未能有效整合利用。科技资源方面，企业、高校、科研机构、医院之间的实质性合作不多，部分已建技术平台散布在各个大学、科研院所和企业中，缺乏有效的集中管理和开放运营机制，对科技成果转化的支撑作用较弱。

三是企业竞争力亟待提高。虽然在生物医药细分领域有一批领先企业，但缺乏综合性龙头企业，生物医药上市公司数量少且影响力低，仅有广药集团上榜中国医药工业百强。同时，药企整体效益还存在"大销售额，低利润率"情况，拥有关键核心技术的创新品种不多。

四、下一步重点工作

1. 聚焦创新能力建设，夯实产业发展基础

强化源头创新和基础性技术突破，加快建设人类细胞谱系大科学研究设施、国家生物信息中心粤港澳大湾区节点、高等级生物安全实验室等重大科技基础设施和一批基础研究平台，鼓励企业根据自身发展需求建设或联合建设高级别生物安全实验室，全面提升原始创新能力。推动粤港澳大湾区创新资源接轨，鼓励以企业为主体，与高校、医疗机构等建立联合实验室和GLP、GCP、实验动物资源库等公共研发服务平台。

2. 聚焦临床资源互通，搭建供需信息交流平台

一方面，增强院企交流和信息互通，搭建供需交流平台，畅通医院临床研究资源与企业新产品研发信息互动互通，推动院企精准对接。另一方面，充分调动医院和医务工作者的积极性，出台推进研究型医院建设方案，支持三级医疗机构设立研究型病房，对积极开展临床研究的医护人员在岗位设置、职务晋升等方面给予一定倾斜，细化包括医疗机构在内的科研单位在科研立项、成果处置、职称评审、绩效考核、薪酬分配、人才培养等方面的鼓励政策。

3. 聚焦培育重点龙头企业，构筑产业新支柱

集中优势资源，在生物制药、现代中药、高端植入器械、干细胞等领域，支持百济神州、香雪等龙头企业收购、兼并、重组上下游企业，形成

一批企业集团。切实发挥广药集团龙头带动作用，盘活"老字号"资源价值，推动中药标准化、国际化，提升传统产品质量和利润水平。按照"选好选优、培优培强"的原则，选取一批特色技术鲜明、机制灵活创新的高新技术企业和科技小巨人进行重点培育，建立生物医药未来领军企业培育库，支持企业通过科研创新、推进兼并重组、加强产业链整合等方式提升综合竞争力，推动我市一批生物医药企业发展壮大成为行业领军企业。

4. 聚焦总体布局优化，构建引领产业发展增长极

坚持错位互补、联动发展原则，突出产业延伸及产业差异化发展路径，持续优化研发在生物岛、中试在科学城，制造在知识城的"三中心辐射多区域"全产业链发展布局；围绕产业链重点环节，提供资金和政策辅助，重点扶持建立能够带动研-产-销全产业链，特别是帮助企业实现后期产业化的平台发展。支持各区建设生物医药产学研成果转化基地。支持做好疫苗产业体系建设顶层设计，依托现有生物医药产业基础和产业布局，支持建设生物安全与健康产业先导区，打造疫苗产业专业园区。

5. 聚焦创新生态，打造产业发展创新格局

进一步优化完善资金、人才、用地等政策，研究加强专利、商标、著作权、植物新品种等保护，探索建立药品专利链接制度，药品专利期限补偿制度。探索建立平台资源共享机制，围绕促进生物医药产业中高端和国际化发展的战略需求，发展一批服务行业企业发展的公益组织，支持广州市生物产业联盟、省药学药物临床试验专委会、全国创新生物医药产业创投联盟等行业组织发展壮大，促进行业内部及与其他产业在技术、经济、管理、知识产权等方面的合作。发挥好生物医药领域行业组织力量，打破层级藩篱，切实加强在穗各级高校、科研院所、医院的产学研协同创新，搭建供需交流平台，推动院企精准对接，协调解决重点、难点问题，不断增强产业链、供应链稳定性和竞争力。

6. 聚焦开放合作，做强产业发展新高地

推动与港澳生物医药科研合作，支持生物医药龙头企业在港澳设立研发中心或孵化器，优先扶持粤港澳大湾区高端技术合作项目。支持生物科技企业赴港上市，依托粤穗开放基金支持重大科技创新项目、公共服务平台建设。进一步扩大中药在国际市场（特别是东南亚地区）的影响力和市场份额。完善投资环境，加大"引进来"力度，推动跨国公司在穗建设高水平的

研发中心、生产中心和采购中心。依托中国生物产业大会、官洲国际生物论坛等平台,吸引行业高端人才集聚。继续深化广深、广佛和广清合作发展,在成果转化、人才、体制机制、创新环境等方面实现更高层次、更大范围的共建共享。

(撰稿:广州市发展和改革委员会)

杭州国家生物产业基地 2020 年度发展报告

自 2008 年被国家发改委授予"生物产业国家高技术产业基地"以来,在省、市政府的高度重视下,在国家、省发改委的关心指导下,杭州生物产业规模稳步增长、产业链更趋完备、空间布局凸显成效、创新要素优势集聚,逐步形成以生物医药、生物医学工程为引领,生物信息为特色,生物农业、生物服务等领域快速发展的产业格局,总体呈现平稳较快发展态势,部分领域居国内领先水平。

一、基本情况

近年来,杭州市生物产业步入快速发展期,产业规模不断壮大。据统计,2020 年 1—11 月全市生物医药总产值 704 亿,同比增长 11.3%,是 2002 年 48 亿元的近 15 倍,生物医药已成为拉动全市经济增长贡献度第二大产业。2020 年 1—11 月,钱塘新区生物医药产业规模达到 342 亿元,入选浙江省"万亩千亿"新产业平台,成为全省发展生物医药产业的核心区,集聚各类生物医药企业 1300 余家(连续 2 年企业数年增长达 200 家以上),9 家企业入选杭州市准独角兽榜单,和泽医药连续 3 年蝉联中国医药研发企业 20 强。目前,杭州医药港共有生物医药"三上"企业 94 家,上市药品 242 个,临床试验药品 252 个,上市医疗器械 274 个。

二、主要工作及特色

1. 贯彻政策文件精神,发展氛围进一步浓厚

自《杭州市人民政府办公厅关于促进杭州市生物医药产业创新发展的实施意见》出台 1 年多来,杭州市对生物医药产业的空间、资金、推动举措有了深入指引和明确,同时围绕《关于推动浙江省医药产业高品质发展的若干意见》,以打造成为全省生物医药产业核心区为首要目标,经过多年的产业

培育和发展，先后引进了信达药业、天镜生物、药明康德等龙头企业，"医药港"品牌也再度擦亮。

2. 谋划产业精准发展，空间布局进一步优化

杭州市生物医药产业已形成"一核两园多点"的发展格局。其中，钱塘新区（核心区）着力打造全市要素最齐全、环节最完备、发展速度最快的生物医药高端产品研发集聚区和产业化基地；余杭区以建设高端医疗器械、创新药物关键技术孵化和产业化基地为方向，建设浙江省余杭生物医药高新技术产业园；杭州高新开发区（滨江）以智慧医疗为主攻方向，建设高端医疗器械制造、健康医疗服务、创新性生物医药研发为特色的生命健康产业园。分布在多个区、县（市）的一批生物医药产业特色基地更是聚焦于某一重点领域，谋求精准发展之路。

3. 推进重大项目招引，引领效应进一步凸显

先后赴北京、武汉、上海、苏州等地，对接辉瑞医药、远大医药、华毅科学等一大批优质项目。在沪举办"钱塘新区 2020 生命健康产业推介会"，吸引了 100 余家企业、科研院所、投资机构参加。与浙大一院、大创小镇联合开展全球健康医疗创新创业项目征集活动，获奖并意向落地项目 45 个。目前，杭州医药港招引及落地总投资亿元以上项目 36 个，其中制造业项目 28 个，总投资 289.8 亿元，包括 50 亿元以上项目 1 个：天境生物（总投资 56 亿元），10 亿元以上项目 10 个：维亚生物、赋源生物、华云电力、九源基因研发总院、拜华诺生物、元融坤商业、九洲药业制剂、中泰泰德 CDMO、远大生物益生菌、药明生物研发公共服务平台。

4. 注重生态体系完善，创新资源进一步集聚

全市集聚了包括浙江大学、西湖大学等生物医药相关专业的高等院校 16 所，同时，成功引入了中国科学院肿瘤与基础医学研究所，目前 3 个院士团队已入驻并开展研究工作。钱塘新区与浙大一院、浙大二院、邵逸夫医院、省人民医院、国科大附属肿瘤医院合作共建临床试验中心。积极推动中国科学院肿瘤与基础医学研究所与区内企业凌科药业联合建立新药研发中心，推动浙江工业大学钱塘生物产业研究院与天台药业等企业合作共建校企研发中心，计划在杭州医药港建设浙江省疫苗批签发实验室和高端生物制品检测实验室，为全省疫苗研发提供全方位服务。

三、存在的问题

近年来，在生物产业国家高技术产业基地支撑下，杭州生物产业集聚发

展、创新发展、融合发展的势头良好,形势喜人,但未来几年保持持续快速发展也存在一些短板和不足:

一是综合实力仍待增强。从全国范围来看,杭州市生物医药产业规模体量仅约为北京的1/2、上海的1/6、苏州的1/2,武汉的1/2.5。从核心竞争力来看,杭州缺乏总市值超千亿级的头部企业,总产值超百亿级企业仅3家,同时,单个销售额超十亿元的重磅产品仍然缺乏。

二是要素制约问题突出。从发展空间上看,土地资源稀缺、用地性质调整、环保要求提升等因素严重制约扎根杭州、来杭不久、计划来杭的生物医药企业发展壮大。

三是产业生态急需完善。从政策环境上看,即将进入"十四五"时期,杭州市在生物医药产业专项规划、政策体系及扶持力度等方面存在短板。产业链各项环节的专业服务体系仍有所欠缺,行业内领先的、具有影响力的公共服务机构还不够多。

四、2021年工作思路

2021年,杭州将认真贯彻落实党的十九大精神,深入学习十九届五中全会精神,以创新驱动、龙头带动、区域联动为导向,以大众创业、万众创新为主抓手,着力"补链强链延链",着力完善配套支撑体系,争创具有重要影响力的生物医药产业集群,为杭州加快构建现代化经济体系提供支撑。重点抓好以下工作:

1. 完善产业政策

积极推动引导产业基金、社会资本加大对生物领域投资力度,进一步培育发展生物经济。进一步用好与海邦基金、丝路基金、凯泰资本等合作的市场化引导基金,拓宽企业的融资渠道,支持重点产业化项目、领军型创新团队落地,助力企业快速发展。突出"万亩千亿"产业平台建设,重点围绕生物制药、医疗器械、生命医学工程、医疗大数据等细分产业,进一步打造"杭州医药港"金名片。

2. 聚焦重点领域

优先发展创新药物,深入传承中药传统老字号品牌特色优势,强化中药新药研发。创新发展医疗器械,大力研发拥有自主知识产权的高精尖医疗设备,持续壮大高附加值植介入材料和智能化手术治疗康复和急救设备。融合发展"BT+IT(DT)",以智能医疗为核心,以数字健康管理为特色,以

AI＋研发为突破口。

3. 紧盯重大项目

关注龙头企业投资及产业化阶段项目，保持跟踪世界 500 强企业，紧盯主板上市、行业龙头企业及独角兽企业；瞄准全国创新创业大赛获奖项目、完成 B 轮及后期融资的重大项目、处于临床试验Ⅱ期的创新药项目、POCT 及分子诊断类项目、细胞治疗及基因治疗类初创项目等极具发展潜力的创新型项目；引进第三方 CRO、CMO、MAH 服务平台等服务机构落户。

4. 推进平台建设

由目前的"一核两园多点"向"一核三园多点"作进一步优化，明确各区功能分工，突出特色，错位发展。聚焦万亩千亿平台建设，推进现有重点研发平台、三名工程平台的建设及对全市产业的带动作用。推进杭州区域细胞制备中心试点建设，定期开展试点评估工作，推动优胜劣汰。

5. 加强成果转化

推进中科院肿瘤与基础医学研究所、浙大一院创新转化中心、浙江大学智能创新药物研究院、浙江工业大学钱塘生物产业研究院等一批名校名院名所建设，围绕细胞治疗、临床诊断与创新医疗器械等领域的新技术、新方法、新应用，强化基础研究、技术创新与成果转化。

6. 健全审批机制

与省药监局等部门对接，推动设置"医药创新与审评柔性服务站"，建设集疫苗批签发实验室、高级别生物安全实验室于一体的疫苗产业公共服务平台；依托"投资之家"平台，为项目落地前准入、落地后审批、投产后服务提供全生命周期的"一站式"服务；依托"亲清在线"数字服务平台，强化数字赋能，实现企业问题"在线直达"、政策信息"一键查询"、扶持资金"在线兑付"。

（撰稿：杭州市发展和改革委员会）

石家庄国家生物产业基地
2020年度发展报告

一、生物产业基地发展基本情况

石家庄市是国家发展改革委认定的首批国家生物产业基地之一，2014年开展国家高端生物医药区域集聚发展试点建设，2019年开展国家战略性新兴产业集群发展工程（石家庄市生物医药产业集群）。近年来，在国家和河北省的大力支持下，石家庄市坚持"以生物医药健康产业为主导"的发展思路，聚焦生物医药产业，围绕产业链部署创新链，围绕创新链布局产业链，并着力促进产业链与创新链深度融合，取得了初步成效。2020年1—10月份全市规模以上生物产业工业增加值增速达17.6%。

1. 品牌效益显著增强

拥有华北、石药、以岭、欧意、恩必普、果维康、石门、藏诺等中国驰名商标，恩必普、玄宁、欧来宁、通心络胶囊、芪苈强心胶囊、参松养心胶囊等众多知名产品品牌。其中，石药集团的"恩必普"是世界上第1个专用于治疗缺血性脑卒中的国家一类新药，2020年1—10月份，销售收入已突破68亿元，成为世界级"重磅新药"。2020年，新冠肺炎疫情暴发以来，以岭药业连花清瘟列入国家及20余个省市新冠肺炎诊疗方案，在疫区广泛使用，产量和销售量大幅提升，2020年1—10月份销售收入已突破28亿元。此外，石药集团的多美素、紫杉醇白蛋白、玄宁、欧来宁、津优力，华药的阿莫西林钠克拉维酸钾，以岭药业的参松养心胶囊、通心络胶囊，常山生化的低分子量肝素钙注射液等单品种销售收入超过或接近10亿元。

2. 研发能力大幅提升

石家庄市着力从3个方面提升科技创新能力：

一是实施京津冀协同发展战略。以京津冀产学研联盟为依托，与京津冀高等院校、科研院所及企业开展联合攻关，加强研发合作，实现资源共享。

石药、华药、以岭等企业与北京、天津等大专院校科研院所在新产品合作开发方面取得了显著成效。

二是增强技术支撑能力。石家庄市现有生物医药领域两院院士 5 人、6 个诺贝尔奖工作站。建成了 198 个市级以上创新平台，其中 6 个国家企业技术中心、1 个国家工程研究中心、3 个国家重点实验室、6 个国家地方联合工程实验室，省级以上创新平台达到 97 个。

三是加强关键技术的突破与应用。鼓励生物医药企业积极承担国家和省科技研发、产业化专项，着力突破一批增强企业竞争力的关键、核心、共性技术，提升技术创新和集成创新能力，带动产业优化升级。石药集团跻身创新药第一梯队上市公司，目前在研项目 300 余项，主要聚焦在肿瘤、自身免疫、精神神经、消化和代谢、心脑血管系统及抗感染治疗领域；以岭药业的连花清瘟已在加拿大、俄罗斯、菲律宾、科威特、吉尔吉斯斯坦等近 20 个国家和地区获得上市许可，并在全球数十个国家启动了注册工作；华北制药重组人源抗狂犬病毒单抗注射液已完成Ⅲ期临床试验；常山凯捷健艾本那肽注射液和以岭药业苯胺洛芬注射液均已完成Ⅱ期临床试验；石家庄四药获批开展 1 类新药 NP-01 胃癌、肺癌、肝癌等晚期实体瘤的临床试验。

3. 产业结构明显优化

石家庄市生物医药健康产业结构和产品结构不断完善，建立了抗生素产业技术创新战略联盟、维生素产业技术创新战略联盟、中国药物技术创新及产业化战略联盟、创新药物研制产学研联盟、心脑血管药物创新综合平台微生物药物技术创新与新药创制产学研联盟六大集成创新体系，为石家庄生物医药产业技术创新提供了有力支持。同时，以资源持续集聚为抓手，初步具备国内领先的技术和产品开发能力，在生物医药产业的药物筛选、抗体药物、高端抗生素、微生物发酵、酶工程、基因工程药物、脂质体技术、液体硬胶囊制剂技术等方面居国际先进水平。抗生素、维生素原料药、软胶囊、中药颗粒剂、中药注射液、大输液等产品继续保持全国领先地位。

依托华北制药的微生物与生物工程药物、石药集团的新型制剂与辅料和心脑血管药物与维生素药物、以岭药业和神威药业的现代中药、石家庄四药的大容量注射剂，带动生物医药全产业链协同发展，形成了从原材料供应→研发生产→外包服务→医药商业→医疗服务→产业服务等为一体的完整的产业链条，涵盖药品、开发、生产、销售各个环节，生物医药体系日趋完善。原材料供应端以医药中间体、原料药供应企业居多，研发生产端以化学药、生物药、中药产品生产为主，尤其是在维生素原料生产能力方面位居全球领先地位。

二、开展的主要工作及发展亮点

1. 出台系列产业发展扶持政策

为进一步加快生物医药产业的快速发展，促进产业结构优化升级，石家庄市相继修订出台了《高新技术成果落地石家庄奖励办法》《关于加快培育和发展战略性新兴产业十条政策》及《石家庄高新区促进生物医药产业发展的政策》等一系列扶持奖励政策。其中，新修订的《高新技术成果落地石家庄奖励办法》明确提出了对高新技术成果研发及产业化过程中贡献突出的技术和管理骨干、高新技术成果持有人、高新技术成果产业化项目投资人，且在石家庄市域范围内进行产业化项目建设的分别给予 500 万元、300 万元、100 万元、50 万元的奖励政策；《石家庄高新区促进生物医药产业发展的政策》提出了"对国家大品种一类新药，给予 12000 万元的支持""对掌握世界领先技术团队在高新区实施科技成果转化的给予最高 5000 万元支持""对获得国家三类医疗器械证书且在区内落地生物结算的，给予研发企业 300 万元支持"等，这些政策措施的出台，极大调动了各生物医药企业开展技术创新和项目建设的积极性，为石家庄市生物产业的快速健康发展提供了有力支撑。

2. 倾力做好疫情防控重点企业生产保障工作

新冠肺炎疫情暴发以来，针对我市列入国家卫健委发布的《流行性感冒诊疗方案》和国家工信部《新冠疫情防控重点保障统计医药和医疗器械产业企业名单》中的企业和产品，石家庄市对疫情防控企业在生产过程中遇到的困难进行精准帮扶，使重点生产企业开足马力生产疫情防控产品。以岭药业开展的连花清瘟治疗新型冠状病毒肺炎的药效和临床疗效评价研究、石家庄四药投身抗击新型冠状病毒感染的盐酸阿比多尔干混悬剂产品开发、华北制药华坤启动了注射用蜂毒对于新型冠状病毒肺炎预防和治疗的作用机制及临床研究等解决方案，列入国家及 20 余个省市新冠肺炎诊疗方案，在疫区广泛使用，并获专家高度评价。河北汇康、河北荣翔、石家庄康宁、河北盛万宝等重点口罩生产企业生产的各类口罩有力地保障了疫情防控需求。

3. 创新驱动取得发展新优势

为"加快建设创新河北"，石家庄市始终把科技创新作为引领发展第一动力。2020年2月，石药集团的高血压专利药"玄宁"（马来酸左旋氨氯地平）获美国食品药品监督管理局审评通过，成为中国本土企业第1个获得美国完全批准的创新药。作为美国食品药品监督管理局批准的首个中国自主研发的高血压治疗药物，成为降血压新药国际标准，代表了中国制药"出海"的新高度。以岭药业吴以岭院士团队主持完成的"中医脉络学说构建及其指导微血管病变防治"项目获得国家科技进步一等奖，该项目系年度生命科学领域获得的唯一一项国家科技进步一等奖，属中医药学术研究的原创成果，也是年度生命科学领域的最高奖。

4. 生物医药产业集群建设进展顺利

石家庄市纳入国家战略性新兴产业集群发展工程以来，以石家庄高新区为主体辐射其他园区加快建设生物医药产业集群，坚持"一区一主导产业"的发展思路，围绕产业链部署创新链，围绕创新链布局产业链，着力促进产业链创新链深度融合，加快"从原料药到创新药转变，化学药到生物药转变，医药生产向医药研发转变，以制药为主到制药＋医养大健康转变"，为形成更大规模、更高水平的产业集聚和成果转化奠定了基础。华大基因、药明康德等一批基因检测和服务机构落户石家庄高新区，形成了基础理论研究、新药产品创制、研发外包服务、医药中间体和包材配套、特色原料药支撑、高端制剂生产、智能化物流配送为一体的全产业链条。

5. 重点项目建设取得新突破

2020年，共实施了石药集团重组蛋白高科技医药产业园等35个总投资227.6亿元的重点项目，其中续建项目12个，总投资24.16亿元，新开工项目11个，总投资92.9亿元，前期项目12个，总投资110.48亿元。目前，河北药明生物药研发及生产平台、石药集团中诺药业新药原料/制剂生产中心等项目建设进展顺利，华北制药金坦生物产品扩产、河北鑫乐医疗器械生产等项目竣工投产。

三、存在的问题

一是产品结构需进一步优化。石家庄市生物医药产业原料药和一般性治疗药物占比较大，创新药物少，生物技术产品如疫苗、基因工程药物等高端产品少，建设期短、效益高的医疗器械更是短板，产品结构需加快调整。

二是创新能力有待进一步提升。企业创新能力建设偏重于自身需求，社会化服务意识和水平偏低,企业间缺乏有效的交流合作平台,联运创新作用发挥得不够好,不适应新形势发展需要,缺少具有自主知识产权的产品。

三是领军人才缺乏。人才选拔和培养机制不健全,高水平的研发人员、技术人员等高技术人才匮乏,具有前瞻意识和创新意识的企业家队伍没有形成,使得技术创新缺乏最基本的主体,技术创新无法得以顺利进行。

四是中型企业偏少。主要体现在:初创型企业数量过多,中等规模企业数量不足,导致产业生态表现为两边大中间窄的沙漏型发展现状,出现产业断层,既无法充分发挥龙头引领作用,又无法有效促进小微企业快速成长,企业间交流合作阻碍因素较多,难以形成合理的生物医药产业战略布局。

四、下一步工作思路

石家庄市的生物医药产业持续健康发展,但仍然存在创新能力不足、规模不大、开放度不够等问题。下一步,石家庄市将根据河北省、石家庄市生物医药产业布局,以"创新、协调、绿色、开放、共享"五大发展理念为引领,紧抓京津冀协同发展重大机遇,以石家庄国家生物产业基地为载体,充分利用北京市、天津市的创新资源和市场优势,按照"以市场为导向、聚焦创新能力、带动创业活力、产业关联紧密、产品价值高端、契合政策引导"的产业选取原则,着力构筑以生物医药研制为主导,生物医学工程与健康服务业并行发展的高质量生物医药产业集群。

一是加快生物产业基地"两园三区"建设步伐,继续完善基础设施建设,加大项目建设投入力度,完善发展环境,提高承载能力,提供产业集聚发展空间。

二是以国家战略性新兴产业集群发展工程及建设为契机,在土地、金融、人才等方面强化政策支持力度,壮大龙头企业,助推生物医药产业跨越式发展;培育中小企业,逐步形成初创型、成长型、成熟型、规模型企业有机分布的局面;激发创新活力,引导企业加大研发投入,提高企业创新能力,打造创新型产业集群。

三是高质量编制石家庄市战略性新兴产业"十四五"发展规划,立足石家庄市生物医药产业基础与特色,以原料药绿色化、制剂药高端化、中医药现代化为主攻方向,着力调整产业结构、激发创新活力。

四是加强与京津协商沟通,积极承接京津生物医药健康产业转移,创建产业转移示范区，促进合理有序转移。深化与国外医药企业合作，推动引资、引技、引智有机结合，鼓励我市企业与国际知名制药企业开展产业链精准对接。

（撰稿：石家庄市发展和改革委员会）

上海国家生物产业基地 2020年度发展报告

习近平总书记在上海考察时强调,上海要聚焦集成电路、人工智能、生物医药等关键领域,集合精锐力量,尽早取得重大突破。为贯彻落实总书记指示要求,在国家发展改革委的关心支持下,上海市围绕生物医药产业创新发展各个环节,扎实推进生物医药产业高质量发展,生物医药产业基地规模持续扩大,创新能力稳步提升、政策环境进一步优化。

一、产业发展基本情况

1. 产业规模逐步扩大

2020年1—11月,上海市生物医药制造业实现工业总产值1263.13亿元,增长2.5%,呈现回升态势,预计全年总体增长势头良好。

2. 创新要素进一步集聚

上海生物医药产业体系较为发达,创新要素相对富集,国际化程度较高。生物医药经济总量占全国7.4%,院士、长江学者等高水平人才占全国1/5,创新药占全国1/4。上海生物医药产业形成了以张江为核心的"一核多点"布局,浦东、闵行、奉贤、金山、嘉定、徐汇等6个产业集聚区产值占全市生物医药制造业总产值的比重达92%左右。

3. 创新产品取得新突破

和记黄埔研发的1类新药索凡替尼正式获批上市。复宏瀚霖汉曲优、汉达远等生物类似药已注册上市。鹰瞳科技获批全国首个人工智能眼底辅助诊断软件三类医疗器械。国内首台国产质子治疗应用示范装置正在开展型式检验。

4. 龙头企业发展情况良好

国际TOP20药企中,辉瑞、罗氏、诺华、强生等17家将中国总部设在上海,14家将研发总部或创新中心设在上海,5家将生产中心设在上海;包括美敦力、飞利浦、GE、西门子等国际TOP20医疗器械企业中,有14家将中国总部设在上海,9家将研发总部或创新中心设在上海,4家将生产中心设在上海。其中在张江,已布局有3家全球CAR-T四大巨头(即诺华、凯特、巨诺),国内一线主流的CAR-T公司如药明巨诺/明聚生物、复星凯特、恒润达生、优卡迪、西比曼等也集聚于此。全国共批准的CAR-T临床试验批件中上海市占据一半以上。

5. 抗疫期间发挥作用

惠美医疗提供1000多台呼吸器按时发往武汉;钛米消毒机器人业务量增长10倍;之江生物等6家企业的新冠检测试剂盒获批(全国共44个);联影医疗研发的智能影像产品广泛应用于上海和武汉多家医院并出口多国;上药集团应急生产瑞德西韦、氯喹等治疗药物;斯微生物、复星医药的mRNA疫苗、君实生物的中和抗体等疫苗、药品的研发工作稳步推进。

二、主要工作

2020年以来,在国家发展改革委等相关部委的大力支持和指导下,上海研究制定了关于建设生物医药高地的有关工作部署。3月,上海印发生物医药高地方案重点任务分工表,将方案提出的12项重点任务、5项先行先试改革举措和7项保障措施,细化为24项工作。全年大力贯彻落实各项任务举措,目前已形成阶段性成果,具体如下:

1. 加快提升自主创新和成果转化能力

一是主动布局开展前沿研究。面向未来的颠覆性、战略性和前瞻性的技术,已启动实施"人类表型组""糖类药物""脑与类脑智能""全脑神经图谱与克隆猴""认知、衰老、肠道稳态及药物靶标"等生命科学领域重大专项5项,有望为药物研究找到重要突破口。

二是加快推进创新载体建设。转化医学研究中心等大科学设施建设顺利,上海脑科学与类脑研究中心等一批创新载体加快建设,"人类表型组"等一批市级科技重大专项推进顺利,生物医药产业技术研发与转化功能型平台建设取得实质性进展。

三是鼓励企业技术创新能力提升。心脉医疗、昊海生科、申联生物、美迪西、三友医疗、泰坦科技、张江生物、奕瑞光电、三生国健、君实生物、艾利斯生物等11家生物医药企业在科创板上市,企业数量占科创板生物医药企业总数1/5。苏州信达生物全球总部及研发销售中心、浙江亿帆医药全球研发和业务管理中心等落户上海。截止到11月底,上海市通过仿制药质量与疗效一致性评价的药品批准文号共 77 个。

2. 持续优化产业基地布局

发布《关于推动生物医药产业园区特色化发展的实施方案》文件，重点打造"1+5+X"产业承载区，进一步确定了以张江生物医药创新引领核心区为轴心，以临港新片区精准医疗先行示范区、东方美谷生命健康融合发展区、金海岸现代制药绿色承载区、北上海生物医药端制造集聚区和南虹桥智慧医疗创新试验区为依托，以其他特色生物医药产业基地为补充的园区特色化发展目标定位，为创新成果本地转化提供载体支撑。计划 5 年内新增 1.2 万亩产业空间，推出 800 万平方米定制厂房，做到"好项目不缺土地、好产业不缺空间"，实现初创、中小型企业项目"拎包入住"。

一是支持张江生物医药产业高质量跨越式发展，在浦东新区规划了张江医疗器械产业基地、张江创新药产业基地、张江总部园、迪赛诺老港基地 4 个总面积近 $10km^2$ 的新产业基地。

二是全力打造临港新片区高端"研发+制造"新布局，临港生命蓝湾生命科技产业园Ⅰ期已完成标准厂房交付，落地和在谈项目用地规模合计超 500 亩，建筑体量超 50 万平方米。

三是推动建药明生物奉贤生产基地、复宏汉霖松江生产基地、君实生物 PD-1 产业化等一批重大项目启动建设。

四是推动环同济医学院生命健康产业总部基地、南翔精准医学产业园、重固虹桥医疗器械科创园、松江生物制药产业基地、青浦生命科学园、枫林生命健康园区特色产业载体等 X 个细分产业特色园区建设，积极投入产业园区特色化发展行动中，产业集聚化发展普遍增强。

3. 举行相关合作和签约活动

2020 年 4 月，召开生物医药产业特色园区推进大会。8 月，举办"领导干部推进生物医药产业高质量发展专题研讨班"，为各级领导干部以及企事业单位代表进行授课。8 月，举行"上海市生物医药产业发展推介会"，通过调空间推临床促上市，推进产业高质量发展。9 月，举行第 22 届上海国际生物技术与医药研讨会。11 月，举行召开 2020 年中国生物医药产业创新大会暨第六届生物药物创新及研发国际研讨会。12 月，召开 2020 第三届中国生物医药创新合作大会。12 月，举行上海生物医药产业股权投资基金启动仪式，并进行了包括创新成果转化平台、上海疫苗合资合作以及亦诺微医药、上药云健康、镁信健康等首批项目签约。12 月，举行第二届健康中国思南峰会，会上正式发布"市级医院医企协同研究创新平台——临床试验加速器"。

4. 大力推进应急科研任务攻关

一是加强组织制度保障。应对新冠肺炎疫情防控重大创新需求，建立市级应急科技攻关组，同步成立专家委员会，先后布局3批共19项应急攻关任务。采用"先立项、后补助"方式，组织实施"新型冠状病毒诊断与治疗创新产品研发及产业化特别专项"。

二是全面高效推进科技抗疫国际合作。围绕流行病学、诊断技术、疫苗和药物研发等领域，与美、英、德、法等16个国家的研究机构及企业，开展抗击新冠疫情科研攻关合作项目80余个。促成上海微技术工业研究院与比利时IMEC，联合开展快速核酸检测关键技术与装备研发。推动顶尖科学家协会与中国科学院上海药物所，依托P3实验室开展化合物检测。支持赛默飞、默克、西门子等外资企业快速响应抗疫需求，积极投入产品和技术研发试验。

三是涌现一批应急攻关成果。在试剂检测方面，之江、伯杰、捷诺等3家企业的核酸检测试剂产品率先获得国家药监局颁发的医疗器械注册证，占全国近1/3。在药物研发方面，君实生物、迈威生物和复宏汉霖的抗体药获国家应急项目支持，占全国的50%；其中，君实生物抗体药已完成Ⅰ期临床试验，迈威生物抗体药获批进入临床阶段。在疫苗研发方面，复星医药、斯微生物、泽润生物、青赛生物和中国科学院药物所的5个项目稳步推进；其中，复星医药mRNA疫苗已启动国内Ⅱ期临床试验和国外Ⅲ期临床试验。

5. 推进先行先试改革举措

一是进一步深化审评审批制度改革。2020年以来，国家药监局、上海市政府成立联合工作组，研究制定与完善部市共建合作协议，共同加快推进药品、医疗器械审评检查两个分中心筹建工作，国家药品、医疗器械审评检查长三角分中心已于12月22日在沪挂牌成立，分中心功能将涵盖资料审核以及现场审评等事项，建立科学高效专业的区域性审评检查工作体系，为药品医疗器械企业研发创新提供优质服务，将进一步大力推动长三角药品医疗器械成果转化、产业聚集和创新发展。

二是试点生物医药研发用特殊物品进口便利化。2020年7月，上海海关、浦东新区政府发布了《关于优化特殊物品入境检疫 促进上海生物医药产业发展改革试点的公告》，在张江科学城率先试点建立特殊物品安全联合监管机制，实行多部门联合管理。试点将诚信优质的企业纳入清单，由联合监管机制出具通关证明，海关凭该证明等材料办理验放手续。目前已确定首批试点企业名单，西门子、科文斯2家单位正式启动试点，将进口血液作为公司质量控制，浦东新区交通委、卫健委、市场局等单位对入境后的血液运输、实验室安全、生产、废弃物开展监管，定期汇总监管情况。

三、2021年工作打算

2021年是"十四五"规划的开局之年，全市将进一步聚焦生物医药产业发展面临的瓶颈问题，力争破解难点、疏通堵点、改革痛点、做大亮点，加快推动上海生物医药产业高端化、智能化、国际化发展。

1. 制定政策推动生物医药产业能级跃升

发布实施上海市促进生物医药产业高质量发展的若干政策措施、上海市打造世界级生物医药产业集群三年行动方案、市级医院临床诊疗和科技创新能力建设三年行动计划。

2. 进一步提升创新策源能力

从科学发现源头与平台功能支撑等方面聚焦，推动核心技术的加速攻关。基于中国科学院上海药物所的综合优势和GV-971新药重大突破，加快推进原创新药研发平台建设。推进"人类表型组""脑与类脑智能""脑图谱与克隆猴模型""认知、衰老、肠道稳态的生命调控机理及药物靶标结构与功能研究""糖类药物"等一批市级科技重大专项。加快建设生物医药产业技术和类脑芯片等2个功能型平台以及转化医学研究中心、活细胞成像平台、国家肝癌科学中心等大科学设施。持续推进上海脑科学与类脑研究中心、国际灵长类脑研究中心、G60脑智科创基地等一批创新载体。加快推进中山医院国家放射与治疗临床医学研究中心、仁济医院上海市免疫治疗创新研究院、上科大上海临床研究中心前期工作。加快谋划电镜中心、影像中心、医疗大数据训练设施等新型基础设施。

3. 提升临床研究与转化能力

进一步推进研究型医院建设，推动医学公共资源开放共享，建立市级医疗卫生机构临床生物样本库、基因库、标准化菌毒种库、生物医学数据库和医学科研数据库等资源开放共享机制，组建专业临床研究联盟，允许临床试验阶段的药物和器械有条件用于临床患者等。聚焦重点疾病和优势学科领域，依托瑞金、长海、中山等一批高水平医疗机构，加快筹建一批上海市临床医学研究中心，支撑和保障上海临床医学研究实现跨越发展。通过临床研究与转化能力的提升，为产业关键核心技术发展与应用提供良好支撑。

4. 承担更多国家战略任务

一是在抗体药物、植介入器械等方向，继续承担一批重大攻关任务，为国家突破"卡脖子"技术贡献重要力量。二是加快建设上海市重大传染病和生物安全研究院、传染病与生物安全应急响应重点实验室。三是加快推进上海市新冠肺炎疫苗临床研究和产业化工作。

5. 培育壮大企业技术创新主体

企业是核心技术开发与应用的主体。一是扶持一批龙头企业发展壮大。结合深化国资国企改革，推动上海医药集团等市属医药国资企业转型升级，对国资国企在创新投入、投资风险防控方面出台更加明确的宽容失败的政策，进一步激活国资国企创新投入热情。同时，支持骨干企业稳步提升产业规模，鼓励外资企业引入药品、器械新品种。二是创造条件留住创新型企业。大力培养生物医药与健康领域融资规模较大，具有较大发展潜力的50家创新型企业，引导各园区成立专门队伍，建立"一对一"专项工作组，及时掌握企业动态，提供一站式个性化服务。三是加快重大项目建设，大力推进上药浦东和宝山产业化基地、药明生物、复宏汉霖、GV-971、联影产业化二期、国盛生物医药产业园等重大产业项目建设。加快谋划建设新一批生物医药重大项目。

6. 推动改革创新先行先试

持续推动国家药品和医疗器械审评中心长三角分中心运行，持续推进生物医药研发用物品认定机制及通关便利化措施试点工作，探索临港新片区生物医药研发保税等改革政策。

7. 打造多层次的人才引育环境

探索多维度人才支持，在人才培养结构上，要注重培养技术应用型人才，与工业企业技能需求相结合。在人才引进上，推进产业紧缺人才开发目录（生物医药领域）应用，对领军复合人才、高端研发人才、产业技能人才等不同需求，协调落实配套资源保障政策；对产业链关键企业人才积分落户开设绿色通道；抢抓机遇，大力引进华人科学家等国际化高端人才。

（撰稿：上海市发展和改革委员会）

哈尔滨国家生物产业基地 2020 年度发展报告

黑龙江省委、省政府高度重视生物产业发展，将生物医药确定为工业强省建设规划优先发展的四大产业之一，列为"百千万工程"重点千亿级产业。哈尔滨市深入贯彻落实黑龙江省委、省政府加快发展生物医药产业，奋力推进高质量发展的决策部署，举全市之力做大产业规模、提高产业发展速度、增强产业发展的质量效益，形成了以哈尔滨新区利民生物医药园区为核心，以化学药与生物技术药为主导、现代中药为特色的产业发展格局。

一、基本情况

哈尔滨市生物产业主要以生物医药为主导，产值约占生物产业 80% 左右，生物农业比重约占 10%～15%，其中生物农业的生物制造、生物环保、生物能源合计约占 5%～10%。2020 年前 3 季度，全市医药制造业规模以上工业增加值 46.2 亿元，生物产业实现总收入 560.7 亿元。

生物医药领域，受疫情影响营收大幅降低，随着"六稳""六保"政策措施逐步发力，生物医药产业逐渐克服疫情带来的不利影响，生产经营形势明显改善，监测指标降幅收窄。年初利民生物医药产业园区经济出现较大幅度下滑，规上工业企业产值同比下降 55.7%，规上、限上企业销售收入同比下降 28.1%，进入二季度，随着疫情得到有效控制，企业全面复工复产，产品市场需求逐渐增加，园区经济指标持续收窄回升，截至 11 月份，园区规上企业实现产值 60.4 亿元，同比下降 11%，与年初相比降幅收窄 44.7 个百分点。生物农业领域，中国农业科学院哈尔滨兽医研究所（简称哈兽研）独资的高新技术企业哈尔滨维科生物技术有限公司（简称哈兽维科）两项成果"H7N9 禽流感疫苗研发成功并大规模应用""猪病毒性腹泻三联活疫苗研发成功并应用"入选《"十三五"农业科技十大标志性成果》。德强生物股份有限公司是目前全球最大的宁南霉素生产厂家，其主要业务为生物农药的研发、生产、销售和技术服务，具有年产万吨的生物农药生产能力和国内先进的生物农药中试车间，截至目前，公司已被授权的发明专利共计 30 项，正在申请的发明专利 8 项。生物制造领域，黑龙江鑫达企业集团有限公司 30 万吨（生物基）复合材料项目于 2017 年完成项目立项，总投资为 26.32 亿元，其中固定资产投资为 22.8 亿元，项目主要生产 4 大类产品包括石油基/生物质复合材料、生物基/矿物质复合材料、生物基/生物质复合材料和生物基/石油基复合材料。哈尔滨依镁生物工程科技有限公司独家引进美国研发的木糖醇提取技术落户哈尔滨市依兰县，项目主要为利用玉米芯制造木糖醇，项目一期已投产，预计产能可达到木糖醇 10 000t、甘露醇 3000t，初期产品将全部外销，预计外汇收入近 1 亿美元。

二、主要工作

1. 完善顶层方案设计

一是按照《哈尔滨市关于加快构建现代产业体系的意见》的决策部署，加快推进现代生物医药产业建设，印发《哈尔滨市实施产业链链长制推动产业高质量发展工作方案》，绘制哈尔滨市生物医药产业链图谱、家谱。出台《哈尔滨市现代生物医药产业链链长制推进工作方案》，成立现代生物医药产业链工作专班，加快推进生物医药产业链提档升级，不断完善上中下游产业链，推动产业集聚，实现产业集群化发展，为生物医药产业高质量发展提供坚实支撑。

二是出台印发《哈尔滨市推动生物医药产业集群高质量发展实施方案》，提出构建"一核、两区、七基地、两带两组团"协调发展新格局，"一核"即以利民生物医药园区为生物医药产业集群核心承载区。"两区"即两个特色产业功能区，包括松北生物医学工程与医美创新产业功能区和平房精准医学产业功能区。"七基地"即阿城、五常、尚志、巴彦、依兰、延寿、通河 7 个特色产业基地。"两带两组团"中"两带"包括由利民经济技术开发区-哈尔滨高新技术产业开发区-哈尔滨经济技术开发区组成的生物医药产业带；由哈尔滨工业大学-黑龙江大学-哈尔滨医科大学-哈尔滨兽医研究所组成的创新带，"两组团"则是巴彦-通河-依兰松花江沿线组团、尚志-五常-延寿县张广才岭沿线组团发展。《实施方案》为哈尔滨市生物医药产业集群发展制定了产业布局导则，成为未来指导全市九区九县推动生物医药产业集群高质量发展的工作手册。

三是印发了《哈尔滨市关于加快产业园区（功能区）高质量发展的若干

措施》,《若干措施》将利民生物医药产业园区(功能区)、五常牛家经济技术开发区、尚志经济技术开发区、通河经济技术开发区、依兰经济开发区共5个生物医药产业园区列入考核激励名单,并根据年度考核情况实行动态管理。采用"事后奖补"。对列入名单中已有的产业园区(功能区)、省级开发区采用"事后奖补"的方式进行奖励。对不同园区实行"分级考核"。通过政策支撑,有效提升开发区引资平台作用和服务保障水平,全面助力哈尔滨市生物医药产业升级和经济社会发展。

2. 加大资金政策支持力度

一是发挥战略性新兴产业投资基金等各类投资基金的作用,有针对性地扶持生物产业项目建设,对和心诺泰医药科技有限公司巴布剂项目、瀚邦医疗安可晶(猪源纤维蛋白黏合剂)产业化三期工程、鑫达集团30万吨(生物基)复合材料项目、鸿展实业集团巴彦县年产30万吨燃料乙醇项目、谷润生态科技发展有限公司通河县秸秆腐熟剂研发生产项目、哈尔滨中药四厂有限公司(GMP异地新建项目)共6个项目累计出资4.71亿元。

二是积极推广新区出台的"黄金30条""新区25条"等系列政策调动企业发展的积极性。为三联药业等企业兑现2019年度《哈尔滨市促进生物医药产业健康发展的若干政策》,已为企业兑现扶持奖励资金近5千万元。组织和指导企业申报省市和新区出台的应对疫情的系列政策,32家企业列入国家和省级疫情防控物资重点保障企业名单,11家企业申报获批贷款4.93亿元,12家企业申报获批省级稳企稳岗基金350万元,15家企业申报获得复工复产保险保费补贴19.32万元,4家企业申报获批扩大产能设备购置补贴361万元、防疫物资退税103.9万元,18家企业申报为享受税收优惠政策企业,20家企业申报返还暂时性经营困难企业社保补贴571万元,5家企业申报获得高新技术企业奖励50万元。

三是针对医药企业受疫情等因素影响、生产及销售大幅下滑、资金严重短缺的实际,为落实"六稳""六保"工作,扶持企业健康发展,对康隆药业等8家企业涉及的历史遗留问题实行"承诺即代偿",为企业争取到企业扶持资金3794.9万元。

3. 加强企业主体培育,引导企业调整策略,向转型和创新求发展

一是盘活僵尸企业。引入域外企业盘活区内企业6家,其中:上市公司江西三鑫医疗租赁成功药业的闲置厂房,组建鑫品晞医疗科技,新建的透析液产业化项目已投产,并转为规上企业;上市公司江苏南通江山收购利民农化,实现了强强联合,工业产值增幅达到49.3%。

二是调整产品结构。根据国家医药产业结构调整的实际,引导企业向医疗器械和保健品拓展,鑫品晰的透析液、同一堂药业引入的卿独靓丽品牌面膜、济仁药业开发的"圣白金"品牌系列五味子面膜等,展现出良好市场潜力;敷尔佳面膜已成为中国医美面膜第一品牌;哈药集团引进世界第一品牌——美国 GNC,依托哈药六厂打造哈药集团保健品生产基地,已开工建设。

三是推动产品创新。根据医药工业"去产能"的实际,推动企业产品和技术创新。2020 年,11 家企业共申报国家专利 62 项,获批专利 42 项,其中:乐泰药业等 5 家企业获批发明授权专利 6 项,三联药业等 6 家企业获批实用新型专利 36 项。

四是产业培育进程加快。2020 年,敷尔佳科技、鸿钧医药等 2 家企业"入统"转为限上企业,鑫品晰、佰吉星、誉衡安博、康若琪等 4 家企业已申报规上限上企业,正在进行审批;威凯洱、策展医药等 3 家企业正在组织申报。

4. 大力开展招商引资

新引进汉博中药材及汉麻产业园、九州通康祺物流园、绥化远行集团医疗器械等 5 个产业项目,签约总额 13.9 亿元,内资到位额 1.86 亿元;哈药总厂头孢粉针和青氨类基本药物车间、海业隆物流等 3 个项目正在履行签约程序。新引入长荣集团等 5 家疫情防控物资生产企业,填补了园区没有口罩、消毒剂生产企业的空白。新引入敷尔佳科技、策展医药等 13 家医药商贸和服务业企业,瑞伶日用品等 2 家外资企业正在办理核名注册。特别是敷特佳经贸、敷尔佳科技(两家企业同一法人)自 2019 年 5 月至 2020 年 9 月,共实现营业收入 29.1 亿元、全口径税收 4.88 亿元,成为园区重要的经济增长点。2020 年,哈尔滨市共有 17 个生物医药产业项目被列为市重点项目。利民生物医药产业园区组织实施康隆药业现代中药智能提取等 10 个产业项目,其中市重点项目 3 个,共完成固定资产投资 1.02 亿元;组织实施哈药六厂异地搬迁等投资 5000 万元以下项目 4 个,完成固定资产投资 5112 万元。快好药业健康产业园一期、康隆药业新医药产业化及产能升级等 3 个项目投产,润达泰诚冷链物流园试运营;三联药业奥拉西坦注射液生产线等 3 个项目正在调试安装设备,预计年末投产。

三、发展的特色和亮点

1. 基于生物技术的化妆品行业成为新的增长点

2020 年以来,由于疫情、集中采购等不利因素影响,生物医药行业营收增长乏力,以圣吉、济仁为代表的生物医药企业开始谋求转型,进军基于生物技术的化妆品行业。哈尔滨市拥有丰富的生物资源,主要野生药材物种和野生药材资源分布广、数量多、蕴藏情况好。生物医药产业基础扎实,具备支撑化妆品产业能力,以敷尔佳面膜为代表的生物技术化妆品正在成为生物医药产业新的增长点。

2. 应急医疗物资生产能力提高

受到新冠疫情影响,在国家、省级政府部门统一协调指挥下,相关企业迅速引进医用口罩、防护服、护目镜等应急医疗物资产品线。疫情期间共有29家企业生产相关物资,普通口罩日产能400万只、医用口罩日产能400万只、N95防护口罩日产能50万只。满足了哈尔滨市及省内的市场需求,加强了应急医疗物资生产能力保障体系建设。

3. 紧抓哈尔滨新区建设机遇,促进产业升级

抓紧哈尔滨新区项目建设机遇,努力克服疫情带来的不利影响,中国北药智慧产业园、云普医疗科技发展有限公司医疗器械产业园等重点项目全面复工复产。针对哈尔滨新区集群核心承载区的功能定位,立足"北药"特色,突出对俄合作,以政产学研用一体化专属园区为特色,以生物医药、生物制造两大产业体系为核心,建设科技研发、生产加工、贸易物流、健康服务和综合配套5大功能区。

四、发展面临的问题和挑战

1. 疫情期间医院停诊、药店停业造成产品销量下降

哈尔滨受到两次疫情影响,医院停诊、药店停业,对相关药物销售影响较大。特别是哈三联、圣泰生物制药等企业,其主营注射剂产品的销量呈现断崖式下跌。这一因素带来的影响随着医院的复诊正在逐渐好转。

2. 医保目录调整后主营产品被移出目录

伴随两次医保目录调整,誉衡药业的鹿瓜多肽、圣泰生物制药的骨瓜多肽、莱博通药业的注射用磷酸肌酸钠、哈药集团生物工程公司的前列地尔注射液被移出国家基本医疗保险药品目录,哈尔滨三联药业股份有限公司的奥拉西坦、骨肽等产品被列入重点监控名单。上述药品均为各企业的主要产品,年度营业销售占比较大,个别单品可能达到企业营收的70%(誉衡药业的鹿瓜多肽),导致企业营业收入、利润大幅下滑、目前产能利用率在30%~50%左右。

3. 产品老化、新产品研发断层

本地企业的主营产品多为仿制药、辅助性用药。一方面，新产品开发周期长、投入大且存在风险，导致企业不愿加大投资力度。另一方面，老旧产品能够提供稳定的营业收入，也导致企业研发新产品的动力不足。以本地龙头企业哈药集团为例，近年来研发投入占其营业收入仅有1%~2%，对比行业内领军企业恒瑞医药、复星医药，其研发占比均在10%以上。近年来，国家医保目录不断将创新药纳入目录，同时移出循证医学证据不足，有效性存疑，但临床使用广泛、销量畸高的"万金油药"。在此背景下，加大新药研发的投入力度显得尤为重要。

五、下一步工作计划

一是以哈尔滨市国家级生物医药产业集群建设为抓手，抢抓国家发展改革委深入推进国家战略性新兴产业集群发展工程的有利时机，明确将生物医药产业作为"十四五"规划重点发展的战略性新兴产业，全力培育和打造特色鲜明的具备国际竞争力的战略性新兴产业集群。

二是制定落实《哈尔滨市生物医药产业集群发展实施方案》，进一步优化产业布局，推动产业规模扩量升级、创新能力持续提升、龙头企业带动作用显著增强、综合服务持续完善，实现产业链整合、价值链提升、市场链优化，打造国家现代生物医药产业集群发展示范区。

三是贯彻落实《哈尔滨市推动"双创"平台高质量发展的若干政策》，加强金融、人才、用地等要素保障，重点发展生物医药产业创新孵化器，提高生物医药产业创新能力。

四是围绕《黑龙江省"头雁"行动方案》《关于鼓励来哈就业创业落户的若干政策》《哈尔滨市"雏鹰计划"暨科技企业培育专项实施意见（2020—2021年）》等人才引进政策文件，聚焦生物医药高端人才引进，吸引高校生物医药学科加强科研队伍建设与人才培养。

五是用足用好《关于加快产业园区（功能区）高质量发展的若干措施》《哈尔滨市促进生物医药产业健康发展的若干政策》等各类政策、战略性新兴产业投资基金、创业投资引导基金等各类投资基金，构建"一核、两区、七基地、两带两组团"协调发展生物医药产业新格局；做好医药产业发展与土地利用总体规划、城乡规划的联动协调，重点对各开发区内医药产业项目优先安排土地指标,并优先在城乡规划中落实用地布局;积极向上争取生物医药企业产品纳入医保目录、鼓励支持企业开展仿制药一致性评价、积极参与各地药品集中采购。

(撰稿:哈尔滨市发展和改革委员会)

青岛国家生物产业基地 2020年度发展报告

2020年,青岛市作为全国唯一的海洋特色国家生物产业基地,生物产业在疫情影响下仍保持平稳发展态势,海洋药物、生物制品、海洋医用材料研产水平行业领先,新药研发、招商引资、项目建设、园区规划加快推进,全市生物产业增加值同比增长预计约5%。

一、基本情况

1. 产业政策逐步完善

以市政府办公厅名义出台青岛市支持生物医药产业高质量发展的若干政策措施,印发了实施细则、申报指南,构建了覆盖临床试验、成果转化、项目建设、招商引资、平台建设等全产业链政策体系,实现了青岛市生物医药产业政策的重大创新突破。出台了支持疫情防护物资重点生产企业扩大产能的实施细则,对列入疫情防护物资重点生产企业给予新上设备、申办医疗器械资质证书政策补助。

2. 产业布局集聚发展

西海岸新区围绕海洋生物产业生态圈、海洋科技创新中心"两大平台",布局建设9550亩海洋生物产业园,重点发展海洋功能食品配料、海产品深加工、海洋化妆品、海洋医用敷料和海藻精深加工等产业,已入驻重点企业4家;依托国际经济合作区重点发展基因测序及配套设备、测序试剂、酶试剂等重要产业,目前已有正大制药和华大基因两家重点企业投产。

莱西市重点规划4000亩生物医药产业园,以青岛海氏海诺集团为代表的各类生物医药产业加速集聚。首期建设面积约868亩,主要建设昌阳生物医药产业园、通盈生物医药产业园和天成中医药健康产业园等项目。2020年1—10月份,园区生物医药产业总产值达20.8亿元,同比增长76.7%。

高新区蓝色生物医药产业园主要涉及新药研发、医疗器械、生物制品等产品种类,2020年医疗医药产业产值预计约42亿元。

即墨区生物医药产业重点领域涵盖医疗器械、医药耗材、仿制药、生物制药、海洋生物制品等，2020年1—10月份完成产值17.17亿元。

3. 重点企业发展良好

培育形成了一批具有行业影响力的重点企业：

明月海藻集团海藻酸盐产品产能位居全球第一，国内、国际市场占有率分别达到33%、25%以上，拥有海藻活性物质国家重点实验室、国家认定企业技术中心等高端科研平台。

聚大洋藻业集团以海藻养殖和综合加工为主，国内外市场占有率分别达到22%和25%。

东海药业是国家微生态药品产业化基地，产品进入全国二级及以上医院3000余家，获国内外微生态新药发明专利授权14项。

华大基因研究院开展了海洋基因库的建设并顺利投入运营。重点围绕海洋科学领域，搭建国家级大平台，目标是建成全球领先的海洋基因库和跨组学研究中心。

玛斯特生物技术有限公司重视自主创新，多年来研发投入均在销售总额的6%以上，近3年超过7.5%，是全国饲料工业科技进步先进单位，销售额在水产饲料添加剂预混料细分市场进入国内同类公司前三强、连续多年名列山东省同类产品首位。

康原药业有限公司是国家药监局批准的唯一一家从人体尿液直接做到原料药的生产企业，被业内公认为世界上唯一的、最大的从尿液做到精品原料药的生产企业，生产的绒促性素（HCG）、尿促性素（HMG）、尿激酶（UK）、尿促卵泡素（UTI），及肝素钠、硫酸软骨素原料药都已通过了国家药监局GMP认证和美国FDA认证，其中"HCG"项目研究成果属国际领先水平并获得了国家科技进步二等奖。

武洲医疗科技有限公司利用高分子成膜材料结合载药缓释技术开发各类外用新药、器械及相关衍生产品，可填补多项市场空白。

山东天成药业集团有限公司已获国家备案品种达500余种，2020年8月投资15亿元建设天成中医药健康产业园，可生产各种规格的中医药超过1000种，能充分满足国内外医疗机构中药处方配方及各大药店中药调剂销售的需求。

4. 项目推进成效明显

青岛海洋肽谷产业园项目投资25亿元新建高值海洋鱼加工、低值海洋鱼加工、海洋鱼蛋白浓缩、海洋鱼活性肽提取、海洋油脂精炼等工厂及其他配套设施。加工规模为40万吨/年低值海洋鱼精深加工综合利用、10万吨/年高价值海洋经济鱼加工。

华大智造生产基地项目投资18亿元,主要生产基因诊断试剂、基因测序仪等相关产品,打造东北亚医学健康高端装备制造基地。

天成中医药健康产业园项目总投资15亿元,产品涵盖中药制药、提取、配方、制剂及中医药衍生品,技术生产设备按照工业4.0设计安装,达到国家最新标准,国际领先水平,产能和生产总值达到省内首位水平,预计实现年产值20亿元,预计顺利投产后3~5年,年产值达到20亿~50亿元。

水溶性微生物科技研发项目包含悬浮剂制药线10条、瓶装线24条、微乳剂制药线6条、水乳剂制药线2条、乳油制药线7条、微胶囊制药线2条及固体袋装线配套环保等设施,整体水平均达到国内领先,该项目中31%阿维灭蝇胺悬浮剂研制及产业化项目获得科技星火三等奖1项,承担国家星火计划项目1项。

杰华生物"乐复能"项目增加治疗新冠适应证取得新进展,近期已批准在国外进行三期临床研究。

通盈生物医药产业园项目总投资约15亿元,汇聚项目、技术、资本等资源,力争10年内形成军民融合特色鲜明、科研创新体系完善和企业发展生态友好的千亿级生物医药产业集群,设立了黏膜给药技术平台及创新药项目和高分子成膜载药缓释项目。

5. "蓝色药库"计划稳步实施

全力推进海洋药物研产合作项目落地落实,青岛海洋生物医药研究院与正大制药公司合作研发的BG136抗肿瘤药物,即将获得临床试验批件。研究院与黄海制药合作成立的青岛海济生物医药有限公司,确定了抗乙肝、抗肿瘤2个品种进行共同研发;与中皓生物公司合作研发的脱细胞鱼皮(人工皮肤)进入正式研发合作阶段;与中腾生物合作研发的抗HPV凝胶(二类医疗器械)进入评审审批程序,即将获得注册证书。

二、基地开展的主要工作和特色亮点

1. 创新服务平台建设取得新突破

2020年生物医药行业新增类省级工程研究中心(工程实验室)6个、省企业技术中心1个,生物产业国家级企业技术中心、省级企业技术中心分别达到5个、12个,国地联合工程研究中心(工程实验室)和省工程研究中心（工程实验室）分别达到11个和26个，创新支撑作用不断增强。其中，奥克生物自建的"干细胞与生物诊疗国家地方联合工程研究中心"是同行业中唯一的国家级研究中心，也是中国医药生物技术协会下属唯一的干细胞研发基地，为再生医学及生物诊疗领域开展科技创新与成果产业化提供了高层次研究平台。此外，高新区依托蓝色生物医药产业园12万平方米的生物医药专业孵化器，建设了青岛市生物医学工程与技术公共研发服务平台和青岛中医药研发公共服务平台等平台体系，可为包括园区企业在内的各类生物医药企业、科研院所等提供专业的技术和咨询服务；西海岸新区已建成国家级海洋药物中试基地、海洋药物研发生产基地，初步构建起囊括基础研发、药物生产、药品流通、临床应用的海洋生命健康产业体系，拥有6家高新技术企业，6个国家级、7个省级创新平台，正大制药是全国唯一的海洋药物中试基地。

2. 注重环保型生物农药研制

依托胶州市农业优势，重点发展农药、生物医药、海洋生物培育、兽药及医药包装等领域，产业范围多样化，具有专业性强、以绿色无污染为目标、发展前景广阔等特点。其中农药发展趋势以高效、安全、绿色、环境友好产品逐渐为主流。农药剂型正向无尘化及控释、缓释及水基化等高效、安全方向发展，省力、省工产品备受青睐。此外，生物农药植物生产调节剂、水果保鲜剂用于非农业领域的农药新产品，新制剂发展加快。农药不仅在农业生产过程中对提高农产品生产效率、保障产量方面起到至关重要的作用，同时还可以预防、控制仓储，以及加工场所的病、虫、鼠和其他有害生物；预防、控制危害河流堤坝、铁路、码头、机场、建筑物和其他场所的有害生物。兽药领域以中兽药、微生态制剂及生物制品等抗生素替代品的研制，紧跟"绿色＋无抗"健康养殖的步伐。

3. 部分动物疫苗动物药、医疗器械等领域国内领先

易邦生物公司拥有中国兽用生物制品行业首个企业动物基因工程疫苗国家重点实验室，是目前国内生产线最齐全、自动化程度最高的兽用生物制品企业，公司生产规模、技术水平、品牌知名度、市场占有率等综合指标连续多年在全国禽用疫苗生产企业中排名第一；奥克生物是中国医药生物技术协会下属唯一的干细胞研发基地，自主开发并掌握胎盘脐带间充质干细胞分离、培养和保存技术、CCS1107无动物源细胞培养基研制技术等6大核心技术，承担国家科技部"863计划"课题1项、科技部"科技型中小企业技术创新基金"项目1项，拥有发明专利12项；汉唐生物已获得二类三类医药

器械注册证书 100 余件，销售网络遍及全球 70 多个国家和地区。

三、基地发展面临的主要问题

2020年，受疫情影响，部分企业产值出现不同程度波动，如 1—11 月份，崂山区黄海制药等 6 家规上工业企业产值同比下降 24.6%，其中杰华生物的产值同比下降 40%。除疫情突发影响外，生物产业发展面临的主要制约因素集中在产业、政策、企业和人才等方面。

1. 生物产业品牌化集群化发展水平有待提升

海洋医药和海洋生物制品开发尚处在初级阶段，有国际影响和广泛应用的高端产品不多，如海藻高值化利用产业规模处于国际前列，高值化利用技术和产品已有较好基础，但是高附加值和高端海洋生物产品种类较少；海洋深加工产品如海洋生物医药、保健品、化妆品等得到开发利用并有一定知名度，但仍有不少产品尚未得到国内外市场的广泛认可。同时，生物产业涉及领域相对较多，但各领域企业相对单一，领域关联性不够高，产业链存在空白环节，在技术突破、产业链完善、市场开拓等方面难度较大，发展速度受到限制。

2. 产业政策的配套完善有待优化

相关区市通过结合自身特色的产业基地、载体、平台，推出一系列扶持政策，为生物医药产业发展提供有效吸引力，但在面向产业发展重点领域重点环节，针对新入驻企业、已入驻企业的扶持政策有待进一步细化，增强可行性和有效性。同时，在园区品牌打造、人才引进、产业软环境打造、知识产权保护等方面的配套政策有待进一步完善。

3. 企业创新发展要素和能力仍有局限

一是企业规模总体偏小，国内、省内龙头企业少，应对生物行业高技术、高投入、高风险、高附加值、相对垄断的行业特性存在困难。

二是研发投入力度不够大，受制于引入投资难和金融工具不多等因素，企业研发投入的意愿不强，成果转化率偏低，如西海岸新区海洋生物企业用于研发投入的资金平均约占收入的 3%，与国际知名企业 10% 以上的科研投入有较大差距。

三是要素供给尚需跟进，除土地等企业项目建设的一般性要素外，生物医药企业研发所需的临床资源、高端人才和研发平台等欠缺，医药研发企业所需要的满足 FDA 认证的 GLP 标准实验室、临床试验基地、三甲医院、公共服务平台等核心要素供给不足。

4. 高端人才引进仍有难度

生物产业作为知识密集型、技术密集型产业，对科技资源和专业人才的需求较大，同时部分生物产业园区远离市区，居住、教育、医疗等生活配套尚不完善，增加了企业吸引高端人才的成本，造成部分企业缺乏新产品开发技术所需人才队伍，科研力量薄弱，不利于企业研发体系的建设。

四、下一步工作思路

1. 开展特色产业规划提升

结合相关区市产业特点，开展明月海藻千亿级产业链攻坚、海洋基因全产业链攻坚、中国海洋大学海洋生物产业园区建设等系列攻坚行动，发挥产能优势，积极承接高校科研孵化成果，助推新动能和海洋产业发展，着力推进转型升级，厚植产业发展新优势。

2. 加大政策服务的精度和力度

制定出台关于加快生物医药产业发展的意见，在加大资金扶持、落实税收优惠、加强要素保障、优化营商环境、加强人才引进、实施政府采购等方面提出政策措施；建设创新药企业综合服务平台，为企业入驻提供动态跟踪、企业服务跟进等内部管理功能，实现产业的可持续和高质量发展。

3. 着力培育壮大产业龙头企业

实施品牌引领攻坚行动，鼓励支持企业参与各级质量奖、国家地理标志、泰山品质认证等品牌申报工作，增强品牌意识和品牌培育。助力杰华生物建设亚洲最大生物制药企业，支持华仁药业国内唯一的非PVC腹膜透析液产品扩大市场占有率，支持海诺生物科技推出"新冠肺炎快速检测试剂盒"等，培育和集聚一批具有引领性的龙头骨干企业。

4. 加强重点项目建设和引进

加速推进莱西市姜山镇占地2000亩的生物医药产业园规划建设，加强医疗医药企业配套建设，增强园区承载力和吸引力，为生物医药产业发展提供有力保障和支持。加快修正药业蓝色药谷、聚大洋海洋生物医药科技园区、工业园等产业集聚地建设。依托平度莱西攻势和生物产业发展实际，制定招商引资目录，瞄准世界500强、国内500强药企，引进更多总部、研发中心和生产基地。

5. 强化资金和人才等要素保障

设立和完善生物医药产业基金、投资引导基金、担保基金、青岛海藻健康产业投资基金等，积极引入社会资本，以出资、跟进投资和提供融资担保等方式，支持在创新产品研发、产业化建设等方面具有竞争力的高端项目。落实我市各类人才政策，完善人才引进后续配套工作，大力引进国内外生物医药研发团队和领军型创新创业人才。鼓励驻青高校、科研院所加强海洋生物领域相关学科教育和专业人才培养，建设一批人才培养基地。依托重大项目、重点企业、重点实验室、工程研究中心、企业技术中心和博士后工作站等，培养一批优秀创新团队与专业技术人才，营造"引得进、留得住、用得活"的环境氛围，不断推动生物产业产品结构、技术结构调整升级。

（撰稿：青岛市发展和改革委员会）

郑州国家高技术生物产业基地 2020 年度发展报告

一、基本情况

郑州国家高技术生物产业基地主要以郑州航空港经济综合实验区（以下简称"航空港实验区"）为承载区。为加快推动生物医药产业发展，航空港实验区投资 25.2 亿元，打造了专业载体平台——郑州临空生物医药园（以下简称"园区"），规划建设了新药筛选检测平台、大分子药物 CDMO 平台等 6 个高值设备共享和专业化服务公共平台。在创新药、细胞技术、IVD/第三方检测、高端医疗器械等领域，园区已累计储备鸿运华宁、郑州晟斯、美泰宝等优质项目 80 个。成功举办两届郑州国际生物药发展高峰论坛，"生物药之都"产业名片，持续扩大航空港实验区生物医药产业影响力；出台了《郑州航空港经济综合实验区生物医药产业扶持政策（试行）》，成立了河南京港先进制造业股权投资基金。依托政策和资本支撑，串联人才、技术、平台、资本等产业核心要素，打造可持续的生物医药产业生态环境。

二、主要工作情况

1. 打造专业产业平台，构建生物医药生态体系

一是航空港实验区投资 25.2 亿元建设郑州临空生物医药园，是河南省第 1 个由政府投资、配套齐全的生物医药产业园区。截至 2020 年 11 月底，园区已累计对接创新药、IVD/第三方检测、细胞技术、医疗器械和投资基金类等领域优质项目 163 个，通过专家评审会企业 80 家，已完成签约企业 37 家。园区已入驻企业 23 家，完成装修试运营企业 10 家，处于装修阶段企业 13 家。园区生物医药产业集聚效应逐步呈现。

二是正式启动了园区二期建设。园区二期主要规划建设医疗器械园，包

括：研发孵化区、加速器一期、二期，重点发展数字化医学检测设备、治疗设备、高端生物材料、应用型生物医疗技术及第三方检测等领域。医疗器械园将解决具有核心知识产权的创新医疗器械、医疗服务从研发到生产应用、销售的全流程的需求。目前医疗器械园的前期规划工作已经启动，项目计划总占地约 272 亩，投资额共计 12 亿元。

三是市、区两级投资 10 亿元建设了包括新药筛选检测平台、药物评价平台（动物房）、大分子药物 CDMO 平台、小分子 API& 制剂 CDMO 平台、细胞及基因治疗 CDMO 平台、临床 CRO 平台在内的六大公共服务平台，构建全国稀缺的产业化转化服务通道，为园区企业提供全流程的创新研发生产支撑。大分子药物 CDMO 平台已完成洁净工程施工，于 2020 年 9 月 1 日正式投入运营；小分子 API& 制剂 CDMO 平台设备招标采购已完成，室内洁净工程已开始施工；细胞及基因治疗 CDMO 平台方案设计工作已完成，已确定一期工艺设备采购清单；药物评价平台（动物房）施工单位已进场施工。六大平台的专业运营团队均已确定，其中大分子平台运营公司已注册成立，核心岗位人员 100 人到岗。

四是引进专业检测平台，打造医疗器械全生态产业链。2020 年 9 月 29 日，河南省医疗器械检验所临空生物医药园分所暨河南省医疗器械检验检测工程技术研究中心在郑州临空生物医药园正式挂牌成立。河南省医疗器械检验所是集检验技术服务、研发、培训与服务于一体的综合性检验检测科研技术单位，其分所落地园区后，可为园区企业提供医疗器械上市产品的提前辅导和相关检测服务，打造产品快速审评审批上市绿色通道，加速创新型项目落地投产，最终促进医疗器械产业集聚。

五是依托航港母基金、整合社会资本，成立了总规模为 3 亿元人民币的河南京港先进制造业投资基金（有限合伙）。河南京港先进制造业股权投资基金（有限合伙）已组建完成，已有 12 个项目具备实质性进展，包括 3 个已出资项目、2 个已过投决会项目和 7 个立项项目，并有多个后续项目储备，完成出资额度 2 亿元人民币。

2. 厚积薄发，新药研发项目取得突破性进展

重点企业鸿运华宁目前在研 14 个抗体新药，全球首个治疗肺动脉高压的 GMA301 已于 2017 年获得美国孤儿药资格认定，同时于 2017 年入选国家"十三五"重大新药创制专项，目前已经获得中国和美国的临床许可，全面启动 Ib 期临床试验，2020 年 10 月 23 日在北京协和医院完成中国首例患者给药。初步试验显示 GMA301 相比于已上市药物具备更优效、更长效、

更低毒等多重优势,且产品有望进入快速审批通道,预计在2023—2024年上市,2026年预计可达到年销售额36亿元人民币,海外销售额可达到15亿美元/年。治疗Ⅱ型糖尿病的GMA102项目是全球首个作用于GLP-1受体的抗体药物,目前已在澳大利亚完成临床Ib/Ⅱa期临床试验,初步数据分析显示,安全耐受性非常好,剂量和疗效关系明确,药物半衰期超过200h,可以支持半个月一次的超长效给药方案,疗效预计也会达到并超过1.5%糖化血红蛋白降幅,于2020年6月在郑州临空生物医药园大分子平台启动临床试验样品的研发生产工艺开发,预计2023年在国内上市。2020年12月15日上午,鸿运华宁郑州生物创新药生产基地项目启动仪式在航空港实验区隆重举行,基地总投资15亿元,占地约200亩,总建筑面积22.5万平方米,分两期建设,一期拟于2023年建成投用,项目含连续灌流总体积6000L及批次流加总体积30000L,设计年生产能力2500万支单抗制剂。

郑州晟斯在研药物11个,其中河南省申报的第一个国家Ⅰ类创新药项目FRSW107(A型血友病长效治疗药物)已启动Ⅲ期临床研究,目前已与国内10余家医院合作展开临床研究实验。拟于2021年正式上市,预计到2024年可实现单品销售额累计超20亿元,累计税收贡献1.5亿元。FRSW109、FRSW327正在进行临床前研究,从2021年到2026年,逐步完成FRSW107、FRSW109、FRSW117、FRSW327等10个产品的生产上市,填补国内血液病蛋白药物空白。

美泰宝目前在研4项新药,主要针对适应证为肺癌、脑卒中、艾滋病、丙肝等的药物,其中Ⅰ类肺癌新药第3代EGFR抑制剂哆希替尼,可有效抑制癌细胞扩散速度,达到治疗目的。该药物于2020年4月29日获批临床Ⅰ、Ⅱ期试验,是河南省有史以来第3个获批临床批件的国家一类创新药,新药拟在航空港实验区申报并生产。

3. 举办专业论坛,持续打造产业品牌

2020年9月25—27日,由河南省委、省政府和中国农工民主党河南省委员会联合主办的中国·河南招才引智创新发展大会"2020郑州航空港实验区招才引智专项行动暨第二届郑州国际生物药发展高峰论坛"在郑州航空港实验区举办。全国政协副主席、农工党中央常务副主席何维作大会视频报告,郑州航空港实验区党工委书记张俊峰出席开幕式并致辞。活动共邀请到包括中国科学院院士陈凯先、中国工程院院士张改平等500余位国内外的科研机构、企业、政府监管部门的专家和学者出席会议。此次活动以"才汇港区智创未来"为主题,主要分为开幕仪式、大会主论坛及5个主题分论坛,采用大会报告及圆桌讨论等形式，召集国内生物医药领域的领军人物，围绕创新药研发的全球格局、细胞/基因治疗的研究与应用、临空·新领先CXO（全产业链服务外包）模式、政策法规以及资本助力等课题，共同探讨最前沿的行业进展及最具价值的研发成果，解读最新的政策法规，助力中国生物医药产业创新发展。通过活动的举办，对郑州航空港实验区打造"生物药之都"、集聚高端人才、培育自主创新体系、促进生物医药发展起到重要推动作用。

4. 紧抓人才引进，推动产业布局

项目跟着人才走的特点在生物医药领域尤其显著。围绕航空港实验区生物医药发展方向，在创新药、细胞技术、IVD/第三方检测、高端医疗设备等领域，重点引进一批有项目、有团队、有资金的高层次人才，并在"智汇郑州·1125聚才计划"的基础上出台了航空港实验区人才强区系列政策（航空港实验区人才十条），在住房保障、场租补贴、个税奖补、配偶就业、子女入学等方面给予大力支持。截至目前，航空港实验区生物医药产业已引进院士1人、引进生物医药人才（团队）项目27个。

5. 产学研相结合，豫沪合作取得新突破

从2019年下半年至今，与上海交通大学、中国科学院上海药物研究所等高校、科研院所多次对接寻求合作。截至目前，河南省人民政府已经与上海药物所签订战略合作协议，明确依托上海药物所国家级研究中心和技术平台，在河南省建设完备的新药发现系统性平台体系，最终建成以郑州为中心，辐射全省乃至中西部地区的集创新药物研发、中药材质量检测、合同研发/生产外包、生物医药产业孵育、药物临床实验、高端人才培养等为一体的综合性药物研发和产业化平台。目前正就共同建设河南现代化中药创新研究院（主要包括现代化中药创制中心、中药现代化学院、中药第三方检测中心等3个合作方向）进行积极对接。

三、发展特色和亮点

1. 出台产业扶持政策，营造良好生态环境

一是航空港实验区于2019年11月12日正式印发《郑州航空港经济综合实验区关于支持生物医药产业发展的政策》，给予航空港实验区内生物医药企业在技术示范项目（重大专项配套）、科技成果创新（对申报地和生产地均在航空港实验区的一类创新药和具有自主知识产权的三类医疗器械，按

照里程碑分阶段给予资金奖励)、行业资格认证(对获得 GMP、GLP、GCP、GSP 等认证的生物医药企业给予资金奖励)、自主创新平台补贴等方面给予支持。

二是航空港实验区与省直部门建立了直通车机制,航空港实验区内生物医药企业及产品的监管和注册等相关工作,均可由航空港实验区相关部门直接上报省局办理。

2. 创新临空模式,构建"政企园"利益共同体

目前,以轻资产运营为核心的 VIC 模式是国内市场最热门的新药研发模式,资本、药企、CRO/CMO 公司三方立足自身视角和需求有着不同的切入点和利益点。郑州临空生物医药园以高起点整合产业资源,为整个 VIC 体系赋能,兼顾各方利益,形成园区开发运营新思路"临空模式":一方面,园区作为政府和企业连接的桥梁,政府充分赋权园区进行政策的设计及执行、产业体系的构建及运营,专业的人做专业的事;另一方面,园区将政策性资源通过市场运作转化为 VIC 体系自激发展的内生动力,串联资本、人才、技术、平台等产业核心要素,助力创新型企业突破瓶颈高速成长。

在临空特色的创新体系支撑下,通过参与产业、服务产业,园区已构建三大核心竞争力:

一是专业物业及配套,提供 3.8~7.2m 层高、最高 $10kN/m^2$ 承重的多种专业业态形式,并搭建双回路电、蒸汽站、污水处理站、危险品库房等完整产业配套体系。

二是覆盖全流程的产业平台体系,在市区两级政府大力支持下,搭建生物医药产业全流程六大公共技术服务平台,通过将国际化的硬件平台与国际一流水平的运营团队结合,不仅降低企业大额重复固定资产投入,更弥补企业产业化短板,可支撑鸿运华宁等药企的国际领先创新药产品在中、美、欧等地同时进行临床试验并快速上市。该体系赢得政府、企业、专家的高度认可;大分子平台获得"智汇郑州·1125"创新领军人才项目。

三是资本全流程支撑体系,通过与国内一线专业基金合作,构建覆盖 Angel、VC、PE、pre-IPO 的完整市场化投资体系,有效支撑三高企业发展。目前,园区已参与设立总规模为 3 亿元人民币的河南京港先进制造业股权投资基金,通过市场化直投引导优质生物医药企业落户航空港实验区。

3. 加快上市公司收购,构建产业全流程支撑体系

加快完成生物医药上市公司的收购工作,依托上市公司成熟的生产体系和营销体系,与园区专业孵化体系形成合力,形成"VIC 研发+专业生产+

专业销售"的覆盖产业上下游的完整产业生态。着力构建 MAH 生产支撑体系和以学术营销为主的专业营销体系（CSO），助力区内创新型企业的价值兑现。运用上市公司拓宽融资渠道，降低融资成本，汇聚社会资本支持航空港实验区生物医药产业发展。

4. 打造会议生态，形成产业品牌效应

在成功举办两届郑州国际生物药发展高峰论坛的基础上，与专业机构合作，每 1～2 年举办一届高峰论坛，聚焦生物药产业发展，持续构建会议品牌，将该会议打造成具有国际影响力的专业会议，塑造航空港实验区产业形象，打造航空港实验区"生物药之都"产业名片。

四、发展面临的问题

1. 缺少系统完善有竞争力的产业和人才政策

长三角、珠三角等生物医药产业发展优势地区均已出台自身的生物医药产业扶持政策，并仍在大幅提升支持力度。航空港实验区虽然已经出台第 1 个生物医药产业政策，但河南省、郑州市还未有系统专业的生物医药产业扶持政策出台，对优质项目特别是龙头企业的吸引力不足；生物医药企业的核心竞争力在于专业性人才，目前在对生物医药产业人才培养及引进方面的相关政策不足，缺乏吸引高素质医药行业人才的红利政策，限制了园区企业的长期良性发展；龙头企业和高端人才的稀缺将使园区较难形成产业带动作用和产业集聚效应。

2. 缺少市场化全链条的产业基金

目前园区与京港投资成立了首支生物医药产业专项基金，偏向于有一定产业规模的企业，但基于生物医药产业投入大、周期长、收益高的特点，园区的持续发展需要全产业链条布局，以此吸引不同阶段的优质企业，并针对不同企业采取针对性的投资策略，现有资本资源过于单一，对企业的支持力度不够，不足以支撑整个产业链条。另外，现有的投资机制还不够灵活完善，面对优质项目常常束手束脚，无法实现市场化的运作。

3. 缺少完善的生活配套设施

生物医药产业人才层次高，学历高，且很大一部分是从海外归来的学者，如业内知名企业药明康德集团目前有 16 000 名员工，其中 13 000 人是科研人员，60%～70%是研究生和博士，且拥有很多海归人才。这些人才对城市环境、人文环境、住宿环境、生活配套都要求较高，目前航空港实验区教育及医疗配套水平和层次尚无法满足高层次人才的需求，极不利于相关产业人才引进等工作，同时项目跟着人才走的特点在生物医药领域尤其显著。

4. 缺少高层次的产业基础人才

生物医药企业需要大量高学历、高素质的研发生产人才，郑州市乃至河南省高校科研院所资源相对匮乏，且高校科研院所在专业设置、人才培养上与企业结合不够紧密，产业链上下游配套能力不强，科技成果转化率较低。目前建设国家发改委批复的"国家高技术生物产业基地"成为航空港实验区产业建设的重点，要力争通过10年时间打造千亿级的生物医药产业集群，因此将引进孵化落地大量生物医药企业，这都需要相应的生产和研发人才支持。

五、下一步工作思路

1. 加快产业平台建设

一是加快园区一期建设进度。加快园区一期B地块建设进度，力争企业总部、孵化大楼、专家公寓于2021年一季度正式投用。尽快启动A地块鸿运华宁大规模生产基地建设工作。加快六大公共服务平台建设，力争完成大分子平台二期、小分子API&制剂CDMO平台、细胞及基因治疗CDMO平台和药物评价平台（动物房）建设工作。

二是启动园区二期建设。为充分发挥现有医疗器械产业基础，在郑州形成医疗器械产业环境，汇聚孵化高端医疗器械产业集群，于2021年一季度正式启动园区二期建设。规划建设专业的医疗器械产业园，重点发展数字化医学检测设备、治疗设备、高端生物材料、应用型生物医疗技术及第三方检测等领域，解决具有核心知识产权的创新医疗器械、医疗服务从研发、到生产应用、销售的全流程需求。

三是加快建设引进临床试验基地。整合郑大一附院、河南省肿瘤医院等优质内部医疗资源，发挥河南省临床资源优势，建立"小综合大专科"的临床试验基地。通过在细胞治疗、肿瘤、慢病等领域构建具有全国影响力的临床基地，吸引汇聚国内优质创新医药项目、加强产业化核心竞争力。

2. 持续打造产业品牌

在成功举办前两届郑州国际生物药发展高峰论坛的基础上，与专业机构合作，拟在2021年下半年依托举办第三届高峰论坛，聚焦生物药产业发展，持续构建会议品牌，将该会议打造成具有国际影响力的专业会议，塑造航空港实验区产业形象,打造航空港实验区"生物药之都"产业名片。

3. 继续深化豫沪合作,推进"产学研"融合

依托中国科学院上海药物研究所、上海交通大学、四川大学(华西医学院)、郑州大学和河南大学等高校构建全国性的高等医学转化研究中心。汇聚各方项目资源,打造科研创新平台,通过公司化运作,推动创新项目高速产业化。

4. 紧盯龙头促集聚,形成集群兴产业

重点推进安图生物创新药、翔宇医疗康复产业等重大项目的推进及落地工作,打造新药研发、医疗器械、诊断试剂和IVD/第三方检测产业集群。

(撰稿:河南省发展和改革委员会)

长春国家生物产业基地 2020年度发展报告

生物医药产业是保障人民群众生命健康的民生产业,是现代产业体系中具有较强成长性、关联性和带动性的朝阳产业。随着新的医疗技术、药物和医疗器械产业快速发展,创新药物催生新的治疗方法和治疗手段,全球生物医药产业呈快速发展态势,已成为全球发展最快、最活跃、最具先导性的产业之一。近年来,长春市生物医药产业快速发展,在保障人民健康、优化工业结构、促进社会经济发展等方面发挥了重要作用。突出表现在规模不断壮大,骨干企业实力增强、平台体系不断完善、综合创新能力不断加强,区域特色布局正在形成等方面,但是也存在着创新驱动能力差、产业集聚度不高和高端人才缺失等亟待解决的问题,制约了生物医药产业的发展。

一、基地的基本情况

生物医药产业具有高投入、高产出、高风险、高技术密集型特点,有很强的技术壁垒。生物医药产业的发展对于保护和增进人民健康、提高生活质量,对计划生育、救灾防疫、军需战备以及促进经济发展和社会进步均具有十分重要的作用。生物医药产业是长春市着力打造的战略新兴产业之一。第1个干扰素、第1个乙肝疫苗中试基地就诞生在长春生物所。2005年长春市被国家发改委认定为国家生物产业基地,是国家首批认定的3个生物产业基地(石家庄、长春、深圳)之一;2007年又被国家商务部、科技部认定为国家科技兴贸创新基地(生物医药);目前长春市已成为国内最大的基因药物生产基地、亚洲最大的疫苗细胞因子产品生产基地。

二、开展的主要工作

1. 产业集群和重点项目建设进展良好

在中韩国际合作示范区,依托亚泰集团建设集研发孵化、检验检测、智能制造、物流配送、数字化交易功能于一体的国际化、科技化、智能化大健康产业集群,打造北方医药市场。做好长春生物制品所新建流感疫苗和狂犬疫苗生产车间建设、长春百克疫苗生产基地项目、祈健生物增加预充式注射器剂型项目、长春海伯尔生物嗜血杆菌 B 型流感结合疫苗产业化项目、迪瑞医疗全自动妇科分泌物分析系统产业化项目等重大医药产业项目跟踪服务。实施医药产业项目包保责任制,确保项目尽早落地、达产达效。

2. 招商对接成果显著

大招商活动。制作完成医药产业宣传片,充分发挥我市新出台的医药产业政策优势,采取平台法、会议法、宣传法、基层合作法、资本识别法、对接法、资源法、曲线法等开展大招商活动,做好医药工业百强企业招商准备。疫情期间产业招商成果突出,依托诺尔曼医学中心,在招商合作项目中涉及疫情防控成果四项:简易快速 2019-nCoV 抗体检测试剂盒的研制及批量生产;2019 新型冠状病毒核酸检测自动化系统的研发;新型冠状病毒(2019-nCoV) IgM/IgG 抗体检测试剂盒;实时手持式检测病毒、细菌和真菌检测仪。

大对接活动。开展与央企合作交流,研究设立多元化产业基金,与华润、国药等央企联盟成员谋求合作,在数字经济、供应链金融、东北总部建立、承办进口医药博览会等方面寻求合作。对接省工信厅、科技厅以及市市场监督局、科技局、商务局、合作交流办等部门,充分征求县市区相关部门意见,构建推进医药产业纵横体系。

三、基地的发展特色

1. 科研优势突出

长春市独具科研优势,现有生物制品所、应化所、修正集团技术中心等各类涉及医药健康产业方面的研发机构 357 个,有吉大、东北师大、长春中医药大学等省部级重点实验室 42 个,有多项科研成果具有国内外领先水平。

2. 医药产品品种优势突出

在医药品种中,有人生长激素、冻干人用狂犬疫苗、复方氨酚烷胺片、水痘减毒活疫苗、参一胶囊、复方金银花颗粒、甘露聚糖肽、单唾液酸四己糖神经节苷脂钠等年产值超亿元以上的大品种 11 个,年销售 5000 万以上品种 19 个。有在研品种 125 个。

3. 龙头企业发展较快

全市在化学药、中药、生物药和医疗器械领域涌现出了一批在国内外享有声誉的重点企业,如基因工程领域的金赛药业、长春海泊尔生物;疫苗领域的长春生物所、长春百克、长春祈健生物等;专注肿瘤药物的国药一心;化学药中间体的中化帝斯曼;东北规模最大的大容量注射剂企业都邦药业;中药和化学药并举的修正高新制药、普华制药、亚泰制药、吴太感康药业、人民药业、长春大正、雷允上;中药饮片生产企业省北药药材;医疗器械领域的迪瑞医疗、圣博玛、科英激光等。

4. 产业集群初步形成

长春市现有新区、经开区、中韩合作示范区、九台区4个生物医药产业集中区。依托吉林大学、吉林农业大学、长春理工大学、长春中医药大学、长春生物制品所、修正总部基地等平台和现有医药产业中试中心,重点培育长春北湖生物科技园、亚泰国际医药健康产业园、长春高新南区医药产业园、九台中古(长春)生物技术产业国际合作区等产业集聚区。初步形成了涵盖生物制品、化学药物、中药饮片等的研发、生产和销售各个环节,以生物工程类药物和中药为优势主体,医药流通为市场价值链终端的医药产业体系。

四、基地发展面临的主要问题

(1) 创新驱动能力差:全市生物医药企业传统产品比重大,产品更新慢,创新成果少,部分产品生产成本高、附加值低,市场竞争力不强。

(2) 产业集聚度不高:生物医药产业链条比较短,企业间产品的关联度小,大多缺乏互补性,医药产业集聚区少,综合服务水平有待提高,基础优势没有充分发挥。

(3) 高端人才缺失:普遍缺少能够带动医药企业跨越式发展的高端技术人才和高端管理人才。很多本地人才流失到外地,外地高端人才引进不来。

五、下一步工作

1. 指导思想

把提升全产业链发展水平作为重点,以建设生物医药产学研一体化创新合作平台为突破口,壮大产业园区、新型研发平台和重点生物医药企业,持续发展现代中药、生物制药，培育发展化学药、高性能医疗器械，激发生物医药产业创新活力，推动生物医药产业向智能化、服务化、生态化、高端化发展。全面落实吉林省"一主、六双"的产业空间布局，以规划为先导，以政策为引领，充分发挥主体作用，提升长春市生物医药产业对全省医药健康产业走廊的辐射力和带动力。

2. 基本原则

在生物医药产业发展上坚持以下原则：一是坚持以长春市落实《长辽梅通白敦医药健康产业走廊发展规划（2018—2025）》方案为统领；二是坚持以《关于促进长春市医药产业发展的若干措施》为政策抓手；三是坚持加快发展生物药、中药、化学药和医疗器械，作为推进医药工业集群发展的重点领域；四是坚持以招商地图做指引，把加大招商成效和推进现有项目达产作为扩大医药工业增量的路径；五是坚持以龙头和集聚区为升级引领，以开放融合作为医药工业发展方向。

3. 工作思路

围绕长春国际汽车城、长春国家区域创新中心、长春国际影都、中韩（长春）国际合作示范区"四大板块"在全市构建医药产业发展新格局。

① 生物药产业集群。依托高新区、双阳区，打造疫苗、基因工程、自主抗体药物等生物医药产业板块。整合生物医药产业资源，重点培育长春生物制品所、金赛药业、百克药业、卓谊生物等龙头企业。积极推进长春安沃高新生物制药等一批重大项目，积极开展自主抗体药物的研发和生产。

② 化学药产业集群。依托经开区，打造化学药强势板块。重点培育吴太药业、大政药业、天诚药业等龙头医药企业，积极推动医药产业、健康食品产业、化工产业等融合发展。依托兴隆保税区，吸引进出口贸易依存度较高的医药企业投资落地，全面推动一批重大项目落位，加快优势产业集群集聚。

③ 中药产业集群。依托高新区，打造现代中药板块。重点培育修正药业、亚泰制药等企业，充分发挥区域内的科创优势和政策优势。依托双阳区，打造特色中药材板块。围绕人参、梅花鹿等中药材大品种，加强生产关键技术提升与集成，强化产地加工技术和炮制加工技术研究，提升中药材质量水平和安全性。

④ 医疗器械产业集群。依托高新区和中韩（长春）国际合作示范区，打造医疗器械产业集群。重点培育迈达医疗、迪瑞医疗、圣博玛、科英激光等龙头企业，积极发展信息化医疗仪器设备研发与制造产业，重点发展医疗

器械、诊断与治疗制剂、医用耗材等产业。在中韩（长春）国际合作示范区，打造东北亚国际合作集聚区。在医疗器械领域开展与东北亚区域合作，引进新型生物医学材料等产品生产，建设生物制药合同加工外包生产（CMO）基地。建设医疗器械研发、试验和生产基地，发展医疗美容耗材和器械生产、流通，以及与医疗美容产业相关的行业。

⑤创新转化集聚区。依托净月区，打造医药产业创新转化平台。以国家自主示范区建设为契机，利用长春市生命科学院和诺尔曼医学中心资源，开展与欧美地区深度合作。建设围绕生态、生命、生活，依托中国农科院特产所、军科院兽医研究所、吉林省农科院、吉林农大、吉大生命科学院、东北师大生命科学院等科研院所，积极开展疫苗、种子、基因、干细胞等科学研究，加速科研成果转化，打造产业创新转化平台，逐步形成生物医药科学生态群。依托净月区，打造医药产业融合发展平台。发挥区域服务机构、基础设施和生态环境优势，依托吉大一院、中医药大学等龙头企事业单位，加快一批医药服务机构和设施建设，完善医药服务产业链，推动医药产业与保健养生、医疗医美、体育健身等各种产业深度融合发展。

4. 重点任务

①发展生物药。一是强化疫苗、基因重组药物等产品的技术升级、产品换代，巩固现有优势地位。二是推动临床需求量大的生物药大品种产业化；加强疫苗新产品研发与大品种二次开发。加快治疗性疫苗、联合疫苗、基因工程疫苗、多表位重组疫苗等新产品的研发与产业化，加强国外上市大品种的仿制开发。推进流感、水痘等已上市疫苗技术升级与产能扩大，保持疫苗产业国内领先地位；加快抗体药物研发与产业化。加快治疗性人源单抗药物、治疗性特异多抗药物、食源性特异抗体药物、抗体偶联靶向新药、重组蛋白药物等抗体药物的研发与产业化；基因重组药物开发与优势产品升级换代。

②发展化学药。增强现有的化学原料药和制剂产业发展优势。一是加快高端原料药及中间体开发与产业化。二是加快重大创新药物开发与产业化。三是已上市产品技术提升与产业化。四是加快缓释、靶向、长效、预充注射器等新型制剂、新型给药方式的研发与产业化。

③加快发展中药。一是提升大宗道地药材标准化生产和产地加工技术，从源头提升中药质量水平。围绕人参、梅花鹿等中药材大品种，加强生产关键技术提升与集成，强化产地加工技术和炮制加工技术研究，提升中药材质量水平和安全性。二是加强已上市产品技术提升与二次开发。三是推动中成

药产业技术进步与升级。

④ **壮大医疗器械制造业。**一是促进医学影像设备制造产业发展。二是扩大体外诊断产品优势。三是积极发展医用材料。鼓励开发 3D 打印骨科植入物、人工关节、牙种植体、植入性智能假肢、人造皮肤、人工骨等组织工程产品。

（撰稿：长春市发展和改革委员会）

通化国家生物产业基地
2020年度发展报告

2008年,通化市被国家发改委批准认定为生物产业国家高技术产业基地,成为全国22个国家高技术产业基地之一,也是全国仅有的3个地级市被批准建设国家级生物产业基地城市之一。同年,通化市成为全国首个被中国医药质量管理协会授予"中国医药城"称号的城市,并先后被评选为国家新型工业化示范基地(工业和信息化部,2009年第一批,医药产业)、中国百佳产业集群(中国社会科学联合研究中心,2009年第三届)、国家重大新药创制孵化基地(科技部,2011年)、中国中医药展览交易基地(中国商业联合会,2016年)。2019年,通化生物医药产业集群成为我省唯一入围的第一批国家战略性新兴产业集群。通化制药企业数量、上市制药企业数量、国家级医药技术中心数量和制药企业销售人员数量在全国地级市中均位居前列。

一、主要做法及成效亮点

一是抓发展,产业集聚规模不断壮大。2020年年初新冠肺炎疫情暴发以来,通化市研究制定了《支持企业共渡难关的二十条政策措施》《疫情防控期间企业复工复产工作方案》,提出了加大财税金融支持、稳定职工队伍、减轻企业负担、优化营商环境4个方面20条具体举措,助推医药企业克服疫情影响,迅速实现复工复产,抢抓防控药械市场,产能得到恢复和提升。全市现有规模以上医药工业企业69家(药品生产企业58家,饮片加工企业11家),其中11家企业发展成为集团公司,东宝、金马等6户企业独立上市或协同上市,正和、玉仁等3户企业在"新三板"或区域股交中心挂牌。1—11月,通化市规上医药企业实现工业总产值119亿元,同比增长12.2%,占全市规上工业总产值的36%;实现增加值42.1亿元,同比增长13.4%,占全市规上工业增加值总额的53%;医药产业产值和增加值分别高于全市工业平均增速7.7和5.3百分点,是拉动全市工业经济增长的主要因素。其中,重点生物医药企业东宝药业股份有限公司甘精胰岛素产能充分释放,拉动企业实现产值近 30 亿元,同比增长 20.5%;紫鑫药业、修正通药、金马药业、益盛药业产值分别增长 64.9%、36.7%、14.8% 和 13.5%。预计全年,全市规上医药企业产值达到 129 亿元左右,同比增长 12% 左右,增加值达到 46 亿元左右,同比增长 13.5% 左右。

依托全市工业"双 50"企业扩能升级行动(壮大 50 户重点企业,扶持 20 户中小规上企业发展壮大,培育 30 户规下企业升规),继续推进市级领导、部门和县(市、区)领导包保服务机制,调整充实"一企一专班",牢牢抓住 26 户重点医药企业,破解经营难题,发挥大企业拉动作用,1—11 月"双 50"行动重点调度的 26 户医药企业实现产值 104.6 亿元,同比增长 15.2%,占全市规模以上医药企业工业总产值的 88%,其中产值超亿元企业达到 19 户。预计全年,26 户重点医药企业产值达到 113 亿元左右,同比增长 15% 左右。

二是抓项目,产业链条广度不断延伸。2020 年,全市实施 500 万元以上医药产业项目 55 项,完成投资 26.5 亿元,紫鑫药业异地新建、东宝单克隆抗体注射液生产基地、万通药业中药新药秘宝胶囊产业化等重点项目竣工,修正成果转化中心、东宝药物研究院等研发平台项目加快建设,一批生物医药、化学原料药、医疗器械、医药包材、辐照加工、医药物流相继项目落地,全市医药产业链条将逐步完善。

三是抓创新,科技支撑能力显著增强。先后与吉林大学、中国药科大学、长春中医药大学、沈阳药科大学、中科院长春应化所等 18 家国内知名医药高校院所签订科技战略合作协议,吉林大学、沈阳药科大学等技术转移中心落户高新区。引进中国工程院张伯礼院士建立了高新区院士工作站(张伯礼院士在国内唯一设立的院士工作站),成功举办了 5 届中国通化长白山国际医药健康产业发展论坛,并纳入东北亚博览会成为一项重要活动。通过政府搭台,推动东宝、金马、万通等 50 多家医药企业与高校院所开展校企联合技术攻关项目 100 余项,促成吉林大学"林蛙抗菌肽""天麻抗菌肽"等 30 余项科技成果在我市落地转化。全市已建成医药类省级以上企业技术中心 29 家,其中国家级技术中心 3 家。建成国家科技企业孵化器 1 家,省级重点实验室 2 家,省级医药专业中试中心 2 家。

2020 年,通化市在全省创新成立科技成果转化领导小组,组建科技成果转化局,设立科技成果转化中心。邀请张伯礼、陈凯先等 24 位国内知名院士专家成立医药健康产业高端智库,成立了通化市医药健康产教联盟,启动建设通化市科创中心和全国医药健康技术转移服务云平台，32个医药项目列入2020年吉林省科技发展计划，18户企业列入国家首批新冠肺炎疫情防控物资供应企业名单。全市研究和实验发展经费达到2.25亿元，占GDP比重达到0.5%。加快推进30个中医药大品种二次开发和11个品种仿制药一致性评价，安睿特重组人白蛋白进入临床试验，金马药业治疗阿尔茨海默病的一类新药"琥珀八氢氨吖啶片"三期临床完成90%。双正医疗与吉林大学合作研制的新冠病毒检测试剂通过欧盟认证，实现出口创汇。吉林大学第一个体外诊断试剂（POCT）研发平台落户通化，吉林省第1个保健用品第三方检测中心落户医药高新区。全市净增医药产业国家高新技术企业6户，总数达到38户；净增医药产业吉林省科技小巨人企业9户，总数达到40户，数量均列全省首位。

四是抓开放，对外交流合作日益广泛。通化市位于吉林省长辽梅通白敦医药健康产业走廊的中间区段，地处东北亚经济圈中心地带，鸭绿江国际经济合作带的核心区，是我国最东端推进"一带一路"战略、实现陆海联通互动的重要连接带，是东北东部大通道的重要枢纽，是吉林省向南开放的重要窗口。目前，全市拥有公路、铁路国家级口岸各一处，通化至沈阳、丹东、长春、长白山、集安5条高速公路和通化至丹东铁路建成通车，通化机场开通至北京、上海、广州、天津、大连、台州、重庆等多条航线，沈阳至通化至白河高铁开工建设。通化与台州对口合作加速推进，通化内陆港与台州港实现通航，"进关出海、连接腹地、对口合作、通达国际"的区域性开放格局初步形成，有力支撑了全市医药健康产业开放发展步伐。

五是抓政策，产业发展环境不断优化。加强政策引领，优化医药产业发展环境，近年来先后出台《通化市加快推进医药健康产业发展实施意见》《关于加快推进全市中医药发展的意见》《关于加快推进医药企业兼并重组的实施意见》《通化市加速促进科技成果转移转化若干政策》等近20余项支持产业发展、促进投资、加快创新的政策意见，进一步加大对生物医药企业的政策扶持力度，为企业发展提供了坚实的政策保障。2020年，依托通化市生物医药产业集群建设，成立产业集群建设工作领导小组，出台了《通化生物医药产业集群发展规划（2020—2025年）》《通化市生物医药产业集群领军企业认定办法（试行）》《通化市生物医药产业集群公共服务综合体认定办法（试行）》《通化市生物医药产业集群统计监测办法》，为生物产业基地建设提供新的载体和支撑。

二、基地发展存在的问题

通化医药健康产业经过了原始发展、规范发展,目前已进入到创新引领和绿色转型发展的关键时期,特别是在经济下行压力大环境下,结构性和深层次矛盾和问题日益显现。

一是通化国家医药高新区整体承载能力有待提升。由于我市医药高新区起步较晚,享受的国家高新区建设的优惠政策较少,总量不大、结构不优,创新引领和产业集聚的能力明显不足,医药高新区辐射带动作用尚未形成。

二是医药健康产业各行业板块发展不均衡,产业结构不尽合理。产业层次还比较低,拥有自主知识产权、科技含量高、带动能力强的产品不多,医药工业一枝独秀,健康服务业"短板"明显,发展相对滞后。成药生产企业多,医药物流等配套企业较少,产业链不完整,产业性相互关联不紧密,没有形成高效的专业化分工协作体系。

三是创新发展资金投入已显不足。一方面,目前医药企业大量资金重点投入新版 GMP 认证,资金缺口较大,新药创制与重大产业化项目实施进度有所放缓。另一方面,通化市医药企业销售一半以上采用底价回款方式,企业利润空间很小,大量税收流失在外,从而使得我市财政投入资金力度明显放缓。

四是医药健康产业综合创新能力亟待提高。从整体看,我市医药企业在整个高技术创新等级中处于低端,为科技创新、技术产业化、产品市场推广等专业配套服务机构还不健全,企业研发实力整体偏弱,专业创新平台和公共服务中心数量较少,特别是国家级的高端研发机构和权威专业检验检测平台还没有。

三、未来工作思路

以习近平新时代中国特色社会主义思想为指导,认真贯彻落实习近平总书记视察吉林重要讲话、重要批示精神,全力将总书记"把提升全产业链水平作为主攻方向"的要求落到实处,以列入国家首批战略性新兴产业集群、全面落实全省"一主、六双"产业空间布局,打造"长辽梅通白敦医药健康产业走廊"为契机,以通化市"十大行动、百项工程"为抓手,主动迎接新一轮产业变革,适应国家重大疫情防控体系建设新要求,围绕生物制药、化学制药、现代中药、特色保健品、医疗器械、医药配套核心服务业"六大领域",实施发展模式创新、领军企业培育、研发转化攻坚、服务平台强基、种植基地创建、重大项目建设和政策体系完善"七大工程",打造以通化医药高新区为核心承载区、国际内陆港务区和各县(市、区)开发区为支撑的"一区七基地",加快产业链整合、价值链优化、创新链提升,擦亮"中国医药城"名片,将我市生物医药产业打造成为特色鲜明、国内领先的现代产业集群和生物产业基地,促进全市经济发展质量变革、效率变革、动力变革,增强经济竞争力、创新力、抗风险能力,着力实现高质量发展,在走出一条质量更高、效益更好、结构更优、优势充分释放的发展新路上实现新突破,助力通化绿色转型、全面振兴。

四、工作任务

一是构建现代生物医药产业发展体系。为主动融入国家"一带一路"建设,全面对接东北振兴战略及国家相关重大规划,落实吉林省"一主六双"区域协调发展空间布局,统筹规划建设"长辽梅通白敦医药健康产业走廊",以国家级生物医药产业集群建设为抓手,谋划推动大企业培育和重大产业化项目发展,促进通化市医药产业拓展领域、整合提升、互促共进、融合发展,着力打造集医药工业、医药商贸、医药科研、医药教育、药材种植、医疗康复、医药文化"七位一体"的健康医药产业体系,构建具有通化特色的生物医药产业集群产业体系。

二是提高自主创新能力,完善生物医药产业关键基础支撑体系。加快企业技术中心建设,加大资金、技术、人才的投入,鼓励企业加强与科研院所、高等院校的合作,大力开发拥有自主知识产权的国家一、二类新药。选择有发展前景的本地药材品种,进行二次开发,促进产品升级。依托国家级通化医药高新区建设,快速推进国家高技术产业基地中试平台、生物产业国家高技术产业基地公共实验中心、人参研发中心等重大创新能力建设项目实施,争取生物类国家重点实验室、国家工程实验室等重大科技平台落户通化。

三是优化产业布局,完善产业发展的政策环境。优化政务服务。深化行政审批体制改革,明确权力责任清单,简化审批程序,提高服务质量。全面清理、调整与创新创业相关的收费、评奖事项,将保留事项向社会公布。全面落实工商注册登记全程电子化改革,主动落实国家和省对企业技术创新的支持政策,优化企业研发费用税前加计扣除、研发设备加速折旧等优惠政策办理流程。定期组织针对科技型中小微企业、科技服务机构的科技政策宣讲培训,切实将各项扶持政策落实到位。借助传统媒体和云服务、微信平台等新媒体,及时传递科技创新政策,推广科技成果,宣传创新典型,营造良好的创新环境。

四是培育优势产业链和产业集群,壮大产业规模。利用多年积累形成的产业优势和核心企业优势,积极吸引组团式投入,吸引配套企业投资落户,促进产业集聚,按照"龙头项目→产业链→产业集群→产业基地"的思路,形成产业集中、企业扎堆、生产配套、规模经营、信息互通、资源共享的产业集群化发展格局。实施定向招商,做大做长产业链。鼓励通化市生物医药重点企业整合行业资源,推动生物医药企业间、生物医药企业与科研机构间的合作与重组,扩大企业规模,增强企业实力,推动形成一批拥有自主知识产权、创新能力强、发展潜力大的龙头企业。支持企业加大对市场需求量大、产品市场前景好、附加值高的生物医药品种进行二次开发,提高优势产品的技术水平和质量标准,打造品牌优势,加大品牌推广力度,提高产品市场占有率。

五是发展"互联网+"医药产业,带动新一轮产业升级。提升医药企业智能化水平,加快推进修正、东宝、万通、紫鑫等龙头骨干企业开展生产线数字化改造,开展研发设计、生产过程控制、管理信息化等全过程应用信息技术的应用试点示范。利用新一代信息技术创新医药产业发展模式,创造医药产业大脑,运用人工智能和大数据技术,构建医药产业地图系统、公共服务信息平台系统、企业数据情报系统等智能数据系统,提供共性信息资源共享服务,提升医药企业的管理、供应链协作、物流资源共享等水平,为政府、产业园区、医药企业、金融等机构赋能。

(撰稿:通化市发展和改革委员会)

重点行业协(学)会发展报告

生物发酵行业发展报告

中国发酵工业协会

生物发酵产业坚持以习近平新时代中国特色社会主义思想为指导,全面贯彻党的十九大和十九届二中、三中、四中全会精神,统筹推进"五位一体"总体布局,协调推进"四个全面"战略布局,面对严峻复杂的外部环境和经济面临的下行压力,全行业坚持稳中求进新发展理念,坚持创新引领、夯实基础、提升能力,坚持绿色制造,加强品牌建设,持续推进高质量发展,为满足人民对美好生活的需求不断做出新贡献。

一、行业经济运行状况

1. 整体经济形势平稳发展

2019年生物发酵行业整体经济运行平稳,主要行业产品产量约3064.7万吨,与2018年同期相比增长约3.5%;总产值约2556.7亿元,与2018年同期相比增长约3.4%(表7-1)。

表7-1 2019年度生物发酵主要行业产品产量

序号	分类	产量/万吨	同比增加/%	产值/亿元	同比增加/%
1	氨基酸	609.1	1.5	592	8.6
2	有机酸	245.5	0.2	190	−5.0
3	淀粉糖	1468.0	5.1	440	4.0
4	多元醇	167.0	2.4	137	3.0
5	酶制剂	147.9(标)	2.0	33.7	2.1
6	酵母	39.2	7.1	83.0	6.4
7	功能发酵制品	370.0	2.7	781.0	2.8
8	食用酵素	18.0	20.0	300.0	—
	合计	3064.7	3.5	2556.7	3.4

数据来源:根据行业协会统计数据。

氨基酸行业国内因非洲猪瘟影响，饲料级氨基酸销量受到一定影响，但谷氨酸（味精）和赖氨酸、赖氨酸酯及盐的出口量增长较快，所以2019年全年氨基酸产量实现增长1.5%，产值增幅达到8.6%；有机酸行业产量与2018年基本持平，由于柠檬酸和葡萄糖酸市场价格持续走低，使行业产值同比下降5%；淀粉糖行业增幅为5.1%，新增产能陆续释放，对行业冲击较大，产品价格普遍存在不同程度下降；多元醇行业运行状况良好，产量和产值均小幅增加；酶制剂行业上半年受非洲猪瘟影响，饲用酶制剂产量下降，企业及时调整产品结构，转型禽类、水产、反刍等用酶，同时其他工业用酶制剂产量均有上升，因此全年产量和产值也同比小幅增长；酵母行业2019年总产能较上年提高，产量增幅达7.1%；功能发酵制品行业产值产量保持小幅增长，产业结构继续优化升级，产业规模持续扩大；酵素行业产量增长幅度最大，国内食用酵素设计总产能与总产值较去年有所增加。

2. 产品进口大幅增长

根据海关2019年进口数据统计，生物发酵行业主要行业、主要产品进口量125.44万吨，较2018年同期增长35.94%（表7-2），其中淀粉糖产品、多元醇产品的进口量占总进口量的96.5%，进口增长幅度较大；酵母产品进口增长4.29%。其他产品进口量均为负增长。

表7-2 2019年度生物发酵行业主要行业、主要产品进口量和进口额

序号	分类	进口量/t	同比增长/%	进口额/万美元	同比增长/%
1	氨基酸产品	10 962	−9.1	4034	−18.69
2	柠檬酸产品	1960	−0.34	1041	−0.24
3	乳酸产品	16 272	−0.02	2635	−0.10
4	葡萄糖酸产品	522	−0.59	186	−0.39
5	淀粉糖产品	650 138	42.19	53 562	14.67
6	多元醇产品	559 976	26.47	55 411	−9.82
7	酶制剂产品	13 082	−21.25	22 045	−11.69
8	酵母产品	1530	4.29	1658	7.46
	总计	1 254 442	35.94	140 572	0.19

数据来源：根据2019年海关统计数据。

3. 产品出口量增长幅度提升，出口额小幅增长

根据海关2019年进出口数据统计，生物发酵行业主要行业、主要产品出口量526.8万吨，较2018年同期增长7.3%；出口额54.45亿美元，较

2018年同期上升1.7%。详见表7-3。

表7-3　2019年度生物发酵行业主要行业、主要产品出口量和出口额

序号	分类	进口量/t	同比增长/%	进口额/亿美元	同比增长/%
1	氨基酸类产品	158.8	22.7	21.7	7.6
2	柠檬酸类产品	116.4	0.7	7.74	−12.8
3	乳酸类产品	4.5	−23.5	0.63	−10
4	葡萄糖酸类产品	18.7	3.2	1.18	−7.1
5	淀粉糖产品	166.1	0.3	9.67	1.26
6	多元醇产品	39.6	8.0	6.90	6.10
7	酶制剂产品	8.3	−10.7	3.63	−2.3
8	酵母产品	14.4	11.5	3.0	8.5
	总计	526.8	7.3	54.45	1.7

数据来源：根据海关2019年统计数据。

出口量方面，乳酸类产品和酶制剂产品出口量持续下降，乳酸下降幅度达23.5%，与2018年降幅基本持平，酶制剂出口量降幅较2018年增长较大；其余行业产品出口量保持增长，其中增长幅度最大的是氨基酸类产品，达到22.7%的水平，近两年氨基酸产品的出口量增幅均达20%以上的水平，侧面反映出市场对氨基酸产品的需求不断增加；酵母产品出口量扭转下降态势，增幅达11.5%；淀粉糖产品出口基本与2018年持平，菲律宾的糖税政策影响持续。从发酵行业出口整体来看，出口平均价格下降。

二、行业发展面临的问题

1. 政策环境

(1) 产业政策

① 面对国内供给侧改革和国际贸易摩擦加剧的大环境，产品、技术创新在行业稳定可持续发展中的作用越发占据主导地位。产业政策在创新环节的要素投入的鼓励不足使得企业创新困难重重，跨行业的产业政策联动缺乏，产业政策内容不够具体。

② 由于产业政策在涉及重点产品目录中只列入了大类，未列入大类中的具体产品，企业的产品或包含产品创制的项目往往无法对应并享受相应的产业扶持政策。

(2) 税收政策

① 大多数企业增值税留抵税额返还等方面进行顺利。税负与去年同期相比，减税政策对小微企业及中小型企业受益多，对大型制造业受益相对较少。

② 大部分企业获得了高新技术企业资质认可，并享受了相应的税收政策。但在出口退税方面，存在将某些生物发酵高新技术产品等同于普通同类产品，适用和普通产品同等的出口政策。如植物油脂是资源类的产品国家不鼓励出口，但微生物油脂是国家鼓励发展的高新技术产品，二者适用同等出口政策不合理。

(3) 标准法规

① 在健康中国行动的深入推进下，生物发酵产业研发的很多产品均为新食品原料、新食品及饲料添加剂、新化妆品原料，国家对此实施审批许可和目录管理，尽管相关规定清晰，但审核周期往往经历漫长（至少3年以上）；微生物工程菌来源的食品工业用酶制剂行政审批，实行双部门审批制，程序复杂、周期较长等等都严重制约了企业的创新和发展速度，影响企业产品的有效推广。

② 由于新兴产业的产品缺乏食品安全标准，致使市场监管总局按照现行食品安全法规定，无法新增产品生产类别，导致企业无法获得生产许可证，影响了产品入市。

③ 部分产品的检测方法标准缺失，影响企业产品的市场推广；企业在使用团体标准申请生产许可证的实际工作当中，得到各地行政审批部门的反馈差异性较大。

(4) 投资贷款

① 受前几年国家宽容的金融刺激政策，民营企业在扩张过程中普遍存在短贷长投及企业互保的问题，在当前金融收缩的环境下，出现区域性金融风险。区域所辖企业信贷受到影响，银行断贷抽贷，影响企业造血能力。

② 由于国内金融政策不健全，导致企业融资手段较少，没有好的融资机制能够帮助民营企业降低融资成本，而民营企业与国有企业相比经营风险较高，国内还没有形成良好的企业征信系统，缺乏有效的风控手段，导致银行等金融机构不愿意为民营企业提供贷款。

2. 资源环境

① 纵观2019年1—10月国内玉米市场价格，一季度先高后降，二季度攀升，三季度保持高位平稳，10月初新粮上市，东北、华北市场价格松动

下行,南方新粮到货不多,玉米价格先跌后涨。本年度临储拍卖结束,经过3年的拍卖,临储库存快速下滑。玉米价格的涨跌,对以玉米为原料的产业影响非常大,开发新的非粮低成本原料,对产业尤为重要。

② 近年来企业纷纷向玉米原料聚集地转移,但转移地多集中在二三线小城市,周边生活环境、配套条件不够完善,企业人才引进困难,人才流失严重。

③ 行业缺乏系统的专业技能再教育培训,特别是一些新兴行业,从业人员专业理论和技术能力水平需要理论与实际相结合的开展培训,一些特殊岗位的人员需要进行系统的提升培训,以促进行业可持续发展。

3. 技术差距

① 氨基酸、酶制剂等行业关键核心菌种自主知识产权问题,仍然是行业发展的"卡脖子"问题。新菌种、新酶的挖掘,高效生产菌株的关键基因位点的挖掘与知识产权保护与国外公司相比有很大差距。

② 生物发酵产业专用的异构酶和酶的固定化技术、发酵条件和工艺水平上的改进和优化、连续离交或色谱分离、膜分离装备等分离提取高端装备和高效的分离提取技术,新产品检测、性能、特性和功能评价技术,自控及智能化控制水平与国际先进水平相比差距明显。

4. 市场环境

① 国内市场生物发酵产业大宗产品中低端产品已经饱和,价格竞争激烈。国内企业只注重销售和生产,并没有战略储备的产品,下游应用研究力度不够,市场没有打开。在国际竞争中,我国产品多以低价、量大来占领销售市场,被反倾销的案例较多。同时,我国企业自我保护意识不够,不团结,不能一致应对国际的竞争。

② 国外产品其质量及成本较国内产品具有很大优势,高端产品在国内市场形成垄断。国际同行继续加大中国市场投入和全球产能扩张,利用其全球化布局,在诸多方面形成与国内企业的针对性竞争,给我国企业国际化发展带来的挑战不容小觑。

③ 中美贸易摩擦,生物发酵部分产品列入美国2018年9月17日公布的第二批对中国2000亿美元产品加征关税的清单,自2018年9月24日起,我国向美国出口的木糖醇被额外加征10%的关税;自2019年5月10日起,被额外加征的关税税率由10%上调至25%。国际客户采购成本大幅增加,订单数量减少,价格下跌,部分客户已经更换产品配方,出口销售额大量减少。

④ 国内企业针对国内市场需求的产品应用层面的配方设计供给不足，对于现行互联网的营销模式运用缺乏。另一方面，科普宣传不够，使得消费者对如益生菌产品和酵素产品期望值过高，造成产品市场的混乱。

三、行业发展政策建议

① 继续加大国家及各级地方政府对行业结构调整的力度，严格控制生物发酵行业项目盲目投资和低水平重复建设，大力支持生物发酵产业链延伸，推动大型企业形成各自的发展特色，避免同质化竞争。

② 国家粮食部门制定政策性玉米销售方案和时间表，稳定玉米价格，便于企业合理安排生产计划；制定相关的玉米深加工优惠政策，降低玉米深加工行业的压力，保障企业有能力应对突发事件的发生。

③ 在金融政策上，多向民营企业、中小企业倾斜，适当降低融资成本，提供专项贷款，放宽贷款审核条件，降低贷款利率，保障企业运营安全。

④ 对生物发酵制品给予更大出口的扶持和激励，统一和增加行业出口退税产品目录，鼓励企业出口创汇；推动生物发酵企业享受在一定时期内未抵扣完的进项税额予以一次性退还的政策。

⑤ 政府要加大对生物发酵产业创新支持。重点支持生物制造菌种和酶制剂等"卡脖子"关键技术突破，功能性发酵制品安全营养评价及产品标准化平台建设；支持生物发酵产业智能化提升工程，生物发酵绿色低碳（生态设计）产业升级工程，新工艺开发和产品质量升级工程。

⑥ 建议完善 GMM 来源的食品工业用酶制剂行政审批管理体系，建议增加从事食品行业管理和技术研发等相关专家，参与 GMM 来源食品工业用酶制剂的管理体系、审评方法制定，以及生物安全评价工作。

（撰稿专家：李建军　王洁）

生物基化学纤维产业分析报告

中国化学纤维工业协会生物基化学纤维及原料专业委员会
中国纺织机械(集团)有限公司

我国是化纤生产大国,新时代下正在向化纤强国迈进。2019年我国化学纤维产量达5827万吨,占世界化纤总量的70%以上。其中合成纤维产量为5362.2万吨,占我国化纤总量的90%以上,因其原料来源于石化资源,随之带来的资源和环境问题,将威胁到人类的生活和环境的可持续发展。生物基化学纤维作为有望缓解资源危机和环境污染的新材料,其原料来源于植物和微生物代谢有机体,如糖类、蛋白质、纤维素及酸、醇、酯等,经过高分子化学、物理技术及纺丝工艺等工序实现制备。生物基化学纤维是我国新兴战略材料领域重要组成部分,也是建设化纤强国的重要支撑,国家大力推动生物基化学纤维的发展是践行新发展理念、"两山"理念与产业实践的结合,体现了纺织化纤行业的可再生自然资源综合利用与现代纤维加工技术的完美融合。

一、我国生物基化学纤维产业化情况

"十三五"时期,我国生物基化学纤维产业规模持续增长,产品经济性逐渐增强,显示出强有力的发展势头。截至2019年,生物基化学纤维总产能达到57.98万吨/年,较2015年的19.55万吨增长了196.57%,年均增长31.23%,见表7-4。生物基化学纤维总产量达15.57万吨,比2015年的7.91万吨增长96.84%,年均增长18.45%,见表7-5。生物基合成纤维、新型生物基纤维素纤维、海洋生物基纤维都实现了规模生产,且应用技术逐渐成熟,应用领域不断拓宽。

表7-4 生物基化学纤维主要品种产能情况

品种	2015年/(万吨/年)	2019年/(万吨/年)	增长率/%
莱赛尔纤维	3.6	13.85	284.72

续表

品种	2015年/(万吨/年)	2019年/(万吨/年)	增长率/%
竹浆纤维	6.5	18.5	184.62
麻浆纤维	0.5	0.5	0
壳聚糖纤维	0.25	0.25	0
海藻纤维	0.2	0.58	190.00
PTT纤维	4.3	12.0	179.07
PDT纤维	2.0	2.0	0
PLA纤维	1.6	4.1	156.25
PA56纤维	0.1(中试)	5.0	4900.00
蛋白纤维	0.5	1.2	500.00
合计	19.55	57.98	196.57

资料来源：中国化学纤维工业协会。

表7-5 生物基化学纤维主要品种产量情况

品种	2015年/(万吨/年)	2019年/(万吨/年)	增长率/%
莱赛尔纤维	0.9	4.3	377.78
竹浆纤维	3.5	4.82	37.71
壳聚糖纤维	0.05	0.1	100.00
海藻纤维	0.05	0.13	160.00
PTT纤维	3.0	5.0	66.67
PLA纤维	0.15	0.22	46.67
蛋白纤维	0.26	1.0	284.62
合计	7.91	15.57	96.84

资料来源：中国化学纤维工业协会。

1. 新型纤维素纤维

(1) 新溶剂法再生纤维素纤维

根据国际人造丝及合成纤维的定义，以天然纤维素为原料，用有机溶剂直接溶解纺丝工艺制备的纤维素纤维属名 Lyocell 纤维，现通常指 NMMO（N-甲基吗啉-氧化物）溶剂法纤维素纤维，又称新溶剂法再生纤维素纤维。与黏胶法纤维相比，Lyocell 纤维可实现高聚合度、高结晶度，从而使纤维具有较高的干湿强度、高的湿模量、干湿强相差小、收缩率低等特性。当前，Lyocell 纤维已成为行业投资的热点，产能由 2015 年的 3.6 万吨，增长到 2019 年的 13.85 万吨，增长 284.72%，年均增长 40.05%，产量由 2015 年的 0.9 万吨，增长到 2019 年的 4.3 万吨，增长 377.78%，年均增长 101.03%。目前在建产能 43 万吨，未来规划产能 300 余万吨，见表 7-6。

表 7-6　Lyocell 纤维主要生产企业情况

序号	企业名称	2019 年产能/(万吨/年)	在建项目	中远期规划
1	恒天天鹅	3		顺平县,6 万吨/年
2	英利实业	3		
3	中纺绿纤	3	6（已建成）	2020 年 10 月,年产 6 万吨 lyocell 纤维建成投产；新乡规划 100 万吨/年,绍兴一期规划 20 万吨/年
4	唐山三友	0.5		唐山 6 万吨/年
5	上海里奥	0.1		
6	新阳特纤	0.25	3	规划 10 万吨/年
7	湖北金环		4	襄阳 10 万吨/年
8	金荣泰	2	6	沛县 30 万吨/年,与中纺院战略合作
9	赛得利(日照)	2		日照 10 万吨/年
10	赛得利(溧阳)		10	规划 50 万吨/年纤维和 5 万吨/年无纺布
11	南京化纤			南京 4 万吨/年
12	宁夏恒利		4	宁夏 8 万吨/年
13	山东鸿泰鼎		10	夏津 30 万吨/年,与恒天纤维集团战略合作
14	河南恒通			太康县,20 万吨/年,一期工程 10 万吨/年
15	吉林化纤		6(搁置)	年产 Lyocell 浆粕 10.2 万吨,一期 5.1 万吨
16	山东华泰			规划建设 16 万吨/年,一期工程 5 万吨/年,2021 年 6 月—2023 年 6 月。远期规划 30 万吨/年

资料来源：中国化学纤维工业协会。

(2) 新资源再生纤维素纤维

我国纤维素纤维的原料严重不足，进口依存度达 60% 以上，近几年我国相继研发出以竹、芦苇、秸秆、麻秆、甘蔗渣等原料的新资源型纤维素纤维。其中，最为成熟的是竹浆再生纤维素纤维和麻浆再生纤维素纤维，这两种纤维为我国自主研发成果，是生物基化学纤维行业的重大创新，很大程度缓解了木浆原料需求不断增长带来的问题。2019 年我国竹浆纤维产能达到 18.5 万吨，比 2015 年的 6.5 万吨增长 184.62%，年均增长 29.89%，产量由 2015 年的 3.5 万吨，增长到 2019 年的 4.82 万吨，增长 37.71%，年均增长 8.33%，见表 7-7。

表 7-7 竹浆纤维主要生产企业情况

序号	企业名称	2019年产能/(万吨/年)	生产情况
1	吉藁化纤	15	吉林化纤集团所属企业,2005年成立了"天竹联盟",涵盖竹纤维、纺纱、织造、成衣企业,目前联盟企业达227家。竹纤维产量达4.02万吨
2	唐山三友	3.5	2014年,唐山三友兴达化纤有限公司头成立了"竹代尔"联盟,2019年竹纤维产量8000吨

资料来源:中国化学纤维工业协会。

2. 生物基合成纤维

(1) 聚乳酸(PLA)纤维

聚乳酸纤维是指以玉米、木薯淀粉、甜菜等为原料,经发酵制备乳酸,再通过先进聚合技术、熔融纺丝而制成的一种完全生物降解的合成纤维。产品具有良好的抑菌、阻燃、生物相容性和生物可吸收性特点,已成功应用于服装、家纺、卫材和医疗制品等。在全球禁塑限塑的推动下,聚乳酸纤维成为投资热点,大企业集团看好该领域,2019年聚乳酸纤维产能达到4.1万吨,比2015年的1.6万吨增长156.25%,年均增长26.52%。受原料制约,2019年产量0.22万吨,比2015年的0.15万吨增长46.67%,年均增长10.05%。目前企业在建聚乳酸项目58万吨,规划项目100余万吨(详情见表7-8)。未来聚乳酸原料国产化将会带动聚乳酸纤维的快速增长。

表 7-8 PLA 纤维主要生产企业情况

序号	企业名称	2019年产能/(万吨/年)	在建项目	生产情况
1	恒天长江	1		连续聚熔体直纺(一步法),1万吨长丝,2000吨短纤无纺布,2019产量982吨
2	上海同杰良	0.1		万吨级乳酸一步法聚合,千吨级纺丝试验线
3	河南龙都	1		4000t长丝,6000t短纤
4	安徽丰原	0.3	8(LA) 5(PLA) 2020年8月已建成	2020年9月,丰原集团采用自主技术,建设50万吨乳酸、30万吨聚乳酸项目在固镇开发区奠基,以高光学纯乳酸为主要原料,采用丙交酯开环聚合制备聚乳酸工艺,新建丙交酯制备车间、聚合车间及配套公辅工程,建设年产30万吨聚乳酸生产线,该项目预计2021年底建成投产
5	新能新高	0.1		2019年产量300t
6	嘉兴昌新	0.1		2019年产量200t
7	上海德福伦	0.3		2019年产量300t

续表

序号	企业名称	2019年产能/(万吨/年)	在建项目	生产情况
8	安顺化纤	0.1		2019年产量200t
9	河北烨和祥	1		5万吨差别化纤维
10	宁波禾素	0.1		2019产量42t(PHBV/PLA)
11	吉林中粮		2	已建成年产1万吨的聚乳酸工厂,正在筹建2万吨聚乳酸纤维生产线(长丝、短纤各1万吨)
12	浙江海正		3(PLA)	年产5000吨/年聚乳酸已投产。2019年1月,"万吨级聚乳酸产业化成套技术及系列产品开发"通过石化联合会科技成果鉴定,规划产能5万吨聚乳酸
13	浙江友诚		75(LA) 50(PLA)	以甘蔗渣为原材料,德国BluCon Biotech GmbH公司的"第三代乳酸技术"
14	河南金丹		1(丙交酯) 10(LA)	南京大学技术,已建成年产1万吨丙交酯设备调试中;10万吨高光纯乳酸建设中
15	江科生物	千吨级L/D乳酸、丙交酯		公司建有1000t从乳酸-丙交酯-聚乳酸一体化示范生产线,2021年初将开工建设年产3万吨聚乳酸生产线

资料来源:中国化学纤维工业协会。

(2) 聚对苯二甲酸1,3-丙二醇酯(PTT)纤维

聚对苯二甲酸丙二醇酯(PTT)纤维是以生物基1,3-丙二醇与对苯二甲酸(PTA)聚合,再经过熔融纺丝技术而制成的一种含有生物基成分的合成纤维。其中生物基1,3-丙二醇(PDO)原料来源于木薯淀粉及甘油等非粮原料。PTT纤维有良好的回弹性、拉伸回复性、柔软性和悬垂性好,可使用分散染料对PTT纤维进行染色。其性能综合了尼龙的柔软性、腈纶的蓬松性、涤纶的抗污性,产品广泛用于地毯、时装、T恤、牛仔、泳装等。"十三五"期间,PTT纤维产业化技术成熟。2019年国内PTT纤维总产能达12万吨,比2015年的4.3万吨增长179.07%,年均增长29.25%。2019年产量5万吨,比2015年的3万吨增长66.67%,年均增长13.62%。PTT纤维国产化产品品质持续提升,应用领域不断拓展,已形成品牌效应,见表7-9。

表7-9 PTT纤维主要生产企业情况

序号	企业名称	2019年产能/(万吨/年)	生产情况
1	盛虹科技	5	全产业链自主创新技术,PDO产量4000吨,PTT产量1.5万吨
2	张家港美景荣	2	自主技术,2017年在江苏连云港投资建设30万吨/年的PTT差别化纤维项目,正在建设中

续表

序号	企业名称	2019年产能/(万吨/年)	生产情况
3	泉州海天	2	外购PDO生产
4	海兴科技	1	外购PDO生产
5	翔鹭化纤	1	外购PDO生产
6	绍兴九洲	0.5	外购PDO生产
7	苏州方圆	0.5	外购PDO生产

资料来源：中国化学纤维工业协会。

(3) 生物基聚酰胺56（PA56）纤维

生物基聚酰胺56纤维是采用生物法戊二胺与己二酸为原料合成的新型生物基聚酰胺纤维，聚合物单体少，不需要萃取，可采用熔体直纺技术制备纤维。纤维具有良好的力学性能和染色性能，并有一定的本质阻燃性，可广泛用于服装、装饰和产业用领域。2019年国内已建成5万吨/年PA56纤维生产能力，但没有实际产量，只有少量的试验样品。2015年上海凯赛生物科技有限公司在山东金乡建成0.1万吨中试聚合装置，2019年在新疆建成了5万吨/年1,5-戊二胺，10万吨/年生物基聚酰胺生产线，3万吨/年PA56短纤维生产线。优纤科技（丹东）有限公司已建成了2万吨/年的聚酰胺56纺丝生产线，并与军事科学院系统研究院军需工程技术研究所等一起进行产学研用研究开发。2020年山西重点推进百亿项目，建设50万吨戊二胺，100万吨生物基聚酰胺。见表7-10。

表7-10 我国PA56纤维生产企业情况

序号	企业名称	2019年产能/(万吨/年)	发展情况
1	凯赛生物	已建成PA56短纤3万吨/年	新疆乌苏：已建成5万吨级戊二胺和10万吨聚酰胺56聚合能力，短纤3万吨预计2021年上半年开车。山东金乡：千吨级生物法戊二胺和生物基聚酰胺中试
2	优纤科技	已建成2万吨/年PA56生产线，具备熔体直纺技术储备和差别化PA56的生产能力	与军事科学院系统研究院军需工程技术研究所等一起进行产学研用研究开发
3	宁夏伊品	在建戊二胺1万吨	与中科院微生物研究所合作，二期工程2万吨生物基尼龙盐项目已于2019年3月开工建设
4	寿光金玉米		采用中科院天津微生物所技术开发出了聚酰胺56盐，可直接用于聚酰胺56聚合及纤维生产

资料来源：中国化学纤维工业协会。

（4）聚羟基丁酸羟基戊酸酯（PHBV）和聚乳酸（PLA）共混纤维

聚羟基丁酸羟基戊酸酯（PHBV）由于具有优异生物相容性和可降解性，获得国内外学者的青睐，但由于其原料加工窗口窄，易于热降解且熔体黏度大，故可纺性较差。近几年，通过共混改性技术，经过熔融纺丝制备 PHBV/PLA 共混纤维，产品具有真丝光泽和手感，可应用于高档服装、卫生护理、医卫材料领域。宁波禾素纤维有限公司与中国科学院宁波所、香港理工大学就 PHBV/PLA 复合纤维进行产业化技术及应用突破，纤维产能在 1200t/a。

（5）脂肪族可降解聚酯（PBS）纤维

以纤维素、奶业副产物、糖类等可再生农副产物经生物发酵制备的脂肪族二元酸、二元醇，经聚合技术制备 PBS 树脂，再经过熔融纺丝技术而制成的合成纤维。因其分子量较低，熔点较低，机械性能差，在纤维领域应用受到限制，但在熔喷、静电纺丝等领域，已实现产业化。近几年，对 PBS 共聚改性制备聚对苯二甲酸-共-丁二酸丁二醇酯（PBST）与 PLA 共混，经熔喷工艺制备非织造布材料。

（6）生物基 PDT 纤维

生物基 PDT 是一种含有生物基多组分二元醇与对苯二甲酸（PTA）合成的聚合物，再经熔融纺丝制备成纤维。与 PET 纤维相比，具有更柔软的手感、优异拉伸回弹性、低温染色性和良好的抗静电性。早些年，国内大成集团针对植物基乙二醇与福建海天集团、宏远兴业开展合作开发 PDT 纤维材料。

（7）生物基 PEF 纤维

PEF 以 2,5-呋喃二甲酸为原料，是以果糖或半纤维素等自然资源提取制备，由 100% 植物原料制成。目前原料提取技术已实现突破，但聚合物颜色问题未解决，依然处于基础研究阶段。PEF 具有很好的阻隔性能和热性能，高温下不易变形，在塑料领域可以用来装油、醋、热水、碳酸饮料等。

3. 海洋生物基纤维

海洋生物基纤维是指以海洋中蕴含巨大的原料资源，经精制提炼出多糖后，通过湿法纺丝技术制备的天然生物质再生纤维，这种纤维拥有环保、无毒、阻燃、可降解、生物相容性好、原料来源丰富等特点，在医疗、卫材、吸附材料领域具有较大的优势。当前，海藻纤维和壳聚糖纤维已经实现规模化制备。

壳聚糖纤维向高质化发展，由卫材用向医疗级，应用领域不断拓宽，

2015 年产能 0.25 万吨,到 2019 年没有新增产能。海斯摩尔生物科技有限公司于 2012 年建成了 2000t 的纯壳聚糖纤维生产线,重点发展方向集中在提高品质和推广应用方面。2015 年产量 500t,2019 年达 1000t,增长 100%,年均增长 18.92%,主要以制品形式销售。

我国海藻纤维生产采用自主知识产权和自行设计的产业化生产线,青岛源海新材料有限公司(青岛大学)2012 年建成了年产 800t 的全自动化柔性生产线,2018 年建成了年产 5000t 级的海藻纤维产业化生产线。2019 年国内总产能达到 5800t,比 2015 年的 2000t 增长 190%,年均增长 30.50%。2015 年产量 500t,2019 年达 1300t,增长 160%,年均增长 26.98%。

4. 生物蛋白质改性纤维

生物蛋白质改性纤维是指在化学纤维制备过程中,通过共混、接枝等手段加入大豆、牛奶、羊毛和丝素蛋白而得到的改性化学纤维。因蛋白改性纤维除原有纤维的性能外,还具有某些蛋白的特性,如吸湿性好、舒适性优异及良好的生物相容性,可广泛用于内衣、家纺、女性专用卫材,还可用于生物、医学特殊领域。我国生物蛋白改性纤维起步于 20 世纪末,上海正家牛奶丝科技有限公司以聚丙烯腈为单体通过化学接枝改性技术开发出牛奶蛋白改性聚丙烯腈纤维,产能在 1000t/a。浚县官奇大豆蛋白绒纤维有限公司以大豆蛋白与 PVA、PAN(主要是 PVA)的共混制备大豆蛋白改性纤维,产能在 500t/a。四川宜宾丝丽雅股份有限公司以蚕蛹蛋白提纯配置成溶液按比例与黏胶共混,经湿法纺丝形成具有皮芯结构的纤维。恒天海龙潍坊新材料有限公司以羊毛废料为原料提取有效蛋白成分对纤维素黏胶原液改性,经湿法纺丝及喷丝组件结构设计,制备的"C"型中空羊毛蛋白复合再生纤维素纤维,产品具有吸湿发热、抗菌抑菌等特点,产能在 1000t/a。

二、"十三五"期间生物基化学纤维发展特点

1. 主要成绩

(1) 行业技术进步明显

"十三五"期间,我国生物基化学纤维及原料的技术突破与技术创新工作取得了较大的进步。生物基纤维素纤维绿色制造技术取得重大突破,Lyocell 短纤维高效低耗成套制备技术实现了国产化,建成国内首条单线年产 3 万吨 Lyocell 纤维示范线,纤维性能优良,应用技术成熟。国内已建成了单线年产能 6 万吨 Lyocell 短纤维生产线,生产运行稳定;莱赛尔纤维用

NMMO溶剂取得突破性进展，国产化NMMO溶剂已应用于生产；莱赛尔长丝技术实现百吨级规模，产品已实现第3代升级；离子液体溶剂法（ILS法）、氨基甲酸酯法（CC法）纤维素纤维绿色制造技术突破了核心关键技术，实现了中试生产。

生物基合成纤维技术进步明显，主要品种实现了产业化。聚乳酸（PLA）纤维聚合纺丝技术进一步成熟，安徽丰原集团建成了万吨级高光纯乳酸-丙交酯-聚乳酸产业化生产线；生物基聚酰胺（PA56）纤维突破了生物法戊二胺技术瓶颈，建成了5万吨级戊二胺、10万吨级PA56聚合生产线，万吨级PA56纤维生产线。

海洋生物基纤维的生产及应用技术进一步提升。海藻纤维的物理性能达到了服用纤维要求，建成了5000t级产业化生产线；纯壳聚糖纤维产业化向上游拓展原料来源，实现原料多元化、国产化，纤维向高质化发展，应用于医用敷料、战创急救、修复膜材、药物载体、组织器官等多领域。

依靠自主创新，生物基纤维及原料多项技术取得突破，为产业化的顺利实现打下坚实基础。生物基化学纤维及原料多项技术取得国家科技进步奖等奖项荣誉。其中"生物质制备呋喃二甲酸基聚酯纤维技术"获得2019年度中国纺织工业联合会科学技术奖技术发明奖二等奖；"国产化Lyocell纤维产业化成套技术及装备研发"获得2018年度中国纺织工业联合会科学技术奖一等奖、"万吨级新溶剂法纤维素纤维关键技术研发及产业化"获2016年度中国纺织工业联合会科学技术奖一等奖；海藻纤维制备产业化成套技术及装备获2016年度中国纺织工业联合会科学技术奖一等奖；"单线年产10万吨复合竹浆纤维素纤维节能减排集成技术开发及应用"获2016年度中国纺织工业联合会科学技术奖二等奖。

（2）标准体系继续完善

"十三五"时期，生物基化学纤维及原料标准工作进程加快，截至2019年，行业共发布实施标准26项，按照标准种类划分，包括《医用壳聚糖短纤维》国家标准1项、《聚乳酸单丝》等行业标准21项、《纤维级海藻酸钠》等团体标准4项；其中按技术标准划分，包括《交联莱赛尔短纤维》等产品标准24项目，《壳聚糖纤维脱乙酰度试验方法》《蛋白黏胶纤维蛋白质含量试验方法》方法标准两项。

生物基化学纤维属于战略性新兴产业，但处于起步和发展阶段，多数产品尚未制定标准，需积极引导加快生物基纤维及其制品的产品标准、检测方法、应用规范等相关标准的建立，使其在生产、销售和检测时有据可循，提高产品的竞争力。针对莱赛尔纤维的快速发展，制定了《莱赛尔短纤维》（FZ/T 52019—2018）产品行业标准、《交联莱赛尔短纤维》（T/CCFA 01026—2017）产品团体标准。差别化及莱赛尔浆粕原料标准已经提出制定，用标准引导莱赛尔纤维产业的健康发展。聚乳酸纤维处于起步阶段，针对聚乳酸纤维的应用开发，制定了《聚乳酸低弹丝》（T/CCFA 01024—2016）、《聚乳酸牵伸丝》（FZ/T 54098—2017）产品标准。针对壳聚糖纤维在医卫领域的应用，制定了《医用壳聚糖纤维》（GB/T 38135—2019）国家标准，对壳聚糖纤维在医疗领域标准化应用起到的引导和规范作用。2018 年由中国化学纤维工业协会牵头成立生物基化学纤维分技术委员会，对激发标准化工作活力，组织结构的创新与完善，发挥标准的基础支撑起到积极的作用。

（3）应用领域细分化

随着人们生活水平的逐渐提升，对绿色可持续理念的深入理解，消费观念的转变，人们对生活环境和自身健康日益关注，对"绿色文化"越来越重视，绿色消费已成为时尚。生物基化学纤维的应用定位逐渐明晰。在民用卫材领域，壳聚糖纤维、聚乳酸纤维、莱赛尔纤维、海藻纤维已经用于面膜、尿不湿、妇女卫生巾等一次性可吸收型卫生材料；在医用卫材领域中，海藻纤维和壳聚糖纤维以其天然抑菌和亲肤特点，在医疗绷带、敷料、止血棉等方面得到广泛应用；在民用服装领域，莱赛尔纤维、生物基 PTT 纤维及 PTT/PET 纤维双组分复合纤维具有亲肤、舒适等出色性能在女装、休闲服、运动服领域得到广泛的应用。聚乳酸纤维具有亲肤抑菌和生物可降解性能，在床品、袜类、衬衫、内衣、校服、玩具填充等方面获得应用。PHBV/PLA 纤维抑菌性能优异，PHBV 热降解所产生的 PHB 抑菌性能达 99% 以上，并有良好的抗病毒效果，在产品品质稳定提升基础上，实现在口罩、袜类、内衣、内裤等领域的应用。生物基蛋白复合纤维，含有多种氨基酸、细柔亲肤、透气、导湿性好，在服装、家用高档纺织品领域形成品牌效应。在军民两用领域，聚酰胺 56 纤维以其较好的力学性能和染色性能，并有一定的本质阻燃性，在军服装备方面得到开发，应用前景广阔。

2. 存在的问题

（1）关键单体和原料尚未解决

关键单体和原料是制约我国生物基化学纤维产业化进程的重要因素。近几年在绿色可持续发展战略的引导下，生物基化学纤维的受众比例逐年提升，但关键单体和原料及溶剂等方面较国外存在一定的差距，供应体系不够完善。如 Lyocell 纤维的专用浆粕和 NMMO 溶剂依赖进口，国内处于产业化突破阶段；聚乳酸纤维关键原料丙交酯受国外垄断制约，国产丙交酯处于产业化突破阶段，总体纯度较低游离酸较高，制成的聚乳酸切片指标与进口切片相比，残单含量略高；生物基聚酰胺56关键原料生物基1,5-戊二胺需要进一步解决菌株构建和发酵条件的优化，纤维级聚合树脂品质尚须提升；高效低成本秸秆预处理及生物法乙二醇高效转化、提纯技术处于工程化阶段。

（2）关键技术和装备仍有差距

生物基化学纤维从原料制备到产品生产过程工艺流程长、关键环节多、技术难度大，跨学科交叉，技术转化瓶颈较多，没有通用的技术与装备，整个环节需重点针对原料单体来源、制备、提纯和合成工艺进行开发。因此，各企业都针对性地开展了工艺技术、装备的自主研发工作。如Lyocell纤维生产设备中自主研发的关键设备大容量反应釜及薄膜蒸发器设计制作能力不足、高效低耗的NMMO溶剂净化浓缩技术、低浓度溶剂深度处理技术以及溶剂净化废水生化处理技术亟待提升；聚乳酸纤维需进一步攻克高光纯乳酸的无固废制备技术、丙交酯产业化技术等。PTT纤维原料PDO（1,3-丙二醇）精制工艺环节还需继续优化，提高转化率，产品质量还需提升，其副产物BDO（2,3-丁二醇）的量较大，而BDO的市场尚未打开，尚未能实现高附加值利用；1,5-戊二胺生产技术处于产业化起步阶段，一步法戊二胺生产技术尚未突破，PA56大容量连续聚合及熔体直纺装备关键技术尚未突破。海藻纤维生产采用自主知识产权和自行设计的产业化成套技术及装备，技术尚需进一步优化提升。

（3）多数品种的产能规模偏小

在生物基化学纤维中，实现万吨级规模化以上生产的品种占比27.7%，多数品种产能规模偏小，其主要在于技术壁垒、单体原料、价格竞争等因素制约其规模化生产。如Lyocell纤维发展较快，但是单线产能都是1.5万吨或1.5万吨×2的配置，生产效率较低，种类规格相对较少，2019年Lyocell纤维总产能达13.85，实际产量4.3万吨；聚乳酸纤维，最大规模为万吨级，实际产量都不足万吨，2019年聚乳酸纤维总产能4.1万吨，由于原料尚未解决，实际产量只有0.22万吨；PTT纤维产业化技术成熟，2019年产能达12万吨，由于市场原因，实际产量只的5万吨左右；PA56纤维已建成5万吨/年纤维生产能力，处于调试阶段，还未形成实际产量；海藻纤维、壳聚糖纤维企业多为百吨级或千吨级企业，海藻纤维产能0.58万吨，实际产量0.13万吨。壳聚糖纤维产能0.25万吨，实际产量0.1万吨。由于企业规模小，多数为中小型科技企业或民营企业，缺乏足够的技术储备及资金，抗风险能力差，生产成本高，产品市场竞争力不强，应用开拓能力弱，从而制约了产业的良性发展。

（4）产品成本偏高竞争力不强

目前生物基纤维原料及产品相对石油基纤维成本较高，尤其近几年油价持续走低，制造成本对生物基纤维产业发展形成了更大的挑战。如聚乳酸纤维，国内丙交酯产业化制备技术尚未突破，因此多数企业的丙交酯原料和聚乳酸切片依靠进口，采用切片纺技术，制造成本高于常规聚酯纤维（目前聚酯切片 5100 元/t 左右，聚乳酸切片 42 000 元/t 左右），产品市场竞争力较弱；Lyocell 纤维，国产化技术日趋成熟，单线产能逐年提升，虽纤维干湿强度较黏胶短纤维优异，但因单线产能小（多数是 1.5 万吨/年或 3 万吨/年，黏胶纤维单线产能已达 12 万吨/年），制造成本和投资成本均高于黏胶法纤维素纤维（黏胶法纤维素纤维万吨投资 0.9 亿～1 亿元，莱赛尔纤维的万吨投资 2.5 亿～3 亿元），在常规黏胶服用领域替代力度不足。另外，国外 Lyocell 纤维企业因发展起步早，技术成熟度高，单线产能大（Lenzing 达 6.7 万吨/年），产品品种丰富，占据市场定价话语权，对国内 Lyocell 纤维生产企业影响较大。因此降成本、提品质是我国生物基化学纤维产业化面临的新问题。

（5）品牌标准等软实力尚需加强

"十三五"期间，生物基化学纤维及原料取得快速发展，但从产品本身上还不足以形成明显的竞争局面，品牌建设等软实力仍需加强。生物基化学纤维及其原料属于新材料产业，是战略性新兴生物基材料产业，企业的品牌文化积淀不够，多数产品延用的是化学名称，如 PLA 纤维、PTT 纤维、PA56 纤维等，没有形成自己的商品名或商标，更没有像"SORONA""天丝""莫代尔"那样的国际著名商标名。因此，我国生物基化学纤维企业亟待加强品牌建设，增强商标品牌和知识产权意识，从而提升企业的软实力。近年来，企业逐渐重视品牌建设和宣传推广，重视知识产权保护。积极参与中国纤维流行趋势发布、树立企业形象、展示新产品，或以联盟形式开展品牌推广活动，或借助展会举办品牌发布会等工作，取得了一定效果，但还需进一步加强。我国生物基化学纤维起步较晚，多数产品尚未建立标准，如生物基聚酰胺 5X 系列产品是我国自主研发产品，填补了国内外产业空白，是纤维材料市场的新兴产品，制定相关标准亟需落实，相关标准制定实施，可有效提高产品质量，增强产品的市场竞争力。

三、生物基化学纤维中长期展望

1. 产业发展展望

以"科技、绿色、时尚"为主基调,推动生物基纤维产业发展,提高我国生物基化学纤维产业的整体规模,为绿色纺织做贡献。根据我国"十四五"生物基化学纤维及原料发展规划研究,到 2025 年生物基化学纤维总产能将达到 300 万吨,其中高品质生物基化学纤维产量 200 万吨。包括生物基新型纤维素纤维产能 190 万吨/年,产量 130 万吨;生物基合成纤维产能 80 万吨,产量 50 万吨;海洋生物基纤维产能 6 万吨/年,产量 4 万吨;生物基蛋白复合纤维产能 24 万吨,产量 16 万吨。化学纤维原料替代率为 3.5%,较"十三五"末提高 1.4 个百分点。到 2030 年,生物基化学纤维总产能将达到 450 万吨左右,其中 Lyocell 纤维规模化制备技术达到国际先进水平,总产能达 300 万吨,包括实现纤维素绿色制浆新技术及 TBAH(四丁基氢氧化铵)、离子液体系等新溶剂纺丝产业化;建立 10 万吨级 PTT 纤维产业化生产线,总产能达到 100 万吨;建立 10 万吨级生物基聚酰胺纤维生产线,实现差别化生物基聚酰胺纤维的规模化生产;建立 10 万吨级蛋白复合纤维生产线,提高纤维素纤维附加值;建立 2,5-呋喃二甲酸、海藻纤维及其共混纺丝、壳聚糖纤维万吨级生产线,开发差别化纤维并扩大应用领域;实现生物可降解聚酯纤维稳定化、规模化制备,建立万吨级生产线。

2. 重点技术展望

2025—2030 年,生物基化学纤维总体技术水平达到国际先进水平。行业将着重提高生物基化学纤维及原料的技术创新能力、规模化生产能力、市场应用能力;突破生物基化学纤维国产化装备大型化技术、低成本原纤化控制技术、生物基合成纤维大容量连续聚合及熔体直纺技术,海洋生物基纤维、蛋白纤维等低成本、高品质制备技术,实现下游应用突破;突破制约产业发展的 Lyocell 纤维的专用浆粕和 NMMO 溶剂、高纯度生物法 1,5-戊二胺、1,3-丙二醇、2,5-呋喃二甲酸、丙交酯等原料的规模化高效制备技术;实现万吨规模丙交酯国产化,聚乳酸、生物基聚酯、聚酰胺连续聚合稳定生产;突破 Lyocell 纤维关键设备薄膜蒸发器的大容量、国产化制造技术,实现 Lyocell 纤维单线溶解能力≥3 万吨/年;加强海藻纤维、壳聚糖纤维的产业链应用体系建设,实现高品质海洋生物基纱线及其制品的制备;攻克 PLA 立构复合技术、聚乳酸熔体直接复合纺丝、原液着色技术。进一步完善生物基化学纤维及原料标准体系建设,发挥联盟带动作用,加强品牌建设与应用推广。实现高耐热、防霉抗菌等差别化产品生产,纤维级、无纺级、长丝级生物基降解聚酯稳定化、规模化制备满足一次性医卫材料、包装材料的应用需求。

四、生物基化学纤维发展措施与建议

1. 发展措施

(1) 突破生物基单体和原料的关键制备技术

开发新型天然植物资源三素(纤维素、半纤维素、木质素)分离技术;优化新溶剂法纤维素纤维浆粕预处理、纤维素溶解、纺丝工艺技术,攻克国产化 NMMO 溶剂规模化制备技术;利用我国竹、麻、秸秆资源优势,开发竹、麻、芦苇、秸秆、甘蔗渣等新原料基差别化 Lyocell 纤维及通用纤维素纤维制备技术;攻克高光纯乳酸、丙交酯、1,5-戊二胺、1,3-丙二醇、2,5-呋喃二甲酸等重要原料国产化低成本制备技术;攻克 L/D 乳酸立构复合技术,提高聚乳酸纤维的耐热性、染色性和手感,提升聚乳酸纤维的物理性能,拓展应用领域;突破 5 万吨级 1,5-戊二胺一步法高效制备技术,满足生物基 PA5X 纤维规模化产业化需求;大力推进生物基 PTT 纤维熔体直纺技术,实现规模化、低成本化生产。有序推进离子液法、氨基甲酸酯法(CC 法)、TBAH/DMSO 混合溶剂法纤维素纤维新技术。大力开发国产虾、蟹壳,野生海藻、养殖海藻,实现海洋生物基纤维原料多元化,攻克壳聚糖纤维、海藻纤维纺丝原液制备及清洁纺丝技术,提升服用纤维性能,扩大应用领域。

(2) 推动生物基纤维制备关键装备国产化

重点攻克 Lyocell 的国产化成套装备制备。优化浆粕预处理系统、活化反应器、溶剂回收高效蒸发系统(大于 3 万吨/年)、宽幅低速莱赛尔纤维精炼装备技术,开发大容量 Lyocell 纤维反应釜及薄膜蒸发器、多孔(7500 孔以上)大容量纺丝组件及配套技术,单线纺丝能力 6 万~10 万吨/年新溶剂法纤维素纤维成套装备;突破 Lyocell 长丝高效低成本制备及应用产业化技术,建设万吨级产业化生产线,实现规模化生产;攻克高强高模纤维素工业长丝的清洁生产新工艺及产业化关键技术和设备开发;重点攻克 10 万吨级 L-乳酸→丙交酯→聚合→聚乳酸(含熔体直纺)纤维规模化高效制备技术和设备国产化;攻克 PA56 的 10 万吨级高效大容量连续聚合、熔体直纺技术及成套装备,实现 PA56 纤维高性能、低成本化生产。

(3) 推动重点品种的规模化低成本生产

加快推动重点品种产业化和规模化应用，通过重点领域应用示范推动重点生物基纤维品种发展。突破替代石油资源的生物基原料和生物基纤维绿色加工工艺、装备集成化技术，实现产业化、规模化、低成本生产。推动重点品种竹纤维、Lyocell 纤维、PLA（含 PHBV \ PLA）纤维、PTT（含 PTT \ PET）纤维、PA56 纤维的规模化制备和自主技术水平提升，突破生物基差别化纤维柔性化制备及产业化技术、实现低成本生产；攻克国产藻类、虾蟹为原料的海洋生物基纤维规模化生产技术。

(4) 推进生物基化学纤维的应用开发

根据不同纤维品种的性能、特点，重点拓展新型纤维素纤维在高端服装、时装、家纺、产业用等领域应用；重点拓展 PLA 纤维在床品、填充、内衣、袜类、卫材领域的应用；重点拓展 PTT 纤维在地毯、时装领域的应用；重点拓展 PA56 纤维在军服被装领域的应用；重点拓展海藻、壳聚糖纤维在医疗卫生、医用敷料、口罩、防护服、消防服等领域的应用。在高品质功能纤维、高端产业用纺织品的重点领域和重点品种上形成具有国际竞争力的骨干企业，拓展生物基纤维在高端纺织、医用材料、卫生防护、航天军工等细分领域应用，提升产品市场潜力和产品附加值。

(5) 推进品牌与人才等软实力建设

重视智力资源的引进和各类创新人才的培养，充分发挥与生物产业相关的科研院所和高等院校的智力和技术优势为产业发展所用。企业与高校共同设立攻关课题，加大研发投入，强化知识产权保护，实现创新驱动，增强产业软实力。建设布局合理、充满活力的产业技术创新体系，形成具有自主知识产权的创新成果，形成科技成果高效率转化机制，加大培育产品创新力度，提高产品经济竞争力，走高质化与品牌化一体的道路。把握生物基化学纤维定位及发展重点，加强产业链和人才链的连接，以人才、品牌为核心，打造生物基化学纤维及原料的创新优势、产业优势和发展优势。

2. 发展建议

(1) 加强产业政策引导和支持

因地制宜，继续加大生物基材料的产品认证机制与专项补贴、税收优惠政策制定。对于已经实现产业化制备的产品，如 Lyocell 纤维、PTT 纤维及其原料，可从税收优惠政策上给予支持，以提升国际同质化产品竞争优势；对于一批有需求、能快速规模化生产的纤维材料，如聚乳酸纤维、生物基聚酰胺 56 纤维及其原料，可给予专项补贴和税收减免等政策，对处于研究开发阶段的前沿技术、新材料、新工艺可给予重大专项补贴,积极引导生物基纤维及原料产业发展。

(2) 培育企业形成合力效应,实现高品质产品开发,加大培育产品创新力度,提高生物基化学纤维的附加值,增强产品经济竞争力

紧紧把握纤维材料由单一功能向多元复合开发转变趋势,利用在线添加技术及化学改性技术,开发阻燃、抗熔滴、原液着色、抑菌等同质异构纤维及成套工程技术,提升柔性制造水平。挖掘消费端需求,加强与有研发创新能力的面料和终端品牌对接合作,推动生物基化学纤维在纺织服装、家纺、产业用、军用领域的应用示范,走高质化纤维联合下游品牌的创新之路。

(3) 加强知识产权保护,建立健全标准体系

通过攻克前沿技术、关键技术及装备,注重自主知识产权和标准化体系的建立,提升企业核心竞争力和产品附加值。建立知识产权认证管理体系,增强知识产权纠纷的应对能力,加强知识产权成果的运用,提高知识产权成果的产业化运作水平;根据生物基化学纤维及原料的开发情况,建立相关产品标准、方法标准、认证技术标准体系,加强生物基化学纤维生产与市场准入管理及行业规范,提升国际竞争力。

(4) 依托产业联盟、公共平台,合力击破

依托产业联盟、金融基金、创新中心、技术中心等平台,以产业协同突破关键技术及下游应用瓶颈,以资本协同加杠杆拓宽融资渠道,以专项协同推动生物基化学纤维产业化及应用。目前,我国生物基纤维行业已经组建聚乳酸、新型再生纤维素纤维、生物基聚酰胺纤维等联盟团体并取得一定效果,但合作机制、知识产权保护等方面尚需加强。我国的生物基化学纤维企业多以中小型科技企业为主,生产规模参差不齐,多数企业产能偏小,抗风险能力差,融资能力弱,因此可提高大型企业及社会资本方对生物基化学纤维的认识,增加金融杠杆,形成融、产、研、用相结合的利益共同体。

(撰稿专家:王永生　李泽洲　李增俊)

生物医学材料产业分析报告

中国医疗器械行业协会

生物医用材料是用于诊断、治疗、修复或替换人体组织或器官，或增进其功能的，植入活体系统内或与生物活体系统相结合而不与生物体产生药理反应或毒理效应的一类高技术新型材料，在提高患者生命健康质量、避免二次手术、降低医疗成本方面发挥重要作用。

生物医用材料按属性可分为：生物医用金属材料、生物医用高分子材料、生物医用陶瓷材料、生物医用复合材料、生物衍生材料、可降解生物材料、组织工程及支架材料等。按材料来源分为：人体自身组织、同种器官与组织、异种同类器官与组织、天然生物材料、合成材料等。

根据生物医用材料应用不同，可分为：骨科植入材料、心血管材料、口腔材料、血液净化材料、生物再生材料、医用导管、医用耗材、药物释放载体治疗和医疗美容等。

一、国内外市场分析

1. 全球市场

随着社会经济的发展，生活水平的提高，以及人口老龄化、新技术的注入，生物医用材料产业正在成长为世界经济的支柱性产业。据QYR调查结果显示，2018年全球生物医用材料市场总值达到了5184.2亿元，预计2025年可以增长到10 890亿元，年复合增长为11.1%。其中，在全球生物医用材料市场中，需求量最大的是骨科生物医用材料，市场份额约占全球市场的38%；心血管生物医用材料占36%，位居第2位，其次需求量较大的是牙种植体，约占全球市场的10%；紧随其后的是占市场份额8%的整形外科生物医用材料。

2. 我国市场

我国生物医用材料产业起步于20世纪80年代初期，经过30多年的发展，产业已初具规模。2016年国内生物医用材料市场规模已达1730亿元。受国家政策支持、人口老龄化、人均可支配收入提升和行业技术创新等因素驱动，国内生物医用材料未来将继续保持高速发展。

近年来，为推动我国生物医药产业缩小与世界巨头们的差距，我国充分释放政策空间，相继推出一系列政策大力支持生物医药材料产业的发展。现阶段，我国已形成了比较全面的生物医用材料研发体系，并且在血管支架、心脏封堵器、生物性硬脑瓣膜、血管介入产品、骨科植入物、胸外科修补膜等产品实现进口替代，并建立了完全的自主知识产权体系。

二、产业竞争格局

1. 主要跨国企业

随着全球医学的快速进步和人类对健康及生命的重视程度越来越高，全球各国竞相争夺生物医药领域的制高点。目前，全球生物医用材料市场被美国的强生、捷迈邦美、美敦力、雅培、史塞克、库克医疗、丹纳赫等，英国施乐辉，德国贝朗，瑞士士卓曼等为代表的行业等巨头所垄断。参见表7-11。

表7-11 生物医用材料主要跨国公司

企业名称	主要产品	核心先进制造技术
强生	韧带、软骨、脊柱固定、骨填充物、软组织修复材料和植入器械	金属植入器械及其表面的精加工及组装、表面抗凝血高分子覆膜、软组织修复材料的无纺制备技术
捷迈邦美	聚乙烯负载表面人工关节,膝关节、髋关节、牙种植体	超高分子量聚乙烯交联、人工关节、创伤修复材料
美敦力	人工心脏瓣膜、血管支架、脊柱固定、心膜起搏器、骨修复材料等	金属铸模、刻蚀、表面精细加工
雅培	心血管支架、人工晶体、血糖监测系统、激光手术台等眼科产品	可完全降解的载药人工心血管支架配方及制备技术，人工晶体的制备及生产
史塞克	整形外科植入材料、软组织材料	金属加工、无纺技术
波科	心血管支架、管动脉气囊、盆地修复材料	金属铸模、刻蚀、表面精细加工
库克医疗	主动脉介入、心脏介入、外周血管介入产品	
丹纳赫	牙科耗材	
施乐辉	骨科关节重建、先进伤口管理、运动医学和创伤	
贝朗	软组织修复	无纺技术

2. 国内重点企业

在国内,我国的生物医用材料产业兴起于 20 世纪 80 年代,发展至今虽然涌现出了如微创医疗、乐普医疗、冠昊生物、威高集团等企业,而且在某些领域处于国际先进水平,但在国内市场中仍有一半以上的高端市场被国际巨头所垄断。参见表 7-12。

表 7-12 生物医用材料国内部分企业

企业名称	主要产品
乐普医疗	冠心病、结构性心脏病、心脏节律、高血压、术后诊断及诊疗设备等高端植入材料以及诊断试剂
微创医疗	心血管介入产品、骨科医疗器械、大动脉及外周血管介入产品、电生理医疗器械、神经介入产品、心率管理产品、糖尿病及内分泌医疗器械和外科手术 10 大项
威高集团	输注耗材、手术室系列、医用导管、心脏支架及心内耗材、留置针及各种异性针、血液净化设备及耗材、骨科材料、人造血浆、生物种植体、PVC 及非 PVC 原料系列
冠昊生物	再生医疗材料、细胞治疗技术、组织工程产品等以及生物材料产品
先健医疗	心脑血管和周围血管疾病的微创介入医疗器械
创生医疗	骨科生物医用材料
康辉医疗	其在创伤、脊柱、颌面、脑颅、人工关节等领域开发出共计 4000 余种产品
大博医疗	骨科、神经外科、微创外科
纳通医疗	骨科植入物
凯利泰	椎体成形微创介入手术系统、骨科植入物、骨科手术器械
爱康医疗	金属 3D 打印植入物、人工髋关节系统
爱博诺德	眼看耗材

我国 80%~90% 的生物医用材料成果仍处于研发阶段,企业基本生产中、低端产品,70% 的高端产品依靠进口。由于我国生物医用材料生产起步较晚、技术水平低较低,生物医用材料尚未形成规模。目前,我国生物医用材料发展还存在以下问题:一是缺少具有一定规模的企业,产业规模小,市场竞争力缺乏;二是与国外相比,生物医用材料产业创新能力不足,缺乏高端产品的研发;三是尚未形成较为完整的生物医用材料产业链;四是研发成果转化率低,融资渠道不畅通;五是管理部门产业谋划缺乏精准性,全面规划和管理机制尚不完善,存在项目重复立项,企业注册周期长的问题。

三、重点产品情况

1. 骨科植入材料

骨科医疗器械多用于治疗骨科疾病,而骨质疏松是造成骨科疾病最重要的原因之一，老年人是骨质疏松的高发人群，我国老龄化进程加速为骨科医疗器械创造了发展的条件。同时，我国人口不断增长、医疗卫生条件不断改善，促使骨科医疗器械的消费能力不断提高。2017—2019年，我国骨科医疗器械市场快速发展，市场规模由225.6亿元增长到300.2亿元（图7-1）。预计2020—2025年，我国骨科医疗器械市场规模将不断扩大，但增速会有所下降，2025年我国骨科医疗器械市场规模将达到658.2亿元。

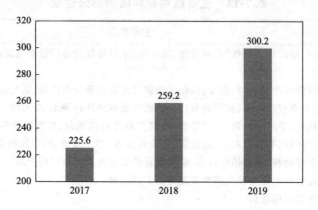

图7-1　2017—2019年中国骨科医疗器械市场规模（单位：亿元）
资料来源：中国医疗器械行业协会。

2017—2019年，中国骨科医疗器械行业产值呈现持续增长的态势。其中，2017年，中国骨科医疗器械行业产值为124.1亿元；2019年产值增长至182.0亿元。目前我国骨科器械行业已经形成三大竞争梯队：第一梯队以外资企业为主，如美敦力、强生医疗、史塞克、捷迈邦美等；第二梯队主要是国内在某细分领域具有独特竞争优势的企业，如威高骨科、大博医疗等；第三梯队是占国内企业总数比重较大的中小型企业，经营规模相对较小，面临较大的竞争压力。

由于新技术、医改等各种因素影响，市场格局在未来几年将有较大变动。国家政策倾斜有利于国内本土企业做大做强，摆脱过去多、小、弱的市场格局。本土骨科器械企业还需通过增强研发能力或者海外并购，进一步提升技术水平并降低生产成本，从而赢得长期的竞争。

骨科医疗器械行业的技术升级在很大程度上都得益于生物材料的更新换代。对于生物材料的选择必须慎重，有些材料具有独特性，在生产过程中需要更加严格的控制或者更加复杂的工艺。UHMWPE是一种已经流行的植入物的生物材料。UHMWPE的最新变化是使用γ或电子束高度交联，然后热加工以提高其耐氧化性。在过去的几年中，制造商们在UHMWPE制成的植入物中添加维生素 E 作为抗氧化剂。近些年来，微创技术在骨科器械领域不断发展，Z 系列微创系统产品为微创这种新的手术疗法在中国的发展提供了技术上的保障。同时，椎体成形微创手术、髋关节和膝关节微创手术的发展以及材料上的不断发展也都为骨科植入性器材市场未来的增长提供了动力。

另外，随着中国 3D 打印技术的快速进步，3D 打印在骨科医疗器械行业尤其受关注。目前已有多家国内企业开始利用 3D 打印技术，如创生医疗成立 3D 激光打印中心，微创医疗已将 3D 用于心血管支架的生产，预计引入骨科产品的可能性也较大。

2. 心脏及大血管介入器械

心脏及大血管介入器械包括心血管介入器械、脑血管介入器械、外周血管介入器械、电生理介入器械等几大类，主要细分产品有球囊、支架、人工起搏器、人工瓣膜、导管、导丝等。

我国主动脉及外周血管介入医疗器械行业仍处于高速发展阶段，随着国家政策扶持以及企业研发投入的不断加大，部分国内生产企业的自主核心产品性能已部分达到国际先进水平，具备较强市场竞争能力，已经逐步实现进口替代。

近年来，心血管疾病高发病率和高致死率的现状推动了心血管介入领域特别是针对冠脉疾病介入治疗器械的集中高频研究，应用最为成熟的冠脉支架国产化率已达到 80%，基本完成进口替代。在全球范围内，心脏疾病的犯病率和死亡率较高。在中国，随着社会经济的发展，老龄化进程加速，心脏疾病的患病率呈现上升的态势。同时，介入治疗已经成为治疗心血管疾病的一大治疗手段。随着心血管患者对介入治疗的需求增加，心脏支架的需求也呈现增加的态势，促进了我国心脏支架市场规模的扩大。2017 年，我国心脏支架行业市场规模为 84.1 亿元，同比增长 12.0%；2019 年，我国心脏支架行业市场规模为 102.5 亿元，同比增长 10.6%。如图 7-2 所示。

我国是心血管疾病的高发地区，心血管疾病的患病率较高，并且处于持续上升阶段。国家心血管病中心发布的《中国心血管病报告 2018》显示，我国现有心血管病患病人数 2.9 亿，其中脑卒中患者 1300 万，冠心病患者 1100 万。我国庞大的冠心病患者数量给心脏支架行业带来发展空间，近年来市场容量增长迅速。预计 2025 年，我国心脏支架行业市场规模将达 172.2 亿元，同比增长 8.4%。

目前，我国冠脉支架市场国产化率已达到较高水平，微创医疗、乐普医

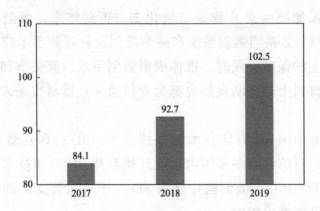

图 7-2 2017—2019 年中国心脏支架行业市场规模（单位：亿元）

资料来源：中国医疗器械行业协会。

疗、吉威医疗等国内大型企业占据较大份额。雅培、美敦力、波士顿科学等国外领先企业在高端市场具备一定竞争力，也占据部分市场份额。就细分市场来看，药物洗脱支架是主要的植入产品，其市场份额占比为99.07%，其他支架产品的市场份额占比为0.93%。

2004年以前，我国心脏支架市场主要被外资企业占据，随着国内企业对核心技术的探索和积累，依靠价格和渠道优势，国产心脏支架的市场占有率逐年增加，现已在市场上占据主导地位。目前金属药物支架是我国心脏支架的主流产品，我国心脏支架生产企业主要有微创医疗、乐普医疗、吉威医疗、赛诺医疗和垠艺生物。其产品情况见表7-13。

表 7-13 我国心脏支架生产企业产品情况

企业名称	产品名称	类别
微创医疗	Firehawk 冠脉雷帕霉素靶向洗脱支架系统	金属药物支架
	Firebird2 冠脉雷帕霉素药物支架系统	金属药物支架
	Mustang 冠状动脉支架系统	金属裸支架
乐普医疗	Partner 血管内药物（雷帕霉素）洗脱支架系统	金属药物支架
	Nano plus 血管内无载体含药（雷帕霉素）洗脱支架系统	金属药物支架
	Biguard 雷帕霉素药物洗脱分支支架系统	金属药物支架
	GuReater 钴基合金雷帕霉素药物洗脱支架系统	金属药物支架
	H-Stent 冠状动脉扩张用支架输送系统	金属裸支架
吉威医疗	Excel 雷帕霉素药物涂层支架系统	金属药物支架
赛诺医疗	BuMA® 药物洗脱支架	金属药物支架
垠艺生物	垠艺® 无聚合物微盲孔载药冠脉支架	金属药物支架
	垠艺® 冠状动脉金属支架	金属裸支架

在心脏支架材料和技术方面，国内研究机构和医疗器械企业取得了引人

注目的成绩。但是与国际知名企业相比，我国企业研发实力明显薄弱，研发投入明显要少，尤其是新材料和技术的原始创新仍然不够。我国冠脉金属支架的发展主要集中在药物洗脱金属支架方面。北京中科益安公司与中国科学院金属研究所合作，成功开发出了高氮无镍不锈钢药物洗脱支架。上海微创医疗器械公司自主研发的 Firehawk（火鹰）冠脉雷帕霉素靶向洗脱支架系统，是全球所有药物支架中最少药剂量和最小副作用的产品。微特医疗、微创医疗、乐普医疗、阿迈特医疗、华安生物等多家医疗器械企业正在开发全降解聚合物支架。多家研究机构和企业在联合开发全降解镁合金冠脉支架。江苏沣沅医疗器械有限公司（联合北京大学、郑州大学）、北京中科益安公司（联合中科院金属所）、赛诺医疗科学技术有限公司（联合上海交通大学）、日照天一生物医疗科技公司等单位均开发出全降解镁合金冠脉支架，已开展了大量体外和动物实验研究，即将进入创新医疗器械产品申报阶段。深圳先健科技公司研发的可吸收药物洗脱冠脉支架，是全球唯一一款使用铁基作为材料的全降解血管支架，也是目前唯一一款薄壁设计的全降解支架，2014年通过国家食品药品监督管理总局创新医疗器械审批。其支架主体壁厚仅50~55微米，比主流的永久药物支架还薄，强度却大于钴铬合金（中国医疗器械行业发展报告2020.北京：经济管理出版社，2020）。

在外周血管介入器械领域，外周血管疾病的患病人群不断增加，但由于之前没有受到广泛重视，外周血管介入器械的相关技术发展比较滞后，目前外周血管介入在国内仍处于发展初期，其涉及的大动脉覆膜支架、外周支架等产品处于外资占据主导地位的格局。根据弗若斯特沙利文的相关研究报告，2017年我国外周血管介入医疗器械市场规模为30.1亿元，预计至2022年市场规模将达到71.2亿元。根据 Meddevicetracker 的相关研究报告，2018年主要外周血管介入产品的全球市场规模达44.29亿美元，预计至2022年将增长至58.76亿美元。未来，随着我国居民生活水平不断提高及健康意识不断提升，我国外周血管介入医疗器械市场仍有较大提升空间。

在脑血管介入器械领域，针对缺血性卒中发展了颈动脉支架、远端保护器械和颅内血管支架等介入器械，综合来看国内市场进口占比在70%以上，颈动脉支架等产品国内尚无生产厂商，未来进口替代空间广阔。

电生理介入器械，就人工心脏起搏器而言，我国最早使用人工心脏起搏器的时间是在20世纪80年代初期，美国圣犹达公司生产的心脏起搏器进入中国；随后德国百多力公司和美国美敦力公司也分别在80年代末期和90年代初进入中国市场；21世纪初期美国波士顿科学也进入中国市场，逐渐形成四足鼎立的局面。目前心脏起搏器市场上,全球每年植入约100万台,市场主要集中在欧美国家,产品的普及率达到了1000人/百万人口以上。心脏起搏器市场主要由美敦力、雅培(圣犹达)和波士顿科学占据,三家龙头占全球市场约80%的份额。因植入性心脏起搏器技术含量较高,国产研发进度缓慢,国内起搏器市场几乎全部被进口产品占据,只有少数几家企业从事相关领域,国产化程度低。

3. 口腔耗材

口腔耗材是指用于口腔科疾病治疗的一系列医用耗材的统称,包括口腔颌面外科植入物、种植体、骨修复材料、义齿等。

近年来,随着大众健康意识的不断增强,口腔疾病越来越引起重视,口腔耗材市场得到较快发展,2020年我国口腔耗材市场规模84.5亿元,同比增长20.7%。

种植体是最主要的口腔耗材。种植体获批企业数十家,但外资企业在国内占有90%份额;同时在修复材料方面,主要有口腔修复膜和骨粉,瑞士盖氏占70%左右份额,因此在义齿外的其他口腔高值耗材领域进口替代的空间非常大。

目前,3D打印在口腔医学修复领域、正畸领域、种植领域和颌面外科领域的相关设备和耗材产品上正在逐步兴起,各大生产企业也在纷纷进入口腔医疗器械数字化领域。

4. 血液净化材料

血液净化材料是指用于清除患者血液中致病物质的生物材料。按治疗方式将血液净化类耗材分为血液透析材料、腹膜透析材料、血浆置换材料、连续性血液净化用材料和其他材料,包含的产品有血液透析器、卷曲管、血浆分离器等,目前在临床中应用最为广泛的血液净化材料为血液透析净化膜材料。

根据全国血液净化病例信息登记系统数据,截至2018年我国血液透析患者约58万人,新增12.5万人患者。根据行业调研数据,估计我国实际尿毒症患者人数已接近300万人,且未来3~5年有望以15%左右的复合增速持续增长。随着我国老龄化进程的推进以及糖尿病、高血压等慢性病人群的扩大,我国血透市场快速扩容的趋势已较为明显。国内血液净化耗材市场保持增长,2019年,中国血液净化材料行业市场规模为210亿元,市场规模增同比增长15%。

虽然目前我国血液透析行业得到快速发展,但从渗透率来看,目前我国平均透析治疗率仅为21%，与全球平均透析治疗率的40%，以及欧美等发达国家92%的治疗率，相比差距较大，未来发展空间较大。未来随着我国血液透析技术的提升，透析治疗率得到提高，对于血液净化材料需求持续攀升。

竞争方面来看，目前我国血液净化材料高端市场进口依赖度较高，价格受到岸价、外贸、流通等众多环节和因素的影响较为昂贵，因此直接影响到国内透析治疗率的提升。但由于近几年，我国医疗水平的快速提升，目前在血透管路、血液粉液等产品方面获得一定成就，形成了宁波天益、广州贝恩、山东威高、广州康盛等重点发展品牌（新思界.2020—2024年中国血液净化材料行业市场深度调研与发展趋势预测研究报告）。

5. 医用耗材

医用耗材主要包括注射穿刺类、医用卫生材料及敷料类、医用高分子材料类、医技耗材类、医用消毒类等。

2018年，我国医用卫生材料及敷料所属的低值医用耗材市场规模约为641亿元，同比增长19.81%。国民经济发展、人口老龄化进程的加快以及居民医疗保健消费的增长将进一步促进的医用耗材市场快速发展。

多年来，得益于改革开放的不断深入，凭借着低廉的劳动力成本和高速发展的技术水平，我国低值耗材产业发展迅速，涌现出一大批优秀的知名品牌，如威高、振德、奥美、康莱德、蓝帆医疗、稳健、三鑫医疗、江西洪达、驼人等。国产产品不仅占据了国内市场大多数份额，在国际市场也占据举足轻重的地位，但受限于材料技术和工艺水平限制，在高端低值医用耗材市场暂时还是以进口产品为主。

据中国医药保健品进出口商会统计，医用敷料细分行业2019年出口额达27.16亿美元，同比增长4.16%，出口数量同比增长0.18%。作为全球医用敷料制造和出口基地，2019年中国出口204个国家和地区，基本覆盖全球，尤其拉美、东盟、非洲市场呈现需求增势。同时随着国内传统制造企业创新投入不断加大，创新体系逐渐完善，产品性能进一步优化，高端医用敷料出口增速不断提高，中国医用敷料行业出口呈现"高质量发展"态势。

新冠肺炎疫情以来，我国医用耗材企业积极投入到防疫类防护用品（口罩、防护服、隔离衣等）生产当中，积极助力和支持国际新冠肺炎疫情抗击。

目前，我国低值医用耗材行业发展主要呈现以下特征：

一是产品种类齐全，但以低端产品为主，高端耗材供给不足。我国国产低值医用耗材产品门类齐全,行业基础良好,涌现了一批上市公司,但国产产品仍以低端耗材为主,生物用纺织品、手术缝合线和人工透析导管等高端低值医用耗材目前仍以进口为主。国内大多数低值医用耗材企业研发资金投入不足,整体生产研发水平落后于发达国家。

二是产品出口占比较大。近年来,全球医疗卫生需求不断增长,凭借人力成本优势和技术水平提升,我国低值医用耗材大量出口,很多低值医用耗材龙头企业的业务主要以代工贴牌外销为主,在国际市场占据了较大的市场份额,但产品毛利率较低,利润水平不高。

三是产品竞争格局分散,缺乏规模优势。低值医用耗材技术含量和行业门槛较低,因此,我国低值医用耗材行业呈现企业多、产品同质化严重且附加值不高的局面,行业竞争激烈、集中度总体偏低,呈现小而散的状态。

四、产业发展趋势

未来,生物医用材料将向着规模化、个性化、精准化和智能化方向发展,技术创新、高端产品开发、产业融合、区域集群和国际化布局将成为生物医用材料产业的发展趋势。

1. 市场需求持续增长

随着全球人口自然增长、人口老龄化程度提高,发展中国家经济增长以及不断增加的医疗费用支出、日益提升的消费能力和健康意识,长期来看全球范围内医疗器械和生物医用材料市场将持续增长。据联合国人口与发展委员会统计,2017年全球人口总数76亿,其中老年人口为7亿,占比9%;预计到2050年全球人口将达到98亿,其中65岁以上老年人口将超过15亿,占比16%。"十四五"时期,我国将从轻度老龄化迈入中度老龄化,全国老年人口将突破3亿。欧美日等发达国家和地区生物医用材料产业发展早,对产品的技术、质量要求高,需求主要是产品的升级换代,致使市场规模大,但增长较稳定。我国、东南亚等新兴市场是全球最具潜力的市场,需求主要是产品普及与升级换代,近年来增速较快。

此外,在国家医保药品集采等政策下,未来基层市县医院和零售门店的成长将是中国医疗产业成长的主战场。随着国家医疗体系分级诊疗改革的推进,基层医疗机构能力将进一步增强,从而治疗更多的患者;民营心血管、骨科、眼科等医院快速发展,将会为生物医用材料产品放量提供机会。

2. 产品和核心技术不断推陈出新

当代生物医用材料重点发展的产品和核心技术包括：①组织诱导性生物医用材料，以及赋予材料诱导组织再生的设计和工程化制备技术；②组织工程化产品；③材料表面改性以及表面改性植入器械的设计和制备的工程化技术；④用于微创或无创治疗的介/植入治疗器械和辅助器械；⑤生物衍生材料和生物人工器官；⑥纳米生物医用材料、植入器械和软纳米技术，包括纳米涂层等；⑦与信息和电子学技术相结合的有源植入或部分植入器械；⑧通用基础生物医用材料的原材料的开发和质量控制技术；⑨计算机辅助仿生设计及3D打印的生物制造及设备；⑩除上述产品外，生物医用材料和植入器械的灭菌、消毒、封装和储存技术，可生物降解和吸收的医用材料技术等亦是正在发展的关键技术（魏利娜，甄珍，奚廷斐. 生物医用材料及其产业现状［J］. 生物医学工程研究，2018，37（1）：1-5.）。

3. 行业集中度进一步提高

生物医用材料涉及学科交叉最多、资金和知识高度密集，需要生物材料企业、医疗器械企业、临床医院等上、下游的支撑，产业主要集中在经济、技术、人才发达或临床资源丰富的地区，行业集中度和垄断化程度不断提高。

国内在两票制、"4+7"、带量采购的政策压力下，国产高值医用耗材替代的进程将进一步推进，同时一些小企业逐渐被淘汰或被收购，行业集中度将进一步提高。

4. 企业拓展国际化渠道

在医保控费的大背景下，高值医用耗材面临降价压力，企业在巩固研发实力的基础上，将拓展在国外注册业务，重点拓展欧美海外市场，响应国家"一带一路"倡议，加强产品出口，拓展国际销售渠道。